U0583510

集人文社科之思　刊专业学术之声

本集刊得到武汉大学历史学院暨中国传统文化研究中心经费资助
并得到湖北省中国经济史学会同仁的支持

2024年第2辑（总第13辑）

集刊序列号：PIJ-2017-209

集刊主页：www.jikan.com.cn/ 中国经济与社会史评论

集刊投约稿平台：www.iedol.cn

中国经济与社会史评论

2024年第2辑（总第13辑）

陈 锋 主编

社会科学文献出版社
SOCIAL SCIENCES ACADEMIC PRESS(CHINA)

·经济变迁与地方社会·

明清时期洞庭商人在长江与大运河沿线的经营活动……………… 范金民 / 1

明清时期闽江上游区域中心城市的转移……………………… 叶　鹏 / 42

《盟水斋存牍》所见清代"不贞"案件研究 ………………… 赵文暖 / 59

清代畿辅地区民地买卖研究

　　——以《首都博物馆藏清代契约文书》为中心…………… 赵牟云 / 72

清嘉庆朝山东的人口与婚姻家庭

　　——以刑科题本为基本资料……………………………… 常建华 / 91

江汉平原近代棉业的发展转型………………………… 唐尚书　邱　瑞 / 121

·慈善、救济与近代社会·

慈善与社会：论陕西慈善组织的近代转型……………………… 李喜霞 / 138

20世纪二三十年代上海的慈善赛初探 ………………………… 白丽萍 / 149

新中国成立前后生产救灾政策及其实施……………… 蔡勤禹　于　娜 / 169

·中国古农书的搜集、整理与研究·

本草、地域与女性："芍药"本草知识的书写与演变 ………… 豆振斌 / 183

清代四川地区农业生产与农书创作

　　——以《三农纪》为中心的研究……………… 周　迪　梅思雨 / 202

·史料整理与学术述评·

汉口商业势力范围

——1913 年 2 月 9 日驻汉口总领事芳泽谦吉报告 ········李少军 译／215

五十年来清代官箴书的整理与研究趋向················ 杨国安　刘弘毅／271

商会里的"大社会"

——朱英教授与近代商会史研究新进展····················· 丁阿洁／288

中国海洋灾害史研究的一部佳作

——评《近代以来中国海洋灾害应对研究》

·· 吴佩佳　唐淳淳　周东华／306

明清时期洞庭商人在长江与大运河沿线的经营活动

范金民

【摘　要】明代中期起形成于太湖中的洞庭东山、西山商帮，充分利用家乡是全国最为重要的丝绸、棉布生产基地的有利条件，又利用江南水乡便利畅达的水道，循着全国最为重要的大运河和长江两大商品交流大通道，从事江南与华北、华中地区的商品交流活动，长时期与徽商、山陕商人、江西商人和湖广商人等商帮竞争，堪称明清时期米粮绸布流通的主体运营力量。洞庭商人经营米粮布帛大宗商品，是最为稳当的生意，风险较小，可以稳中取胜，从而在经营行业上构成不同于其他商帮的明显特征。比较各地商帮的资本利用方式，洞庭商人的领本制最能体现乡邦精神。洞庭商人与时俱进，及时地将资本转移至上海，在外资银行和洋行中担任买办，在控扼百业的金融业风生水起，并创办了诸多近代新式工业企业。求稳而不保守，眼光精准，这些特点在明清洞庭商人身上体现得十分明显。

【关键词】洞庭东西山商人　长江运河沿线　米粮绸布对流贸易　家族经营

　　明代中后期起，各地域商帮开始形成，大约与徽州商帮形成的同时，在今苏州城西南太湖中的吴县洞庭东山和洞庭西山，也形成了一个地域性商帮。洞庭东西两山在明代仅为 5 个区 12 个都，洞庭商帮可谓地域范围最小的一个商帮。关于洞庭商帮，傅衣凌早在 20 世纪 40 年代后期就发表过《明代江苏洞庭商人考》；[①]20 世纪 80 年代中期，吕作燮发表了《明清以来的洞庭商人》。[②] 今主要依据家谱和文集，考察洞庭商人的经商家族，希望有助于商帮史和家族史的研究。

---

①　此文最初发表于福建《社会科学》第 4 卷第 2 期，1948 年；后来收入傅衣凌《明清时代商人及商业资本》，人民出版社，1956。

②　平准学刊编辑委员会编《平准学刊——中国社会经济史研究论集》第 1 辑，中国商业出版社，1985，第 257~288 页。

一 洞庭商人兴起的时代及其地域背景

关于洞庭商人形成的时代，吕作燮提到在明末以前，而具体为何时，未下断语。考察洞庭商人的具体活动情形，其成帮时代大致可以框定。明代成化六年（1470），刑部主事苏州人周瑄说："洞庭西山货殖者多，不之□□，则之冀北。"[①] 大学士东山人王鏊称，其父辈在成化、弘治年间即继承父业，"服贾四方"，从而"园田日辟，屋宇日胜"。[②] 成书于弘治十八年（1505）的《震泽编》载："土狭民稠，民生十七八即挟资出商，楚卫齐鲁，靡远不到，有数年不归者。"[③] 弘治、正德时的大学士湖广茶陵人李东阳说，洞庭东西两山之人"散而商于四方，踪迹所至，殆遍天下"。[④] 万历初年嘉兴人冯梦祯称洞庭两山"贾迹遍天下"。[⑤] 时人既云"货殖者多""商于四方""靡远不到"，踪迹"殆遍天下""贾迹遍天下"，则可以视为其时洞庭人已经形成商人集团。到嘉靖时，昆山人归有光甚至说，洞庭人"好为贾，往往天下所至，多有洞庭人"。[⑥] 天启时，冯梦龙编的《醒世恒言》卷七《钱秀才错占凤凰俦》载："话说两山之人，善于货殖，八方四路，去为商为贾，所以江湖上有个口号，叫做'钻天洞庭'。"[⑦] 从四处经商到在江湖上大有名气、口号盛传有一个过程。著名商人家族如翁氏、席氏、严氏、叶氏、万氏、秦氏、徐氏等在嘉靖初年均已崛起，而只有地域商人形成集团，一个个经商家族才会崛起。明

---

① 周瑄：《秦公祚墓碣铭》，《洞庭秦氏宗谱》（同治十二年纂）卷首。引文中所缺二字，参照洞庭西山商人最为活跃的地方，疑为"南楚"或"荆楚"之类文字。
② 王鏊：《震泽先生集》补遗《定之公寿藏铭》，《王鏊集》，吴建华点校，上海古籍出版社，2013，第 529 页。
③ 蔡昇撰、王鏊重修《震泽编》卷三《风俗》，《四库全书存目丛书》史部第 228 册，齐鲁书社，1997，第 689 页。
④ 李东阳：《怀麓堂集》卷三十二《南隐楼记》，《景印文渊阁四库全书》第 1250 册，台北：商务印书馆，1986，第 338 页。
⑤ 冯梦祯：《快雪堂集》卷十四《处士怀耕许君墓志铭》，《四库全书存目丛书》集部第 164 册，第 239 页。
⑥ 归有光：《震川先生集》卷二十一《叶母墓志铭》，周本淳校点，上海古籍出版社，1981，第 522 页。
⑦ 冯梦龙：《醒世恒言》卷七《钱秀才错占凤凰俦》，上海古籍出版社，1992，第 81 页。

中期，洞庭商人就以群体的形式开展活动。运河沿岸的山东临清，绸布店集中在白布巷，"自明成化二年，苏州、南翔、信义三会合而为行，隆、万间寝盛，岁进布百万有奇"。① 临清是洞庭东山布商的大本营，苏州、南翔、信义三会基本是或者主要是由洞庭商人组成的，他们联合成会，是商而成帮的反映。后来以洞庭商人为主体的苏州商人还与徽商在临清合置了两所义阡，这也是其群体力量的标志。因此综合考虑，大约到明代中期，具体地说也即成化、弘治年间，一个引人注目的地域商人集团即洞庭商帮形成了。

洞庭东西两山分峙于太湖东南部，风景秀丽，周围大大小小的山峰隐约出没于波涛之间，将远望缥缈的东西两山衬托得如世外桃源。两山上重冈复岭，萦洲曲漱，灵踪异迹随处可寻。居民傍山而居，连缀而成村落，种田外杂植果木，一年四季花果不绝。这样相对独立的自然环境，居民淳朴，长幼有序，一姓一族世代相依，传承繁衍，形成一个个自成一体的经济单位。清中期的苏州文人沈德潜描写洞庭西山："民多聚族，家有宗祠，敬耇长，老者出，子弟追随扶掖，茕独者，众扶掖之。路无妇人，无舆马，无丐者，无奇邪服，无勃谿色、诟谇声。秀者诵习，不专干禄，废诵习者服贾。子弟蔑弃先榘，虽富贵众鄙之。婚嫁择对轻财。"② 话虽有所夸大，但形象地刻画了该地的民风。这样的场景，既是家族宗族有力约束的结果，又是家族宗族发挥功能的最佳体现。

洞庭地方文献《震泽编》称，当地人"兄弟析烟亦不远徙，祖宗庐墓永以相依，故一村之中同姓者至数十家或数百家，往往以姓名其村巷焉"。③ 这种说法被康熙中期翁澍的《具区志》全部接受。稍后的《林屋民风》更在这种说法之前加上"兄弟同居，财不私蓄，一人力而求之，三四昆弟均得析。既析烟，亦不远徙，祖宗庐墓，永以相依"。④ 这说明洞庭山人与徽州

---

① 乾隆《临清州志》卷十一《市廛志》，乾隆十四年纂修本，临清市人民政府编《临清州志》，山东省地图出版社，2001，第459页。

② 沈德潜：《沈德潜诗文集·归愚文钞》卷九《西洞庭风土记》，潘务正、李言编辑点校，人民文学出版社，2011，第1257页。

③ 蔡昇撰、王鏊重修《震泽编》卷三《风俗》，《四库全书存目丛书》史部228册，第690页。

④ 王维德：《林屋民风》卷七《民风四》，王维德等：《林屋民风》（外三种），侯鹏点校，上海古籍出版社，2018，第154页。

人一样，宗族观念是非常强烈的。清初徽州人赵吉士在他的《寄园寄所寄》中说，父老曾称徽州人"千丁之族，未常散处，千载之谱系，丝毫不紊"，[①] 太湖中的洞庭东西山之人聚族而居，一如徽州。

在洞庭东西山，聚族而居、以姓氏命名村巷的现象极为突出。以姓氏命名的村巷，洞庭东山有 14 个，即王巷、陆巷、严巷、张巷、施巷、叶巷、翁巷、吴巷、姚坞、叶坞、俞坞、蒋坞、东曹坞和西曹坞；洞庭西山有 9 个，即吴村、南徐村、北徐村、陆村、辛村、金村、梅梁村、马村和王村。即使有些并非以姓而名的村巷，家族聚居的现象也非常明显。

洞庭人的婚姻关系基本上局限在本地范围。《震泽编》称，凡"嫁女娶妇，不适他境，皆近村，比境如古朱陈之类"，[②] 甚至"山中著姓，世为伉俪"。《葛氏宗谱》称，"洞庭旧俗，男女昏嫁不出东西两山中"。[③] 两山大姓之间共湖相望，大姓之间往来婚嫁，"故两山人相见，互称为'东山亲家''西山亲家'云"。[④] 如明后期东山大商人家族翁氏和席氏、席氏和郑氏，就世为婚姻。明后期的东山大商人严宇相，三个儿子分别娶了翁氏、叶氏、张氏之女，一个女儿嫁给了翁启愚，十个孙子分别娶了翁氏、周氏、叶氏、张氏、石氏、宋氏之女。试以东山翁氏为例，据乾隆《翁氏宗谱》所载，列表观察东山翁氏通婚情形（见表 1）。

表 1　翁氏通婚姓氏

单位：人

姓氏	通婚人数			姓氏	通婚人数		
	娶	嫁	合计		娶	嫁	合计
席	6	8	14	万	1	2	3
叶	6	5	11	刘	1	1	2
周	7	3	10	陆		1	1

① 赵吉士辑撰《寄园寄所寄》卷十一《泛叶寄·故老杂记》，周晓光、刘道胜点校，黄山书社，2008，第 872 页。

② 蔡昇撰、王鏊重修《震泽编》卷三《风俗》，《四库全书存目丛书》史部第 228 册，第 690 页。

③ 祁世倬：《洞庭葛氏族谱序》，民国《洞庭东山葛氏宗谱》，1924 年石印本。

④ 王思任：《王季重历游记·泛太湖游洞庭两山记》，《四库禁毁书丛刊补编》第 78 册，北京出版社，2005，第 263 页。

续表

姓氏	通婚人数			姓氏	通婚人数		
	娶	嫁	合计		娶	嫁	合计
严	5	3	8	贺		1	1
吴	5	3	8	季		1	1
金	6	1	7	袁		1	1
葛	4	2	6	文		1	1
孔	5		5	顾		1	1
许	4		4	卜	1		1
郑	2	1	3	石	1		1
王	1	2	3	汪	1		1
施	2	1	3	彭	1		1
张	2	1	3	汤	1		1
朱	2	1	3	胡	1		1
陈	3		3	合计	68	40	108

表 1 表明，翁氏的子孙，据不完全统计，自翁笾五兄弟到他们的玄孙辈五代人婚嫁的 108 人中，连同翁姓在内，通婚姓氏共为 30 姓，其中娶 68 人，女方为 23 姓，嫁 40 人，男方为 20 姓。翁家与对方单向流动，即只嫁不娶或只娶不嫁的为 15 姓，共 24 人。而翁家与席、叶、周、严、吴、金、葛 7 姓之间互为婚嫁的多达 64 人，超过 10 人的有席、叶、周 3 姓。这些大姓大多是洞庭东山的经商世家。也就是说，东山商人的通婚姓氏相当有限，其婚姻关系主要发生在当地的商人家族之间，真可以说是门当户对。这不但使经商家族在地缘上有紧密的联系，也使他们在血缘上有亲密的关系，在外男子互为甥舅，在家女子互为姑嫂。如翁鼎之母为席氏，翁鼎之三子启闻又娶席氏，祖婆母与孙媳妇为娘家人；翁彦章娶席氏，而堂妹又嫁席本广；翁笾有两个孙女嫁到叶家，却又有两个孙子和一个曾孙娶了叶女；翁燠晖和翁暹为堂兄弟，分别娶了席桐江的两个女儿，兄弟为连襟，姐妹为妯娌；翁大匡娶了严用章之女，而其侄女又嫁了严用章之子。

诸如此类，不一而足。婚姻关系局限在本地，而且固定在少数几个姓氏之间，从血缘上和地缘上更加巩固了宗亲关系。乡邻加上姻亲，如果经商，就能以家族或亲族群体的力量开展活动，经营者也易于积累资本、扩大实力，积累起来的商业资本也不易分散。即使资本发生转移，从血缘的角度讲，该资本仍在亲族内部。

洞庭人的日常行为也表现出十分强烈的宗族同乡意识。其处理财产，王维德《林屋民风》称："吾山兄弟众多者，农工商贾，量才习业，所得钱财，悉归公所，并无私蓄。间有才能短拙，不谙生理者，必待其有子成立，始以家产均分，并无偏私。此风比户皆然也。"其教习经商，"且子弟弱冠，而不能业儒者，即付以小本经营，使知物力艰难，迨其谙练习熟，然后付托亲朋，率之商贩，则子弟迫于饥寒者鲜矣"。其借本经营，"凡经商之人，未必皆自有资本，类多领本于富室者。盖其平日勤俭，忠信有余，虽无立锥之地，而千金重托，不以为异，恒例三七分认。出本者得七分，效力者得三分，赚折同规。富家欲以资本托人谋利，求之惟恐不得也"。① 这样的地缘血缘关系，使洞庭人的经商活动中，主家与出力者不是子弟家人，就是乡亲邻里，乡亲情义浓郁。

洞庭人即使移居落籍他地，往往日常生活往来仍不出家族范围。大名鼎鼎的商人家族席氏，因经营棉布，寄籍松江朱家角镇"百有余年，左右邻里数家，皆小户，未尝一通庆吊"，当地人说席氏"盖犹存洞庭东山分别大邻舍小邻舍之见也"。清前期，曾任职浙江盐运分司的席襄逝世，其子户部山西清吏司员外郎席绍容治丧，"舆轿盈门，里人艳羡"，而邻右无一赴吊者，绍容被其从父切责后，"夜使人向邻缓颊，不至如故，馈以金，然后一至，时人谓之'买吊'"。② 寄籍他地百余年，居然连婚丧大事与当地人也无往来，洞庭人的家族色彩之浓可以想见。洞庭人的这些风俗习惯，使他们在外出经商时特别容易以宗党、家族的形式展开活动。

① 王维德：《林屋民风》卷七《民风》"兄弟""教子""领本"条，《四库全书存目丛书》史部第 239 册，第 440、444 页。
② 嘉庆《珠里小志》卷十八《杂记》，上海市地方志办公室编《上海乡镇旧志丛书》第 7 册，上海社会科学院出版社，2005，第 236 页。

二　东山商人活动于运河沿线

明末徽州休宁人金声说歙县、休宁"两邑人以业贾故，挈其亲戚知交而与共事，以故一家得业，不独一家得食焉而已，其大者能活千家百家，下亦至数十家数家"。① 洞庭商人同样如此，家族经营的特点极为明显，明中期到清中期，东山洞庭商人家族主要活动在南北物货大通道运河沿线。

万历时李维桢说："东人多大贾，走江淮间。"② 明末冯梦祯称，东山商人"客清源者甚夥"。③ 清源即山东临清的古称。崇祯时吴县令牛若麟说东山人"商游江南北，以迨齐鲁燕豫，随处设肆，博锱铢于四方"。④ 临清是东山商人经营活动的最重要场所。

以下简要介绍当地各大家族。

王氏家族。王氏为东山望族，宋室南渡时，有千七将军者，后世尊为百三公，扈驾南迁，卜居洞庭东山，为东山太原王氏始迁祖。元末明初，有王彦祥者，得陆巷隙地，"斩草莽，披瓦砾，与诸子戮力治生，数年而家业大昌"，⑤ 东山王氏由业农兴起，"世以居积致产不赀"。其子逮（字惟道）、谨（字惟能）、敏（字惟贞）等五人，四人综理于外，谨一人独理于内，治家井井有条。⑥ 特别是王敏，"自小历览江湖，深谙积著之术，故江湖豪雄尊为客师，至今言善理财者，必曰'惟贞公'"。⑦ 王逮的儿子即大学士王鏊的伯父公荣公，景泰间不废祖业，"货殖留亳，积十余年，不顾家，身无择行，口无二价，亳人至今称为'板王'"。⑧ 王氏这一族在

① 金声：《金太史集》卷四《与歙令君》，故宫博物院编《故宫珍本丛刊》第529册，海南出版社，2000，第82页。
② 李维桢：《大泌山房集》卷六十《太湖两洞庭游记》，《四库全书存目丛书》集部第152册，第17页。
③ 冯梦祯：《快雪堂集》卷十四《明九州翁君墓志铭》，《四库全书存目丛书》集部第164册，第241页。
④ 牛若麟：《东洞庭山图说》，崇祯《吴县志》，第18页。
⑤ 王朝目：《伯英公墓表》，民国《莫厘王氏家谱》卷十三，1937年铅印本，第1页。
⑥ 王朝目：《惟能公墓表》，民国《莫厘王氏家谱》卷十三，第7页。
⑦ 施槃：《惟贞公阡表》，民国《莫厘王氏家谱》卷十三，第4页。
⑧ 王鏊：《公荣公墓志铭》，民国《莫厘王氏家谱》卷十三，第9页。

王鏊中进士贵为大学士后，更为显赫，自后"书香不绝"，贾儒相间，是个典型的儒商家族。王氏另有永乐、正统时的王胜，旅处京师十年，"未几业日益广，利日益滋，世业坠者举之，废者续之，园林第宅，旷然一新"。① 王士俊，"携家贾六合"，开店侨居，死后其妻继续在那里经营。② 可见王氏家族主要集中在江淮之地经营。清前期，王伯益、王临伯等人均因先世遗产在常熟而到那里经营。③ 直到嘉庆时，人称"至今居山中其人多善服贾，或出而从仕，犹不肯舍业，以是能保有厥世绵延二三百年，不见兴替"。④ 到太平军占领苏州前后，东山王氏才纷纷移向上海转营别业。

翁氏家族。东山翁氏始于随宋室南迁的承事公。家族世代为农，间营小商。到明中期七世孙翁毅和其子翁永福时，父子为商，家业开始振兴，成为继王氏之后以山东临清为活动中心的经商家族。永福的发家有偶然性。他原来在北京一带经营布业，有一次以少量的布匹与其他商贩换了大批质量较差的丝绸，染成各种颜色，再运到北京。正值朝廷犒赏军士需要大量彩绸，永福一下子获利百倍。机遇很重要，但永福的成功也取决于他的精明和眼力。正德、嘉靖年间，永福的两个儿子参和赞，都认为男儿志在四方，不必专攻章句，于是南浮湘汉，奔波于江陵、广陵之间，北涉淮泗，往来于燕赵齐鲁之境，因为经营得法，每到一地，总能获数倍的利润。最后以临清为经营的中心地，"达百货之情，审参伍之变，权本末之宜，能择人而任时"，经营规模扩大。⑤ 前后40年，名满天下，海内无不知有翁春山（引者按：翁参之号），家业隆起。清源疫疾流行，死者相枕，兄弟俩又出资大行善举，建义冢，埋遗骸，义声震动齐鲁。回吴后，他们又出家财募乡勇，抵御倭寇入侵家乡，使东山免遭

---

① 王铨：《避庵公墓表》，民国《莫厘王氏家谱》卷十三，第8页。
② 归庄：《归庄集》卷七《洞庭三烈妇传》，上海古籍出版社，1984，第425页。
③ 王芑孙：《谦谷公墓志铭》；王仲涝：《爱简公行略》，民国《莫厘王氏家谱》卷十五，第1、3页。
④ 王芑孙：《惕甫未定稿》卷七《洞庭王氏家祠记》，《续修四库全书》第1481册，上海古籍出版社，2003，第58页。
⑤ 王毅祥：《梅林公墓志铭》，乾隆《翁氏宗谱》卷十一。

蹂躏。①翁参五个儿子中的筵和罍，以及翁赞三个儿子中的爵和鼎，都集中在临清经营布业，翁家的经营规模达到了鼎盛。翁参的长子筵在临清的要道处广设店铺，招徕四方商人，各地前往者络绎不绝，又"察子弟僮仆有心计强干者，指授规略，使贾荆襄、建业、闽粤、吴会间，各有事任……所至常获倍息云"，②经营规模大为扩大。大江南北闻其名，信誉在外，非翁少山（引者按：翁筵之号）之布勿衣勿被，南北载运商货的舟车难以计数，海内有"翁百万"之盛称。翁参的三子罍在临清，"建一议，处一事，能惊其老辈。又善与时消息，知贵贱穰恶吉凶之征，群从事无巨细决策公口，而奇羡且十倍矣"。③翁赞之长子爵，"甫弱冠，即游齐鲁间，以治生为急，业日隆隆起"；④次子鼎，"挟资游清源。清源为齐鲁燕赵之冲，万货所聚，而君以心计，课其出入，不爽毫发，于兄弟间独称善贾"。⑤翁筵的长子启明继承父业，"尤长于知人所任，百金之士以千数，千金之士以百数，不出户而知万货之情，不杼轴而以东南之女工衣被半海内"，从而"资雄倍往时"；⑥次子启阳"权奇倜傥，不事纤微居积而家益大"。⑦大体上到启明、启阳和翁罍长子启端、翁爵之子启祥这一辈，翁氏的商业资本都继承了下来，而且启明等还能将先辈的事业扩大，翁家称雄布业的时代一直维持到明亡。清初，"言富者必首称翁、许云"。⑧其时虽然启阳的儿子彦升、启端的子侄辈枝倩和枝芳等人仍然经商，但翁氏的势力已趋于衰落。此后，尽管翁氏还有翁铠等人经商，但都属小商小贩，再也看不到明后期那种经营盛况了。翁湛甚至去当了其他富商的主计，为他人经营了。为清晰起见，

---

① 王世贞：《弇州续稿》卷九十二《处士春山翁君暨配吴姥合葬墓志铭》，《景印文渊阁四库全书》第1283册，第322~323页；翁澍：《具区志》卷十三《人物》，《四库全书存目丛书》史部第223册，第618页。
② 申时行：《少山公墓志铭》，乾隆《翁氏宗谱》卷十一。
③ 陈继儒：《洞湖公暨配严孺人合葬墓志铭》，乾隆《翁氏宗谱》卷十一。
④ 翁赞：《少梅公传》，乾隆《翁氏宗谱》卷十一。
⑤ 冯梦祯：《快雪堂集》卷十四《明九州翁君墓志铭》，《四库全书存目丛书》集部第164册，第241页。
⑥ 董其昌：《见源公暨配石孺人墓志铭》，乾隆《翁氏宗谱》卷十一。
⑦ 钱谦益：《牧斋有学集》卷三十五《太学生约之翁君墓表》，《钱牧斋全集》第6册，钱仲联标校，上海古籍出版社，2003，第1247~1248页。
⑧ 翁澍：《具区志》卷十三《人物》，《四库全书存目丛书》史部第223册，第621页。

现将明后期到清初翁氏经商的世代示列如图 1 所示。

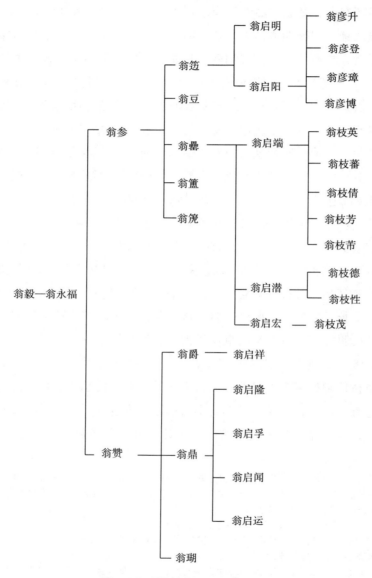

图 1　明后期到清初翁氏经商的世代

　　席氏家族。东山翁氏衰落后崛起的是席氏。东山席氏的始迁祖是唐末因避黄巢之乱而由关中移家南迁的武卫将军席温。从唐末直到清中期，将近千年，席氏子孙或以仕宦，或以经商分散四方，但留在东山的席氏子孙，仍然"群萃州处，蔚为望族，吴中世泽之久长无有出其右者"。①嘉靖、万历年间，席森在临清经营布业。稍后到左源、右源时，席氏名大著。左源名端樊，右源名端攀，最初在松江青溪学习经商，尚未成年，其父去世，乃同心协力，运筹握算，派遣宾客北走齐燕、南贩闽广，不到20年，积资巨万。凡是江南的梭布，荆襄的土靛，往来车船，"无非席商人左右源者"，②结果"布帛衣履天下，名闻京师、齐鲁、江淮"，吴人称东山便提到"左右源席氏"。③嘉庆《席氏家谱·载记二》载，席氏兄弟乐善好施，"实京辇，济边需，疏王途，纾民困，江、淮、济、汶之间，宾旅行人借以无恙"。万历二十七年（1599），席氏倡率东山许、翁、万几大商家，在布业重镇朱家角捐资重建了慈门寺，后来席端攀还在慈门寺旁设置了义冢。④席左源之子席本广、席本久也在临清承袭世业，开有店铺。席本广才思敏捷，举措中款，综理周密，即使老成谙练者也无不心服。他奔走于临淄、海岱一带，数年间业大起，获资数千万两。席右源之子席本祯，字宁侯，原为太学生，后弃儒经商，"任时而知物，笼万货之情，权轻重而取弃之。与用事者同苦乐，上下戮力，咸得其任，通都邸阁，远或一二千里，未尝躬自履行，主者奉其赫蹏数字，凛若绳墨，年稽月考，铢发不爽"。"质库所入，不责倍称之息于人，人争归之，所赢得辄过当。繇此其业数蹙又数起云。"⑤席本祯任用外甥金汝甝，或薄利多销，加速资金周转，或选择追求高额利润的办法，将产业做大做强。金汝甝佐助席氏30年，"所遣客岁走四方，往则受指于翁，返则报命。其子本悉集翁所，席氏不复问其出入，然未尝取一无名钱"，⑥是个特别忠诚且看重信

① 石韫玉：《独学庐四稿》卷一《洞庭东山席氏先世图谱记》，《独学庐文稿》，董粉和点校，上海古籍出版社，2020，第578页。
② 翁澍：《具区志》卷十三《人物》，《四库全书存目丛书》史部第223册，第621页。
③ 吴伟业：《吴梅村全集》卷四十七《太仆寺少卿席宁侯墓志铭》，李学颖集评标校，上海古籍出版社，1990，第964页。
④ 嘉庆《珠里小志》卷六《寺庙》、卷十《义冢》，《上海乡镇旧志丛书》第7册，上海社会科学院出版社，2004，第68、124页。
⑤ 吴伟业：《吴梅村全集》卷四十七《太仆寺少卿席宁侯墓志铭》，第964页。
⑥ 汪琬：《尧峰文钞》卷十六《观涛翁墓志铭》，《汪琬全集笺校》，李圣华笺校，人民文学出版社，2010，第1605页。

誉之人。席本祯夫妇富而好仁，当崇祯末连年灾饥之时，"积著家居，大发囷中金，挽襄樊之粟，贮之中吴，以次平其值。既而户书其口，口计其食而分给之。又以其余波及金陵、济宁、临清诸所贸迁之地，皆赈之如中吴。凡发粟万，捐白金二万，而所全活二千里之众数万无算"。① 席本祯赈灾不遗余力，也说明其资财之雄厚。

席氏在运河沿线经营棉布业，需要从长江中游输入染料蓝靛。崇祯十四年（1641），席本祯等委托商伙杨顺等 13 人，从湖南湘潭买了大批蓝靛，用 34 条大船装运，挂了"左"字、"宁"字旗号，顺长江而下。当船队行抵龙江关时，操江巡抚杨某利其货物，诬称席氏家客是农民军的间谍，"张皇入告，将置之辟"。席本祯为诸商请命，直到刑部尚书刘某继任，冤狱方解。这一事件被称为"靛船之狱"，席家差不多花费掉了这次经商的全部收入。② 由此可知，其蓝靛经营规模甚为可观。顺治初年，席家"临清贾店所有，尽亡于兵火"，③ 遭受沉重打击。但顺治十六年（1659），在《苏松两府为禁布牙假冒布号告示碑》中列名的 37 家棉布字号中，排名最前的是席时、席行二家，说明直到清初，席氏商人仍然为布业中的翘楚。④ 可见席氏经营地域之广和资财之雄厚。其后有席弘江，艰苦备尝，行商于齐卫燕赵之境。席琮，与善于经商者一起贸易淮、扬、徐、泗等地，一年中往返两次，三年后"米粟充牣，布帛山积"。洞庭席某"善心计，贾淮徐间，历十余年，业颇裕。共事者，同里某也，断金之谊，久而弥坚"。⑤ 直到道光年间，席氏依

---

① 尤侗：《尤侗集·长斋倦稿》文集卷八《墓表·席宜人墓表》，杨旭辉点校，上海古籍出版社，2015，第 1238 页。宋徵舆《故太仆寺少卿席君墓表》（《林屋文稿》卷九，《清代诗文集汇编》第 58 册，上海古籍出版社，2010，第 157 页）也称："当明崇祯季年，累岁大祲，饿殍载道，君乃大发其囊中金，挽襄樊之粟，储之中吴，以次平其值。既而叹曰：'民尚安得值，惟有赈耳！'于是户书其口，口计其食，著为令，分赈之，吴人之得活者几万家。君度力尚有余，凡其所货殖之地，若金陵，若临清，若济宁，皆赈之如中吴。当是时，国方被兵，司农告匮，有司惟征输是问，而君以一诸生，食中吴、东齐二千里之饥民，凡发粟万、捐白金二万，闻者莫不惊叹。"

② 左光先：《左侍御公集·靛商冤抑疏》，不分卷，清刻本；张国维：《抚吴疏草》卷六《为塘报盘获奸细事》，崇祯刻本，第 74 页。

③ 汪琬：《尧峰文钞》卷十五《乡饮宾八十翁席公仲远墓志铭》，《汪琬全集笺校》，李圣华笺校，第 1575 页。

④ 上海博物馆图书资料室编《上海碑刻资料选辑》，上海人民出版社，1980，第 85 页。

⑤ 毛祥麟：《墨余录》卷十二"席某返魂"条，上海古籍出版社，1985，第 192 页。

然世代有人经商，而且活动地区仍然在华北的运河沿线。自明后期直到清后期，席氏始终是洞庭东山最负盛名的商人家族。①

叶氏家族。叶氏世居东山蒋湾叶巷。其先祖玄公叶逵曾仕吴越国刑部侍郎，入宋朝，因有别业在洞庭而移居。六世孙叶梦得，徽宗时为翰林学士，高宗时为江东安抚制置大使兼知建康府、行宫都守，退老于莫厘峰下。叶氏遂为东山一大望族。从此直到清朝，"环聚于太湖之滨，簪缨阀阅，甲于江左"。②叶氏族大人多，经商者不断。早在元末，就有叶德闻随其父经商淮上。叶道恒14岁就随其父经商宿迁。叶湘带了千金到松江买布，遭船家暗算丧命。叶之先祖、父，"皆隐吴之市门而有行义，实始起其家"。③叶某，商于大梁，"买布入陕换褐，利倍。又贩药至扬州，数倍。贸易三载，货盈数千"。④正德时，叶良辅在临清有店铺。据说当岁饥之年，他将燕赵之人欠他的10万两银债据全部焚烧掉，而且担任大役，赈济饥民，后来又捐资入官，可见其资财相当雄厚。同时期的叶秀林，未成年即南泛湘汉，北抵邳徐、齐鲁之地，懋迁有无。据说他与人相交，诚一不欺，故人多信任而不忍欺。经营40年后，他又将商业交给几个儿子。明末清初人叶成荫，起家商贾，但能周人急难，济人困苦，亲旧有难必及时赞助，好义之声名闻于齐鲁。叶懋，结婚仅三个月，即外出给同宗富人当伙计。⑤叶达与其弟在嘉定南翔镇经营。⑥康熙时，叶氏有人在宿迁洋河镇经营，并落籍当地。时人叶之佐则继承父业，在六合县的皇厂河经营店肆。叶氏到清中期时，仍有先世遗产在淮右一带。叶璠，随其父在淮北大力经营，后来太平天国运动时老家产业丧失，全靠淮北资产接济。太平天国兵燹后，叶懋官因战乱家产荡尽，就集资远赴天津贸易，征贵征贱，屡举屡中，家业复振。他一度在上海经

---

① 清中期苏州人石蕴玉说，洞庭东山"烟火万家，席姓最盛……席氏世生伟人，或以桑孔之术，权物贵贱而成素封，或以文学起家"。（石韫玉《独学庐三稿》文卷五《杭州同知席公墓志铭并序》，《独学庐四稿》文卷一《洞庭东山席氏先世图谱记》，第486页）。

② 叶德辉：《云乔先生家传》，宣统《吴中叶氏族谱》卷五十一，宣统三年刻本。

③ 王鏊：《震泽先生集》卷二十九《亡妹故叶元在室人墓志铭》，《王鏊集》，吴建华点校，第411页。

④ 刘忭、沈遴奇、沈儆垣：《续耳谭》卷六《冯蝶翠》，文物出版社，2016，第501页。

⑤ 归庄：《归庄集》卷七《洞庭三烈妇传》，第425页。

⑥ 嘉庆《南翔镇志》卷七《人物》，第17页。

营，再到天津会办招商局。叶懋鎏与叶懋官的情形相似，因家道中落，年纪轻轻就到扬州经营盐业，家业复振，前后吸引亲属数百人在外活动。又置田千亩，设义庄，购庄屋，修族谱，联络族人。在经商的地方，官吏常常向他咨询盐业。这说明他不但产业厚，而且颇有声望。这是目前所知洞庭人经营盐业的唯一例子。由上可见，叶氏经商的地域较广，行业较多，其重要据点是江北，特别是淮北一带。

严氏家族。严氏原居浙江宁波鄞县，宋建炎中有四十八公者，为平江路判官，占籍吴地，为当地著姓，其中一支定居东山。严氏是东山贾儒相间、经商与仕进迭相为用的一个家族。明弘治九年，严经"奋起于货殖之中"，登进士，进入仕途，后来官至彰德知府，严氏从此起家。但一代中个别人的科举成功并不足以长久维持家业。严经之子漭，既困于赋役，又食指繁众，入不敷出，家道中落。到严经的孙子辈，时当嘉、万时期，严氏不得不弃儒为商。严漭之子渔溪公，"自是易业计什一，征贵贱，鼓掌遨游，若齐鲁，若梁蔡，若荆楚湖湘，罔弗遍及"。① 严漭另一子果，也"不惮任劳茹辛，操子母奇赢之数而寸积铢累，渐致润余。因为之广栋宇，扩畴畦，诒谋燕翼，卓然称崛起矣"。② 渔溪公之子严宇相继承父业，"遂弃书从父游，舟车迹靡不遍。独爱棠邑风土骏茂，居积委输恒于斯焉。……自贾后得饶息之厚有加"。③ 严果之子严宇春，则在家族日益衰落的情形下，弃书而到金陵经商，"仿计然策，叩囊底智"，与蜀楚越闽等地豪杰相交。④ 严宇春为孝养父亲，将全国各地的稀见特产珍味源源运回家乡；严果则凭借儿子经商的资财广交王世贞等名流，大概家产已非常雄厚。时人春寰公，因"产日落，乃弃儒而贾。明于鸥夷子皮之术，因天时，察地利，与物屈伸，不贪不惰，用是起家素封"。⑤ 严氏这一支两代人弃儒从贾的嘉、万时期，正是东山商人从

---

① 《渔溪严翁暨叶硕人墓志铭》，民国《六修江苏洞庭安仁里严氏族谱》卷八，1931 年中华书局铅印本。
② 朱国祯：《明故五溪严公配叶孺人墓志铭》，民国《六修江苏洞庭安仁里严氏族谱》卷八。
③ 归昌世：《明处士鹿门严公配陆孺人合葬志铭》，民国《六修江苏洞庭安仁里严氏族谱》卷八。
④ 陈继儒：《明故处士云门严公暨元配叶孺人亚配杨孺人行状》，民国《六修江苏洞庭安仁里严氏族谱》卷八。
⑤ 冯梦龙：《明隐君春寰严公墓志铭》，民国《六修江苏洞庭安仁里严氏族谱》卷八。

事棉布贩运最为活跃的时期，但此后严氏经商盛况似已不再。清初有"士商相间"的严舜工，寓居嘉定。① 直到乾隆时的严福，"以资雄乡里，设质库于珠里，因寓居焉"。② 珠里即棉重镇朱家角。道、咸时期，严经子嗣的另一支五世孙明台，因家贫放弃举业，"随兄长服贾淮、徐……奔走江淮二十年，遂拥厚资归"，为宗族捐置义田。③ 其长子福保，由秀才而官武昌知县，孙国藻，捐职光禄寺署正，严氏再次凭经济实力进入仕途。晚清时，严氏仍有人"读书不成名，候时转物于淮、沘间"，④ 也有人在上海等地经营钱业、轮船运输业等。

万氏家族。万氏世居开封，宋末靖康之难，虞恺公者避地江左，携子买宅洞庭东山张巷，遂为东山万氏始祖。二世祖仲默公种橘数千株，乡人称为橘园万家，万氏从此而为东山大族。万氏从商始于明中期。大约景泰时，15世万章在父亲死后，家无蓄积，于是"客游荆襄"20年，"资累饶裕，爰树家业"。⑤ 万章之子万荣，从父服贾。万章死后，家复中落，其另一子格弃儒服贾，曾经商谯周、淮阴等地，前后在外35年。⑥ 万格长子大经，科考不利，乃受贾于父，收债下邳；另一子大纶，"贾于由拳"，⑦ 由拳即嘉兴。大纶之子澔在嘉定朱家角镇经营布业，"上贾下贱，厥待平等"，又"尝代中表翁氏操百万利权"；另一子浚，"幼习举子业，学成而薄荣贵，托市为隐，贾于谷水"，⑧ 谷水疑即在徐州附近；又一子润，"生平跋涉，强半在楚湘泽间……善谈笑，多筹算，而掊取子母，盈虚听之数"，后"侨寓于松郡之青溪"。⑨ 同

---

① 归庄：《归庄集》卷六《传砚斋记》，第359页。
② 嘉庆《珠里小志》卷十一《人物》，《上海乡镇旧志丛书》第7册，第159页。
③ 马铭：《梧生严公家传》，民国《六修江苏洞庭安仁里严氏族谱》卷八。
④ 《诰授资政大夫二品顶戴候选道严公芝楣观察家传》，民国《六修江苏洞庭安仁里严氏族谱》卷八。
⑤ 史经：《万道显先生墓志铭》，道光《洞庭东山万氏宗谱》卷后，道光二十三年刻本。
⑥ 袁福征：《隐君竹泉万翁墓志铭》，道光《洞庭东山万氏宗谱》卷后。
⑦ 董其昌：《处士左峰万君墓志铭》；葛一龙：《明处士定湖万公墓志铭》，道光《洞庭东山万氏宗谱》卷后。
⑧ 陈继儒：《养浩万公两郡特旌序》；莫俨皋：《明旌表冠带善士升宇万公墓志铭》，道光《洞庭东山万氏宗谱》卷后。
⑨ 谢所举：《明故礼部冠带儒士谦宇万公墓志铭》；吴伟业：《谦宇万隐君传》，道光《洞庭东山万氏宗谱》卷后。

严氏一样，明代嘉、万时期是万氏商人事业最为兴旺的时期，入清后，经商者寥寥。

郑氏家族。东山郑氏始祖据说为宋哲宗时的驸马都尉郑钊。高宗南渡，郑钊保驾孟后，崎岖播迁，后隐居东山，子孙繁衍，为东山巨族。郑氏是典型的经商家族。明代正德、嘉靖时，有郑春溪者，值家中落，"君弱冠，徒手往游清泉，即解服贾事。清泉当南北要冲，舟车栉比，物货云瀼。君善伺物，盈歉随时，且不滥恶以肆欺，不垄断而妄取。凡与君交易者，咸去后见思，相率踵至。自是君名渐著"。[①]"当南北要冲"的清泉，疑即今山东冠县东北。明后期的郑溥，家"世业贾，年十五出习贾"。[②]周氏之丈夫，"业计然，轻千里，逾淮涉济……反似以客为家，而十九在外"。[③]明末清初人郑登远，父丧后家业颇落，"乃弃举子业为治生计，区画措置，秩然有条理。积十余年，遂复旧业，仰事俯育，赖以不匮"，又有材料说他"以世业在六合，时往来于大江南北"。[④]其子郑茂协，家资雄厚，"会西吴人经商海外，利倍蓰，先生闻之，造万斛舟凡七艘，募客挟重资往来红毛、中山等国。遇飓风，舟尽没，家乃大索矣"。[⑤]清前期人郑瑞，在江北葛塘集有祖业，他前往经纪其事。郑世璐，先后在松江、景德镇、南京等地经商。[⑥]

葛氏家族。葛氏原来世居开封，建炎中有葛万五公者随高宗南渡，爱三吴山水佳丽，卜居东山武峰下，"拓基开壤，树桑艺谷，不到几十年，食指渐繁，俨然巨室"。而且"聚族而居，里无杂姓"，男女婚嫁不出东西两山范围，岁时伏腊，恪遵礼制。在明代，据说"人文蔚起，簪缨文物，照耀寰中"。葛氏自称"类以商贾起家，亦多文学之士"，也是典型的大家族。[⑦]葛氏经商者以南京和徐淮之地为多。明中期时葛景昇，"善治家人生业，贸迁有无，以资雄里闾"。[⑧]嘉靖时有号葛友竹者，经商齐鲁、荆襄等地。时人葛

---

① 姜节：《春溪郑隐君墓志铭》，乾隆《重修东山郑氏世谱》卷七，乾隆五十八年刻本。
② 周顺昌：《郑隐君霖雨先生传》，乾隆《重修东山郑氏世谱》卷七。
③ 陈继儒：《郑母周太君八十寿序》，乾隆《重修东山郑氏世谱》卷八。
④ 《郑君御之墓志铭》，《敕封郑母席安人墓志铭》，乾隆《重修东山郑氏世谱》卷七。
⑤ 施朴：《笠峰先生传》，乾隆《重修东山郑氏世谱》卷七。
⑥ 《辑亭公家传》；那彦成：《葭滨先生传》，乾隆《重修东山郑氏世谱》卷七。
⑦ 祁世倬：《洞庭葛氏族谱序》，民国《洞庭东山葛氏宗谱》。
⑧ 严经：《月桂公传赞》，民国《洞庭东山葛氏宗谱》。

铁，弱冠即"服贾四方，权子母，精算画，缗少而获息多。历涉江湖，驰驱南北，殆无宁日"，因此而"家日辟而业日拓"。① 其第三子号敬筑公者，也"弃诗书而习贾，越三年，贾业稍成"。② 万历时葛符在南京经营，前后20年，察天时，明地理，意料人事，往往奇中。明末葛篆在徐州经营，殚智竭力，勉力维持，数年后家业隆起。葛氏在明代还有葛承瑾在临清经营。清初，葛国珍在浙江棉布业市镇枫泾镇经商。葛国镇则随父到徐州经商，从此入籍徐州。有振玉公者到江宁府属县浦口经商，太平天国运动爆发后，其后裔又在邻县六合县开店。葛公履者，更在徐州经商50年，咸丰十一年（1861）家乡东山遭战火，有赖徐州一店以自给。

东山还有施氏、刘氏、张氏、金氏等望族以及张氏，也代有名商。如正统四年（1439）己未科状元施槃，据说其父在山阳经商，曾携之到富人罗铎家，施槃之侄施凤也随其祖父在淮阴从商。后来还有人于明末到济宁经商。金氏曾有人到江北经商，明末的金汝鼐、金植父子连续为舅家席氏经营，颇为成功。③ 张梧言于正德初到徐州附近的邳州卖布。正德、嘉靖年间，张淮"尝南浮江汉，北涉淮泗，历齐鲁燕赵之郊辈，类皆高资富人，货布充羡。君所操，视之不能什一，且时有利钝，然意常恝如也。与人贸易，一以诚信，虽累百金不刻契传，终无所欺，而人亦无欺之者"。④ 康熙《睢宁县志》说当地一切货物都依赖外地商人转输，而经营者多是秦、晋、徽、苏商人。这里的苏商，实际上就是洞庭商人。由于人数众多，洞庭商人在睢宁的大李集也设有会馆。

在存留下来的有关临清的志书文献中，有关徽州商人、山陕商人的描述较多，而看不到洞庭商人的明显踪迹，只有徽、苏商人合置的两所义阡可能与洞庭商人有关。现有的研究只有关于徽商、陕商和晋商在临清活动的描述，而似乎从未提及在临清等地的洞庭商人。上述考察清楚地表明，洞庭商人在鸦片战争前的主要活动区域就是盛极一时的山东临清。

---

① 葛文林：《有筑公传赞》，民国《洞庭东山葛氏宗谱》。
② 彭维曦：《敬筑公传》，民国《洞庭东山葛氏宗谱》。
③ 徐乾学：《皇清待赠征士郎乡饮宾太学金君卓庵墓志铭》，雍正《金氏族谱》卷五，雍正十年宝谦堂刻本。
④ 陆粲：《陆子馀集》卷三《张时济墓志铭》，《景印文渊阁四库全书》第1274册，第611页。

东山商人集中在临清等地，只是将临清作为江南棉布销往华北等地的转输地，棉布销售的起点其实是东山商人的家乡江南。江南是全国最为重要的棉布生产地，运河沿线则是江南棉布的畅销地区。东山郑氏活动的松江，是明清时期全国最为重要的棉布生产中心。席、许、翁、严、万等家族活动的朱家角镇，是明代松江府青浦县首屈一指的巨镇，盛产棉布，"京洛标客往来不绝"。①西山蒋氏家族活动的泗泾镇，是松江府娄县的棉布业市镇。江、浙交界的枫泾镇与朱泾镇，更是标布生产、加工和流通的中心，清人说明后期镇上集中了数百家棉布加工字号，以及染坊、踹坊等，地方文献称"明季多标行，有'小临清'之目"，比作运河沿线的山东著名商业城市临清，赵慎徽有诗谓："估客往来多满载，至今人号'小临清'。"②有叶氏家族成员活动的南翔镇，是嘉定乃至江南最为重要的棉布业市镇，百货填集，棉布字号众多，徽州等地布商极为活跃。③棉布产地常熟县钓渚北范一带，"自明季以来，多席氏聚居，盖从洞庭东山移籍于此者"。④常熟双浜，翁文虎的先人，"洞庭人，以贸易入虞"。⑤常熟与无锡交界的苑山荡一带，迁自洞庭东山的席氏蔚为望族，在地方事务上掌握了话语权。明末人杨文骢称，东"洞庭贾店在云间，名青店"。⑥清初，东山商人葛国珍"营业于浙之枫泾镇"。⑦松江府顺治十六年的布店字号碑中，有布业席时、席行之名，显然是指洞庭东山席氏。这些都显示东山商人收集棉布的店铺多在江南棉布产地。

明代松江标布"俱走秦、晋、京、边诸路"，中机布"走湖广、江西、两广诸路"。⑧苏州府嘉定县的棉布，"商贾贩鬻，近自杭歙清济，远至蓟辽

① 嘉庆《珠里小志》卷一《界域》，《上海乡镇旧志丛书》第7册，第1页。
② 嘉庆《朱泾志》卷一《疆域志》，《中国地方志集成·乡镇志专辑》第1册，上海书店出版社，1992，第988页。
③ 万历《嘉定县志》卷一《疆域考市镇》，第35页。
④ 单学傅：《钓渚小志》，沈秋农等主编《常熟乡镇旧志集成》，广陵书社，2007，第726页。
⑤ 秦嗣观：《翁蔚也先生传》，《双浜小志》卷二《人物列传》，沈秋农等主编《常熟乡镇旧志集成》，第820页。
⑥ 杨文骢：《洵美堂诗集》卷八《洞庭竹枝词》其三注，1935年贵阳陈夔龙刻本，第15页。
⑦ 民国《洞庭东山葛氏宗谱·节妇朱孺人传》。
⑧ 叶梦珠：《阅世编》卷七《食货五》，上海古籍出版社，1981，第157页。

山陕"。^① 常熟县的棉布，"捆载舟输，行贾于齐鲁之境常十之六，彼民之衣缕往往为邑工也"。^② 万历时商人说，"至于布匹，真正松江，天下去得"，意思是只要是松江布，可以畅销于各地；"山东、河南二省只作松江野路"，临清、河西、北京等地，都是正道，"济宁一带，松江邪正都行"。^③ 江阴布，是一种厚实的平机布，"所去者，各盐场与江南江北"。常州与沙头（引者按：属江阴）布，"号为常熟野路，所去者止邳州及淮北淮西"。^④ 无锡布，乾隆时"坐贾收之，捆载而贸于淮扬高宝等地，一岁所交易，不下数十百万"。^⑤ 这些地区的棉布，主要循着运河销向江淮苏北地区。

明代中期起，江南棉布销往全国各地，主要有两大通道：一条经运河，过江涉淮而北走齐鲁大地，供应京师，达于边塞九镇，以山东临清为转输中心；一条出长江，经湖广、四川而沿途分销于闽、粤、秦、晋、滇、黔广大地域，以安徽芜湖为绾毂之地。^⑥ 松江、太仓等地所产标布，明后期"俱走秦晋京边之路"，在华北地区有广大范围的销路，所谓"前朝标布盛行，富商巨贾，操重资而来市者，白银动以数万计，多或数十万两，少亦以万计，以故牙行奉布商如王侯，而争布商如对垒"，^⑦ 人称"自来镖行自临清以达北都，边商自蔚朔以及宣大，无不贸易此中。其上海一邑，每岁布货镖商流通者不下百万金，即染青匠役亦有万人"。^⑧ 其时运河物流就呈现出"棉则方舟而鬻诸南，布则方舟而鬻诸北"，或"吉贝则泛舟而鬻诸南，布则泛舟而鬻诸北"的独特景象。^⑨ 清代乾隆二年（1737），河南巡抚尹会一说，"今

---

① 万历《嘉定县志》卷六《物产》，第36页。
② 嘉靖《常熟县志》卷四《食货志》，第14页。
③ 余象斗辑《三台万用正宗》卷二十一《商旅门·棉夏布》，万历二十七年刻本，第16页。
④ 余象斗辑《三台万用正宗》卷二十一《商旅门》，第16页。
⑤ 黄卬：《锡金识小录》卷一《备参上·力作之利》，光绪二十二年刻本，第7页。
⑥ 陈继儒：《陈眉公全集》卷五十九《布税议》，崇祯刻本，第21页。
⑦ 叶梦珠：《阅世编》卷七《食货五》，第157~158页。
⑧ 祁彪佳：《祁彪佳文稿》督抚疏稿《题为请折官布以苏民生以裕国用以通商贾事》，书目文献出版社，1991，第843页。
⑨ 王象晋：《群芳谱·棉谱》小序，《群芳谱诠释》，伊钦恒诠释，农业出版社，1985，第155页；徐光启：《农政全书》卷三十五《蚕桑广类》，《农政全书校注》，石声汉校注，上海古籍出版社，1979，第969页。

棉花产于豫省，而商贾贩于江南"，① 指的仍是这种情形，棉、布对流格局仍旧。清中期，江南棉布奄有广阔的海内外市场，人称："冀北巨商，挟资千亿，岱陇东西，海关内外，券驴市马，日夜奔驰，驱车冻河，泛舸长江，风餐水宿，达于苏常，标号监庄，非松不办，断垄坦途，旁郡相间。吾闻之苏贾矣，松之为郡，售布于秋，日十五万匹焉。"② 销向全国的江南棉布，仅松江一地，就可能每年高达三四千万匹。

洞庭东山商人家族集中的临清，正是运河山东段内最为重要的商品转输地。15 世纪中叶以后，随着交通日益繁忙，临清人口逐渐增加，商业繁荣日盛一日。临清商业最为繁盛的中州，举凡南方的丝织品、米粮，西北的毛皮，华北平原的麦豆，长芦的盐，都集中在那里。一条长街贯穿南北，长达 3 里有余，长街以西有白布巷，店铺以布店为主，绸缎店则集中在与其相交的果子巷。隆、万年间临清商业极盛时，布店一时多达 73 家，缎店多达 32 家。③ 临清系交通要道、南北货物转输中心，布商聚集，舟车负载，日夜驰骛。洞庭东山商人以此为活动中心，正是由临清的这种重要地位决定的。严氏作为经营要地的棠邑，与临清同属东昌府，靠近运河，"棠邑故当齐鲁梁楚之冲，方天下全盛，自京师雍晋走吴会为孔道，四方百物辐凑"，④ 因而棠邑成为东山布商活动的又一重要据点。而东昌府城聊城，苏州商人于嘉庆十一年（1806）筹议购地创建会馆。道光十八年（1838），会馆建成，前后有五进院落，颇具规模。

值得注意的是，临清商业开始兴盛时，也就是洞庭商人在临清崭露头角之时，临清商业最为兴盛时的嘉、万时期，也就是洞庭东山商人在临清、北方市场大显身手臻于极盛之时，洞庭东山布商与临清商业同盛共衰。可以说，东山布商与徽州布商、山陕布商一起，平分了明清时期华北、江淮地区的布匹广大销场，同时造就了临清商业的辉煌。清初人归昌世言，"经商大

① 尹会一：《敬陈农桑四务疏》，《清经世文编》卷三十六《户政一一》，中华书局，1992，第 891 页。
② 钦善：《松问》，《清经世文编》卷二十八《户政三》，第 694 页。
③ 赵世卿：《关税亏减疏》，《明经世文编》卷四百一十一，中华书局，1962，第 4458 页。
④ 归昌世：《明处士鹿门严公暨配陆孺人合葬墓志铭》，民国《六修江苏洞庭安仁里严氏族谱》卷八。

者，以西北之巨镪易东南之绢布，洞庭两山之人为多"，① 由此可认为嘉、万时期洞庭布商的势力还在其他地域布商之上。至于东山商人的蓝靛等经营，则显然是为布匹、丝绸的附属行业染业服务的。从经营行业及活动地域来看，直到清中期，洞庭东山商人在江南棉布销往全国的运河和长江两大通道中，与徽商、山陕商人展开商业竞争，势力颇大。

三　西山商人活动于长江沿线

洞庭西山商人家族主要活动在长江中下游地区，南京、上海、汉口、长沙、湘潭是其重要场所。明中期东山人王鏊形容，西山人"离家旅估，橐理粮裹，驾巨舶，乘弘舸，扬荆襄之帆，鼓潇湘之柁，巴西粤南，无往不可"。② 明中期，西山有人"挟小本往襄阳开酒肆二十余年"。③ 崇祯年间的吴县令牛若麟说西山人"诗书之外，即以耕渔树艺为业，稍有资蓄则商贩荆襄，涉水不避险阻"。④ 康初年洞庭东山人汪琬说："西山之人商于湖广者多"，"郎乘大艑向襄阳"。⑤ 康熙前期西山人说当地"竞尚行贾，以故山中人之贾于楚者，率十室而九"。⑥ 康熙后期西山人王维德在《林屋民风》中也说，"商贩谋生不远千里，荆湘之地竟为吾乡之都会，而川蜀、两广之间，往来亦不乏人"；⑦ 或谓西山人十七八岁"即出贾楚之长沙、汉口，四方百货之凑，大都会也"。⑧ 这些描写或经商事例，均说明西山商人主要在长江沿

---

① 归昌世：《明处士鹿门严公暨配陆孺人合葬墓志铭》，民国《六修江苏洞庭安仁里严氏族谱》卷八。
② 王鏊：《洞庭山赋》，钱穀编《吴都文粹续集》卷二十一《山水》，《景印文渊阁四库全书》第1385册，第535页。
③ 沈周：《石田翁客座新闻》卷十一"西山人寻父"条，《沈周集》，张修龄等点校，上海古籍出版社，2013，第983页。
④ 牛若麟：《西洞庭图说》，崇祯《吴县志》，第16页。
⑤ 汪琬：《钝翁续稿》卷三《洞庭竹枝词二首》，《汪琬全集笺校》，李圣华笺校，第1189页。
⑥ 蒋尚义：《乐山公家传》，乾隆《洞庭后堡蒋氏宗谱》卷一，乾隆五十年序本。
⑦ 王维德：《林屋民风》卷七《民风》"商贩"条，《四库全书存目丛书》史部第239册，第444页。
⑧ 王维德：《林屋民风》卷七《民风四》，王维德等《林屋民风》（外三种），侯鹏点校，第151页。

线开展商业活动。在长江沿线活动的西山商人，主要有以下几个家族。

秦氏家族。秦氏据说源出高邮人、宋龙图学士秦观。秦观之子在宋绍熙年间卜居晋陵，成为苏州的秦氏始迁之祖。再传三代为秦宗迈，他爱洞庭山水之胜，筑别墅于消夏湾之安仁乡，卒后葬缥缈峰下，成为洞庭始迁祖。其子君显公守墓，开始定居，更乡名为秦家堡。君显公之长孙孝懋，居秦家堡之东，为东秦派，另有孙辈孝光、孝义，居秦家堡之西，为西秦派。从此秦氏支派分别，散处各村，"几半洞庭"。渡渚、镇夏、石公、涵村、明月湾、旸坞、陶村等西洞庭村庄，以及东洞庭长圻村，都有秦氏支裔。洞庭秦氏历代簪缨络绎，与占籍荆湘的另一支秦氏，在吴楚之间同样世为望族。秦氏散处各地，多与经商有关。明中期，秦怡松，"迁有无，化居荆襄间"。时人秦宥，外出经商失利而归。秦仁因家贫，放弃学业而转营商业，东至齐鲁，未获成功，又改到西山商人集中的沅湘之地，为人从事贩运贸易前后达20年，积累逐渐增多。弘治、正德时秦绅，早年即从商，多所饶获，"以故家日益裕，德日益隆"，正德十四年（1519）赈饥捐谷300石。① 与秦绅同时的秦淮，也曾"挟资游荆襄，逐废举之术"。② 秦隆"壮游名区，达荆楚"。入清后，秦元社年仅弱冠，即服贾荆襄，"为人精疆有心计，蚤作夜兴，居奇致赢，家业因以渐裕"。③ 秦子声，在楚南开了几家店铺，商品丰饶，利润可观。秦德溶，远习贾，久不归。④ 太平军占领苏、常后，洞庭西山人一度纷纷避难经营地楚地，"寓于湖南之长沙、岳州、常德、衡州各郡县，族大丁繁"，秦氏族人经营其地者甚为壮观。⑤

徐氏家族。徐为西洞庭著姓。据说源出东汉徐庶，世居开封，北宋末年相继迁到洞庭西山，有煦巷徐、南徐、北徐、东村（即东园）徐、唐里徐、徐巷徐等派，族众繁衍。东园徐氏以宋征士郎徐棋为始迁祖。⑥ 宋高宗南渡，徐棋挈子扈驾，七传至万一公，于宝祐二年（1254）迁居西山东园里。后族

---

① 秦宥：《处士慎庵夫妇墓铭》，同治《洞庭秦氏宗谱》卷首，同治十二年刻本。
② 佚名：《处士思仁秦君夫妇墓碣铭》，同治《洞庭秦氏宗谱》卷首。
③ 秦金式：《国学生九章侄传略》，同治《洞庭秦氏宗谱》卷首。
④ 杨绳武：《秦节母沈孺人传》，同治《洞庭秦氏宗谱》卷首。
⑤ 许瑶光：同治《洞庭秦氏宗谱》序。
⑥ 吕作燮先生在其《明清以来的洞庭商人》一文中，将此西山徐氏误为东山徐氏。

众繁衍，"里中皆徐氏占籍"。东园徐氏经商较早。明中期有徐礼，"甫胜冠，即怀资客荆襄，家日以起"。① 时人徐原敬，"早年事商，涉湖襄……贸易大通……由是资业日裕"。② 原德者，"尝造巨艑挟雄资历游湖襄……不拂于时，不徇于物"，因而"资日丰，业日裕，名日闻，大拓其门闾"。③ 后来有徐楷者，科考不中，"出为货殖计，游于楚荆襄之间"。④ 东园徐氏到了康熙、乾隆时的明字辈时，经商楚地进入高潮。茂宗公三个儿子明珍、明玉、明匡，受命"释卷而贾于楚之长沙。兄弟三人相友爱，递出入，服车牛洗腆，家隆隆起矣"。徐家又与徐明珍之妻弟蔡姓"通有无，敦信谊。货绸长沙市，曰'文泰'绸肆者。两家共权子母，六十年无间言"。⑤ 徐明珍的长子以俊，弱冠即"从父贾于楚之长沙"；次子以俶，"化居因时，旧业日恢，积贮饶溢"，扩大了家业。⑥ 明字辈另一支徐明琛的几个兄弟均在楚地经商，明琛"从诸兄习计然之术于楚。公谙练人情物产，凡岁行之金穰木饥，财币之盈虚消息，烛照若老苍……前期决事，胥中机宜，以故昆季间俱岁获倍蓰，资尽赢余"。⑦ 另一人徐明树，因家落，"不得已南贾于楚"。⑧ 乾隆后期，东园徐氏"著籍于汉、沔、郧、蒲者甚众"，而且"繁衍于楚南"。⑨ 此外，时人徐联习，"生平善会计，商贾于衡湘间，然行箧间常以书自随……以故货殖数十年，恂恂儒雅"，是个知识型商人，"遇亲族贫乏者必曲意周恤，无倦容，无德色，江湘数千里间，游客往来皆能道其事"。徐榜，早年家无担石之储，后游览湘汉间，暇时"间出其绪余，事计然策，囊橐日饶，堂构维新"。徐伦济，"长于治生"，用财以义。其弟徐伦河，从父经商楚地，叔侄同心协力，他本人居中调度，10余年间，业蒸蒸而起。⑩

① 伍余福：《明处士一庵徐君墓志铭》，嘉庆《东园徐氏宗谱》卷八，嘉庆七年刻本。
② 王鏊：《徐母朱硕人墓志铭》，嘉庆《东园徐氏宗谱》卷八。
③ 姚镛：《原德徐君墓志铭》，嘉庆《东园徐氏宗谱》卷八。
④ 吉中孚：《望溪居士徐公传》，嘉庆《东园徐氏宗谱》卷八。
⑤ 汪缙：《徐素峰先生家传》，嘉庆《东园徐氏宗谱》卷八。
⑥ 汪缙：《徐东岩先生家传》；罗典：《处士古岩徐公暨正配屠孺人合传》，嘉庆《东园徐氏宗谱》卷八。
⑦ 严荣：《处士瑶圃徐公家传》，嘉庆《东园徐氏宗谱》卷八。
⑧ 《国学徐止亭先生暨德配蔡孺人合葬墓表》，嘉庆《东园徐氏宗谱》卷八。
⑨ 陆耀：《东园徐氏重辑宗谱序》。
⑩ 张士俊：《处士慕斋徐公家传》；王鸣盛：《耀章徐君传》，嘉庆《东园徐氏宗谱》卷八。

煦巷徐氏在宋高宗南渡时，有徐素行者扈驾，其子体干、体坤兄弟二人侨居西山可盘里煦巷，后人追认素行为始迁祖。清初徐日翰，家贫而喜读书，“昼则籴贱贩贵，检校财贿，夜则篝灯读书”。其孙文鄘，因家计艰难，殚力治生。乾隆时徐振贤，经商南楚，“经百中以居奇”，三年后家业兴起。[①]

南徐即绿石山徐氏，徐元吉于宋末避兵包山，是为始迁祖。南徐经商甚早。明初徐晟有数子，都远服商贾，以致开运河应役时雇人而往。正统时，徐俊尚未成年，就“操奇赢游襄汉间”了。正德、嘉靖时人徐征秀、徐征贤兄弟皆在襄阳、均州经商。又有徐宗德者，其先祖乾隆时在湖南益阳县经商。

西山其他徐氏经商者也不少。徐四宣家贫，“问生于外，自是历皖豫，溯荆湘，往来数年而资有所积”。徐学贡，“三湘七泽间，足迹几遍”。徐三函家贫，无以自给，营运于楚，“得微息辄出，速输转无留货，以是获利恒倍”，家境逐渐饶裕。徐四绥，弃儒服贾，“谋生产来往楚中者二十年，而家得稍裕”。徐四德，堂兄在楚40余年，欠债甚多不能归里，四德代为还债，资产一定不少。道光时，徐俊良“向贸楚北”。[②]前后数百年间，徐氏世代有人经商。

马氏家族。西山马氏据其后裔称是汉伏波将军马援的后代。林屋、萧山之间，居民多是马姓，“以耕读世其家”，也是个望族。清初马昆阳者，弃儒习贾，在湘楚之地经商数年，囊箧稍丰即归养。[③]稍后的马乐庵，也因家贫弃儒习贾。马圣基，幼年贫困，弃儒业贾，持筹之余仍留心典籍。马遵仁，幼贫无依，成年后经商楚南，“用计然术，家道以饶”。[④]马惟楷，因谋生游楚。马骢持筹挟箧楚地，“不数年，家业更隆隆然起”。[⑤]马奎的族祖两次到楚地经营，父亲在湘潭有店业，自己也弃学游楚，隐迹市廛。马学周也有别

---

① 韩菼：《徐公启宇家传》；周系英：《徐振贤先生暨德配蔡老孺人七秩寿序》，道光《洞庭徐氏宗谱》卷一，道光八年刻本。

② 《太湖理民府据陆礼乾控徐俊良为取寄衣锣遭凶骂案》（道光四年七月），南京博物院藏，档案号：太湖厅档案第2103号。

③ 范晋：《昆阳马君生圹志》，光绪《洞庭林屋马氏宗谱》卷首，光绪元年铅印本。

④ 光绪《洞庭林屋马氏宗谱》卷三。

⑤ 张士俊：《国学洞庭山马公传》，光绪《洞庭林屋马氏宗谱》卷首。

业在楚。马学鸾之父因久困场屋不得志，让其几个儿子都不习科举业，而创别业于楚地。马以燮弃儒而商，与其兄一起经商楚地，刀锥之余，仍综览子史诸集，举凡天文、地理，旁及医卜命相之书无不读。马大椿在长沙经营世业。马溥也在楚地经商。① 马氏家族大多弃儒从商，经营地都在楚南，但多是小商小贩，营商气魄不大。

邓氏家族。洞庭西山邓氏先祖是扈从宋高宗南渡的邓肃、邓胜兄弟，世居明月湾。从明末到清朝有不少人在长江沿线经商。邓文经营楚汉间，艰辛历 40 余年。邓秉钜，随父商于楚，"自少至壮，往来于三湘七泽间"。② 邓学敏，"吴头楚尾，贾舶往来，长沙乃其世业地"，经过 30 余年努力，将日渐中落的旧业扶持起来。③ 邓学海的伯父经营荆南。邓廷芳经商南楚，隔年一归省。邓士瀛同父辈数人一起经营楚南。邓玉相，依靠先人经商遗资，遍及三湘七泽间，无客不招，无胜不览。邓大木，承其先祖遗业，在汨罗江畔经理农田数百亩。徐以俊的岳父邓氏，服贾三楚，陈橡长沙，侨居其地。④

蒋氏家族。洞庭西山蒋氏始迁祖是宋代蒋间，号逸民公，建炎中避兵南徙，世居后堡里。蒋氏原来并不显著，十一世孙蒋诏明正德八年中进士，为江西道监察御史，十七世孙蒋绘为清顺治十六年进士，入翰林，其族始为大族。蒋氏多经商两湖。明后期，逸民公十二世孙蒋稼在均州经商，"贾业日盛，资渐以饶"，连其三个儿子都侨居该地。⑤ 十三世孙蒋程在辰州经商，"籴贱贩贵，逐什一之利。久之，家稍稍裕"。⑥ 另一十三世孙蒋寅，南贾湘潭，开设店肆。另一十六世孙明末人蒋士和，"中岁商贩荆楚，家故饶"，常常周济同乡经商者。⑦ 蒋世业，服贾三楚，侨居湘潭，力行赈饥、育婴、施槥诸善举，"以故楚吴两地罔弗仰其名而慕与之交"。⑧ 又一十六世孙蒋遇民，在

---

① 光绪《洞庭林屋马氏宗谱》，光绪元年铅印本。
② 徐葆光：《邓君小传》，嘉庆《洞庭明月湾邓氏宗谱》卷一，嘉庆七年刻本。
③ 沈元苞：《邓宁俭翁传》，嘉庆《洞庭明月湾邓氏宗谱》卷一。
④ 张士俊：《徐太君邓孺人家传》，嘉庆《东园徐氏宗谱》卷八。
⑤ 蒋尚义：《乐山公家传》，乾隆《洞庭后堡蒋氏宗谱》卷一。
⑥ 蒋道新：《近湖公家传》，乾隆《洞庭后堡蒋氏宗谱》卷一。
⑦ 张士俊：《纯孝达之蒋公家传》，乾隆《洞庭后堡蒋氏宗谱》卷一。
⑧ 严福：《例赠修职郎国学金声蒋公家传》，乾隆《洞庭后堡蒋氏宗谱》卷一。

娄县泗泾镇开设店肆，他的两个儿子也经商四方。[①] 清初蒋时祺，"懋迁化居，自荆襄至于滇南，家渐裕"。[②] 蒋德宏，懋迁南楚，侨居中湘。蒋廷昌，在楚有店业。蒋福潜，在楚地经营 20 年。蒋复，"常贾湘湖间"，乾隆二十年家乡大饥，出粟 240 石赈饥。[③] 蒋西怀，南贾楚地。

沈氏家族。沈季文在明初往来淮楚间，经营数年而资产大增。稍后有沈铠，"壮游荆襄"。沈南溪，"游江湖几三十年，家用饶裕"。沈冕，长期经商于荆襄间。沈宾，在湖湘经商，家业大增，扩大了经营规模，宾之子棠年少就从商于淮海、荆州之地。沈九华客居楚地很久，坚守店肆。清前期有沈升，因家贫欠债，经商荆湖之地 10 余年，沈启芳也逐利该地，家日隆起。[④]

孙氏家族。明后期即有不少人贸迁于荆襄，如孙炳贩米于湖广，遇官府遏籴，大量商舟被封，后禁令刚除，孙炳立即令自己的船队扬帆先行。孙大璇兄弟三人经商湖广、四川，积金至巨万。孙经设业楚南，服贾达 40 年。孙锟服贾楚南，经营数载，家业稍裕。

叶氏家族。道光时叶焕堂等"挈眷就业楚省，又有楚中生理，家惟妇道"，而且由其所言"缘子孙繁众，所有在楚经营，以及妇幼守家，本房叔侄弟兄等代押"来看，[⑤] 叶氏族人在湖广经商者相当多。

此外，还有其他几姓洞庭人在湘汉之地经营。如陈昌期家世代经商，其父在湖广承天府经商最久，"资累千万，昌期兄弟息之滋饶"。[⑥] 小说描写，明末西山人高赞，少年时惯走湖广贩卖粮食，后来家道殷实，开了两个解库，委托四个伙计掌管，自己只在家中过舒适生活。[⑦] 又如西山金某、凤世

---

① 张书勋：《处士君亮蒋公墓表》，乾隆《洞庭后堡蒋氏宗谱》卷三。
② 伍忠相：《纯孝怡堂蒋公家传》，乾隆《洞庭后堡蒋氏宗谱》卷一。
③ 罗有奇：《登仕郎蒋翁象新墓志铭》；彭启丰：《登仕郎蒋翁象新墓表》，乾隆《洞庭后堡蒋氏宗谱》卷三。
④ 乾隆《洞庭沈氏宗谱》卷四；道光《洞庭沈氏宗谱》卷六。
⑤ 《太湖理民府审结叶焕堂控秦泫挖坟石案》（道光二十二年十二月），南京博物院藏，档案号：太湖厅档案第 2083 号。
⑥ 李维桢：《大泌山房集》卷四十八《赠陈昌期序》，《四库全书存目丛书》集部第 151 册，第 518 页。
⑦ 冯梦龙：《醒世恒言》第七卷《钱秀才错占凤凰俦》，第 81 页。

昂等，康熙初年行商于荆襄。西山郑宜诚在潇湘云梦间贩运。郑以杰在同一地经商，数年间拥资累万。郑禄溪从外舅服贾楚地。西山劳正士"挟资本，偕二子经营走四方"，家业兴起。① 乾隆、嘉庆年间，洞庭西山后埠人费孝端随父经商于湖南长沙、湘潭一带，编成太湖包山至湘潭的路程歌。西山人黄大昌，乏本经营，于道光九年向同在楚南经商的同村族人黄兆鼎借本钱，② 说明黄姓在楚地经商者也较多。在澧州慈利县，当地盛产棉花、桐油、茶叶、乌柏子等，清中后期，"吴客"自津市前往，咸萃县城及东羊渡。③ 此不知名姓的"吴客"，很可能也是洞庭人。

　　上述西山商人在荆湘地区的活动大多没有标明经营内容，但从其活动区域及洞庭商人"吾吴以楚食为天"和"山人经商绸布，大半作客湖广"等说法，④ 可知他们在长江沿岸主要从事的是米粮绸布贸易。明末杨文骢《洞庭竹枝词》有谓，洞庭山人"织得绉花如锦字，阿婆偷卖武陵郎"，⑤ 形象地描摹了江南丝绸远销两湖地区的情形。康熙末年王维德在《林屋民风》中说："楚之长沙、汉口，四方百货之凑，大都会也，地势饶食，饭稻羹鱼，苏数郡米不给，则资以食；无绫罗绸缎文采布帛之属，山之人以此相贸易，褦至而辐凑，与时逐，往来车毂无算……故枫桥米艘日以百数，皆洞庭人也。"⑥ 而且更明确地说："业于商者楚地为多，故下水之货以米为常物，山中商民惟向生意稳当者求之。上水则绸缎布帛，下水惟米而已，险道所不为也。"⑦ 可见，洞庭西山商人自己就认为长江流域是其最突出的活动区域，米粮和苏布对流贸易是其最突出的经营行业。

　　中国第一历史档案馆收藏了一张镇江船户承载洞庭西山商人致大号米粮

---

① 郑磊卿：《贤妇刘氏小传》，道光《洞庭劳氏支谱》卷末，道光二十一年刻本。
② 《太湖理民府据黄菊田控黄锦华借款不还案》（咸丰二年七月），南京博物院藏，档案号：太湖厅档案第 2102 号。
③ 民国《慈利县志》卷六《实业第三》引旧志，第 1 页。
④ 范广宪：《吴门竹枝词汇编·西山竹枝词》，苏州古旧书店编《苏州掌故丛书》，1986 年苏州古旧书店复印本，第 23 页。
⑤ 杨文骢：《淘美堂诗集》卷八《洞庭竹枝词》其八，第 16 页。
⑥ 王维德：《林屋民风》卷七《民风四》，王维德等：《林屋民风》（外三种），侯鹏点校，第 151 页。
⑦ 王维德：《林屋民风》卷七《民风·公店》，《四库全书存目丛书》史部第 239 册，第 444 页。

的官契，契约载，丹徒县船户杨乂山、王国才、杨文仪，以自有之船三只，在镇江河下承揽到金庭商人致大宝号名下米，"前往苏州枫镇客便处交卸，三面言定水脚"。"其货上船，不致上漏下湿，倘少原发数目，照依卖价赔偿。盘滩驻浅，过关纳钞，系照旧规出办。立此船契存照。再，奉宪饬行，不得横风使篷，冒险夜行，停泊旷野。实装镇斛米，杨乂山装壹佰玖拾五担捌斗，米包贰拾贰个，王国才装陆佰柒拾柒担贰斗五升，米包肆拾壹个，外又米壹担，杨国仪装叁佰零叁担五斗，米包拾贰个。言定浒墅关钞，客自报纳。乾隆五十一年十二月二十五日立。船户杨乂山（押）、王国才（押）、杨文仪（押）、京口杨尊周行（押）、代行顾万隆（押）。"①

契约载明了洞庭商号的名称、船户的姓名、载运米粮的数量、运价、船户和客户各自的责任，显示揽载还需有运输行或粮行画押担保。这是份付诸实施的运粮契约，比诸收录在各类日用类书中的空白契约说明了更多事项。契约在一定程度上反映了洞庭西山商人贩运粮食的细节，非常珍贵。

汇集长江上中游米粮的汉口，号称"九省通衢"，是一个因交通便利和地位适中而兴起的商业中心。清前期，随着四川的开发和江南的粮食供应愈形紧张，汉口商业迅速发展，成为天下闻名的"四聚"之一，滨江舳舻停泊数十里，帆樯林立，有"船码头"之称，形成了以盐、当、米、木、花布和药材六大行业为主的商业中心。汉口市场上的粮食来自湖广乃至四川，销往长江下游的江南缺粮区；绸缎布匹来自江南，经由芜湖或汉口销向华中、华南广大地区。汉口的布店大多高揭苏松布匹的市招，以招接客商。② 号称"九分商贾一分民"的汉口，聚集了全国各地的商人。民国初年的一份统计资料表明，其时各地行帮设置的会馆公所多达 179 处，其中建于康、乾年间的相当多。在众多行帮组织建立的公共场所中，西山商人建立的金庭会馆（又称金庭公店），就坐落在沈家庙上首正街盔头巷仁义坊。③ 清中期叶调元

---

① 吕树芝：《丹徒县船户揽运米商货物官契》，《历史教学》1986 年第 9 期。原文引文有多处错讹，今据该文所附原契更正。
② 王葆心：《续汉口丛谈·再续汉口丛谈》，陈志平等点校，湖北教育出版社，2002，第219 页。
③ 范锴著，江浦等校释《汉口丛谈校释》，湖北人民出版社，1999，第 35~36 页。

《汉口竹枝词》称："金庭店上属仁义，以下都归礼智司。虽小衙门多讼事，天天总有出签时。"①以往有关汉口商业的研究，似乎从未提及洞庭商人，而上述洞庭商人的活动，使我们得知汉口正是洞庭商人特别是洞庭西山商人的经营重地。同东山商人将苏松绸布销往长江以北的运河沿线乃至西北东北一样，西山商人是将苏松绸布销往长江上中游乃至纵深腹地的主力。在长江这一条商品运输线上，从事粮食和绸布经营的，可能只有徽州商人才与洞庭商人势力不相上下，而从"枫桥米艘日以百数皆洞庭人"的说法来看，可能从事米粮贩运的洞庭商人势力更在徽州商人之上。

　　长江下游城市南京，在明代是京城，清代是江苏省会，也是洞庭商人沿江活动的第一个大城市，除西山商人之外，东山翁氏、席氏、叶氏、严氏、吴氏、葛氏等家族也以之为长江贸易的起点，开展经营活动。王世贞《两山竹枝歌》其三谓："短短钗银压鬓鸦，围腰群捉木绵花。莫嫌村坞行人少，夫婿经商不在家。"②该诗描写的就是两山之人在长江沿线经商的情形。明末杨文骢说："洞庭贾店大半在白门上新河开店，谓'字号'。"③明中期，施经读书能诗，隐身商贾，转贩金陵，寓金川门外之通江桥。④明后期，葛符到南京"营什一方，商远近通，息入曼羡"。⑤葛一龙先在滁州，后在南京，"治什一，业以日起"，性好结客，挥金如土，与文人结交，冠盖云集。⑥万历时，东山人吴小洲在南京开糟房，后来发展到"一二万金之产"。⑦清乾、嘉年间，"东山在金陵设肆贸易者日益盛"，翁怡亭倡议集资，于嘉庆四年建成洞庭会馆。经咸、同兵燹，惟赖"席、叶数家经纪其事"，会馆得以维持日常运

---

① 徐明庭辑校《武汉竹枝词》，湖北人民出版社，1999，第29页。

② 王世贞：《弇州四部稿》卷五十二《两山竹枝歌》，《景印文渊阁四库全书》第1279册，第657页。

③ 杨文骢：《洵美堂诗集》卷八《洞庭竹枝词》其四注，第15页。

④ 余永麟：《北窗琐语》，《丛书集成初编》第2923册，1935~1937年上海商务印书馆排印本，第36页。

⑤ 李维桢：《葛处士家传》，民国《洞庭东山葛氏宗谱》。

⑥ 钦叔阳：《明隐君葛芳洲先生行状》，民国《洞庭东山葛氏宗谱》；王应奎：《柳南随笔》卷五，中华书局，1983，第87页。

⑦ 沈瓒：《近事丛残》"吴小洲子"条，《明清珍本小说集》之一，北京广业书社，1928，第82页。

转。[①] 洞庭商人每年正月会饮于城内徐家巷洞庭会馆，祭祀刘猛将军，议叙同乡情谊。

在长江由上而下贩运的是米粮，由下而上贩运的则是绸布，东山商人与西山商人一起，经营米粮绸布贸易。如叶襄，"以贩布为业。弘治十五年二月间往松江，乃与家人克定归日，而至期不至"。[②] 大约同时，陈驹二曾请陆松驾舟商贩江湖，贩运至沛县，从而致富。[③] 万历中，东山商人席某在洞庭湖遭大盗劫杀。[④] 清初，席氏右源公裔孙有移居南京者。雍正三年（1725），在南京经商的席氏布商陆大有号，控告巢县布商汪子能等拖欠布银。[⑤] 乾隆初年，东山人潘荣锦，寓居棉业巨镇朱家角，"往来襄汉，有伉爽声，喜周恤亲族里党"。[⑥] 乾隆初年的湘潭，"城总市铺相连几二十里，其最稠者在十总以上十九总以下。凡粮食绸缎布匹棉花鱼盐药材纸张京广货物竹木片牌筏，皆集于此，为湖南一大马头。然客多江苏，资之者则上游各府州县，而湘无几焉"。[⑦] 直到晚清，南京人陈作霖记载，洞庭人在南京经商者多，"大率皆习布业，来者久住不归。如席翁、叶石、周严诸家，概从土断"。[⑧] 凡此在在说明，西山商人以湘汉之地为最重要的活动场所，东山商人尤其是经营棉布业最负盛名的席氏以老家苏州一带为起点，以南京为初级转输地，均从事长江流域的米粮绸布对流贸易。对洞庭商人来说，荆湘之地既是江南丝绸布匹的销售终点，又是湖广米粮的集散起点，反过来，苏州等江南城镇既是湖广米粮的销售终点或中转站，又是江南布帛上溯上江的起点。这段航线水流相对平缓，往返均是重载，在商品的起点和销路终点方面，洞庭商人又有优势，诸多有利因素，可以确保洞庭商人赚取稳定可观的商业利

---

① 郑言绍：《太湖备考续编》卷一《职官附》，光绪二十九年艺兰圃刊本，第32页。
② 沈周：《石田翁客座新闻》卷十"仙箕降笔寻尸"条，《沈周集》，张修龄等点校，第973页。
③ 沈周：《石田翁客座新闻》卷九"得物有命"条，《沈周集》，张修龄等点校，第954页。
④ 李同芳：《视履类编》卷下《辨冤》，李新峰点校，中华书局，2023，第209页。
⑤ 章有义编著《明清及近代农业史论集》，中国农业出版社，1997，第438~440页。
⑥ 沈德潜：《沈德潜诗文集·归愚文钞余集》卷九《潘上舍墓志铭》，第1661页。
⑦ 乾隆《湘潭县志》卷十三《风俗》，收入《中国地方志集成·湖南府县志辑》第12册，江苏古籍出版社，2002年影印本，第177页。
⑧ 陈作霖：《炳烛里谈》卷中《洞庭山人》，陈作霖、陈诒绂：《金陵琐志九种》，卢海鸣点校，南京出版社，2008，第342页。

润。从这个意义上说，洞庭商人可能是明清时期长江航线上米粮绸布对流贸易中实力最强的地域商帮。

为提高经营效益，洞庭商人在视为利薮的米粮绸布贸易中尽量利用宗族和乡邦组织的力量展开竞争。在米粮出产集中地和江南绸布重要转输地长沙与汉口，西山商人不但合族联宗经营，还先后于嘉、万年间和雍正年间建立了金庭会馆，而在汉口的江苏会馆、江浙公所、苏湖公所中，也有不少洞庭商人。在江南最大的米粮集散中心和棉布生产中心即洞庭商人的老家苏州，西南郊的枫桥市，米行林立，米牙活跃，明末有人用"云委山积"来形容其地米豆之多。由于米牙弄奸作巧，往往粜者贱而籴者贵，贩运者和消费者深受中间抑勒之苦。康熙年间，洞庭商人蔡鹤峰、王荣初倡议在枫桥设立会馆，选择心计强干者轮流主持，米价随时高下，洞庭米船不投外行，直接开往会馆散售米粮，外行和洞庭人均到公店购米，每石仅支付手续费1分2厘，6厘给外行，6厘留店公用。① 这样的直销，摆脱了米牙的中间盘剥，降低了交易成本，从而增强了洞庭米商的实力。为了便于活动，洞庭商人又于光绪二十七年（1901）由叶懋鎏出面，在苏州城中闾一图南洞子门外修建码头，作为东山船只往来停泊之所，并建造房屋堆放商货。东山商人则有三善堂，光绪二十八年在闾一图南洞子门外购地筑立码头，经官府备案，专泊东山货船，并建造房屋堆放商货。②

洞庭商人除与徽州商人在川楚米粮与江南绸布的贩运中平分秋色外，还几乎垄断了清前期湖南本地所产棉布的销售业务。湖南岳阳府各县自明代始就普遍种棉，大批量织布。到清代，巴陵县产布最为有名。当时长沙、湘潭、益阳等城市，活跃的是以徽州商人和洞庭商人为主的苏皖商人。洞庭商人在巴陵的鹿角、孙坞、童桥等地设立收布庄，清晨收布，到中午结束，一年中仅巴陵布的价值就达20万两，可见洞庭商人布匹生意之大。生于嘉庆十年、死于同治十二年（1873）的著名古文家巴陵人吴敏树在其《拌湖文集》中记载，在巴陵湖滨的乡村，人们善于织布，从事布匹经营的大多是洞

---

① 王维德：《林屋民风》卷七《民风·公店》，《四库全书存目丛书》史部第239册，第444页。
② 《吴县为东山三善堂在南洞子门外闾一图建筑码头禁止客船硬泊滋扰碑》，江苏省博物馆编《江苏省明清以来碑刻资料选集》，生活·读书·新知三联书店，1959，第253页。

庭商人。他家自祖父起，就为洞庭商人收布而积累资产，因而与洞庭商人熟识。在鹿角市临湖有不少房子，是由世代在那里经营的洞庭商人屠氏租赁的，现在屠氏则不再自己经营而只帮他人经营。[①] 鸦片战争后，在洋布的冲击下，巴陵布质量下降，销路不畅。洞庭商人势力大衰，才被长沙当地布商取代。太平军兴，洞庭商人"寄居于楚者大半回苏"。[②] 其后直到清亡，洞庭商人在那一带仍有一定势力。

因为在湘汉地区经营的人多，西山商人与其他地域商帮一样，建立了同乡会馆，置办了公产。在湘潭建有金庭会馆，又名三官殿，在十六总三元街，有田76余亩。又有金庭别业，名全真宫，在瞻岳门，当地人称为苏州公所。[③] 此外，还有苏州会馆义山8处，分布在后来成为宁乡县的一都六区、一都十一区、三都一区和七都一区等地。[④] 光绪三十四年，上海的西山商帮成立金庭会馆，捐款者除了苏州、上海两地商人外，还有长沙、宁乡、湘潭、常德、沅江、汉口等地的金庭会馆及湘潭支吴树和公后裔等异地同乡商人。[⑤] 这些充分说明洞庭西山商帮的活动重点地区除家乡附近以外，就是湘汉地区，而且尤其集中在湖南的长沙、湘潭一带。在汉口，西山商人也建有金庭会馆，会馆因太平天国兵燹毁坏，战后重建。

四　近代上海的洞庭商人

在上海的所谓苏州帮，以洞庭东山、西山商帮最为集中，最有势力。东山商人原来主要集中在运河沿线经营棉花棉布业，随着江南丝绸、棉布在华北的市场日渐收缩，东山商人的经营活动也逐渐撤回南方。咸丰年间太平

---

① 吴敏树：《拌湖文集》卷八《屠禹甸夫妻八十寿序》，光绪十九年刻本，第10~11页。
② 《蔡以志致费文淦书》，费燕诒供稿《一批有史料价值的家书》，中国人民政治协商会议江苏省吴县委员会文史资料研究委员会编印《吴县文史资料》第8辑，1991。
③ 光绪《湘潭县志》卷七《礼典·群祀表》，收入《中国地方志集成·湖南府县志辑》第12册，第557、558页。表中列金庭别业和金庭会馆为两馆，金庭别业当为金庭会馆的"别业"。
④ 民国《宁乡县志》故事编《财用录·惠恤》，收入《中国地方志集成·湖南府县志辑》第84册，第282页。
⑤ 《上海金庭会馆第一次征信录》，1914。

天国控制江南，上海迅速繁荣，成为最大的商业和金融中心，东山商人迅速向上海转移，开辟新的经营领域。洞庭东山人概要地记录了这一转移过程，谓："山人素善贾，贸易几遍他省，精力尤萃于淮、徐、江宁、皖南间。大则会馆，小则公所，所在皆有。自发逆扰江皖，山业悉毁，谋食者始群趋于沪。迨苏城陷，吾山继之，流离困苦，死亡相继……同治二年，官军收复松、太，败贼纷窜，吾山蹂躏，避难奔沪者踵相接"；"我洞庭东山孤悬太湖之中，四面环水，可耕之地无多，故山人以善经商著称。泰西互市，尤以往来沪地为最多"。① 在太平军攻占苏州时，东山商人在上海益扩旧业，"以闸口为贸易所，沿流指申江，货至无爽期者，业蒸蒸上"，王希钟等人就纷纷迁往上海。② 由此看来，上海开埠是东山商人趋向上海的契机，而后来的太平天国运动对其影响更为深远，使其经商地域发生了根本转移。

随着咸丰朝经商之人日益增多，东山商帮在上海小南门外糖坊弄租房，设为病殁安瘗所，名为体仁善局，建成莫厘三善堂，又购买太平弄等处市房，置买肇家滨地作为义冢。后又因糖坊弄人烟稠密，恐碍卫生，购地于小西门外斜桥，移建丙舍。光绪末年沪宁铁路筑成，自后汽车通车，交通更为便利，东山商人更群趋于上海。当其时，据说洞庭东山人"散处申浦，统政界、学界、商界、工界计之，无虑千万人"，而其中"翘然有以异于众高掌远跖而致巨利者，亦常数十人"。③ 随着租界开辟，上海商务趋重北市，东山商人经营也以北市居多，同人于光绪三十二年设立洞庭东山北码头，以便山人交通，捐款的商号与个人数量共计486，捐银7270元、钱24000文，捐款者中有金号、绸庄、绸号、茧绸庄、洋货号、丝号、花行、木行、丝栈、糖行等。④ 民国肇兴，更设立洞庭东山同乡会，1915年成立东山会馆，有783家商号捐款，其中巨商如沈遂志堂捐银10000两，另有4人捐银5000元，充分显示了雄厚实力。

清末民初，东山商帮在上海经营的行业主要有如下几类。

---

① 三善堂：《莫厘三善堂征信录序》，光绪《上海莫厘三善堂征信录》，1921年；严国芬：《倡捐巨款建造会馆记》，《上海洞庭东山会馆落成报告书》，上海商务印书馆，1916。

② 华鸿谟：《晓山公墓志铭》，民国《莫厘王氏家谱》卷十五，第34页。

③ 严国芬：《洞庭东山会馆记》，严家炽序，均见《上海洞庭东山会馆落成报告书》。

④ 《莫厘三善堂征信录》，光绪三十三年刻本。

外资银行和洋行的买办，上海的东山商帮也以此业最为出名。买办是指外国资本设立的银行、商行公司等商业金融机构中被雇用的中国经理人员。上海由于地理位置的适中和海外交通的便利，迅速成为西方列强金融资本的集中地。1874~1949 年 75 年中，外资在上海开设了大小银行 68 家，而历时较久、影响较大的有 20 余家。这些外资银行都任用中国人做买办。洞庭东山商人在外国银行、洋行做买办，不仅时间早，而且人数多，特别集中。尤其是席氏，太平天国战争期间迁居上海后，自席元乐的儿子开始，在外商银行做买办的，祖孙三代共有 11 人。如果加上几个女婿，就有 14 人，形成了有名的席氏买办世家，先后担任了上海 20 多家较有影响力的外商银行中 6 家银行的买办。① 其中最早做买办的是席素贵，从 1874 年就开始买办生涯。其次是席素荣，1886 年开始做买办。而历时最久的是席裕康，先后做了 3 个外资银行的买办 33 年。席氏的姻亲王宪臣，也做了外资银行的买办共 38 年。不少外资银行的买办长期由东山席家族人充任，如英国汇丰银行，自 1874 年至 1937 年，席氏家族连续担任其买办达 64 年之久。除了外资银行买办，东山商人还有一些人做了上海的洋行买办。洋行买办除与银行买办一样能够获得高额薪金和佣金外，还能够在推销商品收购原料中投机取巧，赚取额外收入。东山商人担任洋行买办较为有名的是席元乐的第四个儿子席素恒，他后来被过继给母舅，改名为沈吉成，是新沙逊洋行的买办。其婿也做过该行的买办。其他如孔金声做过礼和洋行的买办，后来又传给儿子孔文焕。东山朱蔼堂则先后做过开利、百司、基大、礼和、永兴等洋行的买办。席裕福是申报馆的买办。严俊和是礼和、老公茂、谦和诸洋行的买办。

钱庄和银行业也是东山商人的重要行业。上海钱庄业在乾隆年间就已具相当规模。洞庭商人在上海参与钱庄行业的经营则是在太平天国运动之后。最早的是东山严氏和万氏，继之而起的是东山席氏、王氏和叶氏。其中万氏主要是依靠经营洋布和典当业的资本，而严、席、王、叶诸氏则主要依靠做外商洋行和银行买办积累的资本开办钱庄。因此凡是买办或多或少都投资过

---

① 中国人民银行上海市分行编《上海钱庄史料》，上海人民出版社，1960，第 37~38、752~753 页。

钱庄。严家兄弟二人在明末即以白墙门和花墙门著称。花墙门严兰卿在上海、苏州等地开设了近 10 家钱庄，在上海的 6 家钱庄是镇昌、德昌、裕祥、久源、德庆和庆昌。万家到万梅峰时开设多家钱庄，到其子振声时，又在上海、苏州一带分设钱庄数家，信用卓著，经营银钱业的洞庭人出其门墙者很多。上海东山会馆创建时，他一人捐款即达 5000 银元。到万建生时，又改组了几家钱庄，面貌一新。万家几代人先后在上海开设过宏大、久源、森康、德庆、志庆、庆成、庆祥、庆大等钱庄。席家的席正甫、席立功、席聚星、席志前等均与人合开过钱庄，席德耀创设过惠丰钱庄。席家的女婿东山王宪臣也与人合开过鼎元和荣康 2 家钱庄。据调查，东山人开设的钱庄，光绪二年有 2 家，二十九年有 3 家，三十二年有 1 家，宣统二年（1910）有 3 家，民国时期先后设立了 21 家大钱庄和十几家小钱庄。① 清末民初，洞庭商人在上海至少设立或投资了 85 家钱庄（洞庭人以外，苏州帮经营钱业的，程家也非常著名，清亡前至少开设了 5 家钱庄），可知他们在钱业系统中人数众多，力量雄厚，成为仅次于宁波钱业势力的重要力量。由于熟悉钱业，经营得法，在上海钱业各帮的经营中，洞庭商人的势力是不断发展的。1933年，上海共有钱庄 72 家，较之 1921 年，绍兴帮由 39 家减为 3 家，宁波帮保持 16 家不变，上海帮由 7 家减为 3 家，而洞庭帮由 5 家增为 8 家，由占比 7% 增为 12%。

洞庭商人尤其是东山商人从事金融业者人数众多，因此在银行大量开办后，他们中有不少人在银行中担任了要职，或者从钱庄改业银行。席德辉曾做过大清银行上海分行协理。席德懋做过中央银行的局长和中国银行的总经理，其弟席德炳做过中孚银行董事长兼总经理，并做过上海中央造币厂厂长。叶扶霄做过大陆银行的经理，担任过上海银行公会的主席。

在近代上海，洞庭商人在金融业中的势力，可能仅次于宁绍商人。金融业是近代上海控扼百业的首要行业，诚如《重建沪南钱业公所碑》所载："中西互市以来，时局日新，商业日富，奇货瑰宝，溢郭填墙，而握其枢者，实赖资本家斥母财以孳息，俾群商得资其挹注，于以居积而乘时。"② 洞庭商

---

① 中国人民银行上海市分行编《上海钱庄史料》，第 745~746、750~753 页。
② 上海博物馆图书资料室编《上海碑刻资料选辑》，第 398 页。

人投资银行、钱庄业，就是基于这种认识。如设立众家钱业而经营有方的万振声，就是"以金融综绾百业"而弃儒从商的。洞庭商人把握方向，瞅准时机，选择百业之首的金融业，应该说颇有远见，颇为高明，他们成为近代上海实力较强的民族金融集团实非出于偶然。

丝经和绸缎业。生丝和丝绸的经营是洞庭商人的老本行，传统丝绸产业转型为近代经营企业，尤为便捷。在近代上海，洞庭人经营此业者不乏其人，而且在业界颇有地位和影响力。席春元开设的席华丰丝栈，朱月树开设的信泰、恒盛丝栈及其后代朱献准经营的恒兴、公恒、顺信泰丝栈，都是上海经营出口丝经业务的，在打开蚕丝销路、振兴中国蚕桑事业方面作出了一定贡献。绸缎业则如王宪臣之父王汉槎，他曾与沈吉成家合资在上海南市、北市开设了天成绸缎局，民国初年有天成、裕纶、允成、升记、鼎昌等号铺。历任 5 家洋行买办的朱蔼堂主要经营丝绸出口业务。特别要关注朱鉴塘，他集股成立久成府绸庄，专门出口用野蚕丝织的鲁绸（即府绸），以质量为宗旨，"数年之间，蜚声海外，年销达六七百万金"。因在振兴民族经济方面的重要作用，他被推举为上海出口分会的会长，"执一时出口界之牛耳"。[①] 席守愚也从绸缎业起家，先后任大纶绸局总账房经理、总经理达 40余年，成为上海绸缎业的领袖，做过上海绪纶公所的所长。

工业企业。洞庭商人在近代上海，不少人志在发展民族工业，力图打破洋商的垄断，将商业资本转向经营工业企业。如东山叶斋创办龙华制革厂和振华纱厂；郑宝卿创办扬花绸厂；邱玉如创办中国第一染织布厂，并自织布匹，成为上海钱业、布业界领袖；张紫莱创设多家呢绒织布厂，都有所发展；沈莱舟创办裕民毛线厂，并创立恒源祥号，经营人造丝绒线，成为上海绒线业的领袖；席德灿做过阜丰面粉厂的经理；严敦俊与人一起组建谦和电灯公司、康年保险公司；叶振民创办大同实业公司，办有大同橡胶厂，专门生产和销售三元牌自行车轮胎；席氏的刻书印业坊扫叶山房迁到上海后，规模有所扩大，印书量有较大幅度的增长。

此外，近代上海的洞庭商人还活跃在棉业、粮食业、南北货业、木业、

---

① 《洞庭东山旅沪同乡会三十周年纪念特刊·先哲小传》，1944。

茶业、皮毛业、药材业、油业、酱业及地产业等各行各业。①

洞庭西山商帮在上海有一定实力。光绪三十四年起，同人开始在沪南筹建上海金庭会馆，"竭数十百人之智虑，集四五万金之资材，越六七年之岁月，屡经艰阻，始克底成"。② 数年间，捐款者有苏沪同乡 337 户，捐银14829 元，另有湘汉各地会馆捐款。

结　语

综上所述，洞庭商帮是指明代中期起形成于太湖中洞庭东山和西山的商帮，可能是涵盖地域最小的商帮。洞庭商人崛起于经济发达、文化昌盛的江南苏州地区，但因地处太湖之中，人多地狭，农作条件极差，读书应科缺乏经济实力。洞庭人与富庶地区的苏州人不同，苏州人重文善考，走耕读传家之路，而洞庭人充分利用家乡是全国最为重要的丝绸、棉布生产基地的有利条件，又利用江南水乡便利畅达的水道，循着全国最为重要的大运河和长江两大商品交流大通道，从事江南与华北、华中地区的商品交流活动。洞庭商人根据地理条件自然地分工合作。东山商人主要循着运河，以江南为起点，以山东临清为转输地，将江南棉布销往华北大地，而输入江淮盛产的棉花和杂粮、梨枣等物，同时也在长江沿线逐利，以南京为初级转输地，与西山商人一起，大规模从事长江航线的米粮绸布对流贸易。西山商人则专门集中在长江一线开展经营活动，以汉口、湘潭等地为据点，将江南所产绸缎布匹源源销往长江上中游，而向江南输入相对短缺的米粮。在大运河和长江两大航线上，洞庭两山商人长期与徽商、山陕商人、江西商人和湖广商人等商帮竞争，堪称明清时期米粮绸布流通的主体运营力量。

洞庭商人集中在大运河和长江沿线经营米粮绸布两大类商品，将一类商品的销售终点和另一类商品的销售起点有机地结合起来，往返都是重载，商业利润要比单程载货高出一倍。洞庭商人经营这些商品，不但在于利用地区差价和季节差价，而且在于能够较为稳当地获得商业利润。专营布业

① 参见马学强《一个传统商帮的近代变迁》，《史林》1996 年第 3 期。
② 《上海金庭会馆第一次征信录》，蔡家骅序，1914。

的东山翁氏、席氏商人家族，一开始就认定要选择利轻而济博的行业，布帛是最为合适的。翁氏、席氏能够不断扩大经营规模，行业选择得当是一个重要因素。而西山地方文献《林屋民风》说当地人"业于商者楚地为多，故下水之货以米为常物，山中商民惟向生意稳当者求之。上水则绸缎布帛，下水惟米而已，险道所不为也"。此处说得很清楚，经营米粮布帛大宗商品，是最为稳当的生意，风险较小，可以稳中求胜。很明显，这是洞庭商人充分利用自然禀赋、长期经营而合理选择的结果，因而洞庭商人在经营行业上构成不同于其他商帮的明显特征。洞庭商人充分利用家乡经济发展的优势和特点，以江南为起点，以商品转输中心为据点，集中经营绸布米粮这些江南盛产或急需的商品，有利于其迅速高效地组织货源，利用产地或销场优势，利用产品的质量和价格优势，获取到其他商帮所难以获得的较高额利润。

在经商的外在组织形式上，洞庭商人与徽州、宁波、山陕等地商帮一样，也以家族宗亲的力量开展活动，而且某个或若干个家族主要集中在某地或若干地方专门经营某种商品，其特征极为明显。如上所述，东山商人中先后兴起过王氏、翁氏、席氏、叶氏、严氏、万氏、郑氏、葛氏、许氏等经商家族，其中最有名的是翁氏和席氏家族。他们大多将以苏州为中心的江南作为依托，活动地域集中，经营商品固定，主要活跃于以临清为中心的华北地区，经营布匹贸易。西山秦氏、徐氏、马氏、邓氏、蒋氏、沈氏、孙氏、叶氏等商人家族主要活跃于以长沙、汉口为中心的长江中游，经营米粮绸布贸易，以地缘为优势，以家族姻亲为组织形式，卓有成效地与其他地域商人展开竞争，从而"把旧的宗族关系转化为新的商业组合"，是"中国从传统到现代的一种过渡方式"。[①] 洞庭商人一家一姓或若干个家族长期麇集一地经营某种或若干种商品，有利于精通某项商务，积累经营经验，从而能够及时掌握商品信息，熟悉市场行情，减少中间环节，降低经营成本。以家族为商业组合，集中于某地经营某业，也有利于商业资本的集中和积累，有利于经营规模的不断扩大。如东山商人翁氏家族世代经

---

① 余英时：《中国近世宗教伦理与商人精神》，安徽教育出版社，2001，第252页。

营，又与周围其他经商家族世为婚姻，家族资本就更易集中，甚至聚而不散，因为即使资本发生转移，从广义上说，这些资本仍在家族内部。洞庭商人如翁氏那样任用亲属，再由其委托家族或亲族内忠心可靠之人四处经营，也有利于增强主雇双方或合作双方的信任感，从而确保商务有效稳定地展开。洞庭商人家族殊少经营者卷资逃走的事例，恐怕与其家族组合形式和经营地域特别集中大有关系。余英时称，"把旧的宗族关系转化为新的商业组合"，这是一种有极高效率的商业经营方式。洞庭商人正是以其突出的家族组合形式活跃在明清时期的商业舞台上。由于洞庭商人经营地域相对集中，而且宗族观念极强，因而虽然所辖地域范围最小，但在一定地域显得特别有力量，以致上海有俗谚："徽帮人最狠，见了山浪帮，还得忍一忍。"[1] 某种程度而言，洞庭东山商人是依靠宗族团结的力量，与其他地域商帮竞争而获得一席之地的，这在近代上海的洞庭东山商人买办身上，也集中体现出来。

明清时期的各地商帮，资本构成和经营方式大同小异，可以称为商伙制。清初昆山人归庄解释伙计说："凡商贾之家贫者，受富者金而助之经营，谓之'伙计'。"[2] 这种商伙制，其实是一种较为复杂的制度，各地商帮采用的商伙制也同中有异。徽商通常任用家人僮仆作为伙计在外经营，山西商人则采用一人出本、众伙共商，大约是东家出资、伙计出力，共同经营，按比例分红盈利，资本和人力有机地结合起来发挥作用，所以无论有无本钱都能为生，而商伙越多，也就意味着东家资财越多。[3] 洞庭商人则采用领本制。西山地方文献自称："凡经商之人，未必皆自有资本，类多领本于富室者。盖其平日勤俭，忠信有余，虽无立锥之地，而千金重托不以为

---

① 席德基：《东山席家与上海金融业》，《吴县文史资料》第 9 辑，1992，第 196 页。

② 归庄：《归庄集》卷七《洞庭三烈妇传》，第 425 页。

③ 王士性在《广志绎》卷三《江北四省》中说："平阳、泽、潞豪商大贾甲天下，非数十万不称富，其居室之法善也。其人以行止相高，其合伙而商者名曰伙计，一人出本，众伙共而商之，虽不誓而无私藏。祖父或以子母息歹贷于人而道亡，贷者业舍之数十年矣，子孙生而有知，更焦劳强作以还其贷，则他大有居积者，争欲得斯人以为伙计，谓其不忘死肯背生也，则斯人输小息于前而获大利于后。故有本无本者咸得以为生。且富者蓄藏不于家，而尽散之于伙计。估人产者，但数其大小伙计若干，则数十万产可屈指矣。盖是富者不能遽贫，贫者可以立富，其居室善而行止胜也。"（中华书局，1981，第 61~62 页）

异。恒例三七分认，出本者得七分，效力者得三分，赚折同规。富家欲以资本托人谋利，求之惟恐不得也。"又说："山间之人，有困守家山，或他乡流寓，素无浮浪之名，而适遭蹇厄之时者，小本维持，人人慷慨，不待其告贷求领也。"① 这种领本制，若没有资本，可以通过从富人那里领本筹措到经营资本。具备本钱者，主要有两种人：一种是一般的富户；另一种本身也是商人，在经商的同时，还将资本借贷给他人营运。领本的做法是，无论债权人是谁，"恒例三七分认，出本者得七分，效力者得三分，赚折同规"。这种领本制就不同于一般的借贷行为，不存在归还本息的问题，而是富者出资，贫者出力，获利按成分红而亏折按成赔偿，类似于山西商人和徽州商人的商伙制。洞庭席氏，有族人挟其资以贾，而"诡言失利，如是者再"，出资者至"鬻居偿所负"，② 大约正是这种领本制经营。但在商伙制下，分成比例并不一定，而这种领本制的盈利总是三七分成或对半均拆，亏折则同担风险。正因为领本赚折要同担风险，所以富室在贷款时十分谨慎，往往注重的只是信誉、德行以及经商的能力，而对是否有产业并不计较。康熙后期的《林屋民风》就记载了富户只贷资本予有德行者而不愿借资给虚夸无信用者的例子。同时，其获利分成的比例也较高，占到利润的七成。这也类似于山西商人和徽州商人商伙制的结合原则，即"以行止相高"。如此说来，各地商帮采用的商伙制，实是资本最大化的商业经营制度，在这种制度下，资本筹集效率提高，资本得以发挥最大效用，而地域经营者的数量与实力也大幅增长。比较各地商帮的资本利用方式，洞庭商人的领本制最能体现乡邦精神。

洞庭商人集中在大运河和长江两条物货大通道上经营关乎民生日用的米粮绸布等大宗日用商品，从业求稳，不用险招，谋求稳定可靠的商业利润，但并不迂执保守，而能与时俱进，适时转移活动地域和经营行业。当上海崛起为全国最大的通商口岸后，在太平天国运动时期洞庭商人特别是

① 王维德：《林屋民风》卷七"领本"条、"扶持"条，《四库全书存目丛书》史部第 239 册，第 444、445 页。
② 彭绍升：《二林居集》卷九《洞庭东山席氏祠堂记》，《续修四库全书》第 1461 册，第 376 页。

东山商人及时地将资本转移至上海，在外资银行和洋行中担任买办，在控扼百业的金融业中风生水起，并创办了诸多近代新式工业企业。不冒险，求稳而不保守，眼光精准，江苏商人的特征在明清洞庭商人身上体现得十分明显。

作者单位：南京大学历史学院

明清时期闽江上游区域中心城市的转移 [*]

叶　鹏

【摘　要】宋元以后闽江上游形成了建宁、邵武、延平三府并存的格局，原本较为繁盛的建宁府在明代趋于衰弱，不论是经济水平、人户数量、文化发展，还是政治、军事地位，建宁府均盛况不再。随着明末福建行都司裁撤以及清初守巡道改制，到康熙朝以后，其在政治上的中心地位与功能已逐渐被延平府代替。细考其因，这与全省经济中心转移至沿海地区，闽北成为物资供应基地，延平府作为闽江航运枢纽地位提升有关。同时，明清之际的战乱也推动了这一进程。

【关键词】闽江上游　建宁府　延平府　中心城市　明清

一　问题的提出

区域城市体系是历史城市地理的研究重点之一，吸引了众多学者致力于此，尤以施坚雅的相关讨论为嚆矢，^①这一理路主要关注中小城镇（特别是基层市场）的结构与演变。^②对区域中心城市变迁的考察，目前仅有山东

---

*　本文系国家社会科学基金重大项目"闽东文书的整理与研究"（20&ZD214）阶段性成果，并获上海市"晨光计划"项目（23CGA49）资助。

① 施坚雅：《城市与地方体系层级》，施坚雅主编《中华帝国晚期的城市》，叶光庭等译，陈桥驿校，中华书局，2000，第327~417页。

② 相关梳理可见石洪帅《近70年来中国历史城市地理研究进展》，《中国历史地理论丛》2020年第1辑。韩茂莉近来发展了相关理论，但着眼于乡村市场结构，对中心城市的变迁着力不多。见韩茂莉《近代山西乡村集市的地理空间与社会环境》，《中国经济史研究》2017年第1期；韩茂莉《十里八村：近代山西乡村社会地理研究》，生活·读书·新知三联书店，2017。

半岛、汉水流域、河套平原等少数几个个案，[①] 此类研究多以某一具体省份或自然区域为范畴，研究时段长达数百年甚至上千年，以城市规模、城市风貌、存续时间、功能及影响等多个指标确定中心城市所在，主要从经济层面解题。但若将视角进一步聚焦到由两三个统县政区组成的中观尺度区域，其中心城市具体如何发生转移，展现了哪些面相？这一过程的推动力有哪些？尚有诸多疑团亟待讨论解决。尤其是我们观察到，近代以后，随着铁路、海运等交通方式变化与产业布局调整，全国各次省级区域核心城市多有变化，但此过程并非到晚清方才启动，而是伏脉于政治、经济各种因素交织的暗流之中，因而上溯至明清时期考察区域中心城市转移的起点显得颇为重要。

福建自唐末形成稳定的高层政区后，整体边界变动幅度极小，形成了较为独立的政区单元。根据地理环境，全闽又可以分为闽江、九龙江等几个重要流域，其中以闽江覆盖范围最广。本文着眼于闽江上游的建溪、富屯溪、沙溪流域，以建宁、邵武、延平三府为研究对象，考察明清时期这一区域中心城市由建宁府城（今南平市建瓯市）逐渐向延平府城（今南平市延平区）转移的过程，以期对理解区域城市体系的演变逻辑有所助益。

二　闽江上游区域的整体性

我们首先要对研究区域做一些说明。省区简称加方位词是划分省内区域的重要办法，闽江上游往往能够与闽北画上等号。与早在宋代即有"闽南之寇"[②] "放迹闽南"[③] 等说法相比，闽北作为一个地理概念的出现是相当晚的，

---

① 邓祖涛、陆玉麒：《汉水流域中心城市空间结构演变探讨》，《地域研究与开发》2007 年第 1 期；李嘎：《山东半岛城市地理研究——以西汉至元城市群体与中心城市的演变为中心》，博士学位论文，复旦大学，2008；李嘎：《从青州到济南：宋至明初山东半岛中心城市转移研究——一项城市比较视角的考察》，《中国历史地理论丛》2011 年第 4 辑；米晋华：《历史时期阳泉盆地中心城市的转移研究》，硕士学位论文，山西大学，2012；杨蕤：《河套之都：作为区域中心城市的统万城——兼论河套地区中心城市的形成与转移》，《宁夏社会科学》2015 年第 5 期；付志刚：《明末清初政教关系走向与西藏区域中心城市的转移》，张利民主编《城市史研究》第 34 辑，社会科学文献出版社，2016。
② 《续资治通鉴长编》卷二百八十五，熙宁十年十月丙申，中华书局，2004，第 6981 页。
③ 《太平广记》卷一百五十四《定数九·李源》，中华书局，1961，第 1105 页。

而且闽北最早的所指范围并不固定，① 如滨海的福安县便自称当地"枕山附海，僻在闽北"，② 与浙江温州、处州交界者亦多被称为闽北。③ 相对来说，明清时期建宁、邵武、延平三府常被直接称为"上游"，④ 如建州"为八闽上游"，⑤ 延平"雄踞上游"，⑥ 又所谓"延、建、邵三郡扼控上游"，⑦ 如是记述不胜枚举。

其实，福建向有上四府、下四府的分别，横亘在全省中央的戴云山脉为二者天然界线。《舆地纪胜》引《图经》："闽中八郡，建剑汀邵号上四州，其地多溪山之险；福泉漳兴号下四州，其地坦夷。"⑧ 从地理位置上说，很容易得出上四府"据上流"而下四府"滨海"的总体印象，⑨ 这一显著差别奠定了福建山海并立的基本格局。需要说明的是，上四府中汀州府位于汀江流域，向南汇入韩江，与其他三府沟通往来相对不易，虽偶尔也被称作"八闽上游，吴粤产会"，⑩ 但总体上相当少见，且多以客家聚居，不宜同闽江上游三府划为一区。

谭其骧先生曾指出，排列创建县治的时间及其原隶县份，进行综合观察，"不啻为一部简要的地方开发史"。⑪ 我们同样可以梳理闽北各府县的分

---

① 今天闽北一词几乎成为南平市的代称，而原属福宁府范畴的宁德市则多称作闽东。这一点从南平、宁德两地的市委机关报分别名为《闽北日报》《闽东日报》即可见一斑。有趣的是，今天的南平市实则由原来建宁府七县、延平府二县、邵武府二县组成，而延平府所属沙县、尤溪、永安、将乐四县与邵武府辖泰宁、建宁二县今天均划归地级市三明市管辖。

② 万历《福安县志》卷首《修志文》，厦门大学出版社，2009，第 4 页。

③ 孙玛：《祭温处境内山川诸神文》，《岁寒集》卷上，《四库全书存目丛书》集部第 31 册，齐鲁书社，1997，第 33 页上栏。

④ 早在明弘治年间便已见到这样的提法。见弘治《八闽通志》卷二《地理》，福建人民出版社，1990，第 33 页。

⑤ 蔡献臣：《答朱午台建宁启》，《清白堂稿》卷十一《四六启》，商务印书馆，2019，第 333 页。

⑥ 龚用卿：《重修延平府志序》，《云冈选稿》卷十四《序》，中国国家图书馆藏万历三十五年刻本，第 31 页 b。

⑦ 毛鸣歧：《巡宪黄大用公祖寿序》，《菜根堂全集》卷十九《序卷之四》，《清代诗文集汇编》第 100 册，上海古籍出版社，2010，第 299 页下栏。

⑧ 王象之：《舆地纪胜》卷一百二十八《福建路·福州》，中华书局，1992，第 3648 页。

⑨ 陈全之：《蓬窗日录》卷一《寰宇一·福建》，上海书店出版社，2009，第 40 页。

⑩ 旷敏本：《汀州晚眺》，《岣嵝删余诗草》不分卷，《清代诗文集汇编》第 294 册，上海古籍出版社，2010，第 58 页。

⑪ 谭其骧：《浙江省历代行政区域：兼论浙江各地区的开发过程》，《长水集》上册，人民出版社，1987，第 403~404 页。

设过程，以了解该区域开发序列（见表1）。

表1 闽北三府建置沿革一览

府县	初置年代	备注
建宁府	吴永安三年（260）	唐武德四年（621）为建州，南宋升建宁府
建安	东汉建安元年（196）	
浦城	东汉建安元年（196）	原名汉兴县，后多次改名，唐天宝元年（742）改今名
建阳	吴永安三年（260）	原名建平县，晋太康元年（280）改今名
松溪	南唐保大九年（951）	原东平县，刘宋时裁，南唐置松源县，后改今名
崇安	北宋淳化五年（994）	
政和	北宋咸平三年（1000）	原名关隶县，宋政和五年（1115）改今名
瓯宁	北宋治平三年（1066）	宋熙宁三年（1070）裁，元祐四年（1089）复设
寿宁	明景泰六年（1455）	雍正十二年（1734）改属福宁府
邵武府	北宋太平兴国四年（979）	邵武县升邵武军，明初改邵武府
邵武	吴永安三年（260）	原名昭武县，晋元康元年（291）改今名
泰宁	后周显德五年（958）	原名归化县，宋元祐元年（1086）改今名
建宁	南唐中兴元年（958）	
光泽	北宋太平兴国四年（979）	
延平府	南唐保大六年（948）	南唐保大六年升剑州为统县政区，后改南剑州、延平府
南平	东汉建安元年（196）	唐武德三年（620）为延平军，上元元年（674）改剑州
将乐	吴永安三年（260）	
沙县	唐武德四年（621）	
尤溪	唐开元二十八年（740）	
顺昌	后唐长兴四年（933）	
永安	明景泰三年（1452）	
大田	明嘉靖十四年（1535）	雍正十二年（1734）改属永春州

资料来源：道光《福建通志》卷三《沿革》，《中国地方志集成·省志辑·福建》第3册，凤凰出版社，2011，第207~217页。

　　早在东汉建安元年（196）即设建安县，汉晋间所置建安、南平、汉兴、建平、昭武、将乐六县是整个福建除了福州盆地（即东冶县）之外最早开发的区域，开发主要沿闽江最大支流建溪向周边拓展，到唐宋之间主要县份已基本先后建立。统县政区方面，孙吴时析会稽郡地为建安郡，其后又改建州，南宋升建宁府，相较之下，延平府脱胎于五代时设置的南剑州，邵武府来自宋初所置邵武军，统县政区的设置时间要晚700余年。自宋代建州、南剑州、邵武军三足鼎立之后，这一区域的范围就基本固定下来。明中叶福建又出现了一波设县浪潮，从正统十三年（1448）邓茂七起事开始，福建多地先后爆发矿民起义，战乱敉平后一系列县份先后建立，延平府与汀州府、漳州府之间的广大隙地得到进一步控制，包括：永安县（景泰三年，1452）、归化县（即明溪县，成化六年，1470）、大田县（嘉靖十四年，1535）、宁洋县（隆庆元年，1567）。随着沙溪、富屯溪开发加速，控制当地的需求愈发突出，从佐杂分防的变化便可以明显发现清代在富屯溪、建溪两河流之间的山区添设了众多分征县丞，反映了彼时山林开发已日臻成熟。

　　进入17世纪后，福建未再大规模添设县份，行政区划格局基本稳定。除清雍正十二年（1734）建宁府属寿宁县改隶福宁府、延平府属大田县改属永春州外，闽北三府再无大的边界调整。不论是明代行盐区，[①] 还是清代分巡道，[②] 三府均被划在同一区域内，到晚清时，甚至出现了"福建一省，上游为延、建、邵等府"，而下游为"汀、漳、龙、兴、泉各府州"的说法，[③] 闽北三府的整体性已可谓毋庸置疑。

三　从建宁府到延平府：中心转移诸面相

　　在闽北三府中，建安郡—建州—建宁府城在东汉至宋元的千余年间均为闽北最重要的城市，在全省仅次于福州，唐开元二十一年（733）置福建经

---

① 《题福建开中额引疏》，毕自严：《度支奏议·山东司卷三》，《中国古代财政文献汇编》第27册，北京燕山出版社，2021，第433页。

② 傅林祥等：《中国行政区划通史·清代卷》，复旦大学出版社，2013，第299页。

③ 胡兴仁：《闽中纪事》，《补拙轩小草》卷一，《清代诗文集汇编》第604册，上海古籍出版社，2010，第328页。

略军使，便是以福州、建州各取首字而来，①宋代福建转运司亦置于此，②又因曾为孝宗潜邸，绍兴三十二年（1162）前后即升为建宁府，③乃福建各州军最早升府者，足见当时建州的重要程度。如果说建州在宋代可号称与福州"双雄并峙"的话，随着闽南沿海的快速发展，明清时期全闽各府政治、经济地位已发生彻底改变，建宁府的经济、文化水平下降到只能与延平府、邵武府平齐，政治地位在清代更是被延平府取代，闽北中心开始从建宁府城转移到延平府城。当然，这一过程是渐进的、缓慢的，我们可以从以下几个方面管窥一二。

先来看人户数量的变动。《太平寰宇记》载建州主客户是南剑州的1.59倍，经过百余年发展，崇宁年间建州户数亦为南剑州的1.64倍上下。到元末，建宁户数为延平的1.42倍，口数仅为延平的1.16倍。建宁府清初原额军民则为延平府1.13倍左右（见表2）。根据曹树基的研究，洪武二十四年（1391）建宁府民籍人口约69万，延平府则为56万左右。④道光九年（1829）时，建宁府约125万，延平府约87万。⑤由此可以发现，早在元明之际，延平府的人口便已逐渐上升，并有追上建宁府的趋势，虽然直到清代延平府无论是总人口、县均人口还是人口密度都仍低于建宁府，但考虑到建宁府属县更多，二者已相当接近了。⑥

---

① 《新唐书》卷六十八《表第八·方镇五》，中华书局，1975，第1899页。

② 关于福建路转运司的设置，学界多有争议。王文楚、戴扬本均认为福建路转运司在福州；而李昌宪则认为福建路转运司除建炎二年（1128）、绍兴三年曾短暂移驻福州外，其余大部分时间均在建州。相较之下，李昌宪的看法依据更充分。不仅正史有据，地方志也多有佐证。参见王文楚《北宋诸路转运司的治所》，《文史》1987年总第28辑；戴扬本《北宋转运使考述》，博士学位论文，华东师范大学，2003，第92~93页；李昌宪《也谈北宋转运司的治所》，《中国历史地理理论丛》1992年第2辑；李昌宪《宋代转运司治所考述》，《文史》2001年总第55辑；田志光、李昌宪《关于北宋转运司治所问题上"首州论"的再讨论》，《中国史研究》2011年第1期。《宋会要辑稿》言："（绍兴三年）十月二十二日，诏福建路提刑、转运司置司去处，并依祖宗旧制。先是绍兴二年，已诏依旧制，提刑置司福州，转运置司建州，而臣僚有请两易其地。"又可补证北宋旧制即福建路转运司置建州。参见《宋会要辑稿·食货四九》，中华书局，1957，第5654页上栏。

③ 王象之：《舆地纪胜》卷一百二十九《福建路》，中华书局，1992，第3691页。

④ 曹树基：《中国人口史·明时期》，复旦大学出版社，2000，第132~134页。

⑤ 曹树基：《中国人口史·清时期》，复旦大学出版社，2001，第177~184页。

⑥ 根据CHGIS可以计算得出，延平府面积（15200.52km²）略小于建宁府面积（17559.98 km²）。

表 2　人户登记情况变化

年代	建宁	邵武	延平	资料来源
宋太平兴国	主 46637 客 43855	主 34391 客 13490	主 33830 客 22840	《太平寰宇记》卷一百零一《江南东道十二·南剑州》
宋崇宁	户 196566	户 87594	户 119561	《宋史》卷八十九《志第四十二·地理五·福建路》
元末	户 127254 口 506926	户 64227 口 248761	户 89825 口 435869	《元史》卷六十二《志第十四·地理五》
清乾隆	原额军民 251890 滋生 14244	原额军民 119577 滋生 4282	原额军民 223720 滋生 3850	洪亮吉《乾隆府州厅县图志》卷三十九《福建布政使司》

钱粮征收也有类似变化。《大明一统志》载三府税粮分别为 163000 石（建宁府）、63000 石（邵武府）、86000 石（延平府）。[①] 这一数字到崇祯年间仍基本相同，[②] 但入清以后发生了较大改变：

> （建宁府）地饶民广……近被山贼，颇称多事，亦防为力辖八县，粮六万三千零。
>
> （邵武府）赋役不烦，民俗近淳，颇称易治。辖四县，粮六万一千零。
>
> （延平府）地僻民淳，近被盗残破，抚绥亦易为力，辖七县，粮八万六千零。[③]

建宁府由 16 万余石锐减至 6 万余石，而邵武、延平两府则没有调整，[④] 税粮变化反映了清初建宁府的凋敝，这与明清易代的战乱显然关系密切，有清一

---

① 李贤：《大明一统志》卷七十六《建宁府》、卷七十七《延平府》、卷七十八《邵武府》，巴蜀书社，2017，第 3355、3389、3444 页。

② 邵武府变为 61000 石。《新刊详注缙绅便览》，中国国家图书馆藏明崇祯刻本，第 129~130 页。

③ 《顺治十八年缙绅册》，法国国家图书馆藏，第 114 页。

④ 从文献本身考察，建宁府上下两种税粮额度正好相差 10 万，很容易让人认为这是刊刻舛误，脱漏了"十"字所致。但翻检《大明一统志》，其原文作"一十六万三千"，而清初几种缙绅录中均无"一十"二字，且版式上也无空格，应当在刊刻时便是作"六万三千"无误。康熙初年的缙绅录仍与之相同，印证了该数据的可靠。《康熙缙绅册》第 3 册，中国国家图书馆藏洪氏剞劂斋刻本，第 24~27 页。该册中有山西巡抚阿塔、山西布政使达尔布，由此可知断限应在康熙七年、八年间。

代建宁府发展乏力之局面由此肇始。

再看文化层面。有学者指出，宋代以前，福建已形成了沿海—闽北两条文化带并立的格局，[①]其中闽北以建州为中心。自明中叶开始，全省经济、文化资源向沿海地区转移，而闽北过度依赖本地资源，无法适应经济转型，民风趋于保守，文化趋于落后。[②] 两宋时闽北进士人数超过全省的 1/4，到清代下降至 6.65%，统计宋、明、清三代闽北地区的进士数量（见表 3），可以发现几个显著特点：（1）闽北进士占全省进士比重均有大幅下滑，以建宁府降幅最大，尤其是建安、瓯宁两县，其清代进士在全省占比竟不足宋代的 1/10；（2）附郭县进士数量在府域内的领先地位下降，宋代邵武一县考中进士者占整个邵武府的 4/5，到清代下滑至 1/3 左右，其他两府亦有相似局面，说明附郭县以外的县也得到了一定发展；（3）建宁府相对另两府的优势断崖式下跌，建宁府宋代进士约是邵武府的 6.9 倍、延平府的 3 倍，到清代仅为两府的 1.5 倍左右。上述后两点似乎暗示我们随着时间推移，闽北各地发展趋于平均，但考虑到进士总体数量的大幅下降，此变化并不意味着去中心化的繁荣发展，反而说明了三府在文教层面的普遍衰颓。三者均趋于下行，而建宁府原本突出的文化中心地位亦在此过程中丧失。

表 3　闽北地区宋、明、清三朝进士人数变化

府县	宋代	首位度 1	明代	首位度 2	清代	首位度 3
建宁府	1313 人（19.56%）	76.47%	135 人（5.59%）	66.67%	40 人（2.92%）	47.50%
建安县	510 人（7.60%）		49 人（2.03%）		10 人（0.73%）	
瓯宁县	494 人（7.36%）		41 人（1.70%）		9 人（0.66%）	
邵武府	191 人（2.85%）	81.68%	39 人（1.61%）	51.28%	26 人（1.90%）	38.46%

---

① 林拓：《从化外之地到两个文化带的相继发育——宋代以前福建文化地域格局的演变》,《中国历史地理论丛》2001 年第 1 辑。

② 林拓：《明清时期福建文化地域格局的演变》,《中国史研究》2003 年第 4 期。

续表

府县	宋代	首位度 1	明代	首位度 2	清代	首位度 3
邵武县	156 人 （2.32%）		20 人 （0.83%）		10 人 （0.73%）	
延平府	435 人 （6.48%）	57.47%	40 人 （1.65%）	45.00%	25 人 （1.83%）	36.00%
南平县	250 人 （3.72%）		18 人 （0.74%）		9 人 （0.66%）	
全省总数	6713 人		2417 人		1369 人	

注：括号外数值为进士人数，括号内为占全省比重。首位度为附郭县占该府进士总数的比重。

资料来源：刘锡涛《宋代福建人才地理分布》，《福建师范大学学报》（哲学社会科学版）2005 年第 2 期；南平市地方志编纂委员会编《南平通鉴》，福建省地图出版社，2013，第 267 页；多洛肯《明代福建进士研究》，上海辞书出版社，2004，第 258~259 页；沈登苗《清代全国县级进士的分布》，《社会科学论坛》2020 年第 1 期。

　　军事、行政建置变化同样值得关注。一方面，明清之际建宁府的军事重要性不断减弱。明初在建宁府设福建行都司，辖上四府各卫所，此外驻有建宁左卫、建宁右卫，延平府则仅驻延平卫。随着经济重心转移、山海防御格局变动，加之财政拮据，行都司最终于万历年间撤销。[①] 清初卫所改制后驻防力量又有调整，从驻守军力来说，延平府改为一副将两营、建宁府一副将三营，[②] 此后虽于雍正十二年改建宁协为镇、改副将为总兵，建宁府军事地位稍有提升，[③] 但仍难与明代同日而语。

　　另一方面，明初分设按察司佥事驻建宁府，辖建、延、邵、汀四府，弘治二年（1489）以"处贼盗矿不时窃发"，改为专辖建宁、福宁二府州，[④] 万历五年（1577）又改以"延、建、邵为建南一道，道里近，文移便"。[⑤] 崇

---

① 杨园章：《明代福建行都司的设置与裁撤缘由探析》，《中国历史地理论丛》2017 年第 3 辑。
② 顺治《延平府志》卷七《官师志·职员·武职》，厦门大学出版社，2010，第 262 页；康熙《建宁府志》卷十九《职官下·国朝·建宁府》，福建省地图出版社，2018，第 392~395 页。
③ 道光《福建通志》卷八十三《兵制》，《中国地方志集成·省志辑·福建》第 5 册，凤凰出版社，2011，第 143 页上栏。
④ 康熙《建安县志》卷三《公署》，《中国地方志集成补编·福建府县志辑》第 27 册，上海书店出版社，2021，第 43 页下栏。
⑤ 康熙《建宁府志》卷二十一《宦迹》，《中国地方志集成·福建府县志辑》第 5 册，上海书店出版社，2000，第 298 页上栏。

祯年间刊印的《新刊详注缙绅便览》中载，分守建南道管辖三府驻扎延平府、分巡建南道管辖三府驻扎建宁府，^①所谓"三府"即延平、建宁、邵武。其中分守建南道的驻地在康熙初年有所变动，先是康熙三年（1664）底令其春夏驻延平府、秋冬则驻邵武府，以便弹压地方。^②次年，福建总督李率泰上疏称，"漳汀地方辽阔，请以守漳道仍驻漳州，巡建道仍兼辖延平，守建道自建宁府改驻汀州兼辖邵武。"^③康熙六年守道、巡道俱裁，康熙九年另置分巡延建邵道，驻延平府。^④延建邵道的成立标志着延平府城行政地位最终超过建宁府城。

经济层面的衰落导致文化发展疲敝，行政、军事形势也因时而变，各府县的地位升降在王朝统治实践中通过政区分等表现出来。^⑤自宋至清，闽北各府县的等第变化与上述趋势相吻合（见表4）。北宋末年建州辖县基本均为"望"县，而南剑州仅有南平县定为"紧"。明清时期逐步建立了以冲、繁、疲、难四字为中心的州县等第体系，其中建宁府以"冲""繁"为主，延平府则以"繁""疲"为主，清王朝主动进行等第调整以合理调配官僚资源，^⑥延平府等第的变化是其地位抬高的具体表现。

表 4　宋至清闽北三府州县及相应官缺分等的变动

府县	《舆地广记》	《元史·地理志》	《乾隆府州厅县图志》	1912 年春《职官录》
建宁府	上	下	冲繁	中缺
建安县	望	中	冲疲	冲疲中缺

---

① 《新刊详注缙绅便览》，第 130 页。
② 《敕福建建南道管分守建南道事务春夏驻延平秋冬驻邵武》，康熙三年十一月一日，"中研院"史语所藏内阁大库档案，登录号：104146。
③ 《清圣祖实录》卷十五，康熙四年六月七日，中华书局，2008，第 2835 页。按"守建道自建宁府改驻汀州"一语殊难理解，乾隆《延平府志》中有分守建南道"初驻延平，后驻汀州"的说法，故此处应当是自延平府改驻汀州之误。乾隆《延平府志》卷二十二《职官》，《中国地方志集成·福建府县志辑》第 37 册，上海书店出版社，2000，第 400 页上栏。
④ 傅林祥等：《中国行政区划通史·清代卷》，第 298~299 页。
⑤ 等第动态调整主要根据户口数量进行，同时也兼而考虑文化、政治诸因素。齐子通：《宋代县望等级的划分标准探析》，《历史地理研究》2021 年第 2 期；华林甫、胡存璐：《中国历代政区分等及其现实意义》，《中国行政管理》2022 年第 3 期。
⑥ 胡恒：《清代政区分等与官僚资源调配的量化分析》，《近代史研究》2019 年第 3 期。

续表

府县	《舆地广记》	《元史·地理志》	《乾隆府州厅县图志》	1912年春《职官录》
瓯宁县	望	中	冲繁	冲难中缺
浦城县	望	中	冲繁	冲繁中缺
建阳县	望	中	冲疲	冲疲中缺
崇安县	望	中	冲繁	冲繁中缺
松溪县	上	下	简	简缺
政和县	望	下	简	简缺
邵武府	同下州	下	冲疲	冲疲中缺
邵武县	望	中	冲疲	冲疲中缺
光泽县	望	中	冲难	冲难中缺
泰宁县	望	中	简	简缺
建宁县	望	中	疲难	疲难中缺
延平府	上	下	冲繁	冲繁中缺
南平县	紧	中	冲繁难	繁难中缺
尤溪县	上	中	繁难	繁难中缺
沙县	中	中	繁难	繁难中缺
顺昌县	下	中	冲难	冲难中缺
将乐县	上	中	疲	疲简缺
永安县			繁难	繁难中缺

更为突出的例证是各类文献中的府名排序。在传统中国，地物排序往往是政治地位的表达，已有学者对县名排序和地方利益的关系进行了生动研究。[①] 宋元以降，闽北三府在各类志书中的排序出现明显不同，从侧面反映了其地位的此消彼长。上述《舆地纪胜》所引《图经》中"上四州"表示为"建剑汀邵"，建州在南剑州之前；而到清乾隆年间，时人已改称"延建邵汀为上四府"，[②] 延平府转而位于建宁府之前。梳理各类文献中福建统县政区的

---

① 李甜：《县名排序与地方利益：明清宁国府地域关系及其社会变迁》，《中国历史地理论丛》2016年第1辑。

② 乾隆《福建通志》卷首《艺文》，福建省地方志编纂委员会整理《闽台历代方志集成·福建省志辑》，社会科学文献出版社，2018。

排序（见附表），^① 可以发现宋元以后，"建"基本均位于"延"之前，直至清初康熙二十三年版《福建通志》仍然如此，但到乾隆二年（1737）郝玉麟所修的《福建通志》中，情形陡然变化，顺序改为"延"前而"建"后，说明这一关键转变正是发生在康乾之际。

总之，明清时期建宁府在经济、文化、军事等方面相对优势虽然有所下降，但仍然在闽北三府中占据首位，而从行政角度来看，清康熙朝以后建宁府已基本让位于延平府。

四 区域格局变动探因

闽北三府中心的转移是在整个区域普遍衰弱的背景下发生的。仅从对外交通着眼，出闽道路早期由崇安分水关或光泽杉关出入，南宋后仙霞岭成为最重要的官道，^② 均经过闽北地区。但到了清代，入闽通道已达15条之多，其中闽北约占一半，自福鼎至浙江平阳、自诏安至广东饶平两条沿海道路的开通在极大程度上改变了交通格局，晚清海运的兴起更使闽北地区的交通地位进一步下降。^③ 交通层面只是闽北衰弱的一道缩影，福建沿海地区经济的蓬勃发展，使闽北逐渐成为物资供应基地，以米、纸、木、茶等产品供应为主。在乾隆时期，闽北的粮食已大量供应至福州府，并对省城粮价造成了重要影响，^④ 甚至可以进一步供给闽南漳、泉二府。^⑤ 地处闽江口的长乐县便有

---

① 需要说明一点，缙绅录中载录的顺序与其他文献并不太一致，建宁府位于前列的情况延续到了清末，这或是由于其多沿袭旧版式、体例变化很小的文本特性。有关缙绅录编纂、体例对于文本内容的影响可以参考张瑞龙《清代缙绅录史料价值的检讨——以所载"各省额中举人名数"为例》，《清史研究》2018年第4期。

② 林汀水：《对福建古代交通道路变迁的几点看法》，《中国社会经济史研究》1994年第1期。

③ 福建省公路局编辑组编《福建公路史》第1册，福建科学技术出版社，1987，第27~30页。

④ 那苏图：《奏报闽省上游各处中晚禾收成及省城米价情形事》，乾隆八年九月二十二日，中国第一历史档案馆藏，档案号：04-01-24-0027-048。由邵武府米商筹建的绥安会馆建设于乾隆年间，更说明两地贸易早在清初便已发展起来了。参见黄忠鑫《清代会馆运营与商帮力量的互动——以福州绥安会馆为例》，《中国社会经济史研究》2018年第2期。

⑤ 杨应琚：《奏报筹拨闽省上游陈谷以备漳泉二府民食事》，乾隆二十三年十月二十三日，中国第一历史档案馆藏，档案号：04-01-35-1155-026。

"长邑山多田少，故民食多仰于延、建诸郡"的说法。①

在此期间，大量贸易往来均需经过闽江航道。随着闽江上游其他支流的深入开发，建溪的相对重要性下降，沙溪、富屯溪上的一批河港得以兴起，个中典型如上洋。上洋地处富屯溪畔，距顺昌县城直线距离仅十余公里，原属瓯宁县，但在乾隆年间因该码头日益紧要，被分派延平府同知驻扎，实际上成为较独立的特殊建置区域。②上洋的发展离不开富屯溪商品贸易的兴起，到晚清时其已然成为闽江上游最重要的河港之一。③而延平府城作为闽江上游多个支流的交汇点，在清代便已成为闽北最重要的转口港。④清人有言：

> 延郡居三路之冲，北自建宁来者，西自汀、邵来者，皆会合于延以达于省。南自福、兴、泉、漳来者，必由延以趋上游。⑤

闽江上游的通航能力比较有限，虽然大部分河段均可行船，但是以小船为主，自延平以下则可以通行四五百担及以上的大船。⑥

一方面，由于闽江航运的作用日益凸显，几乎所有闽江上下游的往来贸易船只都会在延平府城停靠，其在福建省内往来贸易中的地位几乎无可撼动。另一方面，清初戊子之役对建宁府城的破坏作用亦不可低估。福建在明清鼎革之际成为南明重要基地，战火所及几近全省。建宁府先后遭遇数次大规模战乱，顺治三年（1646）博洛、图赖等领兵攻占建宁、延平等

---

① 民国《长乐县志》卷三十《杂录》，《中国地方志集成·福建府县志辑》第21册，上海书店出版社，2000，第604页上栏。
② 崔应阶：《奏为遵旨查明福建巡抚温福上奏将延平府王台通判改驻上洋口一案据实复奏事》，乾隆三十五年八月二十四日，中国第一历史档案馆藏，档案号：04-01-12-0134-005。
③ 日本东亚同文会编《中国省别全志·福建省全志（1907~1917）》第4编《城镇》，延边大学出版社，2015，第104~105页。
④ 张志华：《明清时期的闽江航运与河道社会》，硕士学位论文，厦门大学，2017，第26~27页。
⑤ 朱克简：《按闽奏议》卷二《延郡情形疏》，陈支平主编《台湾文献汇刊》第2辑第13册，九州出版社，2004，第373页。
⑥ 姜修宪：《环境·制度·政府——晚清福州开埠与闽江流域经济变迁（1844~1911）》，博士学位论文，复旦大学，2006，第70~72页。

府，唐王朱聿钊遁走汀州，后被擒杀，全闽遂入清朝版图。^① 顺治四年"莒州洞贼李长蛟等陷建宁府"，^② 不久"妖僧王祁起古田山中，挟故明宗郧西王旧号，拥众攻城"，建宁府城再次被陷。^③ 闽北失守后，清廷紧急调集汀州、邵武以及浙江等地官兵驰援，^④ 顺治五年三月，清军克复建宁府，^⑤ 浙闽总督陈锦擒斩朱常湖、王祁等人，戊子之役遂告终结。^⑥

此役对建宁府城造成了严重破坏，"房舍尽成灰烬，有大费收拾者耳"。^⑦据前人考证，顺治五年四月初七建宁府城惨遭屠城，^⑧ 时人记其状：

> 街巷屠杀净尽，血及三日，死尸山积，血流成河，衙署寺观悉付一炬……惨凉满目，街巷全无，行人绝迹，鸡猪鸭狗，完全消灭……只有满目颓墙败瓦，满街血迹臭气，亲戚故旧百无一存。^⑨

清初的鼎革战争、三藩之乱对闽北整体的破坏均是相当剧烈的，这也使清代大量棚民移入，改变了区域人群的构成，^⑩ 而建宁府城遭到的破坏尤甚，在此之后一蹶不振，彼升此降之间，区域中心已悄然转移到了延平府城。

---

① 《清世祖实录》卷二十九，顺治三年十一月初一日，第 1732 页。
② 《清世祖实录》卷三十三，顺治四年七月二十一日，第 1764 页。
③ 康熙《瓯宁县志》卷一《沿革》，《中国地方志集成补编·福建府县志辑》第 27 册，上海书店出版社，2021，第 211 页上栏。所谓郧西王名朱常湖，属明偏远宗室。见《明神宗实录》卷四百二十一，万历三十四年五月二十二日，台北"中研院"史语所，1967，第 7973 页。
④ 洪承畴：《招抚江南大学士为调兵协剿闽省事》，顺治四年八月二十六日，张伟仁主编《明清档案》，台北"中研院"史语所，1983，A006-067；张存仁：《浙闽总督为塘报抵闽剿贼日期事》，顺治四年八月，张伟仁主编《明清档案》，A006-088。
⑤ 李聿求：《鲁之春秋》卷二《王师平定浙闽表下》，《续修四库全书》史部第 184 册，上海古籍出版社，2002，第 484 页下栏。
⑥ 金象豫：《国朝大事记》卷六《睿亲王摄政始末》，《续修四库全书》史部第 130 册，第 369 页。
⑦ 陈锦：《浙闽总督为捷报克复建宁事》，顺治五年四月，张伟仁主编《明清档案》，A008-060。
⑧ 潘渭水：《戊子之年说戊子惨祸》，建瓯市政协文教卫体和文史资料委员会编印《建瓯文史资料》第 28 辑，2008，第 172~177 页。
⑨ 葛应忠：《清初建州大事记》，建瓯市地方志编纂委员会藏油印本，第 27~30 页。
⑩ 陈启钟：《清代闽北的客民与地方社会》，博士学位论文，台湾师范大学，2011，第 43~71 页。

结　语

由于建宁府拥有建安、瓯宁双附郭县，从各类指标总量上看，建宁府城在清代仍然保持了一定的领先水平。[①]民国伊始，建安、瓯宁两县合并为建瓯县，此后无论是北路道（1913 年置，后改建安道，驻南平），还是国民政府时期的行政督察专员专区，均未在建瓯驻扎。新中国成立后，曾短暂地在建瓯县设置专署。1950 年专署迁至建阳县，该地区遂改称建阳专区。虽然还有建瓯设市的提法，但很快就因筹备建溪水电站而搁置，根据设计规划，地处河谷小盆地的整个建瓯县城将被淹没，显然不适宜将地区中心设置于此。[②]20 世纪 50 年代后期，建溪水电站计划被叫停，然而建瓯也未再成为区域中心城市。

如今，有些人认为，建瓯的衰落是计划建设建溪水电站所致，但本文希望指出的是，建宁府城作为区域中心城市的衰微早在明末清初便开始了。随着山海并立格局被打破，福建区域整体向沿海发展，位于山区的上四府趋于衰落不可避免。延平府城由于绝佳的地理位置，不仅能够整合建宁府，还可以兼顾沙溪、富屯溪等流域范围。建宁府城作为原先闽北开发的前哨，失去了相应的历史使命，在多种因素影响之下，最终难以与交通地位更为优越的延平府城抗衡。

进一步说，在传统时代，区域中心城市的转移过程是相当漫长的。上文已指出，顺治五年建宁府城遭遇屠城，康熙九年延建邵道成立，但康熙二十三年版《福建通志》中建宁府的排序仍在延平府之前，闽北三府在省志中排序易位尚在一甲子之后。地方社会以其强大韧性维系了原有的城市体系，虽遭受种种冲击，城市地位仍然难以骤然升降。因此，

---

① 例如清代建宁府城"周十一里一百九十八步"，为闽北最大，而延平府城仅"周九里一百八十步"，甚至不及建阳、浦城县城。嘉庆《大清一统志》卷四百三十《延平府》、卷四百三十一《建宁府》，《续修四库全书》史部第 362 册，上海古籍出版社，2002，第 128 页下栏、第 214 页下栏。

② 郑晓光：《"大跃进"初期建设建溪水电工程原因探析》，《华北水利水电大学学报》（社会科学版）2016 年第 1 期。

区域中心城市的变动问题应当在相对较长的时段中予以考察，方能得到深入解读。

附表　明清各政书、志书所见福建各府州排序变化

	文献来源	一	二	三	四	五	六	七	八	九	十	十一	十二
1	《太平寰宇记》	福州	南剑州	建州	邵武	泉州	漳州	汀州	兴化				
2	《元丰九域志》；《舆地广记》	福州	建州	泉州	南剑州	汀州	漳州	邵武	兴化				
3	《舆地纪胜》；《八闽通志》；万历《闽大记》	福州	建宁	泉州	漳州	汀州	南剑州	邵武	兴化	（福宁）			
4	《方舆胜览》	福州	邵武	建宁	南剑州	泉州	兴化	漳州	汀州				
5	《宋史·地理志》	福州	建宁	泉州	南剑州	漳州	汀州	邵武	兴化				
6	《元史·地理志》	福州	建宁	泉州	兴化	邵武	延平	汀州	漳州				
7	万历《大明会典》；天顺《大明一统志》；崇祯《闽书》；《肇域志》；康熙《福建通志》；乾隆十三年春、二十五年冬《缙绅新书》；乾隆《大清会典则例》；1912年春《职官录》	福州	泉州	建宁	延平	汀州	兴化	邵武	漳州	福宁	（台湾）	（永春）	（龙岩）
8	《读史方舆纪要》	福州	兴化	福宁	建宁	延平	汀州	邵武	泉州	漳州			
9	《明史·地理志》	福州	兴化	建宁	延平	汀州	邵武	泉州	漳州	福宁			
10	崇祯《新刊详注缙绅便览》；《顺治缙绅册》；《顺治十八年缙绅册》；《康熙缙绅册》；《雍正爵秩新本·中枢备览》	福州	泉州	兴化	福宁	邵武	延平	建宁	汀州	漳州			

续表

文献来源	一	二	三	四	五	六	七	八	九	十	十一	十二
11	乾隆《福建通志》；乾隆《府厅州县图志》；嘉庆《大清一统志》；道光《福建通志》	福州	兴化	泉州	漳州	延平	建宁	邵武	汀州	福宁	（永春）	（龙岩）	（台湾）
12	《清史稿·地理志》	福州	福宁	延平	建宁	邵武	汀州	漳州	龙岩	兴化	泉州	永春	

注：《清史稿·地理志》以守巡道进行编排，顺序为福州府、福宁府（属粮储道）；延平府、建宁府、邵武府（属延建邵道）；汀州府、漳州府、龙岩州（属汀漳龙道）；兴化府、泉州府、永春州（属兴泉永道）。其排序与州县地位之关联似乎较弱。

作者单位：上海大学历史学系

《盟水斋存牍》所见清代"不贞"案件研究

赵文暖

【摘　要】明清时期,"贞节"一词的含义从精神忠诚逐渐转变为女性身体上的忠诚,并泛用于已婚和未婚女性。当时社会对不贞女性的批判和忽视普遍存在,通过研究这类案件,可深入了解另一个侧面的社会现实。本文依据明末清初广州府的《盟水斋存牍》等判牍史料,探讨不同社会地位女性的贞节观念及其对家庭和社会的影响。未婚女性的不贞行为常以悲剧结束,这通常是家族内部裁决的结果,而利益关系单纯的她们毫无抗衡空间。相比之下,已婚女性虽然也面临家庭内复杂关系和经济因素的挑战,但她们借由围绕自身的复杂的社会和利益网络,实现与家族的博弈,甚至获得一定的经济补偿。

【关键词】贞节观念　判牍　《盟水斋存牍》　性别史

前　言

若提及贞节,人们大抵会联想到"从一而终""一女不事二夫"之类形容女性对丈夫忠贞的画面。然而,贞节这个词最开始实则是一个男女共用,且形容精神上忠诚的词语,比如臣子对自己的主君忠诚即可称为忠贞。但到了明清时期,贞节这一概念渐渐拘泥于女性的身体忠诚,且不仅是对存在婚姻关系的已婚女性,而且对明明处于婚姻关系之外的未婚女性同样提出了要求。在中国女性史研究领域,大量的研究都围绕贞节这一主题展开讨论,其中多数是从贞节观念这一视角对女性的守贞行为进行分析,或者从社会角度对贞节规范进行考察,其使用的史料主要是正史或者文人集,以及牌坊上或族谱上的记录。这类研究基本是从士人阶层的视角出发,最终得出明朝之后关于女性贞节的观念变得更加苛刻这一结论。[①]

然而，到了明朝后期，随着经济发展和社会秩序的变化，描写庶民文化及生活的白话小说大量出现。在这些白话小说中，有未婚女子跟恋人自由恋爱而私奔，以及丈夫在外做生意时妻子在家跟其他男人通奸的故事情节。以白话小说为史料，也有一些研究触及对庶民阶层整体以及庶民阶层女性所持有的贞节观念的分析，[②]然而由于白话小说自身的虚构性，其落脚点主要在对自由恋爱的追求以及男女平等问题上。不过近年来，基于白话小说围绕女性婚姻所进行的社会史研究也有所进展。[③]

用贞节观念去看待白话小说中出场的这些女性，她们可算是彻彻底底的"不贞"女性。社会上普遍承认的贞节女性是婚前守贞，婚后只专注于丈夫，如果不幸丈夫去世了也不改嫁，继续为丈夫守贞一生的女性。从这一观点来看，"不贞"就是不守贞操。婚前与男性有性生活，婚后与丈夫之外的男性通奸，丈夫不幸去世的话不改嫁就跟其他男性通奸，[④]这些都属于"不贞"的范畴。

在探讨女性"不贞"问题时，主要可采用的史料既有别于记载贞节相关内容的地方志或文人集，也不同于家谱家规，而是集中于诉讼文书中的"奸罪"记录。对这类诉讼文书的相关研究主要集中于法制史角度，但20世纪90年代后，也出现了一些结合法律史与社会史视角，围绕女性进行的研究考察。[⑤]这些研究不只专注于分析法理，诉讼流程与审判结果，还细致分析

---

① 费丝言：《由典范到规范：从明代贞节烈女的辨识与流传看贞节观念的严格化》，台湾大学出版委员会，1998；章义合、陈春雷：《贞节史》，上海文艺出版社，1999，第315页；杜芳琴：《明清贞节的特点及其原因》，《山西师大学报》（社会科学版）1997年第4期；卢苇菁：《矢志不渝：明清时期的贞女现象》，秦立彦译，江苏人民出版社，2022。

② 合山究『明清時代の女性と文学』汲古書院、2006、161頁。

③ 勝山稔「中国短編白話小説に見る都市生活の一考察」『東北大学大学院・国際文化研究科論集』8号、2000年、118-135頁；勝山稔『中国宋─明代における婚姻の学際的研究』東北大学出版会、2007。

④ 改嫁本身并非守贞节的行为，但改嫁所涉及的主要是财产及子女问题，跟本文所论述的"不贞"行为重点不同，因此本文不进行论述。

⑤ 五味知子「誣姦と貞節─以晚明至清前期的判牘為中心」『近代中国婦女史研究』17号、2009年、223-256頁；「清代の配偶者殺人の記録に見る女性像とその実態」『史学』85号、2015年、201-220頁；张志军：《何以嫁卖？─从乾嘉道巴县36份嫁卖案例说起》，《西华师范大学学报》（哲学社会科学版）2019年第3期。

文书中出现的所有信息，多方面考察女性罪犯形象及各方在审判中的立场，借此得以深入当时女性的生活实态及围绕女性的家庭和社会构造。

这些"不贞"的女性在各类文人集及地方志中常常作为贞节烈女的对立面形象出现，如想要守寡的儿媳和放浪的婆母这种经典的对比组合，但这种两极分化的对立形象不过是经过文人儒家思想加工后所呈现的结果，[①] 明清真实社会中所生活着的涉及奸罪的女性其实有更为立体且复杂的人物形象，并非如士人阶层所记叙的那般片面单薄。而本文试图描绘的是，即使同为女性，由于在家族或社会中身份立场的不同，她们在面对"不贞"这一问题时的境遇仍存在差异。也就是说，在关注男女这一区别之外，考虑社会制度、家族制度、地域甚至其他更隐晦但同样重要的因素，据此进行综合分析，以进一步丰富对当时社会的认知。

本文将分析同为"不贞"女性，由于婚姻关系的存在与否，也就是已婚还是未婚这一家庭内部身份的区别，在"不贞"事件中存在怎样的审判结构、社会影响等差异。本文主要使用的史料为崇祯元年就任推官的地方官员所著广州府《盟水斋存牍》。[②] 判牍这类史料的性质在多数研究中已经有过详细的探讨，[③] 在此不再赘述。

一　未婚女性相关的案件

从现代的视角来看，婚前女性跟某个特定的男性交往，进而发生亲密接触，似乎并不能称为"不贞"。然而在明清时期的贞节观念中，这种行为却被视为对未来丈夫的背叛，也被认定为"不贞"之列，法律规定未婚女性与男性发生性行为是通奸，并称其为奸罪。[④]

---

① 五味知子「诬奸与贞节——以晚明至清前期的判牍为中心」『近代中国妇女史研究』17 号、2009 年、223-256 頁。

② 颜俊彦：《盟水斋存牍》，中国政法大学法律古籍整理研究所整理标点，中国政法大学出版社，2002。《盟水斋存牍》是颜俊彦任广州府推官期间（1628~1630）所记录的判语和公牍集。

③ 滨岛敦俊「明代の判牘」滋賀秀三『清代中国の法と裁判』創文社、1993、509-538 頁。

④ "律令中，只要是婚姻关系外的男女间性行为统统被视为奸罪，是要被处罚的对象—有丈夫的女性通奸仅仅只是奸罪从重处罚的原因而已"（滋賀秀三『中国家族法の原理』創文社、1967、467 頁），关于此点可参照注⑥。

长期以来，日本的专家学者大都认为明清以来未婚女性在家庭中是一种附属性质的成员，[①] 然而"女儿将来嫁人，能够帮助自己娘家宗族跟夫家之间缔结姻亲关系，也因此而备受重视，所以在娘家宗族内，女儿的存在并不是全然无价值的"。[②] 换言之，对家族或宗族而言，女儿的价值主要集中在未来可能缔结的婚姻关系上。如此一来，未婚女性若是触犯"不贞"这一条，必然会导致在未来的择偶过程中价值降低，而明末时期的家族或宗族又会如何对待这些丧失了某些价值的未婚女性呢？

在《盟水斋存牍》中，颜俊彦记载了这样一个案件：[③] 生员黄时进控诉崇忠强奸杀人，然而据初审记录来看却是崇忠趁黄时进外出，深夜潜入家中与其妹玉科通奸，到次日一早才被其母何氏发觉，黄时进前来控诉时也提到"寅夜潜入，鸡曙惊获"。颜俊彦感慨这"分明写就一纸和奸供状矣"。也因此颜俊彦与初审官员梅通判的判决出现了矛盾。颜俊彦认为这种情况下，即便是当场抓获，也只能以和奸条文判决，更何况崇忠逃跑，"止获所穿遗屦"，黄时进控诉说自己的妹妹因被强奸而惭愧自杀，但"行奸于十二月二十七夜，缢死于正月初六日"，颜俊彦认为"时已来年，此岂可坐以因奸致死[④]乎？"他否决了按照因奸致死判罚的合理性，认为律例中明确记载了"妇人与人通奸事发，羞愧自尽，奸夫止坐奸罪"，这种情况下黄时进之妹玉科哪怕真的是因为与崇忠的奸情败露而死，也不能过重惩处崇忠，更何况她是否因奸情败露而自杀也并无实据，崇忠目前来看也只应处以杖刑。[⑤] 而初审官员梅通判"竟不准本律，强坐崇忠以徒"，致使崇忠上诉。

这一案例简单来说就是秀才黄时进的妹妹玉科与一名叫崇忠的男子通奸，被撞破后自杀身亡，哥哥黄时进因此状告崇忠。原本审理该案的梅通判判决崇忠徒刑，但对该判决不服的崇忠选择上诉。最终审理的结果是认定该案件并非强奸，而是和奸，应该判决崇忠杖刑而非徒刑。因状告方黄时进是

---

① 滋贺秀三『中国家族法の原理』438 頁。
② 仙石知子『明清小説における女性像の研究』汲古書院、2011、145 頁。
③ 颜俊彦：《盟水斋存牍》，第 155 页。
④ 若因奸、盗而威逼人致死者，斩。《大明律》卷十九，刑律二·人命，怀效锋点校，法律出版社，1999，第 157 页。
⑤ 凡和奸，杖八十；有夫，杖九十。《大明律》卷二十五，刑律八·犯奸，第 197 页。

"生员",通奸当事人玉科的娘家也当是士人阶层无疑,兄长黄时进尽管也许知道崇忠与妹妹玉科是和奸行为,但依然以"强奸杀命"为由状告崇忠,其背后有两个原因。一是强奸罪名的特殊性。即使在现代,强奸案件的审理依然是一件极为复杂和困难的工作,更何况明清时期,官府掌握证据并查明是否强奸本身就存在较大难度,而当事人一方已死,真相则愈发模糊,梅通判原审所给出的判决也正印证了地方官员对强奸与和奸的辨别是存在困难的。二是对黄时进的家族而言,女儿若是和奸,自然是家族耻辱,可若是被强奸后为守卫贞节而自杀,对家族而言却能保住面子了,由此也就不难理解黄时进"强奸杀命"的控诉。

然而,比起黄时进的诉讼策略和梅通判与颜俊彦的判决争议,在这一案件中笔者最为关注的,反而是案件的记录者已经认定的事实,也就是当事者玉科的自杀行为。玉科真的是出于自身意愿而自杀,还是被逼迫而"自杀",或是成为族人私下制裁的对象呢?真相在关于这起案件的寥寥几笔中未尝得见,但或可通过跟未婚女性相关的其他"不贞"案件寻求答案。

另一起案件是,麦芝元诱奸黄悦信的女儿亚瑞,乘亚瑞父母外出私逃,跑去麦芝元母舅陈信华家中躲藏,而陈信华"裁衣为活,时在外生理",[1] 其妻收匿麦芝元。但次日一早,黄悦信到处找寻,最终找到麦芝元并扭送到案,同时"信妻林氏痛殴亚瑞,亚瑞羞恚,自经论致死",亚瑞羞愤之下自尽而亡,而麦芝元也在狱中死去。[2]

这起案件中的亚瑞与上文中的玉科有惊人的相似之处,也是以自杀告终,且从母亲林氏的愤怒中也可窥探到玉科事件中未能得见的女方家族面对这类事件时的反应。这起案件跟玉科事件的不同在于,当事者男方麦芝元也已死亡,且无论是颜俊彦的记录还是分守道给予的批复中都未对其死因进行任何说明,只提及他死于狱中。但该案件中出现了对当事男女的评价性记载:"分守道批:据招麦芝元毙于狱,亚瑞毙于缢,奸夫奸妇淫恶之罚,俱正天刑。"从这句批复可以看出,士人阶层对于未婚女性的私奔事件深恶痛

---

① 可知芝元的舅舅陈信华为手工业者,即庶民阶层。本案件中并未特别说明芝元及亚瑞本人的身份阶层,两人皆是庶民的可能性很高。

② 颜俊彦:《盟水斋存牍》,第598页。

绝，甚至用"正天刑"来表达对二人之死的乐见其成，对帮忙藏匿的陈信华家也处以杖刑以示警告。仿佛同属士人阶层的文人墨客从未称与情郎私奔的女性有情有义，也未写过梁祝那样你去了我也不独活的缠绵故事。

自杀的未婚女子还不止亚瑞和玉科。

另一案件记载，广学鹏与陆氏通奸，还与陆氏女儿有染，被黎寿喜发现后陆氏女儿羞愧自尽，陆氏借女儿自尽为由头诬告黎寿喜。[①] 最终陆氏和广学鹏都被处罚，"除陆氏痛饱桁杨外，学鹏杖不尽辜，请加责枷示"，并对陆氏被处罚的原因评价为"淫妖母女聚麀，又架词渎宪，罪不胜诛"，除了奸罪，颜俊彦也关注到了陆氏的诬告。察院对于这一判决却抱有疑问，认为"广学鹏因奸致死人命，一杖是否蔽辜，仰再尽法究详"，由此也可以看出，这一时期的官员对于因奸致死条的适用是存在认知分歧的。玉科事件中的梅通判也赞同因奸致死的解释扩大，然而颜俊彦认为"广学鹏私陆氏而并通其女，致女奸露羞缢，鹏之罪不胜诛也。但和奸止杖，羞忿自缢即因奸致死，难置重典，合仍原拟"，坚持和奸的情况下只能处以杖刑，即使女方奸情败露自尽而亡，也不能因此对男方施以重罚，但为了加重惩罚"请加责枷示，以儆宣淫，庶法之平"。

这起案件中的"不贞"女性有两人，一个是母亲陆氏，一个是陆氏的女儿。然而，同样是奸情被发现，女儿自杀了，而明知女儿自杀原因的陆氏反而将他人告上了公堂，其提起诉讼的目的大约是想要借由女儿的死来获取补偿金。

在这起案件中可以看到，同样一起事件，"不贞"的女性之间产生了巨大的差异，即是否"自杀"。

在整部《盟水斋存牍》中，关于"不贞"的案件中只有3起是与未婚女性相关的。然而在这3起案件中，未婚女性不约而同地"自杀"了，且这3起案件中提起诉讼的均为未婚女性家，其理由也都是未婚女性之死。从记述中我们可以看到未婚女性的家族对"不贞"的女儿的愤怒，可以想见这也许就是未婚女性"自杀"的契机。此外，官方的判决文书对"不贞"而"自

---

① 颜俊彦：《盟水斋存牍》，第517页。

杀"的女孩也全无同情，反而是严厉斥责，这种斥责不仅仅是出自士人阶层自身所秉持的伦理观，更是基于这类事件可能对社会及周边人群产生的影响而进行的，判决文书中用不同表述来"以儆宣淫"，其目的是通过对这类案件的判决对社会风气加以纠正。

也正是基于这样的社会风气，在宗族势力庞大的广东，宗族对被家庭斥责、被社会排斥的"不贞"未婚女性进行制裁也就变得顺理成章。她们既有可能因畏惧社会批判指责而自杀，也有可能为维护家族的面子及利益而被迫自杀，甚至有可能被家人亲手制裁，华南地区这种宗族内制裁的情况并不罕见，①然而对于女性而言，这种制裁在多大程度上得以成立，以及不同身份的女性面临的裁决是否不同，可通过接下来对已婚女性同类案件的分析来窥探。

已婚女性如果"不贞"会怎样呢？在陆氏的案件中我们已经得知有一位已婚女性好好地活着，甚至利用自己女儿的死主动提起诉讼。

二　已婚女性相关的案件

《盟水斋存牍》中已婚女性相关的"不贞"案件在第一节中已经有所提及，但因分析的焦点在未婚女性身上，关于已婚女性并未过多论述，对案件本身的记载也较为简略。为进一步分析已婚女性"不贞"案件中呈现的不同点，我们来看一下下面几个案例。

谈遇（秀才）的妻子陈氏与另一名秀才冯维节通奸后再婚，陈氏的母亲想要回当初陈氏与谈遇结婚时送出的嫁妆田，"乃陈氏有奁田三十九亩，向归谈遇者，其母李氏思问遇索还"，因而告上公堂。②颜俊彦了解事情经过后，认为"然不洁之妇，情义已绝，何复留此不洁之田，为睹物思人，犹有余恨。遇稍有志气，不若掷还之，又洒然耳"，说陈氏这种不洁之妇所留下的不洁的田又何必留着，若是谈遇有点气节就该把田扔回去，所以应归还

---

① 松田吉郎『明清時代華南地域史研究』汲古書院、2002、57–58 頁。
② 颜俊彦：《盟水斋存牍》，第 172 页。

陈氏土地。^① 而先是"女之淫奔，母实诲之"，在陈氏通奸一事上教育不当，又"纵女鹑奔"且"自恃老妇"的陈氏母亲则被处以杖责其抱告。^②

值得注意的是，在这起事件中，陈氏的母亲并没有像第一节中未婚女性的母亲一样愤怒打骂自己的女儿，女儿与他人通奸继而再婚，母亲不仅没阻止反而主动帮女儿提起诉讼，想要回女儿的嫁妆。

然而不仅陈氏提出了诉讼，谈遇也以其妻被奸拐为由将冯维节告上了法庭。^③ 此案经由府厅县三审，颜俊彦写道："县断其离异，法也。府断奁田归谈，而姑以陈氏属之维节，情也。"他认为断陈氏与冯维节离异符合法理，而嫁妆田归谈遇，陈氏归冯维节则符合情理，颜俊彦自己判决"令谈遇弃其妻而并弃其田以存秀才志气"则是"义也"。但显然这三种判决都没能了结此案，颜俊彦只得重审，谈遇声称"妻未常休，偶外出，而忽属之冯，奸也，拐也"，强调并未休妻，而冯维节则认为"遇弃之，而我取之，媒也，聘也"，强调其有媒有聘，礼法无碍，然而颜俊彦审理却发现"问其媒，则无是公也。问其聘，则无一人证也"，人证物证都不齐全，这场婚姻自然作不得数。且陈氏的娘家，生员陈周与陈懋严、陈周宇"毅然以为家门不幸，羞愤欲死，誓不肯以此妇属维节"，完全不认可这桩婚姻，基于此，颜俊彦认为"然世间宁有一女改适，不闻之前夫，并不闻之亲族，而轻轻暗度？"他否认了陈氏的改嫁，最终判决陈氏应按照县里的判决断其离异，而冯维节按律应该褫夺功名，但因"奸拐无证，姑开一面，罚银五十两，为修学之资"。而这起案件因涉及两位生员，察院和提学道官员皆表示了对冯维节所作所为的不认同：

> 察院高批：陈氏背夫自嫁，冯维节无媒而娶，此与奸拐何异！……姑依拟杖李亚三结案，冯维节戒饬，仍详提学道降处示创。

---

① 史料中并不单单是归还土地，还出现了陈氏盗走谈遇土地契约，将谈遇土地也占据的记叙，因与本文关系不大，在此省略。

② 明代女性是不能自己直接提起诉讼的，如要提出诉讼应当以他人为代理人来提出，该代理人被称为"抱告"。参照阿风《明清时代妇女的地位与权利——以明清契约文书、诉讼档案为中心》，社会科学文献出版社，2009，第 202~205 页。

③ 颜俊彦：《盟水斋存牍》，第 213 页。

提学道批：陈氏不洁之妇，谈遇弃之，冯维节取之，弃者遭之不幸，取亦明乎，见金不见人矣。……维节青衿，读圣贤书者，此等行径与鳝逾何异！况陈氏宗族亦喷有繁言。冯维节法应褫黜，但所指奸拐无证，且已断离异，姑行学重责二十板示警。①

提学道提到"见金不见人"，意指冯维节贪图陈氏嫁妆，虽对冯维节此举极为不喜，但仍保留了其功名，重责二十板以作警告。

这份诉讼文书始于谈遇以"奸拐"为由提出诉讼，而文书中也可看出士人阶层的陈氏娘家人态度，即"毅然以为家门不幸、羞愤欲死，誓不肯以此妇属维节"，而同属士人阶层的奸夫冯维节却并未见羞愧，这种态度的不同与其解释为士人阶层内部也存在对贞节观念的认知差异，不如说其外在表现出的态度与实际行动之间存在矛盾。当自己作为非当事人来评价时，他们绝不认同并毫不留情地去批判，而当自己就是当事人时，那就又是另一回事了。也就是说，对已婚妇女的通奸行为，士人阶层的批判仅仅停留在道德意识层面，甚至还默认了陈氏的通奸，并在某种程度上保障了陈氏自身的经济利益。

另外，陈氏的母亲也是士人阶层（夫家）出身，却对女儿的"不贞"毫无反对之意。而这起案件中所涉及的嫁妆田地问题，也成为争论的一个焦点。也就是说，士人阶层出身的女性并非都认同这种守贞观念，面对自己女儿作为已婚妇女的"不贞"，也并不一定会遣责批判，若存在某些利益关系，也会为女儿出头。

从官府给出的判决来看，虽然判决陈氏与冯维节离异，却与之前的陈氏案件一般，并未对其所犯奸罪进行处罚。目前看来，官府判决中单纯因通奸而被处罚的案件并不多见。奸罪虽然是一种实际存在罪名，但于法律实践中，除非事关谋杀或其他重大案情，地方官府并不认为这是有必要进行审理的事件，目前来看所有与通奸有关的案件，都并非仅仅涉及通奸，被受理的案件都是与其他事件糅杂在一起的。

---

① 颜俊彦：《盟水斋存牍》，第213页。

官府并未对"不贞"女性进行处罚，女性娘家也未反对的案件还有一例。①

萧于苍此人乃"保歇市棍"，②趁何景福入狱诓骗其妻子赵氏并据为己有，后同居多年，赵氏色衰爱弛，"始诱之，终弃之"，赵氏只能依赖亲戚彦明，在他家做针线活谋生。结果在赵氏想要寻其前夫并改嫁的时候，萧于苍却捏造供词称赵氏背夫而逃，将彦明告上法庭。彦明不甘之下赴县禀告，萧于苍却又改口说赵氏是被拐盗并控告至府，庭审却发现"言拐言盗皆苍之自供也"，并无实据，颜俊彦感慨道："初苟合，既离弃，卒勒诈，人之负心一至于此，杖惩之犹有余辜。"最终判决是赵氏听归前夫或者另外改嫁，③萧于苍杖责。

在这起案件中出场的是丈夫入狱的女性及欺骗这位女性的保歇萧于苍。围绕改嫁产生的纠纷最终到达了诉讼这一步。而无论是收留了赵氏的彦明还是官府，都没有激烈反对赵氏的"不贞"行为，官府最终也许可了赵氏改嫁，并未对其之前的"不贞"进行惩罚，甚至对萧于苍的行为用了"负心"一词，默认了赵氏与其之间的奸情。

结　语

上述跟已婚女性有关的3起案件中（包括陆氏一案），已婚女性自杀的案件并未得见，相反，她们因嫁妆田地纠纷、"改嫁"等出现在诉讼案件中，甚至提起诉讼的就是本已"不贞"的她们，而官府对她们也并未以奸罪进行处罚，或允许离婚，或施以轻微处罚，或将嫁妆田归还，如表1所示。

---

① 颜俊彦：《盟水斋存牍》，第371页。

② "保户歇家"的略称，官府称之为"保户"，而民间称之为"歇家"。官府为征收赋税或裁判审理而设立的职位名。也有负责住宿的商业从业者的意思。

③ 丈夫如果失踪，经过一定的时间后禀报官府就可改嫁他人，这一规定在自宋代之后的立法中就有所体现（滋贺秀三『中国家族法の原理』）。在本起案件中，何景福虽不是失踪而是入狱，但因长年不在家中，所以应是被官府判断与失踪无异，才会以"前夫"来称呼。

表 1 《盟水斋存牍》中女性"不贞"案件

身份	案件名	出处	案件简介	"不贞"女性*	自杀例
未婚女性	和奸陈崇忠	第 155 页	陈崇忠与玉科通奸，被玉科母亲发现后逃脱。数日后玉科自杀，其兄控陈崇忠强奸杀命	自杀	3
	奸情被累陈信华	第 598 页	芝元带黄悦信之女亚瑞私奔去自家亲戚陈信华家中藏匿，后被发现，亚瑞被其母斥责而自尽，芝元在狱中死亡。亚瑞父亲控诉陈信华因奸威逼	自杀	
	奸淫广学鹏	第 517 页	广学鹏与陆氏通奸的同时与陆氏女儿有染，此事被黎寿喜撞破，陆氏女儿羞愤自杀，陆氏控诉黎寿喜主人行奸	自杀	
已婚女性	奸淫广学鹏	第 517 页	同上	因诬告处以枷号	0
	讼婚冯维节	第 213 页	陈氏与谈遇尚未离婚就与冯维节有染，后结婚。谈遇不满而控告冯维节	判与冯维节离婚	
	市棍萧于苍	第 371 页	赵氏丈夫入狱后与萧于苍苟合，而后被其抛弃，现欲再嫁，被萧于苍借机勒索	或返还给前夫，或改嫁	
	奸情戚储通	第 167 页	戚应元与同族后辈之妻李氏通奸，被李氏丈夫戚储通发现痛殴后自尽，李氏也承认了通奸事实	与丈夫离婚	

注：*指"不贞"女性到案件结束为止的状况。

资料来源：笔者据颜俊彦《盟水斋存牍》统计。

　　而未婚女性，无论士人阶层还是庶民阶层，所有人都在"不贞"被发现后"自杀"了。在这些案件中提起诉讼的也都是她们的娘家。考虑到广东的宗族社会以及村落内裁判的存在，娘家对她们的支配力可见一斑。也就是说，一旦她们的"不贞"被发现，娘家牢牢掌握着她们人生的决定权。

　　之前的论述也有所提及，单纯因通奸而被处罚的案件一件也没有，而在通奸案件中经常会出现"妆奁""彩礼"的问题，在自杀案件中也会出现"埋葬银"这类金钱问题。与未婚女性相比，已婚女性身处在更多的社会关系和利益关系中，有她们主动提出诉讼的情况，也有最终获得金钱利益的情况。从利益关系来说，她们已身处于婚姻关系内，因此"妆奁"或"彩礼"，总有一个是与她们相关的；而从社会关系而言，已婚女性既有夫家，又有娘家，对她们的惩处总要两家皆达成一致才能成立。对已婚女性来说，"妆奁"的价值、与娘家的关系、与夫家的关系、有无子女等因素，在"不贞"案件中都可以发挥作用，她们利用这些社会及利益关系或可实现与宗族内裁判的力量博弈。

黄宗智在《清代以来民事法律的表达与实践：历史、理论与现实》中提到，在村落社会中"媳妇显然是这个等级结构中地位最低下的：对村庄来说，她是个外来人；对公婆来说，她是晚辈；对公公和丈夫来说，她只是一个女子"。[①]他通过分析侯家营年轻媳妇因婆媳矛盾而自杀的事件，认为村落内的调解本身并不能成为一种保护弱者的制度，真正的弱者沉默地站在这一系统之外。而与此极为类似的，就是女儿的存在，女儿看似拥有自己的父母兄弟做后盾，但这种后盾其实是一把有条件的"双刃剑"，只有当女儿能为家族带来利益时，她才享有这种保护，而当她破坏了带来利益的可能，她就变成了家族的耻辱，这把剑随时可能刺向她自己的心口，而她毫无还手的空间。相对而言，围绕儿媳的利益关系则复杂得多，也因此，儿媳们拥有了一丝周旋的可能。从这一角度来说，礼法森严的宗族社会中处于底层的，反而是利益关系最为单纯的未婚女儿。

而就思想观念而言，未婚女性的贞节本身是一种象征性的贞节，她的"不贞"有可能导致所有未婚男性未来接受一个曾经"不贞"的妻子，而已婚女性的贞节是一种具体的贞节，除丈夫外的其他男性都不会是她"不贞"的"受害者"，地方官虽认为事关风化，却并未对其"不贞"实施什么实际处罚，这也是社会对于未婚女性"不贞"的指责要远远强于已婚女性的一个原因。

本文立足于女性的婚姻状况，通过细致考察诉讼史料中体现的细节信息，试图通过"不贞"案件来描画一幅更为立体的社会图像。目前史料收集

---

① 黄宗智：《清代以来民事法律的表达与实践：历史、理论与现实》，法律出版社，2014，第59页。

尚不完全，有待通过利用更为完善丰富的诉讼档案来综合分析包括婚姻习惯、男女比例以及居住环境等与"不贞"案件息息相关的因素，进一步阐释对当时的人们来说"不贞"到底意味着什么，又能够带来什么。然而，清代前期中央层面的档案却显现出与《盟水斋存牍》截然不同的一面。① 在那些档案中，案件完全按照律法审判，女性的"不贞"也直接受到了处罚。这种不同意味着，至少在明代末期的广东府，地方官并不真正认为女性的"不贞"有必要受到惩处，对其谴责也仅仅停留于道德层面，甚至围绕女方因通奸自尽一事，也会产生是否应加重对男方处罚的争议。

另外，用现代的观点来看，未婚的女性与他人发生性行为并不属于"不贞"的范畴，而在当时知识分子所写的诗集小说中，也不乏对未婚女性与人私奔的描写。这样的观点在明末清初的社会有多大的存在空间，以及其背后的原因又是什么，今后或可结合白话小说来对其进行充分的探讨分析。

作者单位：复旦大学历史学系

---

① 赖惠敏：《但问旗民：清代的法律与社会》，台中：五南图书出版股份有限公司，2007，第315页。

清代畿辅地区民地买卖研究 *
——以《首都博物馆藏清代契约文书》为中心

赵年云

【摘　要】在清代畿辅地区民地买卖过程中,交易双方通常会遵循俗例,依据既定程序进行。因缺乏活卖这一习俗,土地卖契的书立即意味着将地绝卖,卖主不能再进行找价。虽然宗族力量薄弱,但畿辅仍存在有弹性的"亲邻先买"观念,到民国后逐渐式微。与官僚、绅衿地主易积聚大量地产相异,普通乡民的土地兼并势头较弱。到清末,由于苛捐杂税激增,乡民多采取"一地多契"的方式隐瞒真实交易价格,以逃避契税负担。

【关键词】畿辅地区　民地买卖　土地兼并　一地多契　清代

　　土地是人类赖以生产生活的物质基础,更是传统农业社会最基本的生产资料。对于乡民而言,土地占据了家庭财富的主要部分,依靠经营土地所得的收入也是极为重要的经济来源。杨国桢指出,明清是中国封建土地制度发展到鼎盛以致烂熟的时期,在土地的占有和使用上普遍使用契约。[①]在地权交易过程中,人们通过缔结契约来证明交易双方达成的关于土地所有、使用等权利的转让与归属。在立契形式上,该时期也已到达成熟与完备的阶段。由文契本身所表达的关于土地类型、交易原因及赋税、过割等信息实为王朝土地制度演进最好的注脚,也是研究乡村社会经济史的第一手资料。

　　学界当前关于清以降土地交易问题的研究进展与契约文书的刊布情况

---

　　*　　本文系国家社科基金项目"清代畿辅地权市场与乡村社会变迁研究"(24CZS068)阶段性
　　　　成果。

　　①　杨国桢:《明清土地契约文书研究》(修订版),中国人民大学出版社,2009,第1页。

密切相关，在地域上以对南方地区的研究居多，如江南、徽州、清水江流域以及闽浙等省域，华北地区则以对山西的研究为主，对京津冀的研究相对薄弱。目力所及，朱文通较早利用搜集的近百件文契对清以降沧州地区的土地交易问题作了简要分析。① 史建云对近代华北土地买卖的法律、习俗、规模、官私契约、契税过割等问题作了扼要讨论。② 张伟明利用 80 余件契约对清代北京地区的房地交易作了考察，指出该地土地交易形式已经高度稳定和完备。③ 童广俊等以搜集到的 120 余件束鹿县张氏家族契约文书对该地的土地交易问题作了考察，认为土地契约的订立符合现代合同成立的基本要素，体现了现代契约精神。④ 赵牟云结合民间契约、官方政典等史料，对清代京畿地区的典地交易和畿辅旗地永佃形态的历史演变作了考察。⑤ 总体而言，学界对传统地权市场的研究处于"南强北弱"的态势，对北方地区的研究较为零散，未成系统。2015 年，首都博物馆整理出版了八册本《首都博物馆藏清代契约文书》⑥，极大丰富了华北地区土地问题研究的文献。据笔者统计，该资料汇编共收录了至少 1981 件有关清代畿辅地区的民地⑦买卖文契，超过该地区 3259 件文契总数的 60%，其中各朝代分布数量如下：康熙朝 3 件，雍正朝 5 件，乾隆朝 61 件，嘉庆朝 61 件，道光朝 221 件，咸丰朝 135 件，同治朝 271 件，光绪朝 1073 件，宣统朝 151 件。本文主要根据该资料汇编收录的相关契约文书，在相关研究的基础上，对清代畿辅民地的交易特征进行分析。

① 朱文通：《有清以来沧州地契文书的几点研究》，《河北学刊》1989 年第 1 期。
② 史建云：《近代华北土地买卖的几个问题》，王先明、郭卫民主编《乡村社会文化与权力结构的变迁——"华北乡村史学术研讨会"论文集》，人民出版社，2002，第 80~91 页。
③ 张伟明：《清代北京契约文书研究——以〈中国历代契约会编考释〉辑录契约为例》，《北京社会科学》2011 年第 3 期。
④ 童广俊、张玉：《试论清代、民国时期冀中农村土地买卖中的契约精神——以束鹿县张氏家族土地买卖契约为例》，《河北法学》2006 年第 8 期。
⑤ 赵牟云：《清代畿辅旗地永佃形态的历史变迁》，《中国经济史研究》2020 年第 4 期；赵牟云：《清代京畿地区的土地典交易》，《安徽史学》2020 年第 4 期。
⑥ 首都博物馆主编《首都博物馆藏清代契约文书》，国家图书馆出版社，2015。
⑦ "民田，民自有之田也，各为一册而征之。"嵇璜：《续文献通考》卷二《田赋考》，清文渊阁四库全书本。受清初圈地影响，该区域大量土地成为旗、官地，其交易受到国家的强力制度约束，本文仅探讨民地买卖问题。

一 畿辅地区土地买卖的一般程序

在清代江南的田宅买卖过程中，交易双方一般会预先订立草议或议单，草议具备不动产交易文契的基本内容，并在正式交易中得到切实执行。[1] 清代畿辅部分地域在正式买卖地产过程中也有先立草契的习俗。如天津，"凡买卖或典当不动产者，当事人双方意思合致时，均先立一草契"，草契上详载交易双方及中人姓名、地产坐落四至，并由双方及中人署名画押，以期证明地权转移及双方权利义务。在定兴县，卖主将载有土地价格的草契交与官中人，愿买者"以接草契为定"，上面注明"接契为定"四字。[2] 草契内容同样与正式契约并无明显区别，如下所示：

> 立卖地草契人张玉和，因乏手，烦中人杨德广等说合，今将自置坐落张家窝家南小犁整地二段，共计地四亩五分上下，情愿卖与萨宅名下永远为业。三面言明每亩实直价银洋圆四十六块正价人北洋。当日交压草契银洋二十元正，交付去人揣来。此地将印契串票辨〔办〕整。约定日限丈量清楚，成为大契。言明天津官字号纳粮。此系两家情愿，各无反悔。裕后有凭，立卖草契存照，各收草契一张。
>
> 立草契□□。
>
> 　　　　　光绪三十一年二月十九日 立卖地草契人张玉和（＋）
> 　　　　　同中人 杨德广（花押）马平珍（＋）张富全（＋）[3]

在这次交易中，张玉和托中人杨德广等说合，将地卖与萨宅名下为业。买卖双方及中人共三方议定每亩价格，且买方当即付给定金20元，这意味着卖方不能再变动地价。三方同时约定日后将在丈量土地之后立正式卖契。

---

[1] 范金民：《从分立各契到总书一契：清代苏州房产交易文契的书立》，《历史研究》2014年第3期。

[2] 前南京国民政府司法行政部编《民事习惯调查报告录》，中国政法大学出版社，2005，第12、18页。

[3] 《光绪三十一年天津县张玉和卖地草契》，《首都博物馆藏清代契约文书》第7册，第122页。

因受旗地交易的影响，部分文契抬头是以"推""退"等为名，而非卖。^① 如光绪三十一年（1905），杨呈祥将自己的 6 亩民地"出推与温德亮名下永远为业"，得价 21 吊。^② 土地买卖契签订之后，买主可能会赴官投税，但就本区域民地卖契而言，以白契居多，可见民间投税者较少。^③

在土地交易过程中，中人群体扮演了重要的角色，既要为卖方寻找买家，并在交涉过程中撮合、传递双方意见，同时也有为交易双方进行担保的性质。中人按其功能不同，主要分为说合人、中保人、代笔人、监证人。其中说合人为买方支付货款的保证人，中保人为卖方的保证人，代笔人负责帮助写契约，监证人主要是村长，作为土地交易双方的见证人。^④ 顺义县公署办理契税事务的人员指出，卖地时"一定要有中保人在场"，不仅卖方委托中保人，买方有时也需委托，有时甚至有多达三四个中保人。通常已约定出售之地，有因违约或因土地来历不明产生的纷争，即需中保人协调。^⑤

值得注意的是，东南等地流行的活卖习俗在畿辅地区极为罕见。买卖双方书立卖契即意味着将地绝卖，由买主承担土地的钱粮负担，卖主则不能进行找价。据笔者统计，在《首都博物馆藏清代契约文书》收录的近 2000 件土地卖契中，虽在文本抬头上有"卖"、"杜绝"与"杜绝卖"的区别，但无一例外的是从未出现对卖契进行加找的情况。此外，在《清代以来天津土地契证档案选编》中，编者同样指出："在我们所看到的涉及天津地区土地交易的地契文书中，始终没有发现找、加、叹、借等契约类型，也没有看到

---

① 史建云：《近代华北土地买卖的几个问题》，王先明、郭卫民主编《乡村社会文化与权力结构的变迁——"华北乡村史学术研讨会"论文集》，第 89 页。
② 《光绪三十一年雄县杨呈祥推地白契》，《首都博物馆藏清代契约文书》第 7 册，第 96 页。该资料第 6 册 413 页，第 7 册 96、408、562 页等卖地契皆是以推为名；第 2 册第 14 页、第 3 册 265 页、第 6 册第 192 页等卖地契则是以退为名。
③ 李怀印也指出，在晚清获鹿县，民间私立白契者多，投税者少，这成为普遍的情形。参见李怀印《中国乡村治理之传统形式：河北省获鹿县之实例》，黄宗智主编《中国乡村研究》第 1 辑，商务印书馆，2003，第 92~94 页。
④ 徐勇、邓大才主编《满铁农村调查》（总第 2 卷·惯行类第 2 卷），李俄宪主译，中国社会科学出版社，2016，第 344 页。
⑤ 《满铁农村调查》（总第 2 卷·惯行类第 2 卷），第 360~361 页。

'找贴' 现象。"① 实际上，雍乾时期长期在南方省份历任高级官员的河北五强人张渠就指出："田土交易，北方一卖即绝，最为良法。江浙则有找价回赎之例，犹可平情酌断。若粤中之田原委甚多，固未可因其贫窭而轻为断赎也。"② 民国时期，满铁调查人员对顺义县沙井村、栾城县寺北柴村等关于活卖问题的口述调查同样表明了华北土地买卖以绝卖为主：

> 卖死（土地）的情况多吗？　══ 非常多。
> 一般情况下，是典当人主动将土地卖死吗？　══ 这种情况非常少。
> 若要卖死，则会加价直到达到卖价吗？　══ 会加到原来的地价为止。
> 本村有卖死（土地）的人吗？　══ 有是有，但不知是谁。
> ……
> 立卖契者能在一定时期后将地买回吗？　══ 不能。
> 为什么？　══ 一般，买卖是指一旦卖出，便不可买回。
> 或者。立卖契将土地卖了之后又挣到了钱，且不想将土地让与他人时，有什么办法可以拿回原来的土地吗？　══ 如此的话，典是最好的选择。
> ……
> 就真的没有附带买回条件的卖契吗？　══ 闻所未闻。③

这种一卖即绝的特征与南方地区显著不同。在闽北，土地的最初买卖与"典"相似，卖主可以多次向买主找价，找价之后还可通过"增""贴""断"等环节继续加找，时间往往持续数十年。在江南，活卖自明后期即已流行，在清代亦相当普遍，土地完全转移往往也需历经卖、找、杜绝等多个环节。④ 虽然雍乾时期，清政府逐步将活卖取缔，并强制规定田宅买卖的"一

---

① 刘海岩主编《清代以来天津土地契证档案选编》，天津古籍出版社，2006，导言第 2 页。
② 张渠：《粤东闻见录》，陈建华主编《广州大典》第 394 册，广州出版社，2015，第 29 页。
③ 《满铁农村调查》（总第 2 卷·惯行类第 2 卷），第 340、355 页。
④ 杨国桢：《明清土地契约文书研究》（修订版），第 186~200、222~223 页。

契为绝""永不回赎"，江南地区田宅交易以"总书一契"的形式逐渐占据主导地位，但直到清末，该地区加找等行为仍大量存在。① 而在华北地区，找价只出现在土地典当、抵押等交易类型之中，而根据该区域"典地不典权""典当不了卖"的说法，② 找价本身往往只表明将土地借贷担保的出典人暂时无力回赎，需要进一步贷给资金，而非东南地区广泛流行的活卖概念。简言之，东南和华北在土地买卖问题上存在较大的区域差异。

二　有弹性的亲邻先买权

在卖方委托中人之始，中人一般会先去出卖方亲族那里寻找买主，这是土地交易"先尽亲邻"习俗的体现。所谓亲邻先买权，是指民间在出卖田宅时需要先问亲邻是否愿意承买的惯习，在"先尽亲邻"的原则下，土地往往不可随意卖给外人。早在唐代中后期，民间契约中就有了亲邻问题的相关约定，五代后周时期，法律明确规定典卖田产必须先问房亲邻人。③ 到宋代时，法律制度中有"问亲邻法"，规定典卖物业时须先问房亲，次问四邻。此后法律对亲邻先买的范围与权利有所缩小，但仍予以保留。④ 金元时则继承宋初对于先尽亲邻的规定，及至明代，则对此予以废除。⑤ 清代官方亦不认同亲邻先买，雍正时明令将其取缔。雍正三年（1725），河南巡抚田文镜在颁布的"禁先尽业主"条款中规定"如业主之邻亲告争，按律治罪"。⑥ 到雍正八年时，清政府将这一禁令推广到全国，"及执产动归原先尽亲邻之说，借端希图短价者，俱照不应重律治罪"。⑦ 不过民间仍较为广泛地遵循此传统，如乾隆二十三年（1758）发生在直隶吴桥县的一件命案，该县民人姜子兴因

---

① 范金民：《从分立各契到总书一契：清代苏州房产交易文契的书立》，《历史研究》2014 年第 3 期。
② 《满铁农村调查》（总第 2 卷·惯行类第 2 卷），第 438、446 页。
③ 柴荣：《中国古代先问亲邻制度考析》，《法学研究》2007 年第 4 期。
④ 陈寒冰：《中国土地制度变迁研究》，湖北科学技术出版社，2014，第 65~67 页。
⑤ 吕丽、潘宇、张姗姗：《中国传统法律制度与文化专论》，华中科技大学出版社，2013，第 130 页。
⑥ 田文镜：《抚豫宣化录》，张民服点校，中州古籍出版社，1995，第 256 页。
⑦ 光绪《钦定大清会典事例》卷七百五十五《刑部·户律田宅》，清光绪石印本。

为穷苦难过，将家中 10 亩地出卖给同村人刘崇文。在出卖之前，他"先前原尽过族中的人"，然而"因姜子宽那时外出做工去了，没有在家，所以没有尽他"，后来子宽回家得知此事，"以刘崇文私自偷买"为由上门寻衅。[①]民国时期，满铁调查人员曾对华北许多村庄的先买权问题作过调查。村民的回答较为一致，普遍指出从清代至民初，同族在土地买卖时具有绝对的优先权，只是到了民国以后，尤其是 20 世纪二三十年代，这种优先权才逐渐被削弱。如顺义县下坡屯村民指出，以前习惯上要在卖地之前先问同族，同族说不想买，才能卖给其他人。卖出典地时要先和同族商议，再和承典者商量。如果与同族关系恶劣，同族之间不商量就卖给其他族的人，往往会引起纠纷。河南村村民指出，在清朝时土地买卖有绝对的先买权。当时想卖出典了的土地，必须先问同族想不想买，然后才能向承典者卖地。那时先买权的顺序是同族、承典者、村民，和四周的邻居没有关系。该村同族先买权于1930 年完全消失，但是卖房产和祖茔地时同族仍旧有绝对的优先权。在临河村，清代时若出价相同，同族具有先买权。中人被卖主委托卖地的时候，一定会去卖主同族处听取意见，如果同族不买的话，才会去找其他买主。一般价格相同会卖给同族，如果价格相同时不卖给同族而是其他人，但同族坚决要买，即使已经和别人立了契书，还是要卖给同族，这时就要取消已立好的契约，其先买顺序依次是本族、承典者、本村人、外村人。民国以后，该村先买权逐渐消失。其他如张家庄、十里堡、马家营、康家营、板桥村、稷山营村、马卷村、白庙村、桑园村、寺上村、古城村、马家营村、沙井村等莫不如此，且多数村庄同族优先于承典主。[②]栾城县寺北柴村的情况也大概如此，其卖地优先顺序依次为同门、同族、亲戚、同村、承典人，同族不买就通知四邻，然后是本村人，之后是别村人，村民将此称为"家倒累户、户倒累村、祸福相连"。这里"户"指的是同族，其意为若家庭垮了的话，其

---

① 中国第一历史档案馆、中国社会科学院历史研究所合编《清代土地占有关系与佃农抗租斗争》，中华书局，1988，第 441~442 页。

② 徐勇、邓大才主编《满铁农村调查》（总第 1 卷·惯行类第 1 卷），李俄宪主译，中国社会科学出版社，2016，第 63~69，71~77，90~98，110 页；《满铁农村调查》（总第 2 卷·惯行类第 2 卷），第 343、365 页。

遗产就归同族所有。若同族垮了，其遗产就归村里所有。① 在近代高阳也同样如此，"买地须先尽去主亲族及地邻留买"，当然，在亲邻都声明不愿留买时，卖主可任意出卖。②

本文对《首都博物馆藏清代契约文书》中收录的 1840 年前立契的 241 件民地买卖契作了统计，买主与卖主同族者共 32 例，占比为 13.28%；与卖主土地相邻者共 42 例，占比为 17.43%；与卖主同村者 12 例，占比为 4.98%；交易双方情况不明者则有 155 例，占比为 64.31%。首先需要指出的是，并不是所有契约文本上都会说明买卖双方之间的关系，通常仅写明交易双方姓名，甚至在许多情况下，买主身份仅以某姓代替。因此，买卖双方之间的亲邻关系比重应大于统计所示。不过，即便如此，买卖双方关系不明，或者说无关系者占比仍应是最大的。由契约反映的亲族、四邻购买土地不及总数 1/3 的这一现象，似乎与前述满铁调查中村民的回答并不一致。那么，应当如何看待这种不一致呢？

就契约文本而言，本区域的土地卖契看不出明显的"先尽亲邻"的倾向，只是在结语部分常会有如下表达："以后倘有地界不清、亲族人等争论、舛错等情，俱有卖主、中人承管。"仅有极个别卖契会有先问亲邻的字样，且多是因土地种类较为特殊，如光绪二十七年通州民人沈樽在出卖自己茔地时"禀商合族老幼，均皆允偕"。③ 茔地葬有家族先祖，即便是在分家时将其拆分，后人亦不能随意出卖。因此需经同族同意方可出售。

先买权观念在华北土地买卖的淡薄与本区域宗族力量较弱密切相关。在清代，畿辅地区不仅宗族组织薄弱，甚至当地土著比例整体都不大。这与该区域自金元起在历代王朝鼎革过程中都饱经战乱、灾荒，从而导致人口耗损极大有密切关系。所谓"国家洪武初承金元之后，户口凋敝，闾里数空，诸州县颇徙山西泽潞之民填实之。予过魏县，长老云魏县非土著者

---

① 徐勇、邓大才主编《满铁农村调查》（总第 3 卷·惯行类第 3 卷），李俄宪主译，中国社会科学出版社，2017，第 595、602、656 页。

② 《民事习惯调查报告录》，胡旭晟等点校，第 14 页。

③ 《光绪二十七年通州沈樽等杜绝卖地白契》，《首都博物馆藏清代契约文书》第 6 册，第 415 页。

十八"。① 明清之际，该区域除饱经战乱和灾荒之外，大量民地又被圈占成旗产，民众无以为生、相率逃徙的历史悲剧再次重演。如密云，顺治二年（1645）顺天巡抚曾以"为密民逃窜将尽，县官无术抚绥"为事由上奏"申乞拯救"，指出该地民众"相率匍匐他乡，将见人民希绝，城屋空虚矣"，地方官对此则"莫可禁遏"。② 直到康熙时这种状况仍未得到根本好转，如大兴县"土著者寡而户口稀，无足怪也。至于市廛之民，五方杂处，来去无常，版籍莫考。所有二三土著百姓，惟在加意抚循，以待生聚"。③ 这造就了畿辅多杂姓村的特征，一村之中十数姓者较为常见，宗族形态不甚完整，且缺少相应的族产。萧公权指出，在华北很少见到单族村庄。④ 曾对河北、山东等地进行过实地考察的日本学者小林一美也指出，华北的村庄与华南的相比，其中一个不同之处在于，该地区几乎没有一个村庄其村民全是同一姓氏的，绝大多数村庄是由各种姓氏的人组成的，有的超过10个姓氏。⑤ 满铁调查资料中的华北村庄即是如此，寺北柴、吴店村、后下寨、冷水沟等村都有10姓以上，在10姓以内的有沙井村与侯家营，前者有8姓，后者则有7姓。黄宗智亦指出："在冀—鲁西北平原上，却极少有单姓村。……本区的村庄，极少是地缘界限与血缘界限一致的宗族共同体。"⑥ 但宗族力量薄弱并不意味着该地区没有"先尽亲邻"的习俗，近代华北乡村社区仍保留着有弹性的亲邻先买观念。

论"先尽亲邻"习俗之缘由，既有历代王朝确立的先买权制度造成的观念影响，也与诸子均分这一财产继承制度有一定关联。一般而言，诸子分家产是通过抓阄的方式进行的，土地按其种类、肥瘠等被平均分割成数份，再

---

① 纪克家：《河北地理杂抄》，国家图书馆地方志和家谱文献中心编《乡土志抄稿本选编》第1册，线装书局，2002，第483页。

② 《宋权题密云地圈人投子遗之民相率逃徙情形本》（顺治二年十二月二十二日），故宫博物院明清档案部编《清代档案资料丛编》第4辑，中华书局，1979，第52页。

③ 康熙《大兴县志》卷三《食货》，上海书店出版社，2002，第206页。

④ 萧公权：《中国乡村：19世纪的帝国控制》，张皓、张升译，九州出版社，2018，第387~388页。

⑤ 小林一美：《近代华北的土地经营与商业运行的特征》，中国社会科学院近代史研究所《国外中国近代史研究》编辑部编《国外中国近代史研究》第26辑，中国社会科学出版社，1994，第165页。

⑥ 黄宗智：《华北的小农经济与社会变迁》，法律出版社，2014，第201页。

随机分配给诸子。在正式析产之前，每一位继承人都享有对家庭所有的任意一块土地的继承权，因此对于子孙而言，即便那些未分给他的"祖产"，也曾离他如此接近。加之民间盛行的"亲亲之义"、差序格局等理念，当亲属所有的地产流转之时，他自然享有一定的优先权利。顺义县板桥村村民指出，"重视礼教的人一定就会卖给同族"。在清代，农民若不将地卖给同族，会过意不去，同时也面临着被说闲话的风险。[①] 栾城县商务会会长卢廉泉则直言，农民们也不知道为什么会有这样的习惯。因而将其归为遵从人情世故发展的习惯："因为同族间亲近，四邻间更方便，总之不过是人情罢了。"就这样，先尽亲邻"由人情变成了习惯，由习惯变成了权力"。虽然民国以后，由县公署发给官给用纸，土地卖给谁都没关系，但实际上这个习惯依然留存着。该商会副会长张运升则指出，土地先卖给四邻是为了方便。四邻像兄弟那样亲近，所以让他们耕种土地很方便，对国家也有利。因为这样一来，耕地不分散，损失小。[②] 只是上述先尽亲邻的观念无论是在形式上，还是内容上，都显得极富弹性。在寺北柴村，虽然卖地时同族有优先权，但是若有出价高者，则不必卖给同族。[③] 顺义临河村、沙井村等许多村庄也是这样，同族享有的优先权建立在出价相同的前提之上。[④] 因此，正如赵晓力所言，如果亲族、地邻和任何其他潜在的购买者出价至少一样高，那么卖方在一次交易中就不会受到什么损失，相反他还会为日后的交往落下一个人情。譬如，轮到他的亲邻出卖土地时，他也有先买的权力。并且卖给亲邻多有助于防止耕地零碎化的趋势，从而发挥土地规模经营的功能。这实际上是乡民生活中的一种互惠制度。[⑤] 岸本美绪也指出，亲邻先买权可看作在一种流动和竞争性社会中，人们为了防止没落、谋求上升而利用宗族关系推行的策略之一。[⑥]

---

① 《满铁农村调查》（总第 1 卷·惯行类第 1 卷），第 110 页。
② 《满铁农村调查》（总第 3 卷·惯行类第 3 卷），第 603~604、621 页。
③ 《满铁农村调查》（总第 3 卷·惯行类第 3 卷），第 530 页。
④ 《满铁农村调查》（总第 1 卷·惯行类第 1 卷），第 76~77、110 页；《满铁农村调查》（总第 2 卷·惯行类第 2 卷），第 343 页。
⑤ 赵晓力：《中国近代农村土地交易中的契约、习惯与国家法》，《北大法律评论》编委会编《北大法律评论》第 1 卷第 2 辑，法律出版社，1998，第 445~447 页。
⑥ 岸本美绪：《明清契约文书》，滋贺秀三等著，王亚新、梁治平编《明清时期的民事审判与民间契约》，法律出版社，1998，第 300~301 页。

如清代晋西北地区，在一般情况下，亲族间的土地买卖价格与非亲族之间并无明显差别，但在灾荒之年则往往高于时价，这既是为了防止族内土地流失，也是一种族内救济的举措。[①] 通过这种"制度装置"，土地交易能更多地维持在宗族与村庄内部，而不至于流失到外面的世界，即赵晓力所指称的土地村级市场。这种在乡村日常生活、交往中形成的有弹性的亲邻先买观念既在长时段照顾了农村社区内部的血缘、地缘感情，有助于延缓宗族组织与作为熟人社会的村庄共同体的解体，从而达到乡民之间长期互惠的状态，又能在具体土地交易中尽可能满足小农获得更多资金的即时需要，可谓一举数得。

三　民地兼并势头较弱

上文指出，清代畿辅土地买卖存在有弹性的亲邻先买观念，在该观念的影响下，土地交易会尽可能维持在村庄内部，从而在一定程度上有助于防止土地的流失。这就涉及了土地积累与兼并的问题。研究近世土地买卖的学者，也多注目于此。赵晓力对罗仑、赵冈等学者相关论著中有关近代南北多地的地主积累土地情况作了梳理。如清代山东章丘县太和堂李氏地主，通过计算其地契，从 1761 年至 1905 年这 145 年间共购进 515.92 亩，立契 105 张，平均每次购进 4.91 亩，其中单次交易量最大的为 30 亩，最小仅为 0.11 亩。徽州休宁朱氏，在 1666 年至 1829 年这 164 年间分 73 次购进各类土地 108 亩，平均每次 1.48 亩；另分 25 次购进田皮、山皮 47.6 亩，平均每次 1.91 亩。[②] 上述地主积累土地总体上是一个较为缓慢的过程。在《首都博物馆藏清代契约文书》中也出现了一些类似持续置地的现象，笔者统计了一些乡民的买地信息，如表 1 所示。

---

① 郝平、李宇：《勒价抑买还是族内救济——基于清代晋西北地区亲族间土地买卖契的考察》，《山西档案》2015 年第 2 期。

② 赵晓力：《中国近代农村土地交易中的契约、习惯与国家法》，《北大法律评论》第 1 卷第 2 辑，第 435~436 页。

表 1 《首都博物馆藏清代契约文书》购地次数较多者信息统计

人物	起止年份	年数（年）	购地次数（次）	积累亩数（亩）	平均每次购地亩数（亩）
张海生	1843~1864	21	14	135.5	10.4
李洪裕	1849~1888	39	33	352.715	11.75
张永起	1860~1884	24	78	890.13（另有 1.34 亩园地）	12.716
张玉春	1867~1902	35	12	55（另有 0.25 亩园地）	6.11
温义茂	1875	1	8	59.943	7.493
唐九思	1883~1884	2	6	153	25.5
句保和	1897~1898	2	6	217	36.167

注：因部分契约内所载土地数量信息不明，所以计算平均每次亩数仅根据有详细亩数者。

  《首都博物馆藏清代契约文书》中出现的最早频繁购置地产的人是张海生，时间起于 1843 年，按立契地点推断，他当是通州人氏。在上述人物中，大致分为三种情况。第一种是购地时段长、次数多且购地数额较大的，代表人物是张永起与李洪裕。张永起在前后 24 年间共买地 78 次，购进近 900 亩土地。李洪裕则在 39 年间购地 33 次，共购买了近 353 亩土地。第二种是在长时段内保持积累的态势，但总体购进数额不多，代表人物是张海生与张玉春。张玉春在 35 年中购地 12 次，买进 55 亩地，其积累的程度不及前一种人。张海生在 1843 年至 1864 年 21 年间，购地 14 次，共买进地产 135.5 亩，平均每次 10.4 亩。除购买民地之外，他还于咸丰年间购进了数十亩旗地，不过总体上仍远逊于张永起与李洪裕。第三种是在短期内频繁购地，但又迅速沉寂下来的，代表人物是温义茂、唐九思与句保和，这一类人物的突出特征是集中在一二年内频频置产。总体而言，在上述置地人物中，虽然存在像张永起这类在 20 余年内就积累近 900 亩土地的现象，然而也仅此一人而已。其他人物的地产聚集速度则缓慢得多，譬如张玉春，在 30 余年中仅购地 55 亩。表 1 中的民地买卖共计 157 次，在 1840 年以后立契的 1740 次民地买卖中，其所占比重不到 1/10。而且很显然，张永起等人的"兼并"之路仅及身而止，因为从其后的土地卖契来看，并未出现同姓之人大量置产的情况。总体而言，即便是通过数十年的不断买地，这部分庶民地主也仅能积累到为数不多的土地，只能称得上乡村中的富裕阶层。恰如黄宗智指出的那样，近代华北乡村中的一般"富户"是占地在 100~200 亩地的经营式农场主，这些家庭的财产其实相当微薄，一次分家析产便会使他们降为富农或中农，实际情况是很少有连续数代维持富户地位的。[1] 林芊对清至民国清水江流域侗族、苗族地区土地交易的考察也表明，除极少数人外，大多数人毕其一生通过土地买卖市场所购进的土地，只有 10~20 亩，土地买卖市场能催生出一个中农与富农间的阶层，却很难促进占有较多土地的地主阶层的形成，这决定了清水江流域是一个以自耕农为主的乡民社会。[2]

上述状况与有权势的绅衿地主形成强烈反差。如清中期的获鹿县，据该县编审册所载，在占地百亩以上的 478 名地主中，仅绅衿就达 218 名，人数占了近一半。不仅如此，越是占地多的，绅衿比例就越高。占地 200~299 亩的地主中，绅衿比例为 66.3%；占地 300~499 亩的地主中，其比例为 88.9%；占地 500~999 亩的地主中，其比例为 97%；占地 500 亩以上的则全为绅衿地主。而庶民地主占地多在 200 亩以下。相关研究表明，在该县积聚大量地产者主要是通过做官，如魏氏一族在顺康年间出了 4 位进士，其余举贡监生等在清代不下 20 人，其家族人员多有担任县、府正官，以及采办、税课、盐务，甚至中央大员者，正是通过"出现了几个历任肥缺的官僚之后"兼并土地，该家族合计占地达 6600 余亩。[3] 此外，赖惠敏曾对乾隆朝部分官员抄家案件进行考察，这些官员占有的土地基本位于畿辅，动辄上千亩，多者达数十万亩，如乾隆五十五年查抄内阁大学士明珠之孙承安，查出坐落口内、口外各处地 409087 亩，其他官员如四达塞有地 17348 亩，同文有地 9701 亩，三格有地 3874 亩，部分太监、庄头、盐商也有为数不菲的地产，首领太监李升南等 4 人契买地不下 4820 亩，契典地不下 2365 亩。[4] 光宣时期礼亲王

---

[1] 黄宗智：《华北的小农经济与社会变迁》，第 65 页。
[2] 林芊、程颖：《中国民族地区土地买卖与地权分配的清水江模式——清至民国西南内地边疆侗苗地区土地关系研究之三》，《贵州大学学报》（社会科学版）2018 年第 6 期；林芊：《近代天柱凸洞侗族地区的土地买卖和地权分配——清水江文书（天柱卷）研究之一》，《贵州大学学报》（社会科学版）2013 年第 2 期。
[3] 潘喆、唐世儒：《获鹿县编审册初步研究》，中国人民大学清史研究所编《清史研究集》第 3 辑，四川人民出版社，1984，第 10~15 页。
[4] 赖惠敏：《乾隆皇帝的荷包》，中华书局，2016，第 46~52 页。

府分别置买的 6 宗旗地，亦能反映官僚身份地主与庶民地主占有地产之差距，如表 2 所示。

表 2 光宣年间礼亲王府置地情况一览

时间	单次购置旗地面积	每笔价格
光绪十五年	675 亩	九八钱 5634640 文
光绪十七年	928 亩	九六钱 5977890 文
光绪十八年	469 亩	制钱 2963200 文
光绪二十一年	533 亩	制钱 4361330 文
光绪二十二年	760 亩	制钱 3349500 文
宣统三年	1465 亩	银 1790 两

资料来源：《礼府契置地佃清册》，《国家图书馆藏清代税收税务档案史料汇编》第 30 册，全国图书馆缩微文献复制中心，2008，第 13475、14405、14421、14435、14477、14519 页。

在表 2 所列的 6 宗置地册中，单笔交易面积最少的为 469 亩，多的则近 1500 亩，6 次置地累计达 4830 亩，平均单次购买 805 亩，与前述庶民置产可谓有天壤之别。光宣时期，礼亲王世铎不仅为"铁帽子王"，更是慈禧太后的亲信，同光年间曾数次领衔王公、官员等请求太后听政、训政。[1] 光绪十年，他入值军机处，次年任领班军机大臣，处理军政要务，显赫一时。其购置地产多在该时期，亦可见权势对于积累财富的重要性。诚如小林一美指出的那样，谁在政治上有权势，谁就能得到与其职位和官衔相应的巨额财富，在中国，政权是通向富裕的最稳定的捷径。[2]

四 清末渐多的一地多契现象

及至清末，畿辅的民地买卖出现了一些新情况，一地多契频频出现。就《首都博物馆藏清代契约文书》收录的契约来看，该现象最早出现于光绪十四年，该年九月，通州民人王李氏将地 3.3 亩出卖与李洪裕为业，立有两张白契，一张卖价通钱 66 吊，另一张卖价为通钱 120 吊，价钱少的那张则盖有民

---

① 李文杰：《垂帘听政、训政、归政与晚清的奏折处理》，《近代史研究》2018 年第 2 期。

② 小林一美：《近代华北的土地经营与商业运行的特征》，第 176~179 页。

国官印。① 此后的一地多契案例大体与这一例相差不大，基本上是同一日立契，且若赴官投税，则用价格少的那张。如表3所列16例一地多契案例。

表3 清末畿辅地区一地多契情况统计

时间	面积（亩）	价格1	价格2	纳税价	页数
光绪十四年九月	3.3	通钱66吊，有民国官印	通钱120吊	66吊（民国）	第5册第109~110页
光绪二十四年九月	9	50两，在县挂号章，有签章	121两	50两（当时）	第6册第187~188页
光绪二十六年二月	6	66两	18两	18两（民国）	第6册第347~349页
光绪二十八年十一月	8	93两	30两	30两（当时）	第6册第561~562页
光绪二十八年九月	8	1280吊	650吊，有签章	不明	第6册第534~535页
光绪二十八年十一月	15	217两	124两	不明	第6册第580~581页
光绪二十八年九月	6.5	38两	38两	不明	第6册第537~538页
光绪三十年十一月	27	355两	200两	200两（当时）	第7册第53~56页
光绪三十一年十一月	20	100两	300两	不明	第7册第186~187页
光绪三十三年十月	14.3	260两	100两，在县挂号章	100两（当时）	第7册第492~493页
光绪三十四年十月	不明	95两	40两	不明	第7册第605~606页
光绪三十四年十月	28.7	200两	280两（1月后立）	140两（当时）	第7册第627~629、646页
宣统元年闰二月	23	460两	115两，在县挂号章	115两（当时）	第7册第740页、第8册第1页

---

① 《光绪十四年通州王李氏等杜绝卖地白契》，《首都博物馆藏清代契约文书》第5册，第109~111页。

续表

时间	面积（亩）	价格 1	价格 2	纳税价	页数
宣统元年 十月	21.68	108.4 两	281 两	108.4 两（民国）	第 8 册第 63~68 页
宣统二年 九月	12.5	2300 吊	东钱 1300 吊	1300 吊（民国）	第 8 册第 243~244 页
宣统二年 十月	18	336 两	220 元	220 元（民国）	第 8 册第 252~256 页

未载于表 3 的另一组立契地点在大兴县的案例则更能体现该现象的复杂性，该案例包含了多起典、卖交易，其具体交易过程详述如下。

（1）先是赵益珍于光绪二十八年（1902）九月十五将其地 6.5 亩出卖给王正有，但是立有白契 2 张，且 2 张表述基本相同，价格也都是 38 两。①

（2）到次年二月初六，另一人王言首先将地 3 亩典与果顺，得典价银 25 两。该典契内言明出典人将永不回赎，承典人永远为业等字样。紧接着在同一日，两人又书立卖契，王言将该地卖给果顺，卖价银同样是 25 两。这样，王言出卖的 3 亩地，典、卖价共计 50 两。②

（3）到该年的十月十五，果顺将此前典、买来的 3 亩地，以同样的方式让渡给王正有，立契 2 张，其中典契价为 50 两，卖契价则为 18 两。③

（4）同日，上述已归于王正有的 9.5 亩地已连成一段，由赵益珍与果顺二人合立一契，卖给王正有，书立卖价银 56（38+18）两。该契上盖有民国官印，且有"准照章升科"字样，④ 说明日后呈官，验契投税了。

这四起交易都有值得推敲之处。首先，第一起交易中，赵益珍卖给王正有的 6.5 亩地，为何要写立 2 张卖契？其次，既然王言与果顺的典、卖地亩交易发生在同一日，为何他二人不直接与买主书立卖契，却要通过先典后卖的方式，将卖地程序复杂化？最后，最终归于王正有的 9.5 亩土地，其契上所写卖价 56 两，与其先前分批次典买地亩时所付资金是有出入的，换句话

---

① 《光绪二十八年赵益珍卖地白契》，《首都博物馆藏清代契约文书》第 6 册，第 537~538 页。
② 《光绪二十九年王言典、卖地白契》，《首都博物馆藏清代契约文书》第 6 册，第 625~626 页。
③ 《光绪二十九年果顺典、卖地白契》，《首都博物馆藏清代契约文书》第 6 册，第 676~677 页。
④ 《光绪二十九年赵益珍、果顺卖地白契》，《首都博物馆藏清代契约文书》第 6 册，第 675 页。

说，最终卖契价远远低于他实际上付出的买价。这又作何解释？要厘清上述问题，还需首先回到当地各类交易的性质上来。

一般而言，首先，在土地交易中，出典人因无力回赎而通过找价的方式将土地绝卖给承典人时，双方会重立卖契，这时在同块地上会出现典、卖两契。其次，卖主若先将土地活卖，继而找价的话，"活卖—绝卖"这一过程也会产生一地多契，然而该地区几乎不存在活卖这一交易类型。从赵益珍与王正有所立文契来看，两张卖契内容几乎雷同，可以认定为同一时间书写，且都是绝卖契。参考果顺典、买的3亩地价值50两银，赵益珍所出卖的6.5亩地则应不止38两，而是两张卖契的合价，即76两。至于王言典、卖给果顺的3亩地，参考日后果顺又以同样方式典、卖给王正有，且其中50两重复出现的情况，则可判定这3亩地卖价正是50两。至于果顺与王正有所立卖契中的18两，则显然不是真实卖价。因此，上述几次交易的真正价格如下：赵益珍所卖6.5亩地，其交易价为76两；王言出让给果顺的3亩地，其交易价为50两；果顺让渡给王正有的3亩地，其交易价则有两种可能，其一是与前次交易一样，价格50两，其二是加上卖契所书的18两，共68两。那么，王正有购置上述9.5亩地的花费就有两种可能，一是126（76+50）两，二是144（76+50+18）两。上述单次交易的立契价格都明显低于真实交易价格。第一次为38两，第二次为25两，都只有真实卖价的一半。第三次则更低，其卖价仅18两。

我们看到，王正有在将购置的9.5亩地赴官验契时，是以卖契上写立的56两而非其真实花费来呈验的。通过这种方式，他可以逃避大部分契税负担，而这也正是他刻意隐瞒真实交易价格的原因，同时也是表3中十数起交易"一地多契"现象的原因。这一现象反映了一个趋势，即在清末，随着国家对乡村资源攫取程度的日益加深，畿辅乡民不得不采取一些规避手段来抵制苛捐杂税。

在清代，直隶省本为受协省份，靠他省协济以维持正常财政运作。近代战争连绵、赔款不断，而举办洋务、新政等也需筹措大量资金，所谓"在在需款"。至光绪中叶，直隶等省开始正式设立田赋附加税，起初尚为数不多。[①]

---

① 郑起东：《转型期的华北农村社会》，上海书店出版社，2004，第210页。

庚子之际，不仅京师沦陷，且天灾频频，加之摊派给直省的教案赔款、庚子赔款，以及办理新政所需各项费用，财政更加困难。为渡过危机，清政府只得大幅增加苛捐杂税，盐斤加价，茶糖、烟酒加厘，加之田房契税、牙税及戏捐、妓捐、茶捐等加征，①此外还有各种差徭、村捐、亩捐，②民众负担在逐年增加。以盐斤加价为例，"盖贫民之食盐不加少，富民之食盐不加多，是贫富有同一之负担也。且贫民度日，除日用饮食外，无他消耗，富民则奢侈之费十百倍于生活之费。若于生活费上屡加征税，在富者不过九牛之一毛，而贫者已觉其生计之艰难"。③清政府实行的田宅契税加征同样给民众带来了极大负担。光绪以前置买田房，每银一两征税三分，另加耗银三厘，共计三分三厘。到光绪三十二年时，于契税内加学费银一分六厘五毫，"是田房税有附加之始"，此时税率为四分九厘五毫。然而到了宣统以后，又加倍征收契税，共计征收九分。④不仅如此，在投税过程中，乡民还免不了受到地方胥吏的盘剥：

> 一曰银钱转折，征收之时，按契价制钱一千折银一两，又按征收地丁银价，每银一两折制钱二千，辗转折合，税已加倍。……投房纳税，往往数月不能取契，守候不可，探问不可，反不如隐匿不报省事。此关于手续者也。增为九分，一经转折，不啻加倍，困于重额，必至漏者愈漏，减者愈减。⑤

地方税务人员利用银钱折价大做文章，反复折合，以至于"九分之税，实折为十八分，民以为累"。宣统三年（1911），直隶士绅韩德铭、崔谨等将此情形陈述于藩司，指出如此重税实则病民，其结果自然是"民多匿漏税

---

① 《直隶财政说明书》，陈锋主编《晚清财政说明书》第 2 册，湖北人民出版社，2015，第 42~82 页。
② 郑起东：《转型期的华北农村社会》，第 260、303 页。
③ 《直隶财政说明书》，陈锋主编《晚清财政说明书》第 2 册，第 42 页。
④ 民国《盐山新志》卷九《赋役下》，上海书店出版社，2006，第 185 页。
⑤ 《直隶财政说明书》，陈锋主编《晚清财政说明书》第 2 册，第 69 页。

额"。① 在晚清，正是因国家不断加大对乡村资源的攫取程度，民间为求自保，不得不通过类似"一地多契"的方式尽可能逃避激增的苛捐杂税，而这也在某种程度上得到了基层公职人员的默许。如光绪三十四年，宛平县民人韩文魁将其自置地一段卖给族弟文全，双方书立两张卖契，一张卖价为 95两，一张则为 40 两，两张均为白契，又都有里长戳印。② 很明显，里长默许了交易者的做法，而非站在国家立场。这从侧面反映了民众日常行为对于国家制度的消解，尤其是当政权为应对财政危机汲汲于从乡村攫取资源的时候。在清政府统治的最后岁月，这种民众在日常生活中愈益频繁的"反行为"与公开的"民变"等正式反抗斗争既表明了百姓日渐增加的不满，也预示了这一政权即将面临的彻底垮塌。

结　语

通过对《首都博物馆藏清代契约文书》收录的近 2000 件畿辅民地买卖契的考察，可以归纳出该区域民地买卖呈现以下几个特征。畿辅乡民置地通常会遵循俗例，依据既定程序进行。在交易过程中，买卖双方会延请中保人沟通、接洽，在两方达成意向后，部分地域会订立草契，以保证交易进行。其后，交易双方对土地进行丈量，迨钱、契两清之后，交易完成。与东南地区存在明显差异的是，因畿辅缺乏活卖习俗，土地卖契的书立即意味着将地绝卖，卖主不能再进行找价。虽然宗族力量较薄弱，但仍存在有弹性的"亲邻先买"观念，这既受官方长期确立的先买权制度的影响，也出于乡民日常生活中关于自身需要的内在考量。此外，该区域民地兼并势头较弱，这与官僚、绅衿地主购地状况形成巨大反差。及至晚清，由于苛捐杂税的大幅增加，乡民多采取"一地多契"的方式隐瞒真实价格，以逃避日益增加的税赋负担。

作者单位：浙江师范大学人文学院

---

① 民国《盐山新志》卷九《赋役下》，第 185 页。
② 《光绪三十四年宛平县韩文魁卖地白契》，《首都博物馆藏清代契约文书》第 7 册，第 605~606 页。

清嘉庆朝山东的人口与婚姻家庭

—— 以刑科题本为基本资料

常建华

【摘　要】嘉庆朝山东的命案犯人，大多是二十岁到四十岁的青壮年，五十岁年龄段的人也较多，多生活在父母俱故或父母不全的残缺家庭，然而已婚率较高。兄弟数三人以下最多，弟兄多分居。高年老者较多。分家后父母往往随一子生活，养老有预留养老地的办法，养老财产还有房屋。丈夫去世妇女改嫁较为普遍，妻子有被穷苦丈夫嫁卖的现象。无子而过继嗣子，多在兄弟之间发生，也过继叔父、伯父以及同祖堂兄弟、同曾祖小功亲、出服族人。自幼改姓出继异姓为义子者不少。山东人口流动外省，以到东北、直隶以及江苏、安徽为多。邻近的直隶、江苏、山西各省也有人到山东。

【关键词】家庭婚姻　闯关东　山东　刑科题本　嘉庆朝

清代刑科题本保留了大量有关社会经济与生活的资料，兹利用嘉庆朝刑科题本辅以乾隆朝刑科题本，就山东的人口统计、家庭、人口流动等做一探讨，[①]不足之处尚祈专家学者指正。

一　人口统计

刑科题本有案中凶犯交代的家庭亲属年龄及基本情况的口供，有助于了解当时人口、婚姻、家庭等状况。我们依据杜家骥编《清嘉庆朝刑科题本

[①] 此前笔者著有《清乾嘉时期山东的地方社会职役》，虞和平、陈锋主编《区域社会与文化研究》第 1 辑，社会科学文献出版社，2020；《清嘉庆时期山东人生活方式初探——以刑科题本为基本史料》，《临沂大学学报》2024 年第 2 期。

社会史料辑刊》①（以下简称"辑刊"）、常建华主编《清嘉庆朝刑科题本社会
史料分省辑刊》②（以下简称"分省"）二书，将其中行凶者口供的资料辑为
表1。

表1 清嘉庆朝刑科题本山东事例中的人口数据

序号	口供人	双亲	兄弟、配偶、子女	职业与生计	出处
1	（邹县）周兴德三十岁	父故母在	女人（妻子）小冯氏，二子一女，与兄弟周兴荣、周兴贵分居		辑刊一，第20页
2	（邹县）徐有海二十九岁	父母俱在	父八十七岁，母七十岁，哥子阵亡。女人只生一女	云骑尉世职	辑刊一，第37页
3	（掖县）赵希圣二十九岁	父母俱在	祖母八十一岁，父五十三岁，母四十九岁，三个兄弟。女人刘氏，一子、一女		辑刊一，第69页
4	（曹县）许灿文三十六岁	父故母在	母与兄分居另住。女人与前夫生二女，自幼随带抚养		辑刊一，第104页
5	（德平）宫世忠五十岁	父故母在	女人蔡氏，两个儿子。过继与大伯为嗣		辑刊一，第119页
6	（曹县）辛月五十五岁	父母俱故	女人刘氏，一个儿子		辑刊一，第143页
7	（济宁）李成孝三十六岁	父在	弟兄三人，出继与无服族叔		辑刊一，第168页
8	（荣成）闫日四十八岁	父母俱故	女人刘氏，生有两个儿子		辑刊一，第171页
9	（临朐）马连宗五十九岁	父母俱故	女人申氏，生有四个儿子		辑刊一，第174页
10	（潍县）张志尚三十八岁	父故母在	母七十五岁。哥子分居各爨，与母同住。没妻子		辑刊一，第181页
11	（莒州）史明立三十一岁	父故母在			辑刊一，第205页
12	（寿张）马五二十二岁	父故母在	哥子马金庭、马金蛟分居各度		辑刊一，第216页

① 杜家骥编《清嘉庆朝刑科题本社会史料辑刊》，天津古籍出版社，2008。
② 常建华主编《清嘉庆朝刑科题本社会史料分省辑刊》，天津古籍出版社，2019。

续表

序号	口供人	双亲	兄弟、配偶、子女	职业与生计	出处
13	（诸城）杨渠二十一岁	父故母在	兄弟六人，分居各度，同母亲度日		辑刊一，第 225 页
14	（邹县）刘宪五三十五岁	父母俱故	女人故，有一子。有哥嫂侄媳		辑刊一，第 232 页
15	（安邱）王孔怀五十八岁	父母俱故	女人王氏，儿子王小二已死		辑刊一，第 241 页
16	（巨野）薛明来三十三岁	父故母在	母六十八岁。哥子薛明年，女人已死		辑刊一，第 264 页
17	（莒州）于谨江五十四岁	父母俱故	女人杜氏，一个儿子。与兄弟分居	佃农	辑刊一，第 288 页
18	（惠民）张可秀四十八岁	父故母在	胞弟过继胞伯为子	佃农	辑刊一，第 331 页
19	（巨野）宋其四十六岁	父母俱故	女人申氏，两个女儿	农民	辑刊一，第 466 页
20	（滕县）张兆良二十七岁	父故母在	母七十三岁。哥子张兆德、张兆义分居各度。女人张氏，一个儿子。胞姐已嫁	农民	辑刊一，第 468 页
21	（高密）鞠可密三十六岁	父母俱故	女人乔氏，三个儿子		辑刊一，第 475 页
22	（昌邑）王小豹二十二岁	父母俱故	女人谢氏，生有两子，年都幼小	卖废铁	辑刊二，第 545 页
23	（青城）胡雨子二十八岁	父在母故	父六十二岁，哥同父都在口外。女人王氏，一个儿子		辑刊二，第 578 页
24	（平度）张志贵三十一岁	父在母故	弟出继与叔为子。女人杨氏，两个儿子		辑刊二，第 612 页
25	（茌平）姜成已三十九岁	父故母在	母八十岁，没兄弟。女人周氏，子十八岁	庄农	辑刊二，第 661 页
26	（巨野）刘九二十三岁	父母俱在	父七十一岁，母五十二岁。没弟兄。女人姜氏，没生子女	佣工	辑刊二，第 665 页
27	（德平）刘宗孔四十二岁	父故母在	生母七十八岁，同居。女人罗氏，生两女		辑刊二，第 668 页
28	（昌乐）郝尚元五十一岁	父母俱故	余无别属	打雀为生	辑刊二，第 680 页

续表

序号	口供人	双亲	兄弟、配偶、子女	职业与生计	出处
29	（兰山）谢蒲二十六岁	父母俱在	弟兄三人，居二，女人杨氏，没生儿子	务农	辑刊二，第702页
30	（峄县）孙克淳五十三岁	父母俱故	没弟兄。有女人张氏，儿子孙建	务农	辑刊二，第713页
31	（莱阳）李大勇四十六岁	父母俱故	兄弟出继叔为子。有子		辑刊二，第722页
32	（邱县）申二小十七岁	父故母在	母六十五岁。哥子申付才		辑刊二，第729页
33	（单县）张莪二十五岁	父故母在	父故二十三年，母四十六岁，没兄弟。有妻没生子女		辑刊二，第779页
34	（莒州）张二四十二岁	父母俱故	女人已死。儿子小坠	佣工	辑刊二，第844页
35	（费县）周文四十二岁	父母早故	没兄弟、妻子	佣工	辑刊二，第849页
36	（单县）杨得元三十六岁	父故母在	寄居金乡县阳山集二十多年。母七十八岁。并无兄弟、妻子	烧窑	辑刊二，第909页
37	（武城）曲化能二十五岁	父母俱故	寄居巨野县。胞兄曲建功。无妻子	佣工	辑刊二，第946页
38	（曹县）张广详二十三岁	父故母在	母四十七岁，没兄弟。娶妻		辑刊二，第1110页
39	（蒙阴）类绍聚四十一岁	父在母故	父五十八岁。没弟兄、妻子	庄农（佃农）	辑刊三，第1128页
40	（滋阳）董二三十三岁	父母俱故	女人张氏。在济宁州佣工	佣工	辑刊三，第1166页
41	（招远）贾幅宝四十三岁	父母俱故	女人王氏，生有二子	监生地主	辑刊三，第1220页
42	（宁海）宋幅周六十五岁	父母早故		佃农	辑刊三，第1261页
43	（单县）张文路三十二岁	父母俱在	父六十岁，母六十一岁。有弟，没妻子	佃农	辑刊三，第1277页
44	（峄县）匡仲兴三十一岁	父故母在	父亲乾隆五十年死，母六十四岁。没妻子，有一弟	佣工	辑刊三，第1383页
45	（泰安）刘日先四十岁	父故母在	母七十四岁，没兄弟，一子十三岁	雇主（牧羊）	辑刊三，第1386页

续表

序号	口供人	双亲	兄弟、配偶、子女	职业与生计	出处
46	（安邱）康文幅六十一岁	父母俱故	娶妻有子	佣工	辑刊三，第1456页
47	（胶州）许二二十九岁	父母俱故	有弟许小群。并没妻子	佣工	辑刊三，第1464页
48	（淄川）王秀枚二十四岁	父故母在	祖父七十三岁，祖母七十五岁。父故十年，母五十一岁。无兄弟，有妻没生子	雇主	辑刊三，第1469页
49	（德平）石陇二十五岁	父母俱故	回民，女人李氏，生有一子		辑刊三，第1511页
50	（商河）马乞秀三十八岁	父母俱在	回民，父六十八岁，母六十五岁，有弟		辑刊三，第1522页
51	（德州）马文德四十四岁	父故母在	回民。母七十七岁，无兄弟。前妻生子过继与小功服兄为子，继娶杨氏没生子女，带有前夫所生儿子十四岁		辑刊三，第1525页
52	（定陶）马履田四十一岁	父故母在	母七十五岁，没兄弟，女人曹氏，儿子马群十四岁		辑刊三，第1570页
53	（益都）刘万仓三十五岁	父母俱故	没兄弟、妻子		辑刊三，第1711页
54	（莱阳）胡庆云二十九岁	父故母在	父亲在日承嗣两房		辑刊三，第1732页
55	（滕县）张训五十五岁	父母俱故		差役	辑刊三，第1829页
56	（即墨）高密三十七岁	父在母故	父六十九岁，没兄弟		辑刊三，第1833页
57	（阳谷）张自远三十八岁	父母俱故	没兄弟，女人生有一子一女	庄农度日	辑刊三，第1842页
58	（莱阳）苏二汉二十九岁	父母俱在	哥子苏保，女人倪氏，没生儿女	务农	分省上，第389页
59	（安邱）葛文三十一岁	父故母在	女人秦氏，兄弟葛松		分省上，第391页
60	（安邱）谢九成三十六岁	父母俱故	谢九思本是胞弟，本人出继胞伯为子，弟谢九思继与胞叔为子		分省上，第393页

续表

序号	口供人	双亲	兄弟、配偶、子女	职业与生计	出处
61	（邹县）李明二十六岁	父母俱故	没兄弟、妻子	佣工	分省上，第 396 页
62	（利津）张如雅三十七岁	父母俱故			分省上，第 397 页
63	（齐东）杨为贞	父母俱在	父八十岁，母七十六岁，有妻没兄弟儿子		分省上，第 400 页
64	（海丰）罗允功三十六岁	父母俱在	父五十五岁，母五十六岁。两个兄弟，女人李氏	拉车	分省上，第 401 页
65	（宁海）曲五二十七岁		随母改嫁	织机生理	分省上，第 402 页
66	（高苑）扬希皋二十七岁	父母俱在	有一个哥子，女人冯氏生有三子		分省上，第 403 页
67	（莱阳）张连管二十岁	父母俱故	与哥同居。娶妻五六年，并无生有儿女		分省上，第 405 页
68	（堂邑）邢义路二十二岁	父母俱在	胞叔邢访继给叔祖邢光延为子	商人	分省上，第 408 页
69	（淄川）康甫得二十三岁	父母俱故	无兄弟，有女人张氏，两个女儿	煤炭厂佣工	分省上，第 409 页
70	（泰安）董在宽四十五岁	父母俱故	弟董在禾。还有一个儿子		分省上，第 411 页
71	（海阳）姜均姐十四岁	父母俱在	没有弟兄		分省上，第 413 页
72	（朝城）陈魁士三十五岁	父母俱在	弟陈三，娶妻没生儿女。出继与胞伯	快班散役	分省上，第 414 页
73	（安邱）张二安二十八岁	父故母在	弟张三安		分省上，第 411 页
74	（益都）戴作谋三十一岁	父故母在	哥子张禄。自幼给戴仁做义子，女人李氏	发配徒犯	分省上，第 420 页
75	（胶州）李希贤五十三岁	父母俱故	娶妻生有一子。兄弟李希仁、李松林	务农	分省上，第 421 页
76	（蒙阴）王二四十二岁	父故母在	母七十一岁。未娶。哥王成，弟王三	佃农	分省上，第 423 页
77	（安邱）吴菊二十八岁	父母俱在	两个胞兄、两个胞弟		分省上，第 425 页

续表

序号	口供人	双亲	兄弟、配偶、子女	职业与生计	出处
78	（乐安）蒋瑄四十五岁	父故母在	母六十九岁。弟蒋蓁已成丁		分省上，第 426 页
79	（东平）乔德平五十岁	父母俱故	乔李氏是小功堂兄乔德九之妻		分省上，第 428 页
80	（阳谷）路进忠四十八岁	父母早故	寄居阳谷杜家庄。刘董氏是族间舅母	务农	分省上，第 429 页
81	（滕县）侯从敏五十八岁	父母俱故	没兄弟，女人刘氏	佣工	分省上，第 430 页
82	（昌邑）姜绍贤四十一岁	父母俱故	两个哥子。女人死了，一个儿子	铜匠手艺	分省上，第 432 页
83	（德平）刘中汉二十九岁	父母俱在	弟兄五人、居二，女人梁氏，并没子女	佣工	分省上，第 433 页
84	（郑城）戴从章三十九岁	父母俱故	没弟兄。女人高氏	农民	分省上，第 435 页
85	（泗水）周岳龄三十六岁	父故母在	回民，弟周勇玉，女人金氏		分省上，第 437 页
86	（峄县）王魁四十八岁	父故母在	母七十一岁。没妻子，兄弟王行	农民	分省上，第 439 页
87	（莱阳）宋克志三十八岁	父母俱故	没兄弟，女人任氏，一个儿子	农民	分省上，第 441 页
88	（乐陵）傅中祥三十六岁	父在母故	父六十七岁，没兄弟妻子		分省上，第 443 页
89	（莱阳）宫锦三十六岁	父母俱故	女人王氏，一个儿子		分省上，第 444 页
90	（阳谷）秦七妮二十九岁	父母俱在	死的王耀庭是堂侄女婿		分省上，第 445 页
91	（益都）钱守胜四十二岁	父母俱故	没兄弟。女人王氏，没生子女	做买卖	分省上，第 447 页
92	（掖县）孙守太四十六岁	父母俱故	没弟兄，女人谭氏		分省上，第 449 页
93	（历城）李继连二十五岁	父故母在	弟李继顺已死		分省上，第 450 页
94	（肥城）唐梓二十八岁	父故母在	哥子唐彦，女人李氏，并没子女		分省上，第 453 页

续表

序号	口供人	双亲	兄弟、配偶、子女	职业与生计	出处
95	（诸城）杨渠二十二岁	父故母在	兄弟六人，分居各度，随母亲度日		分省上，第455页
96	（宁海）于智三十一岁	父在母故	兄弟四人，居二，女人宋氏，一个儿子		分省上，第456页
97	（滕县）张斯谔五十七岁	父母俱故	女人任氏，生子六人，张兴运是次子		分省上，第461页
98	（益都）耿惠如七十岁	父母俱故	一个儿子，余没别属	看守坡地	分省上，第462页
99	（胶州）张彦五十二岁	父母早故	娶妻两子。与胞兄分居多年	关东种地	分省上，第464页

表格中的口供者99例，除去1例缺载外，记载年龄的是98例。其中年龄最小的十四岁，最大的七十岁，其年龄段分布是：十岁至十九岁的2例，二十岁至二十九岁的30例，三十岁至三十九岁的30例，四十岁至四十九岁的20例，五十岁至五十九岁的13例，六十岁至六十九岁的2例，七十岁的1例。集中在二十岁到四十九岁的年龄段，正值青壮年时期，五十岁至五十九岁年龄段的也较多。

关于口供者的双亲情况。除了1例只记载父在、1例未记载之外，有43例是父母俱故，在三四十岁的年龄段，父母去世的年龄还是比较早的。父故母在32例，有17例保存了母亲的年龄，分别是10号七十五岁、16号六十八岁，20号七十三岁，25号八十岁，27号七十八岁，32号六十五岁，33号四十六岁，36号七十八岁，38号四十七岁，44号六十四岁，45号七十四岁，48号五十一岁，51号七十七岁，52号七十五岁，76号七十一岁，78号六十九岁，86号七十一岁。其中八十岁1人，七十岁至七十九岁年龄段9人，六十岁至六十九岁年龄段4人，五十一岁1人，四十岁至四十九岁年龄段2人，七十岁以上者较多，比较长寿。父在母故6例，远远低于父故母在的32例，说明身为女性的母亲寿命一般长于男性父亲。父母俱在16例，高于父在母故，远低于其他类型，可见中年时双亲健在是难得的。

关于口供者的婚姻状况。缺载28例，娶妻的56例，未娶的15例，已娶者远高于缺载、未娶者，这是很高的已婚率。

在有父母子女年龄的数据中，我们可以推算出生子的年龄。2 号口供者是父亲五十八岁、母亲四十一岁时所生，3 号是父亲二十四岁、母亲二十岁时所生，10 号是母亲三十七岁时所生，16 号是母亲三十五岁时所生，20 号是母亲四十六岁时所生，23 号是父亲三十四岁时所生，25 号是母亲四十一岁时所生，26 号是父亲四十八岁、母亲二十九岁时所生，27 号是母亲三十六岁时所生，32 号是母亲四十八岁时所生，33 号是母亲二十一岁时所生，36 号是母亲四十二岁时所生，38 号是母亲二十四岁时所生，39 号是父亲十七岁时所生，43 号是父亲二十八岁、母亲二十九岁时所生，44 号是母亲三十三岁时所生，45 号是母亲三十四岁时所生，48 号是母亲二十七岁时所生，50 号是父亲三十岁、母亲二十七岁时所生，51 号是母亲三十三岁时所生，52 号是母亲三十四岁时所生，64 号父亲十九岁、母亲二十岁时所生，76 号是母亲二十九岁时所生，78 号是母亲二十四岁时所生，86 号是母亲二十三岁时所生，88 号是父亲三十一岁时所生。以上 26 例，最小育龄是十七岁，最大者为五十八岁，母亲二十岁至二十九岁年龄段得子 11 例，三十岁至三十九岁年龄段得子 7 例，四十岁至四十九岁年龄段得子 5 例，均属正常年龄得子。

在有父母年龄的事例中，我们可以计算父母的婚龄差。2 号的父母婚龄相差十七岁，3 号的父母婚龄相差四岁，26 号的父母婚龄差为十九岁，43 号母亲大父亲一岁，64 号也是母亲大父亲一岁。以上 5 例呈现的婚龄差有些意外，一是父母婚龄相差较大，相差十七岁、十九岁各有 1 例；二是母亲大父亲一岁也有 2 例，此外的一例父亲比母亲大四岁尚属正常。

婚后生育子女的情况。山东刑科题本不少口供交代生子数量，不仅有儿子还包括女儿。得一子的 14 例，得二子的 6 例，得三子的 2 例，得四子的 1 例，得六子的 1 例；得一女的 1 例，得二女的 4 例；有儿有女的事例，一子一女的 2 例，二子一女的 1 例；婚后未生的 8 例，有 3 例只说没生儿子，还有 2 例只说有子。记载以得一子、婚后未生为多。

有的口供谈到兄弟的数量。口供者并无兄弟，只身一人的 24 例；兄弟二人的，有 31 例；兄弟三人的，有 10 例；兄弟四人的，有 1 例；兄弟五人的，有 2 例；兄弟六人的，有 2 例。兄弟三人以下最多，但五六人的事例值得注意。从兄弟数以及前述得子数来看，家庭中有子二三人是常态，四人到六人的事例也说明三子以上的家庭有一定数量。

兄弟居家问题。口供言及居家情况的事例不多，只有 10 例，9 例说到弟兄分居，1 例谈到与兄同居。

七十岁以上高年老者较多。前述表格中 98 号的口供者七十岁，口供者的双亲父故母在的母亲在七十岁以上的 10 例，还可补充父母俱在者中七十岁以上者 2 例，这 12 位高年女性中，八十岁的有一位。高龄父亲有 3 位，分别是七十一岁、八十岁、八十七岁。此外，口供中出现高年祖父、祖母，3 号的祖母八十一岁，48 号的祖父七十三岁、祖母七十五岁。未列入表格的口供者中还有一位七十九岁的女性，[①] 稍早的乾隆四十一年，茌平县孙氏九十一岁。[②] 我想这些八九十岁的高年老者是引人注目的，他们是普通人。

二　家庭问题

本部分主要从同居与分家、女性与婚姻、过继与义子三方面论述嘉庆朝山东人的家庭。

（一）同居与分家

分居有的是父亲在日既已分家，邹县民周兴贵等谋杀伯母周王氏身死案，讯据周兴德供：他与"兄弟周兴荣、周兴贵是父亲在日即便分居，每人分了十二亩地"。[③] 再如，掖县民赵希圣因口角扼死妻子赵刘氏案，赵希圣二十九岁，祖母徐氏年八十一岁，父亲赵英五十三岁，母亲王氏四十九岁，三个兄弟。已婚八年，生有一子、一女。嘉庆九年三月十四日，妻子拿了家里几升谷子卖钱使用，祖母查知训斥，妻子不服顶撞，赵希圣听见打了

---

① 杜家骥编《清嘉庆朝刑科题本社会史料辑刊》第 3 册，第 1711 页。
② 郑秦、赵雄主编《清代"服制"命案——刑科题本档案选编》，中国政法大学出版社，1996，第 192 页。
③ 杜家骥编《清嘉庆朝刑科题本社会史料辑刊》第 1 册，第 20 页。

妻子两下，妻子就回娘家住了几天，回去后要赵希圣父母给她分家，时常吵闹。① 这个事例说明三个问题：一是赵希圣妻子要求公婆主持分家另过；二是赵希圣的家庭四代共同生活，祖母、父母、赵希圣兄弟四人、赵希圣的一子一女；三是分家起因于祖母训斥了孙媳妇，而丈夫站在祖母一边打了妻子。

因叔嫂关系不睦分家的也有。如山东邹县民刘宪五挟嫌故杀其嫂及侄媳案。刘宪五供："邹县人，年三十五岁。父母、女人俱故，有一个儿子。哥子刘宪章，嫂子刘任氏，侄媳刘王氏。嘉庆十六年三月里，小的因嫂子相待刻薄与他吵闹，就分开贴邻居住。"② 小叔子因嫂子相待刻薄争闹分居，当时兄弟均已婚有子而合居。

同居的大家庭还有事例。安邱县民谢九成等勒死其弟谢九思案，谢九成父母俱故，谢九思是其胞弟，谢九成出继胞伯谢吉士为子，兄弟谢九思继与胞叔谢吉人为子。二人是大功服制，久已分居。③ 兄弟二人分别出继伯叔二人，处于分居状态。齐东县杨为贞邀同杨茂周活埋堂弟杨为详夫妇二命案，杨为贞父亲杨正常八十岁，母亲刘氏七十六岁，女人韩氏，并没兄弟儿子，杨为详是其同祖大功堂弟，分居度日。④ 这两例强调已分居，实际上可以理解为还有同祖大功服制家庭是同居的。

分家后父母往往随其中一子生活。曹县民许灿文扎死伊妻前夫之女喜姐图赖刘凤阁案，许灿文三十六岁，父亲已故，母亲孙氏与哥子许灿章过活，分居另住。⑤ 这是母亲与长子居住。潍县民张志尚索讨地契纠纷致死无服族兄张温案，张房氏供称，年七十五岁，大儿张志远分居各爨，她与二儿张志尚同居度日。⑥ 是为母亲与次子居住。

清代乡村养老有预留养老地的办法。如德平县民宫世忠因争种地亩起衅撞伤其嫂宫刘氏身死案，宫世忠年五十岁。父亲已故，生母宫赵氏八十二

---

① 杜家骥编《清嘉庆朝刑科题本社会史料辑刊》第 1 册，第 69 页。
② 杜家骥编《清嘉庆朝刑科题本社会史料辑刊》第 1 册，第 232 页。
③ 常建华主编《清嘉庆朝刑科题本社会史料分省辑刊》上册，第 393 页。
④ 常建华主编《清嘉庆朝刑科题本社会史料分省辑刊》上册，第 400 页。
⑤ 杜家骥编《清嘉庆朝刑科题本社会史料辑刊》第 1 册，第 104 页。
⑥ 杜家骥编《清嘉庆朝刑科题本社会史料辑刊》第 1 册，第 180 页。

岁，女人蔡氏，有两个儿子。宫世忠过继与大伯宫培仁为嗣。生母名下养老地亩向来由宫世忠耕种。嘉庆十一年正月二十三日晚，宫刘氏与侄子宫青说宫世忠已经出继，生母养老地他们要种，宫世忠不肯，大家争吵起来。案发后，宫赵氏提出："如今宫世忠犯罪，他儿子们还小，家里穷苦，小妇人养老地仍旧断给宫世忠家耕种，求恩典。"山东巡抚认为："宫赵氏养老地亩，讯据宫赵氏情愿仍给犯属承种，自应俯准所请，以息争端。"[1]清廷三法司同意这一处理意见。再如，阳谷县路进忠因分粮谋死舅母继子残毁尸身案，刘董氏供："案下杜家庄人，年七十八岁。死的刘魁元是小妇人堂侄，一向过继小妇人做儿子。路进忠是小妇人族间外甥，他从十八岁上在小妇人家养活，小妇人给他娶亲，同刘魁元都合小妇人同住。小妇人分给刘魁元六亩地，路进忠四亩地，自己存养老地十四亩，叫刘魁元合路进忠伙种，收获粮食，大家分食。刘魁元常说路进忠是异姓，叫小妇人撵逐。"[2]以上两起案子，都是因为过继子与家中赡养者对于养老地继承的担忧引发的。

养老财产还有房屋。堂邑县民邢义路图买祖屋致伊祖父邢光鳌气愤投井身死案，邢光鳌分给大儿子三间堂瓦房两间，西平房五十亩地，个人吃饭，其余房产留着养老。后邢光鳌对妻子说他有了年纪，大儿子做生意不能趁钱，怕死后没有好棺木给他成殓，把临街五间平房卖给郭文举，作价三十五千大钱，将来好买口寿材。[3]

（二）女性与婚姻

有些妇女在丈夫死后带子改嫁。如阳信县民王学周刀砍弟妻王王氏并侄王九月身死案。缘王学周系王王氏之夫王宗周胞兄，王学周父故后，其母马氏携王宗周改嫁魏二白为妻。嗣王宗周娶妻王王氏，生子王九月。[4]利津县张如雅等因债务纠纷勒毙张张氏案，张张氏是张渭的女人，张渭早死，没有儿子，乾隆四十九年，张张氏过继张如睿为子，张如睿病故，张张氏就带

---

① 杜家骥编《清嘉庆朝刑科题本社会史料辑刊》第 1 册，第 119 页。
② 常建华主编《清嘉庆朝刑科题本社会史料分省辑刊》上册，第 429 页。
③ 常建华主编《清嘉庆朝刑科题本社会史料分省辑刊》上册，第 408 页。
④ 杜家骥编《清嘉庆朝刑科题本社会史料辑刊》第 1 册，第 196 页。

着孙子张黑子改嫁了。[①] 再如宁海织机户曲五因讨债打死孙尚志案，曲五本姓周，父亲周四早已亡故，母亲汪氏改嫁曲世玉，他随着过来改姓曲。[②] 也有妇女将儿子留在夫家自己改嫁的，平度州张、陈两姓群殴案，陈泳恒出外多年，久无音信，他女人尹氏改嫁，遗下儿子陈小成自己生活。山东巡抚认为："惟该氏因夫陈泳恒久出无音，并不告官，辄擅自改嫁，又无主婚媒人，亦应按律问拟。尹氏合依和奸有夫者，杖九十律，杖九十。系失节之妇，杖罪的决，其夫陈泳恒出外未回，夫弟陈泳正又不愿领回，应勒令归宗。娶主宗大讯不知情，应毋庸议。"[③] 清廷三法司认可这一判决。这一事例也反映出官府对于妇女改嫁的消极态度，反对妇女"擅自改嫁"，以维持传统的家长制男权社会。

生活困苦之家的妻子有被嫁卖之虞。山东巨野县民刘九等因索欠纠纷共殴张全身死案，刘九一向在王月红庄上做工度日，与邻庄的张全素识。嘉庆十八年十二月初，张全因穷苦难度，把他女人王氏托王月红说合卖给单县郝奉三为妻，身价八千大钱。王月红叫刘九同送王氏过门，得了一千媒钱，分给刘九二百。王月红又借用张全三千大钱，原说年底给还。[④]

有人纳妾。莱阳县胡庆云因回赎土地纠纷砍伤无服族叔祖胡河身死案，胡庆云的伯祖胡成无子，父亲在日承嗣两房，伯祖给父亲娶妾孙氏，生弟胡景云承嗣伯祖支派。[⑤] 还有将妾嫁卖的事例。山东昌乐县民郝尚元因索钱伤徐殿元身死案，徐殿元与郝尚元认识相好。嘉庆十七年间，徐殿元价买殷氏为妾。到十九年春间，徐殿元因殷氏懒惰，托郝尚元说合卖给潍县人马志为妻，得价京钱一百三十千。徐殿元应许酬谢郝尚元十三千京钱，后来给过京钱二千，下余钱文没有付给。十月初四日上午，郝尚元到徐殿元门口讨钱

---

① 常建华主编《清嘉庆朝刑科题本社会史料分省辑刊》上册，第397页。又，乾隆十二年山东沂水人刘永续"嗣母无吃无穿，都改嫁了"（中国第一历史档案馆、中国社会科学院历史研究所合编《清代土地占有关系与佃农抗租斗争》上册，中华书局，1988，第10页）。可见穷人是难以守寡的。

② 常建华主编《清嘉庆朝刑科题本社会史料分省辑刊》上册，第402页。

③ 杜家骥编《清嘉庆朝刑科题本社会史料辑刊》第2册，第613页。

④ 杜家骥编《清嘉庆朝刑科题本社会史料辑刊》第2册，第665页。

⑤ 杜家骥《清嘉庆朝刑科题本社会史料辑刊》第3册，第1732页。

争吵。①

贫苦人家的女性生活艰难。有的女性被寄养，莒州民史明立挟嫌邀同妹夫刘太勒死出继胞叔史汉案，刘太因家里穷苦，把妻子寄在妻兄家养活，他自己在城内做工。② 有的人家卖掉女儿，莱阳县在配徒犯戴作谋因索欠争殴将马士全砍死案，益都县人戴作谋自幼给戴仁做义子，改从戴姓，女人李氏。嘉庆七年，女人和本村刘光武通奸，他把刘光武殴勒身死，问了徒罪，发配莱阳，随后戴作谋女人带了女儿对姐也到配所同其生活。戴作谋因配所穷苦，九年十一月把女儿卖给周盛让家做使女，得了身价大钱二十千。③

当时还有恶人拐带妇女。齐东县杨为贞邀同杨茂周活埋堂弟杨为详夫妇二命案，杨为详平素不务正业，掏摸人家东西，其父杨正伦年老不能管教，原叫杨为详同祖大功堂兄杨为贞管压。杨为贞因杨为详素日为匪，如今又同他女人拐带本庄妇女，人家不肯干休，辱及祖先，起意把他们打死。杨为贞供称："小的实是因公忿起见，并非谋他的财产，杨为详是个穷人，只有几间破房，有什么财产可图谋，小的既无兄弟又无儿子，要他财产何用。"④ 杨为详夫妇"拐带本庄妇女"，贫困是重要原因，其恶行连家族都忍无可忍，招致被活埋。

被买卖的女性有的充当婢女，其婚姻由主人安排。济宁雇工李明杀死主人陈增仆人陈进禄案，据陈步添供，"已死陈增是小的儿子，儿媳陈张氏，已死陈进禄是小的契买家人，秋桂是小的契买婢女，二年前小的把他配给陈进禄为妻的，这李明是上年八月里雇给小的家做工……小的派他给儿子使唤，平日是有主仆名分的。今年正月里儿子说儿媳看出李明合秋桂有不端的事，要把李明撵逐，李明再三央求小的，因事无凭据，也就许他住下"。⑤ 秋桂年十七岁，自幼卖给陈步添家为婢。

女性婚后没有生育子女或会受到丈夫轻视。莱阳县民张连管因伊妻做饭迟缓将其掐死案，据吕士公供称，已死吕氏是其女儿，嫁给张连管做女人

---

① 杜家骥编《清嘉庆朝刑科题本社会史料辑刊》第 2 册，第 680 页。
② 杜家骥编《清嘉庆朝刑科题本社会史料辑刊》第 1 册，第 205 页。
③ 常建华主编《清嘉庆朝刑科题本社会史料分省辑刊》上册，第 420 页。
④ 常建华主编《清嘉庆朝刑科题本社会史料分省辑刊》上册，第 400 页。
⑤ 常建华主编《清嘉庆朝刑科题本社会史料分省辑刊》上册，第 395 页。

六年多了，没有儿女。张连管与其女儿向不和睦，时常吵闹。三月十九日早上，女婿张连管去向吕士公说，十八日他从坡里回家，肚里饿了，吕氏还没做饭，他骂了吕氏几句。吕氏不依，与他吵闹，到夜里吕氏自寻短见了。①

（三）过继与义子

有因无子而过继嗣子的。巨野县民薛五臻索取地价被缌麻服叔薛明来杀死案，薛五臻是薛来凤过继儿子。②

最多的事例是在兄弟之间发生的。过继给叔父的事例，有山东寿张县民马五挟嫌谋杀嗣祖母张氏身死案，讯据马五供，"年二十二岁。父亲马复祥已故，母亲李氏。哥子马金庭、马金蛟分居各度。已死马张氏是小功叔祖父马谦的妾，叔祖父、母死后无子，遗有几间住房、九亩地给马张氏独自过度。嘉庆十二年二月里，马张氏同他亲生出嫁女郑马氏恳亲族们公议，过继父亲承嗣，议明马张氏仍独自过度，俟他死后房地归父亲收管，写立继单"。③马复祥过继了叔父马谦。也有平度州张、陈两姓群殴案，张志贵兄弟张志官自幼出继与叔子张风和为子。④还有莱阳县民李大勇因街门之争将李进谦殴毙案，李大勇供兄弟李大刚出继已故叔子李聪为子。李大刚得受继产房屋七间、地七亩、园地一块。因兄弟故后被堂弟李大杰私卖给李进谦为业，控蒙前县断令李进谦退还地亩，追还原价，结案。⑤堂邑县民邢义路图买祖屋致伊祖父邢光鳌气愤投井身死案，据邢蒋氏供，已死邢光鳌是她男人，邢浪、邢访是她儿子，都是男人前妻宋氏生的。邢访过继给其夫弟邢光延为子。⑥

也有过继给伯父的事例。如邹县民周兴贵等谋杀伯母周王氏身死案，周兴德与兄弟周兴荣、周兴贵是父亲在日即分居，每人分了十二亩地。后来次弟周兴荣过继与伯母周王氏为子，将所分地亩带去。伯母名下有地七亩，说

---

① 常建华主编《清嘉庆朝刑科题本社会史料分省辑刊》上册，第 404 页。
② 杜家骥编《清嘉庆朝刑科题本社会史料辑刊》第 1 册，第 263 页。
③ 杜家骥编《清嘉庆朝刑科题本社会史料辑刊》第 1 册，第 216 页。
④ 杜家骥编《清嘉庆朝刑科题本社会史料辑刊》第 1 册，第 612 页。
⑤ 杜家骥编《清嘉庆朝刑科题本社会史料辑刊》第 2 册，第 722~723 页。
⑥ 常建华主编《清嘉庆朝刑科题本社会史料分省辑刊》上册，第 408 页。

明伯母故后，将地也照股均分。伯母住的房子是其父亲生前置买，借给伯母居住，及分家时把此屋分给兄弟周兴贵名下，讲定等伯母故后，才归周兴贵管业。① 再如德平县民宫世忠因争种地亩起衅撞伤其嫂宫刘氏身死案，宫世忠过继与大伯宫培仁为嗣。生母名下养老地亩向来由其耕种。嘉庆十一年正月二十三日晚，宫刘氏和侄子宫青说宫世忠已经出继，生母养老地他们要种，宫世忠不肯，大家争吵起来。② 又如山东惠民县张可秀因地价之争砍死张德安案，张可秀胞弟张可成，小时过继给胞伯张明一为子。③ 还有山东平度州张庭化强取胞兄张庭献米后且酿事殴张庭献身死一案，张庭化兄弟三人，长张庭环自幼出继胞伯张钦为嗣，次张庭献，三即张庭化，分居度日。④

同祖堂兄弟之间的过继事例也有。如山东莒州民史明立挟嫌邀同妹夫刘太勒死出继胞叔史汉案，史汉是史明立五胞叔，自幼出继与堂叔祖史者平为子，素性强横，待史明立家刻薄。⑤ 即史汉出继与堂叔史者平。再如安邱县民谢九成等勒死伊弟谢九思案，据谢九成供，其是赵戈庄人，年三十六岁。父母俱故。已死谢九思本是他的胞弟，他出继胞伯谢吉士为子，兄弟谢九思继与胞叔谢吉人为子。二人是大功服制，久已分居。谢九思平日做人凶横，不务正业，谢九成和哥子谢九经管教，总是不理。五十八年，谢九成的堂兄谢忠病故无子，堂嫂孙氏邀了亲族，过继哥子谢九经的儿子谢大勇为子。后来谢九思说："谢忠绝产，遗房都可分受，不该谢大勇独得。"谢九思看见谢大勇就骂，又硬向孙氏屡次借钱使用。⑥

同曾祖小功亲过继也有。利津县张如雅等因债务纠纷勒毙张张氏案，张张氏是张如雅同曾祖小功堂叔张渭的女人。张渭早死，没有儿子，乾隆四十九年，张张氏过继张如雅二哥张如睿为子。⑦ 即张如睿过继给同曾祖小功堂叔张渭为子。

① 杜家骥编《清嘉庆朝刑科题本社会史料辑刊》第 1 册，第 20 页。
② 杜家骥编《清嘉庆朝刑科题本社会史料辑刊》第 1 册，第 119 页。
③ 杜家骥编《清嘉庆朝刑科题本社会史料辑刊》第 1 册，第 331 页。
④ 常建华主编《清嘉庆朝刑科题本社会史料分省辑刊》上册，第 392 页。
⑤ 杜家骥编《清嘉庆朝刑科题本社会史料辑刊》第 1 册，第 205 页。
⑥ 常建华主编《清嘉庆朝刑科题本社会史料分省辑刊》上册，第 393~394 页。
⑦ 常建华主编《清嘉庆朝刑科题本社会史料分省辑刊》上册，第 397 页。

出服族人之间过继事例也有。济宁直隶州民李成孝扎伤缌麻服弟李成文身死案，李成孝有哥子李成忠，兄弟李成厚，他出继与无服族叔李培祯为子。李成文是李成孝本宗小功堂弟，因李成孝出继降为缌麻，同庄居住。①

过继为孙的事例也有。邱县民陈喜被申二小扎死案，陈保付供："小的大儿子陈金升已死，遗子陈全省，次儿陈喜。小的胞侄陈金斗已故无子，嫂子赵氏过继小的孙子陈全省为孙。"②

官府重视养老，强调独子不得过继。山东德州回民马文德出卖房屋致死堂弟马文奎案，回民马文德前妻满氏生子马功年，过继与小功服兄马文友为子，继娶杨氏没生子女，带有她前夫所生儿子对年抚养。山东巡抚题请，马文德依尊长殴小功卑幼至死者绞监候律，拟绞监候，秋后处决。该抚还称："马文德据供亲子马功已经出继，抚养之子对年尚未成丁，现系母老丁单，查对年系异姓之子，该犯亲子马功系属独子，定例不准出继，年既二十七岁，应令归宗奉祖母。该犯毋庸声请留养。"③ 三法司认为合理。

出继异姓者则为义子。惠民县李介祥本系阎姓，经李尚如的无服族叔李文思自幼抱为义子，即从其姓。④ 乐陵县刘宗孔因种地纠纷伤张志勤身死案，据刘宗孔供，其为"德平县人，年四十二岁。本姓郑，自幼抱给刘克温做义子，改姓刘的。生父郑明公早故，生母王氏年七十八岁，向依小的过度，并没同胞兄弟。女人罗氏，生有两个女儿，也没儿子"。⑤ 这种"自幼抱给"，亦称血抱。自幼改姓的义子事例较多，诸如海丰县民罗允功因种麦纠纷踢伤王进贤身死案，王进贤本姓常，因王来无子，自幼招他做义子，才改姓王。⑥ 高苑县盐店巡役诬人贩私盐骗钱争殴被伤身死案，扬希皋本姓张，因自幼给扬令宽为义子才改姓扬的，本生父母在，还有一个哥哥，女人冯氏生

① 杜家骥编《清嘉庆朝刑科题本社会史料辑刊》第 1 册，第 168 页。
② 杜家骥编《清嘉庆朝刑科题本社会史料辑刊》第 2 册，第 729 页。
③ 杜家骥编《清嘉庆朝刑科题本社会史料辑刊》第 3 册，第 1525~1526 页。
④ 郑秦、赵雄主编《清代"服制"命案——刑科题本档案选编》，第 482 页。
⑤ 杜家骥编《清嘉庆朝刑科题本社会史料辑刊》第 2 册，第 668 页。又，乾隆年间山东武定府沾化县赵开用的父亲"本姓李，是赵家义子，久已归宗的了"（《清代土地占有关系与佃农抗租斗争》上册，第 112 页）。归宗，即改姓的义子恢复原来的姓氏。
⑥ 常建华主编《清嘉庆朝刑科题本社会史料分省辑刊》上册，第 401 页。

有三子。① 莱阳县在配徒犯戴作谋因索欠争殴将马士全砍死案，益都县人戴作谋，年三十一岁。本宗姓张，他自幼给戴仁做义子，改从戴姓。② 还有莱阳县苏法文被缌麻服叔苏二汉等殴伤身死案，苏法文因苏敬义子苏来子赶驴驮土，由园内行走，与苏敬、苏来子争殴嚷骂，被苏敬堂弟苏二汉、苏保殴伤，延至二十八日早身亡。③ 推测义子苏来子可能也是自幼改姓苏的。

三　山东人在省外及外省人来山东

清中叶人口急剧增长，山东人多地少，人们外出到关外东北、直隶北部农牧过渡地带谋生者较多，也有邻近外省人来山东者。

（一）山东人在省外

1. 辽东吉林

不少山东人到东北佣工。④ 奉天兴京厅客民解有仁等因工价纠纷共殴佣工王唐身死案，解有仁供："小的是山东登州府莱阳县民，年二十八岁。父亲早故，母亲赵氏，年七十一岁，止生小的一人。娶妻张氏，生有一子，今年七岁。小的来案下在族祖解光智家做月工。"⑤ 关于月工的工钱，奉天承德县戴有德因索钱纠纷伤郭琴身死案，据郭琴供，"小的是山东东昌府堂邑县民，年四十六岁。原籍在傅家庄居住。有父亲郭景耀，母亲伊氏。胞弟郭好、郭三。还有女人、儿子。小的在沈阳地方各处卖工。嘉庆五年十月里，雇给武成有、张秉贵饭铺里吃劳金，每月工钱九吊。戴有德是十二月初头才进饭铺吃劳金的。"⑥ 其后的事例工资较高，奉天岫岩厅流民宋元名索欠被吕振邦殴伤身死案是发生在两个闯关东的山东人之间的命案。据吕化斋供，"嘉

---

① 常建华主编《清嘉庆朝刑科题本社会史料分省辑刊》上册，第 403 页。
② 常建华主编《清嘉庆朝刑科题本社会史料分省辑刊》上册，第 420 页。
③ 常建华主编《清嘉庆朝刑科题本社会史料分省辑刊》上册，第 389 页。
④ 参见常建华《生活与制度：清中叶东北奉天地区的移民与日常生活》（上、下），《河北学刊》2019 年第 6 期、2020 年第 1 期。
⑤ 杜家骥编《清嘉庆朝刑科题本社会史料辑刊》第 3 册，第 1422 页。
⑥ 杜家骥编《清嘉庆朝刑科题本社会史料辑刊》第 3 册，第 1679 页。

庆十四年二月初五日，小的雇宋元名做工，讲定每月工价市钱十吊。三月二十五日，小的带着宋元名到大庄河屯买农具，在河沿上店里住下。二十六日，宋元名从街上回店，拿着两吊五百市钱。小的问他那里的钱，他说罗圈背住的吕振邦欠他的钱，他向吕振邦要来的。……宋元名生前向小的说过，他是山东黄县人，今年三十六岁，原籍在田字埠居住。他家里有母亲、胞弟"。又据吕振邦供，"小的是山东荣城县民，年二十六岁，自幼随父母出关。在案下罗圈背地方居住，佣工度日。……嘉庆十三年四月里，小的在宁海县地方卖工，宋元名也去卖工，才合小的认识的"。① 在这两个案例中，月工资分别是九吊、十吊。

与年工资有关的事例如下。奉天兴京厅刘玉因欠工钱被山东诸城县民郭名江打死案，据郭名江供，"小的是山东青州府诸城县民，年三十一岁。父母早故，并无兄弟妻子。小的早年出关来案下各处卖工度日，与帮石沟刘玉认识相好，并无仇隙。嘉庆四年刘玉雇小的做工，讲定一年工价市钱八十千，并无文约。平日同坐同吃，你我相称并无主仆名份。到年底结账，小的陆续共支使过市钱四十九千七百文，刘玉还短小的工钱三十千零三百文，说定今年随时就还。今年刘玉仍雇小的照旧做工，说定工钱陆续支使，小的共用过今年工价市钱二十八千文。今年闰四月十五日，小的合他要头年工钱，刘玉支吾不给"。② 奉天辽阳州客民吴宽因索欠打死王虎山案，吴宽供："小的是山东武定府蒲台县民，年五十三岁，向在案下本溪湖一带地方佣工度日。父母早故，原籍并无兄弟妻子。已死王虎山合小的素不认识。嘉庆八年正月里小的就雇给窖沟堡住的王虎山家种地，讲定一年工价市钱六十吊，白布一匹，并无年限文契。上工以后合他平等相称，同坐同吃，并无仇隙。同他工人佟文、梁持谷在他住房南间住宿。陆续使用过工价市钱十一千、白布一匹，价钱七吊、烧酒一瓶价钱一吊五百文。三月二十八日，小的因要做衣服，又向王虎山支用工钱，王虎山就说小的做活不好不给钱。小的说你嫌我做活不好，把账算了，另找别人做活罢。王虎山不应，反骂了小的一

————————————

① 杜家骥编《清嘉庆朝刑科题本社会史料辑刊》第 2 册，第 855 页。
② 杜家骥编《清嘉庆朝刑科题本社会史料辑刊》第 2 册，第 798 页。

顿。"① 以上二例一年工价，分别是市钱八十千、市钱六十吊加上白布一匹。

日工资有关的事例如下。奉天锦县客居回民白三索讨工钱殴伤旗人雇主李才致死案，据白三供，"小的是山东武定府商河县回民，年二十五岁，在原籍城西北十五里白家集居住。有父亲白万亭年四十六岁，母亲杨氏年四十九岁，止生小的一人，并没弟兄、妻子，别无亲人。嘉庆十五年春天，小的出关来在案下城西缸家屯一带地方卖工度日，合已死李才认识，并无仇隙。这年六月里，不记日子，小的雇给李才做了五个工夫，该市钱一千五百。李才陆续给过小的一千市钱，下欠五百钱没给，小的就往别处卖工去了，总没来找李才要钱。这年冬天，小的就回原籍去了。到十八年十月里，小的又出关在外卖工，因李才欠钱不多，没有找他讨要。今年闰二月初二日，小的到缸家屯来买皮乌拉，在街上遇见李才拿钱，走到跟前。小的想起他该五百工钱，向他讨要。李才说工钱已给了，并不该欠。小的说你三次给了一千钱，下欠五百至今没还，怎么倒说不该了呢。李才不能分辩，叫小的跟他去取"。② 白三嘉庆十五年在锦县城西卖工度日，做了五天，应得市钱一千五百，合每天工钱市钱三百。奉天开原县客民庞自栋因欠钱事殴伤张姓身死案。据庞自栋供，"小的是山东莱州府昌邑县民，五十七岁，父母俱故。小的来到案下卖工，有时讨乞度日"。③ 庞自栋借用乞丐张姓市钱二千未还，被乞丐索讨欠钱，发生争执，他将乞丐打死。张姓乞丐陆续借给外来穷人二千文，大约相当于卖工七天的收入。

一些口供者说是来东北种地。如莱州府胶州民张彦踢伤胞兄张灿身死案，据张彦供，其是胶州人，"年五十二岁。父母早故，女人赵氏，两个儿子。张灿是胞兄，分居多年，并没嫌隙。十六年上小的因年景荒歉，把住房变卖，上关东种地，女人雇给人家做工。二十三年九月里，小的因回家，女人辞工，合小的借住哥子房屋。哥子屡催搬出，小的因无屋央缓"。④ 再如，奉天广宁县客民刘元进等因借钱纠纷共殴女婿米文仓身死案，据刘元进供，

---

① 杜家骥编《清嘉庆朝刑科题本社会史料辑刊》第2册，第822页。
② 杜家骥编《清嘉庆朝刑科题本社会史料辑刊》第3册，第1572页。
③ 杜家骥编《清嘉庆朝刑科题本社会史料辑刊》第2册，第926页。
④ 常建华主编《清嘉庆朝刑科题本社会史料分省辑刊》上册，第464页。

"小的是山东济南府齐河县民，年六十二岁。父母早故，女人宋氏，儿子刘珠。早年搬到案下东岗子居住，种地度日"。① 又如奉天铁岭县民周坤与李阳春因争种田地被殴毙案，据周发供，"小的是山东高唐州人，年二十一岁，在案下土家楼子居住，种地度日"。②

　　庄头出租土地或收押租钱的案例如下。奉天广宁县刘文祥因租地纠纷被客民李二戳伤身死案，据李二供，"小的是山东武定府海丰县民，年四十九岁，来到案下康家屯居住。父母俱故。合已死刘文祥素好没仇。嘉庆十三年十月里，小的借给刘武祥市钱三十吊，刘武祥把他租庄头韩五十七一日地使小的押租市钱五十八吊，给小的耕种。每年现租市钱十三吊，是刘武祥交刘文祥转交韩五十七的。到十六年二月十四日，刘武祥向小的说，小的种的那日地他哥哥交给庄头了。三月十五日，小的同兄弟李四烦刘文祥们向庄头韩五十七央恳。韩五十七叫小的拿出押租市钱五十吊，现租市钱十三吊，他才给地种。小的应允，付了租钱。小的把地种上谷子。到闰三月初一日早饭后，小的拿刀在道南砍柳树枝编筐，望见刘文祥同工人李可宝、张仁、刘谷保用犁杖翻毁小的种的地垅。小的把揪刀掖在腰里赶向查问，刘文祥说不给小的种了"。③ 此案刘武祥因借李二市钱三十吊，于是刘武祥将租庄头韩五十七一日地，转让李二耕种，该地需交的押租市钱五十八吊，由李二承担。后来刘武祥的哥哥刘文祥将该地块交回庄头，李二恳求刘文祥与庄头继续耕种该地，庄头要李二缴纳了租钱，给李二耕种。但是刘文祥用犁杖翻毁李二种的地，说不给李二种了，引发了纠纷。可见山东人到东北种地遇到的刁难。

　　种地除了独自承佃外，还有伙种。奉天岫岩厅民赵凯吉分粮起意致伤王振身死案，据张田供，"小的是山东掖县民，早年出关在案下各处种地度日。嘉庆十七年二月初头，走到荒冈子在王振家借宿，说起闲话。王振说他有租典的地在荒冈子、干沟子两处，现合赵凯吉、赵幅住伙种，如今咱们四人伙种，到秋后按四股均分粮食，不好吗？小的应允，就合王振住在荒冈子照应

① 杜家骥编《清嘉庆朝刑科题本社会史料辑刊》第 1 册，第 450 页。
② 杜家骥编《清嘉庆朝刑科题本社会史料辑刊》第 2 册，第 1008 页。
③ 杜家骥编《清嘉庆朝刑科题本社会史料辑刊》第 2 册，第 899 页。

地亩，赵凯吉同他儿子赵幅住在干沟子种地，素日都是和好的。十月里先把荒冈子庄稼收割完了，小的合王振又到干沟子合赵凯吉、赵幅住同屋住着，收割庄稼，收完后合算两处共打杂粮三十二石二斗，除王振扣去吃粮七石，下剩二十五石二斗，每股应得六石三斗，没分。十一月十一日赵凯吉要分粮食，王振说赵凯吉应分的粮食还不够补他的欠项，还要分粮吗。赵凯吉说我的地典给你，典价已抵还欠项，又是什么欠帐呢。他们争吵一会，赵凯吉就走出去了"。①

　　山东人到东北往往种烟。如奉天开原县客民张红安砍伤锡伯旗人雇工来德身死案，据张红安供，"小的是山东阳信县民，年四十岁，在原籍城东代家镇居住。父亲张添佩年七十岁，母亲已故，只生小的一子，并没兄弟、妻子。早年小的来到案下蚂蚁岭叔伯兄弟张明九家寄住卖工，后来租地种烟过日"。②再如，吉林宁古塔客民庞如祥为索讨欠钱殴伤杨大身死案，据庞如祥供，"我是山东清平县民，年四十一岁。父亲已故，母亲刘氏，现年七十二岁，并无弟兄子嗣。自幼跟随父亲来至吉林，在张家沟屯种地。母亲刘氏现在原籍，不知有无。嘉庆十三年上，我到珲春租地种烟，有素识种烟民人杨大借我银十二两八钱使用，屡次讨要并未偿还"。③又如，吉林客民张幅玉因工钱纠纷殴毙雇主邢濒海案，讯据张幅玉供，"我系山东即墨县民，年五十四岁。父母俱故，并无弟兄、妻子。嘉庆二十二年，来至三姓地方持票挖参。嘉庆二十四年九月至丁子屯蓝添成家，有素识邢濒海在彼种烟，我帮工几天。十月初七日，邢濒海雇我并潘成等捆烟，言定每包工钱七百五十文，如工人中止，每日只给钱二十文；家长中止，每日给钱一百文"。④上述东北种烟的事例，多出自到此谋生的山东人，看来种烟是闯关东者重要的生计。山东人也用烟招待客人，如盛京岫岩厅客民于和因买地打死李臣案，山东登州府宁海州民于和招待客人李臣，"让他坐炕吃烟"。⑤

　　山东人还从事其他生计。如合伙放蚕，盛京岫岩厅客民于和因买地打

①　杜家骥编《清嘉庆朝刑科题本社会史料辑刊》第 2 册，第 659~660 页。
②　杜家骥编《清嘉庆朝刑科题本社会史料辑刊》第 3 册，第 1635 页。
③　杜家骥编《清嘉庆朝刑科题本社会史料辑刊》第 2 册，第 884 页。
④　杜家骥编《清嘉庆朝刑科题本社会史料辑刊》第 3 册，第 1492 页。
⑤　杜家骥编《清嘉庆朝刑科题本社会史料辑刊》第 2 册，第 829 页。

死李臣案，于和供："小的是山东登州府宁海州民，年二十八岁，早年出关，在案下大洼屯住，父亲于起臣年七十岁，母亲俞氏年六十八岁，弟兄两个，兄弟于连年二十岁，小的女人刘氏，生有一个儿子，叫住子，别无亲人。于彬、于禄是小的族叔，久已分居的了，小的到这头道沟屯同高中有合伙放蚕，租族叔于彬门房东两间居住。"①

再如伙种菜园。奉天辽阳州客民刘青因散伙算账不清被殴身死案，刘青供："小的是山东莱州府掖县民，年四十五岁。早年出关，在辽阳州一带地方佣工度日。父母俱故，大胞兄刘忠在老城界、沙松河种地为生，二胞兄刘勋现在原籍……嘉庆二十三年正月里，小的同孙登成合伙租种新城堡钟克旺的菜园生理，种了两年，并没赚钱。孙登成屡次说菜园生意平常，不愿租种，小的也要散伙。二十五年二月初五日起更时，孙登成合小的把账目算清，孙登成要把外欠旧账，连籽种、家具一并均分，小的要将籽种、家具，把外欠旧账分给孙登成。孙登成不依，彼此争吵起来。"②

再如开店。有饭店，如奉天岫岩厅客民张添文讨要酒饭钱致死傅虎山案。据张添文供，"小的是山东莱州府胶州民，年六十一岁。早年出关在凤凰城南门外合周思彦、于得英、修洪德伙开饭店生理。父母俱故，并没妻子。合已死傅虎山素识没仇。十六年五月十七日傅虎山到小的店里存住，到二十七日傅虎山共欠酒饭市钱五千五百二十文，小的讨要，他说到外头去挪借再还。往外走了，那晚没回。次日傍响，小的出外讨账，遇见傅虎山拿着木棒。问他欠的店钱怎样了，傅虎山回复没有，小的不依，村斥。傅虎山詈骂，小的回骂"。③ 有歇店，如奉天承德县客民龚三因索欠踢死旗人王奇开案。据龚三供，"小的是山东登州府莱阳县民，名叫龚玲，年四十一岁，原籍在城西南江山堡居住。父亲早死，家里有母亲孙氏，今年八十一岁，只生小的一人，并没弟兄。小的也没娶妻生子。小的出关多年来，在这城小东关外开歇店生理。已死旗人王奇开在这李尔什庄屯居住，他进城时常在小的歇

---

① 杜家骥编《清嘉庆朝刑科题本社会史料辑刊》第 2 册，第 829 页。

② 杜家骥编《清嘉庆朝刑科题本社会史料辑刊》第 2 册，第 1026 页。

③ 杜家骥编《清嘉庆朝刑科题本社会史料辑刊》第 2 册，第 918 页。

店里存住，合小的早年认识相好并没仇隙"。①

吉林地区也有山东人来谋生。打工是最容易的谋生手段，吉林厅民李轸戳伤直隶盐山县民王勇咸身死案，吴涌利供其四十四岁，是山东莱州府掖县人。父母俱故，独生。因原籍穷苦无依，早年来吉林，在贺家屯左近卖工度日，与王勇咸同处做过工。"这凶犯李轸，小的合他亦相熟识。嘉庆五年三月里，王勇咸借了吴涌利五千市钱使用，向讨未还。后到十月里，他搬到丁魁空闲豆腐房里闲住，吴涌利曾找来问他讨要未偿。"②吉林宁古塔壮丁张九蓬索要工钱殴伤民戴佩礼身死案，张受胡供："我系山东历城县民，年四十七岁。雇与柏仲得做短工。"③吉林三姓地方客民吴文因口角事殴伤他人奴婢案，吴文供："我是山东东昌府茌平县民，年四十五岁。母亲已故，父亲吴九恩，今年六十二岁。现在原籍。我并无弟兄、子嗣。嘉庆四年二月内，至三姓大沟屯地方雇给种地民人王富林做饭，每月工钱三千文。"④

种地也是来此山东人的主要生计。吉林厅客民交自美因分种地亩打死王芬案，据交自美供，"小的年三十六岁，是山东莱州府昌邑县人，在原籍县城东南三十里路远孙镇居住。父亲交经纶，母亲马氏，俱现年七十一岁，兄弟敦儿年二十六岁。小的并没有娶妻。嘉庆元年上，小的因原籍穷苦难度，来吉林在刘家屯分种地亩营生，合王芬素日认识并没仇隙。嘉庆七年春天，小的才合王芬分种地亩，讲明秋后除去籽种，每粮一石小的分七升，合他儿子同工力作。谁知王芬为人琐碎，自分种地亩以后，小的稍有不周处，他就向小的刻责。说小的好吃懒作，小的有事不服合他分辩，他就喝同他儿子共向小的殴打。小的单身不能合他较论。因此到七月间小的雇了朱七替小的作活，小的就搬到外面去了"。⑤

种地、佣工之外，还有放猪、做饭等工作。吉林宁古塔客民李经晏将雇工陈天佑殴伤致死案，据李经晏供，"我是山东宁海州民，年五十岁，父母俱故。我们弟兄三个，大哥李经玉、二哥李经贤，我并无子嗣。乾隆四十六

① 杜家骥编《清嘉庆朝刑科题本社会史料辑刊》第 3 册，第 1597 页。
② 杜家骥编《清嘉庆朝刑科题本社会史料辑刊》第 2 册，第 804 页。
③ 杜家骥编《清嘉庆朝刑科题本社会史料辑刊》第 3 册，第 1866 页。
④ 杜家骥编《清嘉庆朝刑科题本社会史料辑刊》第 3 册，第 1498 页。
⑤ 杜家骥编《清嘉庆朝刑科题本社会史料辑刊》第 2 册，第 818 页。

年，我大哥带领我们兄弟至宁古塔城西租地耕种。本年二月十九日雇李祥写账。四月内雇张德山做饭，雇姜岳喂猪，家中事务是我经管"。① 李祥是山东潍县民，各处佣工。姜岳是山东海阳县民，年七十八岁，该年三月内雇给李经晏喂猪。

2. 直隶

直隶北部是游牧区与农业区交会地带，人少地多，谋生相对容易，山东人到此谋生者不少。有的山东人在此购置土地，如直隶平泉州单云因土地纠纷殴伤小功服弟单英身死案，据单云供，他是山东海阳县人，"年六十九岁。向在平泉州单家窝铺居住，父母俱故，家有女人、儿子，已死单英是小的共曾祖堂弟。小的合单英平日和好没仇。乾隆五十三年上，单英合单幅禄伙买地亩八顷，单幅碌没钱是单英一人垫交的。那时，单霞的父亲单可嘉要伙买这地，向单幅碌商量，单幅碌就叫单可嘉归还单英六十千大钱地价，把地分给单可嘉四顷耕种。小的是知道。嘉庆十二年二月里，单霞把地十四段卖给孙立斋，地价大钱三十千。十一月里，又卖给于文和地八段，地价大钱七十千。都是小的做中。后来单英向单霞讨要地价没给，叫小的代讨，小的原说不管，单英合小的吵闹过几次"。②

再如直隶承德府朝阳县李光美赎地致死邻人庞义案。庞学孔供："小的是山东乐安县人，今年七十五岁了，在案下孤山子东沟居住，庞义是小的胞侄，同居度日。小的合李广玉、李光美们同村相好，并没嫌隙。嘉庆七年上，小的当了李广玉六十亩地，是二十七千三百九十文大钱的当价，言明钱到回赎。九年十二月里，李广玉向小的说要赎那地，一时没有现钱，约定十年正月二十头交钱，小的应允，把当契先给还他了。到十年正月十四日，侄子庞义说要向李广玉讨钱，小的说还没到那时候，如何去要钱。侄子说他要到鄂尔土板去种地等着用钱，说了这话他就走了。停了一会侄子回去说李广玉不给钱，反把他村了一顿，要合李广玉讲理。到了晚上不见侄子在家，恐闹出事来，就到李广玉家查看，不想侄子已被李广玉、李光美打伤，躺在院

---

① 杜家骥编《清嘉庆朝刑科题本社会史料辑刊》第 3 册，第 1401 页。
② 杜家骥编《清嘉庆朝刑科题本社会史料辑刊》第 1 册，第 158~159 页。

里。李广玉是山东栖霞县人，在案下孤山子东沟居住，今年四十二岁。"①

种地度日以及靠其他谋生者也有。直隶多伦诺尔厅客民刘祥因欠钱纠纷伤王立先身死案，刘祥供："小的是山东济阳县人，今年三十三岁。向在案下白岔敦都坤兑沟种地度日。母亲已故，父亲刘进孝，哥哥刘贵，兄弟刘玉。小的合已死王立先平日认识，并没仇隙。嘉庆四年四月里，小的合相好的山东人张中魁伙开麻花铺生理。王立先在小的铺里赊欠九十个大钱。后来小的们因不能赚钱，就歇业了。张中魁回原籍去了。那王立先的欠钱总没给还。小的向他讨要，他说已给过张中魁了。小的回家查看账簿，还没销账。到四年十一月十三日，小的合王立先撞遇。原对王立先说我已经查过账簿，并没收你的钱，这明是你因张中魁不在跟前，想要混赖，向他村斥，并讨要欠钱。彼此争论了几句，走散了。"此案中，山东人有种地的，也有开铺的。②

直隶平泉州山东人较多。如直隶平泉州客民毛松因押契钱殴毙蒙古人岱青嘎案，毛松籍隶山东章丘县，寄居州属，与蒙古岱青嘎同营居住。嘉庆十八年间，毛松租种岱青嘎地九亩，外借押契钱五吊五百文。嗣毛松收到岱青嘎之故父六十九京钱两吊，毛松因一时遗忘，并未注在契内。迨二十三年秋间，毛松以地亩租种年满，屡催岱青嘎还钱撤地，岱青嘎支吾未还。十二月初四日，岱青嘎至毛松家令将地契检出查看，因毛松不将还过钱文注入契上，声言毛松欺骗。③又如客民李麻孔因欠钱殴伤蒙古索诺木扎什身死案，山东惠民县人李麻孔，年三十二岁，与兄弟李孟顺在平泉州种地度日。④再如平泉州回民张登科扎伤衙役回民李明身死案，山东德平县回民李会成寄居赤峰县五道街，李明是他的儿子，充当赤峰县衙役。⑤

山东人在直隶做工，经常挣上钱寄回家。如直隶平泉州李崑因债务纠纷被山东招远县王玉殴踢身死案，据王玉供，他是山东招远县人，年四十四岁。父亲王立章，已故。母亲徐氏，今年七十一岁。他没有兄弟、妻子。向在官儿城张智店里住歇，做工度日。积蓄的银钱时常寄回家去给母亲使

---

① 杜家骥编《清嘉庆朝刑科题本社会史料辑刊》第 2 册，第 572~573 页。
② 杜家骥编《清嘉庆朝刑科题本社会史料辑刊》第 2 册，第 795 页。
③ 杜家骥编《清嘉庆朝刑科题本社会史料辑刊》第 2 册，第 1592 页。
④ 杜家骥编《清嘉庆朝刑科题本社会史料辑刊》第 2 册，第 1543 页。
⑤ 杜家骥编《清嘉庆朝刑科题本社会史料辑刊》第 2 册，第 1592 页。

用。① 再如直隶朝阳县客民高荣扎伤李丕敬身死案，山东招远县人李斜，向在朝阳县小房居住，李丕敬是其侄子。嘉庆十六年六月三十日上午时候，李丕敬自外运粮食回家。高荣是山东乐陵县人，年五十二岁，在宁津县寄住。高自南是他的堂叔，和他向在朝阳县牤牛营子做工度日。高荣时常带回银钱赡养父亲。②

山东人来承德府会为煤窑背煤。朝阳县客民冯怀荣因欠钱纠纷伤薛奎身死案，讯据薛秉义供，"小的是山东东安县人，今年七十八岁。在案下水泉子地方寄住。薛奎是小的孙子，向在杨树沟煤窑上背煤度日。合萧魁、冯怀荣都是认识，并没仇隙。孙子薛奎原借欠冯怀荣七百二十东钱没还，小的是知道的。嘉庆六年三月初一日，孙子因煤窑坍塌，做不得活，回到家里住了几日。到十四日早上，孙子告诉小的说要到杨树沟找寻工做，就走出来了"。③

看守庄稼也是山东人的工作之一。上述朝阳县的命案中，冯怀荣供："小的是山东潍县人，今年二十一岁。向在案下寄住，做工度日。父亲冯正海今年五十四岁，母亲孙氏今年五十九岁，还有哥子冯怀富。小的雇给萧魁店里镑青。"④ 直隶建昌县客民张得禄因索讨看青钱文殴毙梅发案，据张得禄供，"小的是山东齐东县人，年三十六岁。父亲已故，母亲李氏，张得福是小的哥子。小的向在建昌县合陈继文看青度日。合已死梅发认识无嫌。十四年九月初四日黄昏时候，小的合陈继文到村人王维家讨要看青工钱，王维说他地里失少了庄稼，不肯给发钱。小的们合他理论，有王维妻弟孙帼才、孙帼兴同把小的们村斥"。⑤

山东人还会卖包子谋生。直隶故城县冯二被客民马象九推跌身死案，据马象九供，他"是山东恩县回民，年三十二岁。向在故城县郑家口袁德魁茶铺间壁做卖包子生理，赚钱带回原籍养活母亲"。⑥

---

① 杜家骥编《清嘉庆朝刑科题本社会史料辑刊》第 2 册，第 868 页。
② 杜家骥编《清嘉庆朝刑科题本社会史料辑刊》第 2 册，第 922~923 页。
③ 杜家骥编《清嘉庆朝刑科题本社会史料辑刊》第 2 册，第 807 页。
④ 杜家骥编《清嘉庆朝刑科题本社会史料辑刊》第 2 册，第 807 页。
⑤ 杜家骥编《清嘉庆朝刑科题本社会史料辑刊》第 2 册，第 861 页。
⑥ 杜家骥编《清嘉庆朝刑科题本社会史料辑刊》第 2 册，第 867 页。

3. 江苏

江苏沛县僧照幅不守清规被师傅宝明殴伤身死案，据其兄雷刚供，他是"山东滕县人，僧照幅是小的胞弟。于嘉庆八年出家，拜沛县大王庙僧宝明为师。十三年间，分到三义庙住持。胞弟平素嗜酒、好赌，不守清规。他师傅宝明屡次训斥不服，小的是知道的"。①

江苏丰县客民姜思慎失钱致死雇工案，山东济宁州人王七，他父母俱故，并无亲属，向在丰县姜思慎烟店帮伙。姜思慎也是山东济宁州人，年二十五岁，与王七同庄居住。嘉庆九年正月里姜思慎到丰县开张烟店，雇王七在店内帮伙，有相好的潘允红寓在他的店内。十月初四日他出外讨账，叫王七看柜。傍晚时他回店，见柜内少钱一百五十文，向王七查问。王七已经酒醉，说钱系借给潘允红，并不是他私用，出言混骂，姜思慎回骂。

4. 安徽

安徽合肥县民韩图乐等殴伤寄居回民沙世太身死案，沙世太是山东济宁州回民，寄居合肥。他兄弟沙世宁寄居定远。嘉庆十一年，蒋勇幅曾借沙世宁钱文，是韩楚玥等作保，代写借字。后沙世太代沙世宁催讨，曾经争吵，蒋勇幅随即把钱清还，取回借据，已归和好，并没有另借沙世太的钱索讨成仇的事。据尸子沙幅洗供，他"年二十四岁，山东济宁州回民。沙世太是小的父亲，沙世宁是叔子。嘉庆九年上，父亲带小的到治下蒋家冈租住蒋勇贤房屋，叔子另住定远下家店地方，相离二里多路。父亲平日放债营生，并没做过犯法的事。韩图乐向与父亲来往借过钱文，已经还清。因父亲取利过重，凡借钱的人都不满意，却从没争吵。只韩楚玥代蒋勇幅作保，向小的叔子借去钱文后，父亲代叔子索讨，韩楚玥与父亲争吵过"。②

（二）外省人来山东

外省人来山东的较少，主要有邻近的直隶人、江苏人、山西人到山东谋生。

直隶人在山东。博野县民翟狗儿索欠致邻人李氏气愤自缢身死案，翟狗

---

① 杜家骥编《清嘉庆朝刑科题本社会史料辑刊》第3册，第1170页。
② 杜家骥编《清嘉庆朝刑科题本社会史料辑刊》第3册，第1545页。

儿供："小的是本县人，今年二十七岁，家里只有女人刘氏，并没生有儿女。哥子翟登云出外佣工了。小的合王大个同村相好，并没嫌隙。嘉庆七年二月里，王大个向小的借用一千大钱，后来还过四百五十大钱，又给了一斗麦子作大钱三百文，下欠大钱二百五十文没有给还。小的到山东做工去了。到九年六月初间小的回家。"①这个直隶人到山东做工四五个月，他的兄长也出外佣工。

山西人在山东。潍县客民赵金因争揽染布活计殴伤董朴身死案，山西平定州人董兆在寿光县染布生理，其兄长董朴与堂弟董寿在昌邑县开设染铺。平定州人赵金，年三十四岁。父母俱故，哥子赵彩，女人季氏。赵金一向在潍县与同乡胡世元伙开染铺。②

江苏人在山东。日照县民于冬来挟嫌谋砍秦增身死案，于冬来籍隶江南赣榆县，寄居日照县，嘉庆十六年曾给秦子俊家看管树林，在秦子俊林地屋内居住，秦子俊给地三亩，不分籽粒以作管树工价，平日平等称呼，并无主仆名分，二十一年正月二十五日，伊父病故，因无钱买棺，央秦子俊向秦子栩赊买棺木一口，该价京钱五千五百文，嗣伊给秦子俊做工，将工价扣抵，至八月间伊另赴秦二家佣工，被秦子俊之子秦增查知，不依逼退房地。③

结　语

依据嘉庆朝刑科题本99例行凶者口供，得知这些犯案人集中在二十岁至四十九岁的年龄段，正值青壮年时期，五十岁至五十九岁年龄段的人也较多。这些人中有43例父母俱故，32例父故母在，6例父在母故，16例父母俱在。多生活在父母俱故或父母不全的残缺家庭。娶妻者56例，已婚率较高。山东刑科题本往往记载生女的数字，较为难得。在有父母子女年龄的数据中，母亲得子的年龄，二十岁至二十九岁年龄段有11例，三十岁至三十九岁年龄段有7例，四十岁至四十九岁年龄段有5例，得子年龄均属

① 杜家骥编《清嘉庆朝刑科题本社会史料辑刊》第3册，第562页。
② 杜家骥编《清嘉庆朝刑科题本社会史料辑刊》第2册，第987页。
③ 常建华主编《清嘉庆朝刑科题本社会史料分省辑刊》上册，第458页。

正常。有 4 例父母的婚龄差较为特别，一是父母婚龄相差较大，相差十七岁、十九岁各有 1 例；二是母亲大父亲一岁有 2 例。婚后生育子女的记载，以得一子、婚后未生者为多，但得二子、三子的也较多，还有得四子、六子的情况。兄弟的数量，二人最多，有 31 例；一人的有 27 例；三人的有 9 例；兄弟四人的有 1 例；兄弟五人、六人的各 2 例。兄弟三人以下最多，属于常态，四人到六人的事例也说明大家庭有一定数量。口供言及兄弟居家的有 9 例，8 例是弟兄分居，占据大多数。高年老者较多，高龄母亲有 12 位，11 位七十多岁，1 位八十岁；高龄父亲有 3 位，分别是七十一岁、八十岁、八十七岁。高龄祖父、祖母有 3 位，两位祖母分别为七十五岁、八十一岁，1 位祖父七十三岁。还有 1 位七十九岁的女性口供者。笔者还发现乾隆年间有九十一岁的山东女性。清代普通人如此高寿，有些出乎意料。

家庭纠纷中，祖母训斥孙媳妇、叔子因嫂相待刻薄争闹分居，显示出分家的具体原因。同居的同祖大功服制家庭是存在的。分家后父母往往随一子生活。乡村养老有预留养老地的办法，养老财产还有房屋。丈夫去世妇女改嫁较为普遍，或带子改嫁，或将儿子留在夫家，官府对妇女改嫁持消极态度。妻子有被穷苦丈夫嫁卖的现象，妾也会被嫁卖。人们痛恨拐带妇女。女性或被买卖为婢女，其婚姻由主人安排。女性婚后无子女，或被丈夫轻视。无子而过继嗣子，多在兄弟之间发生，或过继给叔父，或过继给伯父，还有同祖堂兄弟之间过继、同曾祖小功亲过继，也有出服族人之间过继，甚至过继为孙。出继异姓为义子的事例较多，一般是自幼改姓。

山东人口流动外省，到东北佣工者最多。日工资有市钱三百文的事例，两例月工资分别是九吊、十吊，年工资两例分别是市钱八十千、市钱六十吊加上白布一匹。到东北种地者，庄头出租土地或收押租钱，独自承佃种地外还有伙种。种烟者较多，合伙放蚕、伙种菜园、开设饭店、歇店、喂猪、做饭等也是谋生手段。其次是到直隶，在此购置土地、种地、开铺甚至充当衙役，在煤窑背煤、看守庄稼等也是谋生手段。江苏、安徽也有山东人。外地人到山东，主要有邻近的直隶人、江苏人、山西人。

作者单位：南开大学中国社会史研究中心

江汉平原近代棉业的发展转型 *

唐尚书　邱　瑞

【摘　要】甲午战争之后江汉平原地区棉业发展经历了重要的近代化转型。在种植品种方面，美洲棉在该地区推广普及并逐渐改变本土棉品种单一的传统格局；在生产加工方面，传统家庭纺织手工业的市场贡献率在新兴棉纺工业的冲击下日渐降低；在产品贸易方面，从输出土布为主转变为输出棉花为主。出现这些转变的主要原因是江汉平原被迫完全卷入西方主导的世界市场，为了应对外来冲击并努力维系本土棉业的独立发展。

【关键词】江汉平原　棉种改良　棉纺工业　棉花贸易

江汉平原位于湖北省的中南部，沿长江和汉江中下游向东延伸至武汉境内，属于亚热带季风气候，水热资源丰富，宜种植棉花、水稻等喜温作物。[1] 甲午战争后湖北沙市等长江腹地城市被迫开埠，江汉平原棉业发展已完全被卷入西方资本主义世界市场，为应对外来资本冲击并维系本土棉业的独立发展，江汉平原的棉花发展在品种选育、棉纺工业发展以及棉花产品贸易等方面开启了近代转型之路。

关于江汉平原近代棉业发展转型一般认为与 19 世纪末 20 世纪初垄断资本主义世界市场的形成密切相关。如徐凯希在《近代荆沙地区植棉业的发展和演变》中阐述了甲午战争后世界市场对棉花等产品的大量需求使荆沙地区棉业迅猛发展，该地一度成为湖北省乃至全国的重要棉花集中产区与集散市

---

*　本文系国家社会科学基金重大项目"中国古农书的搜集、整理与研究"（21&ZD332）阶段性成果。

[1]　梅莉:《明清湖北农业区域特征分析》,《中国历史地理论丛》1993 年第 4 辑，第 91 页。

场，奠定了近代沙市成为长江腹地重要港口城市的基础与地位。[①] 李辉认为沙市港作为农产品进出口门户，日益朝着世界的需求方向演进，江汉平原粮棉种植空间分化发展是港口—腹地因素的结果。[②] 随着甲午战争后中华民族反抗外来侵略的民族意识与民族情绪的深化，本土社会近代转型普遍存在应对外来冲击压力的同时继续维系其独立发展的双重发展问题。本文通过分析武汉、荆州、孝感、宜昌等棉区发展案例，进一步探讨江汉平原本土棉业近代转型问题。

一　甲午战争前江汉平原传统棉业的发展

湖北具有较长的植棉历史，最初棉花品种属于亚洲棉，锦葵科，又被称为木棉或中棉，自宋末元初从下游的江浙地区传入，明朝中叶之后棉花已在江汉平原广泛种植，鸦片战争前棉花已经取代丝麻成为江汉平原主要纺织原料。[③] 清代中期湖北植棉区域达 7 府 40 余州县，《湖北通志》记载："荆州安陆以下则为出产大宗，汉（阳）黄（州）德（安）三府尤盛。"[④] 其中的荆州府、汉阳府位于江汉平原地区，[⑤] 且各棉区的棉花种植都有自己的特色。如汉阳所种木棉有黄白两种，荆州江陵地区所种棉有白紫两种。

家庭手工棉纺织是清代江汉平原地区棉花生产的主要方式，随着棉纺织业的进一步发展，棉花的耕织逐渐呈现了分离状态。江汉平原各棉区所产的土布品质也略有不同，如汉阳县生产扣布，江陵地区生产庄布（又称荆庄布）。土织棉布中的精品，有大小两种规格，是甲午战争前主要的土布销售品种。据《江陵县志》中载："荆庄布每年有山西、四川、江西诸客商由沙镇坐办。"[⑥] 可见明清以来江汉平原棉纺织业的兴盛，所产土布不仅能够供

---

① 徐凯希：《近代荆沙地区植棉业的发展和演变》，《荆州师专学报》1990 年第 3 期。
② 李辉：《近代江汉平原粮棉种植空间变动特征分析（1861—1949）》，《历史地理研究》2024 年第 1 期，第 109 页。
③ 徐凯希：《近代汉口棉花贸易的盛衰》，《江汉论坛》1990 年第 9 期。
④ 民国《湖北通志》卷二十四《舆地志·物产》，湖北人民出版社，2010，第 309 页。
⑤ 阮晶晶：《明代湖北区域商业地理研究》，硕士学位论文，华中师范大学，2016，第 11 页。
⑥ 乾隆《江陵县志》卷二十二《物产》，第 522 页。

给本地使用，还有多余供外销。随着鸦片战争后湖北各地洋布盛行，土布滞销，甲午战争前的江汉平原棉纺织生产也遭受严重打击。

江汉平原的棉花贸易大多是棉产地自产自销，部分剩余则集中于汉口再运往西北、西南地区。^①四川地区由于自然条件所限，"巴产木棉，不敷服用，商贩广花，向惟楚省"，^②湖北棉花长期占领该地区市场。鸦片战争爆发前，江汉平原的棉花主要运往四川、湖南、陕西等地。但是随着鸦片战争后洋纱、洋布逐渐涌入中国市场，湖北土布贸易市场萎缩进而影响本土植棉业的发展。甲午战争前江汉平原传统棉业种植、生产与棉花贸易基本处于萧条与徘徊不前状态。

二　甲午战争后江汉平原的近代棉业转型

从甲午战争到民国前夕是江汉平原的一个转折时期，在这一时期该地区美洲棉开始大范围推广普及。湖北织布局和纺纱局相继成立，成为湖北地区机器纺织工业的开端，改变了传统的纺纱与织布技术，开始有了除土布外其他形式的棉纺织产品的规模生产，江汉平原的棉纺织业格局有了巨大的改变。

（一）棉花的品种改良

江汉平原传统的棉花品种是中棉（亚洲棉），一般绒长只及 20 毫米，细度 3000~4500 公支，适合手纺，不适合机器纺织。^③为了适应机器纺织的需求，需要对棉花品种进行改良。棉花品种改良有四种途径：引进新种、系统选种、杂交育种和人工引变。^④江汉平原最初的改良途径为引进新种。第一次引种是在 1892 年，湖广总督张之洞从美国购买美棉（陆地棉）分发给江汉平原上的孝感、沔阳、天门等县。这次引种由于缺乏经验、播种偏迟和密

① 梅莉：《历史时期湖北的植棉业》，《农业考古》1991 年第 1 期，第 338 页。
② 同治《德阳县志》卷四《物产》，第 51 页。
③ 孙济中：《纪念张之洞引种陆地棉一百周年学术研讨会论文集》，湖北人民出版社，1994，第 32 页。
④ 严中平：《中国棉纺织史稿》，商务印书馆，2011，第 404 页。

度过大等，收成甚微，但棉花品质较好。[①] 这一次的引种意义非凡，是第一次由中国人主持的棉花引种活动，是近代中国棉花品种改良的开端。

次年张之洞再次购买美棉分发给汉阳、应城等地方的棉农种植，并译印《美棉种法》《美国种花论》，但因棉种未经驯化失败。1904年清朝农工商部从美国购入美棉棉籽发给湖北省种植，其品种主要是"乔治斯""皮打琼""奥斯亚""银行存折棉"等，后来由于没有妥善繁育保纯，品种退化为"小洋化"。[②] 美棉的大范围引种推广改变了江汉平原传统单一种植中棉的历史，不过由于人们缺乏对美棉品性的认识以及科学种植的经验，再加上地方官员的官僚主义作风，缺少对外来品种进行本土化驯化调适的试验环节，后面还出现将美棉种和地方棉种混合播种的情形，无法发挥优质棉种优势，造成品种改良失败的结局。[③]

（二）棉纺工业的发展

江汉平原棉纺业自鸦片战争后受外来洋纱、洋布的影响受阻停滞。甲午战争之后江汉平原的棉纺织业开始出现转机。在19世纪90年代，在"设厂自求"呼声的激励下，中国民族工业在1896~1899年和1905~1910年出现创业浪潮，而机器棉纺织业在这两次浪潮中有比较突出的表现[④]。

武昌是江汉平原近代棉纺织业的发源地。1893年湖北织布官局（湖北纺织官场的下设单位）在武昌建立，迈出了近代湖北省纺织工业发展的第一步。随后1897年湖北纺纱官局建成投产，产纱锭达9.0656万枚，占全国纱锭总数的18.23%，它的建立使湖北成为仅次于上海的全国第二大纺织工业基地。[⑤] 湖北织布官局和湖北纺纱官局的成立标志着江汉平原地区机器棉纺织工业的兴起，打破了传统的手工棉纺织业，为该地区的棉纺织业注入了新鲜的活力。这同时也带动了江汉平原植棉业的发展，让该地区的棉花种植进入了新的时代。

---

① 周明炎主编《湖北棉花》，中国农业出版社，2004，第47页。
② 曹隆恭：《关于陆地棉的引种和推广》，《古今农业》1989年第2期，第19页。
③ 严中平：《中国棉纺织史稿》，第407页。
④ 汪敬虞主编《中国近代经济史》下册，人民出版社，2012，第1646页。
⑤ 周明炎主编《湖北棉花》，第240页。

甲午战争后江汉平原的纺织品类型开始转变。甲午战争以前江汉平原主要生产土布售卖，但在甲午战争之后开始生产除了土布外其他的棉纺织品。1840 年"洋布"进入武汉三镇，导致生产土布的家庭手工户纷纷破产。于是有的开始转向毛巾生产，在光绪年间汉阳近郊区的机器织户逐步移到城区生产毛巾，汉阳城内成为武汉三镇毛巾生产集中区域。[1] 同时在 1904 年荆州开设了八旗劝工厂，置织布机 120 台，可月产毛巾 500 条，月织布 1000 匹。[2] 甲午战争后毛巾产业的出现与兴盛，为受困的棉纺织业提供了另一条道路。

甲午战争后列强开始加大对华的资本输出，其中重点领域之一就是棉纺织业，于是在华的外商纺纱厂如雨后春笋般涌现。特别是日商和英商在甲午战争后大肆侵占中国的棉纺织市场，中国本土棉纺织业也在与外商的竞争中艰难发展。由于此时中华民族对抗外来侵略的民族意识和民族情绪逐渐高涨，在社会各阶层的呼吁下，晚清政府也加大对国内棉纺事业的支持力度。主要有二：一是设立商务局，由官吏主持设厂；二是明定章程，奖励民营。但是不少官办工厂以及官商合办的棉纺厂带有浓厚的官僚主义色彩和衙门管理作风，不以促进市场和生产的扩大为目的，而将工厂盈利用来满足私利，生产效率和产品质量低下，缺乏市场竞争力。比如张之洞创办的湖北纺织官场在 1892 年开工，1902 年织布官局就因每年应付官息商息过重，入不敷出，最后不得不招商承办。1890~1910 年各国在华纱厂的棉纺锤数见表 1。

表 1 1890~1910 年各国在华纱厂的棉纺锤数

单位：个

年份	华商纺锤数	日商纺锤数	英商纺锤数
1890	114721		
1891	204712		
1892	204712		
1893	204712		
1894	204712		

---

① 武汉市汉阳区地方志编纂委员会：《汉阳区志》（上卷），武汉出版社，2008，第 392 页。
② 湖北省江陵县县志编纂委员会编纂《江陵县志》，湖北人民出版社，1990，第 362 页。

续表

年份	华商纺锤数	日商纺锤数	英商纺锤数
1895	221744	22432	72312
1896	324116	123480	72312
1897	324116	149608	72312
1898	324116	149608	72312
1899	416056	149608	72312
1900	416056	149608	72312
1901	416056	149608	72312
1902	416056	149608	72312
1903	416056	149608	72312
1904	416056	149608	72312
1905	484136	149608	72312
1906	507336	149608	72312
1907	596084	149608	97688
1908	622676	149608	97688
1909	651676	172648	97688
1910	651676	172648	97688

资料来源：方显廷《中国之棉纺织业》，商务印书馆，2011，第 12 页。

（三）棉花产品的贸易

甲午战争后沙市开埠，棉花开始取代土布成为江汉平原商品贸易的大宗产品。[1] 由于棉花的大量输出，沙市贸易总额从 1902 年的 150 万关两到 1929 年的 3400 万关两，在长江十二大商埠中从倒数第 2 位跃居第 7 位。其主要输出地由本地市场变为外地市场，其外地市场主要是日本。日本明治维新后棉纺织工业发展迅速，对棉花原材料的需求量加大。1909 年，我国就有 63 万担棉花输往日本。[2] 据《中国海关册》统计，甲午战争后江陵地区有

---

[1] 徐凯希：《近代荆沙地区植棉业的发展和演变》，《荆州师专学报》1990 年第 3 期。

[2] 中国农业科学院棉花研究所主编《中国棉花栽培学》，上海科学技术出版社，2019，第 13 页。

24 年出口额大于进口额，出口货里棉花为大宗。

  1858 年，清政府同英法签订《天津条约》，规定开放汉口等 8 处通商口岸，汉口成为最早向外开放的地区之一，但是当时的太平军控制着长江中下游许多地方，因此实现汉口开埠通商的条件不成熟，直至 1861 年 4 月，上海英国领事署宣布"汉口、九江辟为商埠，设置领事"。最初列强涌入汉口，用"洋枪布缎"换取当地的芝麻、桐油、茶叶及工业原料，并将其运回各自国家。当时对比茶叶和芝麻，棉花的输出量较小。所以甲午战争前的汉口又被称为"茶之汉口""芝麻之汉口"。汉口棉花市场的形成始于 1892 年，在 1895 年以后逐渐形成最大的棉花贸易市场。[1]1895 年汉口的棉花输出仅有 52 万关两，但在 1902 年日本棉花歉收，促使中国棉区输出量超过 13.3 万担，这个数额较十年来最高的一年还多 10 万担。[2]汉口输出的棉花逐渐超过其他土货商品，由表 2 可见，在 1912 年达到了 700 万关两，在 1925 年超越了茶叶，成为土货输出中的大宗，可见甲午战后也是"棉花之汉口"的开始，造成这一转变的主要原因在于中国传统的家庭手工纺纱厂、织布厂在资本主义和帝国主义的机器纺纱厂、织布厂的压迫下纷纷破产，不得不输出棉花成品。[3]

表 2　1902~1929 年汉口主要输出土货统计

单位：百万关两

年份	茶	芝麻	棉花	桐油	生牛羊皮	大豆及制品
1902	9.7	2.6	2.1	3.0	3.3	3.3
1912	17.0	11.5	7.0	7.0	6.6	11.0
1925	8.9	1.1	50.5	21.6	6.4	3.3
1929	17.5	6.1	75.9	23.2	12.9	7.0

资料来源：徐凯希《近代汉口棉花贸易的盛衰》，《江汉论坛》1990 年第 9 期。

---

① 李文治编《中国近代农业史资料》第 1 辑，生活·读书·新知三联书店，1957，第 89 页。
② 徐凯希：《近代汉口棉花贸易的盛衰》，《江汉论坛》1990 年第 9 期。
③ 严中平等编《中国近代经济史统计资料选辑》，科学出版社，1955，第 77 页。

三 民国成立至全民族抗战前夕江汉平原棉业发展

（一）棉花的品种改良

关于棉花品种改良最为迫切的是棉纺织厂，随着棉业工业化进程的加速，棉纺织业对棉花纤维品质提出了更高的要求。然而，我国的棉花存在纤维粗、拉力弱等特点，不太适合机器纺织。之前地方政府执行的品种改良在效果上未能满足棉纺织厂的需求，因此它们开始自行探索改进措施。

最早对中国棉花做改进工作的是上海外国厂和出口棉商。[①] 1919 年上海华商纱厂联合会从美国购买金字棉、爱字棉、脱字棉、隆字棉、埃及棉、海岛棉等 8 个品种，分发至湖北、湖南、河南、直隶等省种植。同年 8 月邀请美国育种专家顾克与郭仁风赴各地考察，结果认为上述品种中脱字棉和爱字棉适宜在中国种植。这个结果影响我国棉花品种种植 10 余年。

民国到抗日战争前夕，江汉平原的棉花种植分为两个时期：十年棉花试种探索时期与十年棉种退化时期。在 1900~1919 年棉花试种探索时期，品种改良以引进新种为主。荆州地区在 1914 年就开始引进脱字棉试种，又在 1919 年设立棉花实验场，提供 85 亩为棉花试植。[②] 1920~1939 年为棉种退化时期，尤其在 20 年代后期。棉纱质量的衡量标准主要看其支数，而棉纱支数的高低取决于棉花纤维的长短粗细。对比当时江汉平原各地的棉纤维长度，1920 年江陵地区的棉花改良使纤维长有寸许（3.33cm），短有七八分，衣分率 30% 左右；但在 1929 年，江陵县所种美棉纤维达 6 分左右。[③] 1920 年公安地区美棉纤维较长有寸许，中棉较次，衣分率 32% 左右；[④] 1929 年美棉的纤维为 5~6 分（见表 3）。

---

① 严中平：《中国棉纺织史稿》，第 407 页。
② 湖北省江陵县县志编纂委员会编纂《江陵县志》，第 275 页。
③ 国民政府工商部工商访问局：《汉口棉业之调查》，《工商半月刊》第 13 期，1929 年。
④ 整理棉业筹备处编印《最近中国棉业调查录》，1922，第 58~59 页。

表 3   1920 年和 1929 年江汉平原棉区的棉花纤维对比

地区	1920 年	1929 年
黄陂	3~7 分	6~7 分
孝感	5~7 分	6 分
江陵	7~10 分	6 分
公安	长寸许	5~6 分
石首	长寸许	5~6 分

资料来源：国民政府工商部工商访问局《汉口棉业之调查》，《工商半月刊》第 13 期，1929 年；整理棉业筹备处编印《最近中国棉业调查录》，第 58~59 页。

　　20 世纪 20 年代和 30 年代江汉平原棉种退化的主要原因在于不科学的种植。如孝感光子棉，纤维细长，是较为出众的土著棉，但和其他种棉混合品质退化。1933 年有人描绘了湖北棉花因种植不当引起品种的退化：湖北北部、中部及西部，甚至十之八九都种美棉种，对美棉知识的缺乏，与对种子选择技术的缺失，致使品种退化，汉口细绒，即细毛，是美棉种的最劣品，仅可纺 16 支线。[1] 即使湖北美棉退化到与中国棉同长度，美棉的纺支数也要比中国棉高。因此江汉平原对美棉的引种与驯化对该地的棉业发展依然是有相当贡献的。

（二）棉纺工业的发展

　　民国到抗日战争时期的湖北棉花生产可以分为两个阶段。1910~1919 年是鄂棉蓬勃发展时期，1914~1916 年，棉花产量分别为 3392 千市担、7416 千市担、9758 千市担。在 1916 年更是超过江苏省，位于全国第一。但在 20 世纪 20 年代和 30 年代为缓慢发展阶段，因为较 1910~1919 年，湖北棉花的产量开始下降。1924~1929 年，湖北棉花产量在 2667 千市担左右，在 1931~1935 年，鄂棉产量分别为 1121 千市担、1641 千市担、2251 千市担、1595 千市担、1452 千市担。[2]

　　1919 年江汉平原主要棉区为孝感、监利、石首和江陵等地，其种植面积

---

[1]　宋传银：《湖北近代棉花生产》，《华中师范大学学报》（自然科学版）1999 年第 2 期，第 309 页。

[2]　严中平等编《中国近代经济史统计资料选辑》，第 205 页。

和棉花产量如表 4 所示。1919 年孝感棉花种植面积与产量位居前列，种植面积达 150 万亩，产量达 225 万担。孝感所产的棉花大多运到汉口、湖南、江西、四川、上海以及日本等地。民国时期江陵地区的棉花留下 12.3 万担用于制作当地的衣被，剩下的大部分由花行收购，运至沙市卖给日、英、美三国的洋商。20 世纪 20 年代湖北植棉面积前 10 位的县中，江汉平原所占地区就占 6 个，即江陵、沔阳、公安、监利、松滋、潜江，其中种植面积最小的潜江也超过了黄冈县。与此同时，随着棉花种植的普及，江汉平原大量地区将稻田改为棉田。其中 1936 年江陵县稻谷种植面积 80 万亩为抗日战争全面爆发前的最高产量，同年的棉花面积达到 50.64 万亩，可以说棉花种植产业为江陵地区第二大农产业。[①]

表 4　1919 年江汉平原 9 大棉区的种植面积和棉花产量

地区	种植面积（万亩）	棉花产量（万担）
枝江	21.00	10.50
松滋	13.33	8.00
监利	28.73	57.47
石首	19.53	32.88
公安	15.50	19.20
江陵	44.80	22.40
孝感	150.00	225.00
黄陂	12.00	10.00
汉阳	0.34	0.20
总计	305.23	385.65

资料来源：整理棉业筹备处编印《最近中国棉业调查录》，第 51 页。

20 世纪 20 年代和 30 年代湖北省棉花产量下降的原因在于种植方法不科学导致种质的退化以及自然灾害。1931 年和 1935 年湖北发生特大洪水，导致湖北省农作物产量下降（见表 5）。1931 年 7 月湖北省遭遇多年未有的大暴雨，江汉关水位高达 28.28 米，江汉平原各县大坝非满即溃。加上 30 年

---

①　湖北省江陵县县志编纂委员会编纂《江陵县志》，第 274~275 页。

代国民党连年内战，根本无暇顾及水患。湖北省耕地面积的 60% 遭洪水淹没，江汉平原是由长江和汉江冲刷而形成的平原，地势较低，1931 年受洪水影响，棉花直接产量下降。1935 年 7 月江汉流域降雨量超过正常年份的降水量。整个湖北省被淹 8200 余万亩田，其中棉花一项，计损失 185.6 万担，计价值 5000 余万元。①

表 5　20 世纪 20 年代和 30 年代湖北省农作物产量

单位：千市担

种类	1920~1929 年	1931 年	1932 年	1933 年	1934 年	1935 年
水稻	98293	67554	88897	84063	54602	69596
小麦	34260	26303	27413	27758	23562	24803
棉花	3582	1213	1912	2548	2136	1073

资料来源：湖北省社会科学院历史研究所编《湖北简史》，第 557 页。

1912 年至全民族抗战前夕是江汉平原棉纺业繁荣时期，该地区所具有的纺锤数一直位居全国前列，如表 6 所示。1918 年湖北纺锤占全国纺锤数的 7.8%，仅次于江苏地区。但在 20 世纪 20 年代和 30 年代湖北的棉纺织业发展较为缓慢，在 1924 年原本排名第二的纺锤数更是被河北所超越。

表 6　1918~1930 年各地区的纺锤数目占全国纺锤数的比例

单位：%

地区	1918 年	1924 年	1925 年	1927 年	1928 年	1930 年
江苏	80.32	66.11	67.94	66.30	66.15	66.42
湖北	7.80	6.69	8.12	7.82	7.64	7.33
河北	2.60	8.48	6.71	7.80	7.64	7.26
辽宁	—	3.23	2.76	2.61	3.31	3.38
浙江	4.79	1.54	1.35	1.58	1.53	1.45
湖南	—	1.00	1.17	1.09	1.05	1.00

---

① 湖北省社会科学院历史研究所编《湖北简史》，湖北教育出版社，1994，第 551~556 页。

续表

地区	1918 年	1924 年	1925 年	1927 年	1928 年	1930 年
山西	—	—	0.28	0.54	0.52	0.99
安徽	—	0.52	0.44	0.42	0.40	0.38
江西	—	—	—	0.42	0.40	0.51
河南	2.76	3.19	2.63	3.00	2.83	2.67
新疆	—	—	—	—	—	0.03

资料来源：方显廷《中国之棉纺织业》，第 23 页。

此时江汉平原兴办各类纺织企业，如江陵在民国初年就开办 6 家纺织企业，分别是：荆州织业中厂、沙市"西亚"、"协和"织布厂、织成公司、云锦机器织布厂、绩成纱厂。其中云锦机器织布厂购买了日本蒸汽动力织布机，是当时江陵地区唯一的机器纺织厂。1936 年荆州城有 40 家机器纺织厂，其中以赫志英机器纺织厂规模较大，有织机 14 台。[1]1920 年监利县城厢傅义兴办棉厂，年织布达到 1018 匹，价值 9149 元，未久歇业。[2]1930 年，汉阳商人刘瑞卿、吴森培合股在蔡甸办布厂，生产面宽 2.2 尺的呢布，亦称国货匹头，但在 1938 年关闭。汉阳的棉纺织厂在民国时期除了生产布匹外还生产线毯。1924 年，吴太盛线毯厂，年产线毯 4000 床。[3]

随着一战的爆发，西方列强的重点不再是对华商品倾销，少了洋纱洋布的竞争，中国的纱业得到了喘息时刻。民族棉纺织工业蓬勃发展，加上国内棉花丰收，中国迎来了"纱贵花贱"的"黄金时期"，为我国的棉纺织业开辟了新纪元。另外，江汉平原地区的棉种改良为江汉平原的纺织业发展带来一定的帮助。

（三）棉花产品的贸易

江汉平原棉花贸易黄金时期是在 20 世纪 20 年代后期之后。1920 年沙市所购的棉花产自松滋、公安、石首、监利、江陵、天门、沔阳、枝江等地

---

[1]　湖北省江陵县县志编纂委员会编纂《江陵县志》，第 363 页。
[2]　湖北省监利县县志编纂委员会编纂《监利县志》，湖北人民出版社，1994，第 237 页。
[3]　汉阳县志编纂委员会主编《汉阳县志》，武汉出版社，1989，第 237 页。

区，在沙市收购的大多为日商，而且这一时期的棉布也为沙市出货品之一大宗，沙市所出的布为荆布，所销地区有四川、云南、贵州。甚至有欧美的外来商人来此地收购土布。20世纪20年代江陵地区的棉花被用来制作当地的衣被，剩下的大部分由花行收购，运至沙市卖给日、英、美三国的洋商，[①]所以20年代沙市的皮棉输出量非常高。尤其是在1928年，这一年是出口额最高的一年，约达2700万海关两，其中棉花输出量为70.4万担，这一年沙市的输出量在全国通商口岸占第三位。但30年代后，受自然灾害、品种退化和世界性经济危机等方面的影响，沙市皮棉的输出量大多低于20年代后期水平，如图1所示。

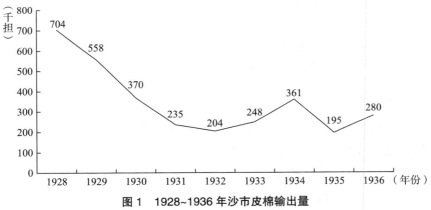

图1 1928~1936年沙市皮棉输出量

资料来源：参见姚贤镐编《中国近代对外贸易史资料（1840~1895）》，中华书局，1962。

20世纪20年代汉口可以说是我国中部地区棉花市场的大型聚集地之一。在汉口出产的棉花不仅来自湖北，还来自湖南、江西、河南、陕西各省。[②]20世纪第二个10年和20世纪20年代是汉口棉花贸易的黄金发展时期，在此期间汉口的棉花流转量在五大商埠中稳居第二。乾隆时期大宗商品流通颇为可观，形成了盐、米、木、花布、药材、典当六大行。[③]棉花不在其中，甲午战争到民国前夕是汉口棉花贸易的兴盛时期，1912~1930年是汉口棉花

---

① 整理棉业筹备处编印《最近中国棉业调查录》，第58页。
② 整理棉业筹备处编印《最近中国棉业调查录》，第63页。
③ 乾隆《大清一统志》卷二百六十一《汉阳府·关隘》，第678页。

黄金贸易时期，如图2所示，在1912~1933年输出的纺织原料中，棉花的输出量超过了苎麻、蚕丝与羊毛，稳居第一位；更是在1925年超越茶叶，成为汉口输出货品的最大一宗。

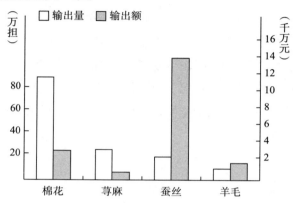

图2　1912~1933年汉口输出棉、麻、丝、羊毛比较
资料来源：湖北省棉花公司编《湖北省棉花贸易史》，湖北科学技术出版社，1989，第116页。

汉口和沙市是江汉平原地区主要棉业贸易市场，1912~1930年成为棉业贸易的黄金时期，一方面是因为在第一次世界大战期间，西方列强忙于战争，棉花为军需，导致对棉花的需求量增加；另一方面民国初年实业救国思潮在社会传播，汉口和沙市的纺织业、轧花业等民族制造业得以快速发展。另外，民国年间商会也走向了成熟。1915年，北洋政府颁布《商会法》，汉口商务总会和工业分会改称"汉口总商会"，商会总部设在汉口总商会。[1] 商会在联络工商界、交流商情、抵制洋货、振兴国货及救济社会方面有巨大影响力，[2] 对棉业的贸易发展有一定的影响。

结　语

江汉平原近代棉业的转型发展以甲午战争为起点。甲午前期是江汉平原棉业的开创筑基阶段，在该时期江汉平原作为一个棉产区，植棉已大面积普

---

① 武汉地方志编纂委员会主编《武汉市志·商业志》，武汉大学出版社，1989，第75页。
② 阎志主编《汉口商业简史》，湖北人民出版社，2017，第182页。

及，但棉业发展速度仍然十分缓慢，农村中棉花耕织紧密相连，导致棉花自给率高，商品化低。[1] 甲午战争后到民国成立前夕是江汉平原棉业艰难探索时期，该时期以张之洞为代表的官僚阶级创办了机器纺织工厂，打破了江汉平原地区传统的手工棉纺织业。另外，为适应机器纺织的需求，江汉平原地区开始了棉花的引种改良道路。民初到全民族抗日战争前夕是江汉平原棉业持续发展时期，民初国内棉花市场供需出现巨大变化，棉花贸易转向国际市场，该时期的棉花种植与棉纺织业走向了黄金时期，但是在20世纪20~30年代棉业发展开始变得缓慢。抗战期间是江汉平原棉业衰落时期。该时期随着日本的侵占，江汉平原多家纺织厂被毁，棉纺织产业发展受阻，导致对棉花的需求量下降。加上战乱使交通运输受阻，棉花滞销，江汉平原地区棉业发展几乎停滞。

江汉平原近代棉业发展转型有以下特征。

第一，江汉平原近代棉花品种改良困难。江汉平原近代棉花品种改良的主要方式是良种的引进，可是对于良种的繁育保纯所取得的成果甚微。棉花是常异交作物，良种在生产过程中受自然条件和人为等诸多因素影响，容易产生混杂退化。而良种的保纯除杂工作缺少专门人才，成为品种改良的主要障碍。"年来国棉因受外货倾销影响，销路逐渐萎缩，收获代价，每感得不偿失，改种其他作物，地气两不适宜。故种棉者，每多听地力，而不尽人力，遂致收量渐减，质地渐劣。"[2]

第二，棉纺织机器工业规模小，近代江汉平原地区还是以手工棉织业为主。在棉纺织业中，机器纺织和手工纺织无论从品质还是生产成本来说，机器纺织具有绝对优势。但是直至1937年，手工棉织业在中国棉纺织业中占据重要地位，1934~1935年手工棉织业相关数据见表7。据1934年棉统会调查，湖北17县的家庭手工棉纺织业总产达690万匹。其中孝感生产达70万匹，此外宜昌、武昌、江陵、荆门、汉阳等县市均在10万匹以上、50万匹以下。[3] 甲午战争后，进口洋纱和国产机纱逐渐取代了土

① 徐凯希：《近代汉口棉花贸易的盛衰》，《江汉论坛》1990年第9期，第72~76页。
② 陈赓雅：《赣皖湘鄂观察记》，申报月刊出版社，1935，第71页。
③ 严中平：《中国棉纺织史稿》，第329页。

纱，洋纱质地坚韧，样式规格比手纺土纱更为统一，导致手纺棉纱逐渐被市场淘汰。在沙市以北 14 华里的市镇，居民不过五六百户，从事洋纱的商户就有 20 余家，年销售 6000 余担机纱卖给附近的农家作为织布原料。[①]数量和价格成反比，随着洋纱数量的上涨，它的价格大幅下降，这给中国的手工棉织业提供了生存与发展的条件。

表 7　1934~1935 年手工棉织业与中国棉纺织业相关数据情况

	生产、消费总量	手工棉织业生产、消费量	手工棉织业占比（%）
棉纺消费量（千公担）	5787	3180	55
棉布生产量（百万码）	5506	3993	73
棉布消费量（百万码）	5573	3977	71

资料来源：严中平《中国棉纺织史稿》，第 333 页。

　　第三，棉花贸易市场受官僚资本和帝国主义控制。江汉平原近代棉花贸易最开始由民商经营，官僚买办资本的出现以及帝国主义的掠夺，导致该地区棉花贸易市场式微。其中，日本对江汉平原的棉花贸易市场剥削最为严重。日本不生产棉花，但是棉纺织工业发达，日本的棉纺原料主要依靠掠夺我国的廉价原棉。甲午战争之后江汉平原棉花贸易大多被日商操控，以荆州沙市为例，每年日商到此收购 7 万 ~10 万公斤的棉花，而收购的价格由日商操控。[②]抗战期间官方资本所经营的中纺公司在江汉平原地区抢购棉花资源，棉花价格被压低并被大量收买。其中，汉口市场棉花日收量最高达 300 吨，平均日收量在 50~200 吨，[③]大量的棉花被低价收购，损害了当地棉农利益，破坏了当地的棉花贸易市场。抗日战争爆发后我国的棉产量减少了 1500 万担，相当于当时全国两年的棉花产量，日本的军事破坏和经济掠夺是我国棉花减产的直接原因。[④]

---

① 《通商汇纂》，外务省通商局，1904，第 9 页。
② 民国农商部编辑处：《荆州之棉》，《农商公报》第 3 卷第 6 册，1917 年 1 月 15 日，第 32 页。
③ 周明炎主编《湖北棉花》，第 229 页。
④ 中国农业科学院棉花研究所主编《中国棉花栽培学》，第 14 页。

总之，江汉平原近代棉花产业在帝国主义、封建主义以及官僚资本主义的多重压迫下遭受重创，发展几乎停滞。除了棉花工业及其产品直接损毁于战火，战时社会对粮食的需求上升，江汉平原将棉田改为粮田，也导致棉产量锐减。[①] 直到抗战胜利后，江汉平原棉业发展才缓慢恢复。

作者单位：华中农业大学马克思主义学院、植物科学技术学院

---

① 章楷:《中国植棉简史》，中国三峡出版社，2009，第 41 页。

慈善与社会：论陕西慈善组织的近代转型 *

李喜霞

【摘　要】陕西慈善组织的近代发展，本质上是慈善组织与地方社会之间关系的重构。首先，伴随着陕西慈善组织近代化步伐的加快，其负责人经历了从宗教人士到军政人员和商绅的变化过程，近代陕西慈善组织负责人社会身份的多元性，使"慈善"与"社会"两者紧密缠绕；其次，以培养受救助者"技艺"为主要救助方式的陕西慈善组织，作为社会生产者的意识日益浓厚，也推动了近代性生产方式在陕西的应用与推广；最后，从慈善性质学堂和医院等的创办，到对平民和大众普通学堂、医院建立的着力，以及对农村救助的关注，均展现出近代陕西慈善组织作为社会成员推动近代陕西社会发展的作用与功能，彰显了浓郁的地方特色。

【关键词】近代　陕西　慈善组织　慈善与社会

近代以降，陕西慈善组织从数量到规模有了较大发展，这一过程经历了晚清和民国两个阶段。晚清时期，西方宗教慈善组织在陕西大规模设立，西方宗教慈善组织设有专门的慈善机构从事慈善事业，举办育婴、济贫、施医、施药、养老和慈善性质的医院和学校等。民国建立后，全国性慈善组织纷纷在陕西落户，陕西慈善组织的发展进入一个新的阶段。1911 年至 1938 年为全国性慈善组织在陕西大规模建立时期，陕西诸多地区出现其分会或分支。1911 年中国红十字会西京分会在西安建立，后陕西各地又有眉县分会、大荔支会、凤翔支会、武功支会、周至支会、三原支会、安康分会等。宗教慈善组织陕西中华圣公会建立于 1917 年，以"实行慈善事业"为宗旨的中国济生会长安分会建立于 1921 年，华洋义赈会陕西分会建立于 1922 年。

*　本文系陕西省社会科学基金年度项目"陕西慈善组织近代转型研究"（2023G007）阶段性成果。

1924 年世界红卍字会西方主会创建于陕西西安，红卍字会还在汉中、沔县
（勉县）、凤翔、咸阳、宝鸡、陇县、榆林等处建立分会。

陕西慈善组织的近代发展是全国的缩影，近代也是全国慈善组织大规模
建立之际，慈善组织与社会关系的重构成为学者们关注的焦点。有学者指出
上海善堂与近代地方自治关系密切，上海同仁辅元堂就是"上海地方自治的
出发点"。① 华洋义赈会是民国时期规模和影响巨大的慈善组织，薛毅和蔡
勤禹等以华洋义赈会为切入点，指出民国时期民间组织的发展与完善成为现
代社会文明的代表和市民社会的成熟标志。② 王林认为近代时期慈善组织通
过"组织规章、内部治理结构、信息公开、慈善业绩和社会评价"等方面的
建设，在社会中获得了良好的声誉，也赢得了社会的信任。③ 小浜正子、玛
丽·兰金、罗威廉等学者指出近代上海、澳门等地慈善组织与社会之间关系
有了量的积累和质的飞跃，在所谓的"公共领域"中，善会善堂等慈善组织
扮演着重要角色。就陕西而言，近代慈善组织也发挥了一定的社会作用。蔡
勤禹认为华北慈善联合会在陕西开展农赈、兴办工赈、建设水利等救灾举
措，"提供了慈善组织参与地方公共事务治理的地方样本"。④

将全国与陕西慈善组织社会关系的研究进行比较，陕西慈善组织的研究
还有较大差距。鸦片战争之后，陕西慈善组织开启了近代发展之路，慈善组
织与地方社会之间的关系也有了重构，这种重构实质上是陕西慈善组织社会
性不断增强的过程。

一　从宗教人士到官绅和商绅：近代陕西慈善组织 人员的社会多元性

鸦片战争后，西方宗教纷纷借机在陕西扩大传播，宗教慈善组织随之

---

① 夫马进：《中国善会善堂史研究》，伍跃等译，商务印书馆，2005，第 600 页。
② 薛毅：《中国华洋义赈救灾总会研究》，武汉大学出版社，2008，第 29~100 页；蔡勤禹、侯
德彤：《现代化进程中的民间组织——对近代民间组织发展机遇与挑战的探讨》，《天府新论》
2004 年第 5 期。
③ 王林：《论中国近代慈善组织公信力的评价标准》，《中国高校社会科学》2021 年第 5 期。
④ 蔡勤禹：《华北慈善联合会述论》，《东方论坛》2021 年第 1 期。

兴起。清末民初西方宗教慈善组织的负责人主要是西方传教士。三原是陕西天主教主教所在地，在三原的主教和副主教先后有意大利籍若忍娜、谢霖佳、文安理、班西尼等人，办有"益华学校"，设"育婴室"等慈善机构。①三原基督教的势力不小于天主教，由英国人邵涤源、莫安仁、敦崇礼等人所职掌的三原浸礼会组织的慈善活动包括建立学校、开设诊所、赈济贫民、创办医院等。陕西近代宗教慈善组织负责人，还有罗马籍康道华和意大利籍祁济众、拔士林、安廷相等。进入民国之后，伴随着宗教慈善组织自治、自养、自办的倡议和实践，陕西宗教慈善组织的负责人增加了来自外省的中国籍传教士。西安圣公会是近代陕西社会影响力较大的宗教慈善组织，其负责人先后有黄吉亭、葛丕六、浦化人等。黄吉亭在任长沙圣公会牧师时与黄兴相识，并在 1904 年帮其逃脱险境，并护送其出城。浦化人 1922 年曾做驻陕冯玉祥部队第七混成旅随军牧师，后加入中国共产党。董选青也与冯玉祥相识，并曾化名王牧师护送斯诺前往延安。在这些人中，董选青、浦化人与宋子文、顾维钧等社会名流又同为上海约翰逊大学的同学，社会影响力可见一斑。

至民国中后期，全国性慈善组织在陕西建立分会或分支，军政人员在慈善组织中的影响突出，行政级别从省级到县级均有。华北慈善团体联合会是在陕建立的跨省慈善团体，创办人朱子桥担任过四川军政府副都督、黑龙江省护军使兼民政长、广东省省长等职。后继任者路孝愉曾任连营长、军部参谋长、警察厅厅长。陕西普济化俗文教会的创办人陈仁山，历充督理陕西军务、公署军务科科员、陕西禁烟总局第一科总务股主任等职。1939 年在任主持人惠象贤，也担任过陕西省警察厅厅长、陕西省财政厅厅长。华洋义赈会陕西分会中方创办人中，王荫之为前警察厅厅长，1943~1946 年的主持人康寄遥曾任陕西省财政司次长、国民党秦支部文事科干事。红十字会西安分会创办人康毅如，历充督军公署顾问、参议等职，主持人胡闻钦，历任军政公府参议、顾问、陕西禁烟局总办、耀县县长、陕西省教育厅科长等职。而在陕西各县的慈善组织负责人中，具有前军政人员身份的也是所在多有。例

① 三原县志编纂委员会编《三原县志》，陕西人民出版社，2000，第 981~983 页。

如西乡县宏善堂负责人刘舜丞，历任陆军中少校各职。

抗战军兴后，官绅在近代陕西慈善组织中的重要性不容忽视，同时商界身份的人员在慈善组织中的重要性也逐渐显现。陕西红心字会在1934年于西安建立，以"救济灾祲，举办一切社会慈善事业"[①]为宗旨，于日常中施诊、施舍暑药、施舍棺木，灾难时期又积极赈济，会中还设有陕西少见的慈善机构——精神疗养院。1943年，在陕西红心字会的五位理事中，有两位是商界人物，四位监事中有三位与工商界有关。再观陕西各地县中的慈善组织，政界、商界人员充任慈善组织负责人的情形非常普遍。陕西凤县复东慈幼院的负责人薛鸣九，历任县长、局长、科长，并充任该县复东公司总经理。此时期商人在陕西慈善组织中的重要性，最为典型的要数各地红卍字会。"世界红卍字会西方主会"是民国时期陕西地区世界红卍字会的"领头羊"，该慈善组织中商绅占据半壁江山，尤其是各股工作的具体负责人，几乎均为商界人员。而在世界红卍字会西京分会（原为世界红卍字会长安分会）的11位主要负责人中，仅有两位曾担任过司令或县长职务，其他均为西安商界人员或者行业经理，理事长焦藩东就是商界出身，曾任陕西华峰公司主任、珍珠泉经理。在这两个红卍字会机构中商绅与官绅相比，在数量和重要性方面都具有压倒性趋势（具体见表1）。需要提及的是，与官绅相比，商绅的社会性更强，其是陕西慈善组织和近代社会之间重要的关系链条。

表1 世界红卍会西京分会职员履历册

职别	姓名	资格	履历
理事长	焦藩东	甲种商业学校	曾任华峰公司主任
常务理事	丁靖安	清华大学	中央通讯社西安分社长
常务理事	杨晓园	高中	军需纺织厂经理
理事	于乐初	前清儒生	公司经理
理事	刘振山	中学	商界
理事	郝少彭	中学	经理
理事	宋骊山	中学	药房经理

① 红心资料室编《陕西省各慈善团体概况》，《红心》创刊号，1946年。

续表

职别	姓名	资格	履历
理事	寇世芳	唐山书院	总经理
理事	吕尧生	乙种商校	银行会计
监事	于□卿	中央将校班	司令、师长等职
常务监事	张复初	前清贡生	历任秘书、司长、县长

资料来源：《1943年各慈善团体登记表卷》，1943年，陕西省档案馆藏，档案号：90-1-190。

伴随着慈善组织负责人从传教士到官绅再到商绅的发展，陕西慈善组织与地方社会之间的关系呈现出"缠绕"式特征。传统社会时期，陕西慈善组织的数量有限，包括"义学""孝义会""请会"等，多为互助组织，负责人的身份特征并不明显，而官办慈善组织中如"养济院"等慈善组织负责人多为地方官员，其与近代陕西慈善组织中的"官绅"相比，社会性差异明显。近代时期，陕西民间慈善组织发展起来，代表近代生产关系的商绅在慈善组织中发挥越来越重要的作用，这既推动了慈善组织本身的发展，也带来了慈善组织社会性的变化，其社会作用也逐渐从幕后走向前台。

二 从消费者到生产者：陕西慈善组织救助方式 与近代社会发展的紧密结合

传统社会，慈善组织往往扮演消费者的角色，以"养"为主的救助方式占据主导地位。近代以来，结合陕西近代社会发展的不同层面，慈善组织逐渐扮演起了社会生产者的角色。

就灾难救助而言，工赈成为陕西慈善组织救助灾难民的重要方式。陕西地处内陆，对农业生产而言水利灌溉至关重要，为了长久有效地救济灾民，华洋义赈会陕西分会遵从总部部署，在陕西逐步推行大型水利工程（如泾惠渠）的修建。此外1929年灾荒之际，华洋义赈会陕西分会还组织泾阳县龙洞渠、临潼县康桥镇苇子河、临河、普济河等的水利修建。再如由慈善组织负责的西兰公路、三原至泾阳道路的筑造等工赈，规模都很大。这些工赈项目，改变了陕西封闭的社会状态，产生了深远的社会影响。

在日常救济方面，近代陕西慈善组织仍从事育婴、养老、恤疾等慈善活动，但是基于慈善理念的新陈代谢，其慈善活动的目标不再只是让受救济者的身体存活于世，还注意将其培养成为与社会发展相契合的社会成员。"以教代养"在近代的中国，已经是一种普遍的慈善救助理念和方式，其可以分为"技艺教养"和"智识教养"两个阶段，[①] 基于陕西社会经济发展的迟滞，"技艺教养"在近代陕西慈善组织教养方式中始终占据重要位置。红十字会西安分会所办的妇婴收养院，不论是教养的内容，还是教养的方式，体现的都是"授之以鱼"不如"授之以渔"的理念。该院主要收养"孤儿、寡妇、老弱残废贫瘠无养者"。为了让那些能工作的健康者有在社会上生存的一技之长，该院设有纺车、织机令其学习，并"另筹资本使其作工"，教授方法"专采切于平民生活所必需之具体教材"。[②]

近代陕西慈善组织中，孩童是重要的救助对象，陕西各地红卍字会、华北慈善团体联合会等均设有育婴所或者教养院。近代陕西地区救助孩童的慈善组织，就是要实现养成孩童"自立"于社会之目标。扶风灾童教养院按照灾童天资和所好，分为甲乙丙丁四班，除甲班外其他各班均侧重理工技艺学习，如乙班，学医务、纺织、制鞋、编织、铁工、木工等工艺；丙丁两班，主要学习农、林、牧、副、商等课。这些班级都是半读半工。教养院在扶风县地广人稀之处"购买土地共四千七百一十一亩，进行农业生产，并增设园艺，大量栽培苹果树、桃树等果类"，又聘请技术人员管理指导纺织，织布，织毛巾、袜子等。这些工农业产品除自给外，"大量供销本县和附近各县市场"，甚至远销宝鸡、西安等地区。[③]1939年扶风灾童教养院还在扶风绛帐车站盖房四十余间，以"便于推销教养院生产之农、副产品"。[④] 陕西灾童教养院在抗战时期自营生产的产品，主要是当时民众急需的布匹等物。南京信德工艺学校孤贫儿童教养院（西安）则织造医用纱

---

① 李喜霞：《中国近代慈善思想研究》，人民出版社，2016，第98~126页。
② 佚名：《中国红十字会西安分会妇婴收养院办法》，《中国红十字会月刊》第17期，1923年。
③ 李天直：《扶风县灾童教养院的创立概况》，中国人民政治协商会议陕西省扶风县委员会文史资料研究委员会编《扶风县文史资料选辑》第2辑，1985，第121~130页。
④ 安定洲：《社会慈善事业家——崔献楼》，中国人民政治协商会议陕西省扶风县委员会文史资料委员会编《扶风文史资料》第8辑，1992，第32~38页。

布、绷带、脱脂药棉等战争所需资源。西安孤儿教养院在1934年前后主要从事制革、织布等工作，参加在北京举办的"劳作展览会"，"深得游人赞许"，"今夏青岛劳作展览会时，专函请其参加"。① 全面抗战爆发后，为适应战争需要，西安孤儿教养院添设了诊疗室，除为本院儿童治疗外，还为当地群众提供诊疗和洗沙眼等医疗服务。其所织的花边，以洋线为原料，销路颇广，所出地毯、椅垫花样极为鲜艳，比"平津地区各工厂生产的产品还好"。②

陕西慈善组织社会生产者身份的确立，是陕西慈善组织自我适应社会近代发展的需要，也是其推动社会发展的重要方式。以机器制革业为例，整个近代陕西官办和民办的制革工厂寥寥无几，有名的如1908年创办的陆军皮革厂，也只勉强维持到1928年便倒闭结束，其他数得上数的便是新履股份有限公司和慈善性质的西安孤儿教养院。西安孤儿教养院的皮革工业，由当时该院年龄较长的儿童从事，"每月可入国币一千至一千七八百元"，③ 其一直维持到新中国成立后。和制革相类似，其他如纺织、商业经营等行业，在陕西的工商业界人士还在观望，甚至反对的时候，慈善组织却成为近代陕西新式生产力的实践者和推广者。

三 陕西慈善组织的社会作用

近代以来，陕西慈善组织热衷于兴办育婴堂、孤儿院、养老所和残疾人收养所，在灾难之际赈灾救济等，与此相对应，积极的救助理念在萌发和成长，陕西慈善组织的慈善事业着眼于被救济者从身到心苦痛的消减，着力在慈善性质学堂和医院的建立以及农村互助的发展。

近代以来，各类慈善性质的中小学堂在陕西相继建立，陕西出现了近代最早的新式学堂。关中地区的三原，在光绪十八年（1892）前后外国传教

---

① 黄文明：《介绍西安孤儿教养院（附图表）》，《西北农学社刊》第1期，1935年。
② 《西安孤儿教养院收容六百男女儿童颇具家庭学校风味》，上海《大公报》1936年6月9日，第10版。
③ 《育婴育幼设施概况报告——西安孤儿教养院卷》，1943年，陕西省档案馆藏，档案号：90-1-271。

士便设屋传教，"不三年即设有村支会十余处，每支会附一小学"，至光绪二十二年三原福音村的书院，"各种科学亦次第教授"，包括英语、音乐、数学（几何、代数）、格致（生物学）等新学科。① 除三原外，西安圣公会开办有圣公会中学，西安浸礼会设立有崇德小学、尊德女校、乐道中学及其附设小学等。近代陕西，西方传教士创办了诸多学校，这些学校可以笼统称为由西方教会创办的学校。近代陕西教会学校的情况较为复杂，大部分教会学校教授有西方宗教教理，但同时或遵照民国时期公办小学的规制进行办学，或给学生讲授国文、修身、算术等课程，多供食宿令学生免费就读，或因学生为贫苦人家的孩子，其学费较为优惠，慈善性质较强。与此同时，陕西也出现了由宗教组织创办的具有慈善性质的女子学堂。

陕西慈善性质的女子学堂起初是基督教创办的。光绪十七年，浸礼会在关中三原创办了美丽女校，"女校是以一个英国少女继承的全部遗产举办的"，② "伙食由学校供给"，此为陕西最早的女子学校。光绪二十年，陕南的西乡基督教会也设立有福音女子学校，收养孤女及居民女子免费上学。③ 其他教派在清末也创办有女子小学、女子中学、女子师范学校、妇女学校等各种类型的学校。这些创办于清末的各式女子学校，往往以免学费等方式鼓励女子上学，虽也有背诵圣经等宗教课程，但是国文、史地、算术、格致、地理、图画及游戏等课的开设，使陕西女子学校初具近代学堂风貌。西安尊德女校是由西方传教士举办的，带有一定的慈善性质。该学校开设有英语课，采用《英语初阶》《英语进阶》《英语初范》等书，这门课由英国女教士担任，重视会话，学堂进行系统的外语教学。④

开办慈善学堂是陕西慈善组织从事慈善公益的内容，各式医疗机构的建立也是其事业的重要组成部分。近代以来，陕西慈善组织建立了针对特

---

① 张冠儒：《三原县中华基督教会简史》，中国人民政治协商会议陕西省三原县委员会文史资料委员会编《三原文史资料》第 7 辑，1990，第 53~60 页。

② 张冠儒：《三原县中华基督教会简史》，《三原文史资料》第 7 辑，第 54 页。

③ 胡美莲、吴详文：《基督教在西乡活动记述》，选自中国人民政治协商会议陕西省西乡县委员会文史资料委员会编《西乡县文史资料》第 5 辑，1993，第 148 页。

④ 中国人民政治协商会议西安市碑林区委员会文史资料研究委员会主办《碑林文史资料》第 2 辑，1987，第 87~92 页。

殊对象的专门医疗机构。其一，是有了进入战地救护伤兵的慈善组织。辛亥之后的陕西连年军兴，红十字会的成立就是基于"杀伤遍野，毅然负起悲天悯人之急切任务，延请医疗即救护人员，创立医院"。[1]1917 年、1918 年有救恤靖国护法诸役，1922 年前后更是连月发生战事，中国红十字会西安分会总计"救活兵民、掩埋阵亡计千余人"，[2]此外救助战事还包括 1924 年的高陵战事和河南"老洋人"在陕西柞水造成的匪患。其二，专门针对贫民的医疗机构的设立。红十字会西安分会和陕西华洋义赈会是以一般贫民为救治对象，对那些"偶患疾病，糊口不暇，无力医疗，日久不治，成为残废，或因而毙命者"，特设医院以资救济。对留院医疗的平民，"饮食、衣服、被褥及一切用品"皆由医院为其购备。在治疗过程中，病情较轻不留院的贫民，"每日或隔日来院治疗者，医药等费亦不取分文"。如有病情过重在院死亡之贫民，由该会备棺葬埋。[3]这些专门的医院在当时的陕西都是新生事物。

除慈善性质的学堂和医院外，大众福利的学堂和医院也成为陕西慈善组织推动社会发展重要的展现方面。就学堂来说，三原的尊德小学，最初是义徒学校；尊德中学，本是为妇女识字而设，以后改为中学，民国时期的尊德中学，"高初中分为四部共有十三班，学生六七百名"。[4]民国中后期，陕西慈善组织创办的学堂，其招收对象从特殊人群扩至平民。在三原和渭北各地教会中，均办有平民学校，聘请义务教师，利用冬闲和夜晚时间给平民授课，教学内容是平民千字课、农民宗教读本、诗歌、珠算、卫生等。三原浸礼会创办的平民学校，其学习的方法也很是新颖，比如"联合举办运动会，开展文体活动等，激起了平民受教育的兴致"。就医院而言，三原英华医院，初期为一给群众看病施药诊所，后开办英华医院，"病床之多，为当时渭北各县医院之冠"。[5]红十字会西安分会在医疗救济的基础上，"突破救护的藩篱，而进行广泛的社会救济"，1947 年加设社会服务站一处，加聘流动医师"办

---

① 佚名：《西京市红十字会分会之过去现在及将来》，《红十字月刊》第 10 期，1946 年。
② 佚名：《西安红十字分会来电》，《中国红十字会月刊》第 9 期，1922 年。
③ 佚名：《西安红十字会分会贫民医院办法》，《中国红十字会月刊》第 17 期，1923 年。
④ 《碑林文史资料》第 2 辑，第 87~92 页。
⑤ 《三原文史资料》第 7 辑，第 56~57 页。

理卫生指导、健康咨询及会员康乐活动与家庭访视"等活动，该机构还有妇女教育与训练、儿童营养站与康乐等工作，引领陕西妇女儿童的发展。①

除大众性质的学堂和医院的日常救助外，陕西慈善组织在灾难之际的社会事业也推动了陕西农村的进步与发展。1929 年陕西旱灾严重，治本之计在于"培植地方元气"，"增进国民经济能力为第一条件"，② 积极救助的理念在陕西慈善组织中盛行。陕西中华圣公会积极在农村中"提倡农民互助"；陕西红心字会，在平民县（今大荔县）遭受黄河水患最为严重的时候，募集经费"二十五万元"，以"低利贷放"给"垦民盐户"，"以维难关"。③ 华洋义赈会陕西分会更是以"救济陕西农村"为己任。在灾难之际兴修水利、开渠凿井是华洋义赈会陕西分会救灾的"根本救济"之法。1933 年华洋义赈会陕西分会和陕西省教育厅合作开凿灾区灌田井，"凿井内外器具各材料费用及应需各款，统由华洋义赈会担负"。④ 日常救助有乡村合作社的举办，华洋义赈会陕西分会的"合作办法（一）放款（二）存款，务使农民得到储蓄及借贷的便利，借作其谋生产业之援助"，⑤ 这些都助推了陕西近代农业的复苏和发展。此外，近代陕西慈善组织从事的社会服务还有举办"因利局"、施种牛痘、保健婴儿，抗战时期设立"救济队"捐助前方将士寒衣药品、慰劳伤兵、慰问难民、协助负伤将士委员会等，与社会各界互相联络，共谋社会发展。

结　语

近代以来，慈善组织在陕西纷纷建立，"慈善组织"这一概念的内涵和外延有了扩大。清末民初，宗教慈善组织在陕西的慈善事业中占据重要地位。民国时期，以"济贫、救灾、养老、恤孤及其他以救助事业为目的之团

---

① 佚名：《西京市红十字会分会之过去现在及将来》，《红十字月刊》第 10 期，1946 年。

② 佚名：《可注意之豫陕晋皖甘旱灾》，《大公报》（天津）1928 年 10 月 21 日，第 1 版。

③ 红心资料室编《陕西省各慈善团体概况》，《红心》创刊号，1946 年。

④ 佚名：《商酌会同凿井》，《西京日报》1933 年 7 月 4 日，第 6 版。

⑤ 佚名：《义赈会积极推行乡村合作》，《西京日报》1933 年 5 月 28 日，第 7 版。

体"①都被称为慈善团体。广泛意义上的慈善组织概念，使近代陕西具有仁爱理念的人群组织起来，也扩大了慈善组织的社会服务领域。

陕西慈善组织在近代有所发展，人员组成日益多元，从事的领域从慈善领域扩展至社会事业，对社会发展的推动作用日渐明晰。首先，社会不同阶层的人员汇聚于慈善组织中，有外国传教士、军政界要人、各地商界翘楚。其中，有政府背景和从事于商业的人员不在少数，且占据重要地位，对社会的影响也就不言而喻了。其次，在近代陕西慈善组织举办的慈善事业中，学堂和医院的创办具有特殊意义。陕西地区最早的近代学堂尤其是女子学堂就是由慈善组织创办的，近代专门的贫民医院和西式医院的创办更离不开慈善组织的开创和努力。最后，在与社会发展的密切联动中，近代陕西慈善组织的社会功能有了更新。近代陕西慈善组织除育婴、养老、施医、舍药等纯粹的慈善活动外，还进行创办贫民学堂、设贫民医院、从事工赈等慈善公益事业，以及开办普通学堂、创办大众医院、开展农村合作事业等社会事业，陕西慈善组织的社会性正是通过以学堂和医院为代表的社会服务事业的展开而逐渐呈现的。

与全国其他地区慈善组织在近代社会中的作用相比，近代陕西地方自治存在但是不够突出，地方政府在陕西近代发展的主导作用不容忽视。与此相对照，陕西慈善组织的社会角色发生了变化，其不再仅仅是地方社会的润滑剂，而且作为社会成员推动甚至引领社会发展；其不仅仅是近代陕西社会转型的组成部分，而且是其转型的重要推动力。陕西慈善组织社会性的不断增强，彰显出近代陕西地区慈善组织社会化的地域特色，也是其不断近代化的时代写照。

作者单位：西安文理学院历史系

---

① 佚名：《监督慈善团体法》，《中央日报》1929 年 5 月 27 日，第 4 版。

20世纪二三十年代上海的慈善赛初探[*]

白丽萍

【摘　要】得益于近代以来上海工商业的发展、慈善氛围的浓厚和慈善力量的增强、体育运动的发展以及城市文化的转型等，加之西人的推动，上海在 1926 年举办了中西球队共同参与的近代中国首次圣诞慈善足球赛，慈善赛一经出现，即呈现快速发展态势。二三十年代的上海慈善赛形成以民间体育组织为主力的格局，中华全国体育协进会、精武体育会等既是慈善赛的发起者、组织者，又是中西球队和华人球队进行慈善赛的协调者和表演者。上海慈善赛逐渐形成了完整的赛事流程和顺畅的大众传播，其社会功能主要在于为医疗、慈幼、妇女和贫民救济等中西慈善组织募集经费、赈济灾民等，同时，慈善赛的举行也推动了上海体育运动的良性发展。以慈善赛为中心的民国时期上海体育慈善不仅打开了体育界人士进入慈善公益领域的有力通道，其本身也成长为近代慈善事业不可或缺的部分。

【关键词】上海　慈善赛　体育慈善　民国时期

近代以来，慈善公益事业进入快速发展阶段，呈现出迥异于传统时期的诸多新特点，周秋光、曾桂林曾指出近代慈善事业在慈善家群体、组织机构、运作过程、救济区域、经费筹措和慈善道德等方面的新特征。[1] 其中，新型的慈善经费筹集渠道和慈善活动形式中，以义卖、义演、义赛（慈善赛）等极具时代特色。有关近代义卖、义演的研究已经有不少成果

---

* 本文系教育部人文社会科学研究规划基金项目"民国时期慈善义赛研究"（22YJA770003）阶段性成果，并得到北京高校中国特色社会主义理论研究协同创新中心（中国政法大学）和"中央高校基本科研业务费专项资金"（中国政法大学）资助。
① 周秋光、曾桂林：《中国近代慈善事业的内容和特征探析》，《湖南师范大学社会科学学报》2007 年第 6 期。

面世，^① 而具有体育慈善性质的慈善赛（义赛）的研究则尚处于起步阶段，成果不多。曹世盖、姜荣泉、徐建明曾撰文论述了宋庆龄分别于 1943 年发起的赈济豫灾国际足球义赛和 1946 年的救济湘中、苏北灾民足球慈善赛的始末与成败；^② 陈明辉、孙健专门梳理了民国时期最大的民间体育组织——中华全国体育协进会于 1924~1949 年举办的体育慈善活动；^③ 赵峥、郭常英和屈霁光以民国时期有"球王"美誉的香港足球运动员李惠堂为中心，探讨了全面抗战时期中国的足球运动和民国的体育慈善事业；^④ 胡水玉则对上海"孤岛"时期的体育慈善赛做了全面的勾勒。^⑤ 这些成果从多个方向揭示了民国体育慈善事业的不同面向，有助于我们对民国体育慈善事业形成初步的认识，但许多问题诸如民国体育慈善事业何时和何以出现、区域分布情况、历史发展阶段、整体面貌以及与经济发展、政治环境、社会文化的互动等，仍需展开进一步的研究。上海既是民国时期国内体育运动领先的城市，同时也是工商业最为发达、慈善事业最为兴盛、西化风气最为浓厚、城市文化极为多元的城市，诸种因素共同造就了慈善赛在上海的首次出现，并很快形成兴盛态势。因此，上海不失为一个研究民国体育慈善事业的极好范本，本文以二三十年代上海的慈善赛为研究重点，考察民国体育慈善赛的缘起、鼎盛

---

① 郭常英对近代演艺研究有开拓之功，成果最具代表性，如《近代演艺传媒与慈善救助》（《史学月刊》2013 年第 3 期）、《寓善于乐：清末都市中的慈善义演》（与岳鹏星合著，《史学月刊》2015 年第 12 期）、《慈善义演参与主体与中国近代都市文化》（《史学月刊》2018 年第 6 期）、《民国初年北京窝窝头会及其义演考析》（与梁家振合著，《中国高校社会科学》2019 年第 3 期）等论文以及专著《中国近代慈善义演文献及其研究》（编著，社会科学文献出版社，2018）、《中国近代慈善义演研究》（和岳鹏星合著，社会科学文献出版社，2021）。义卖研究的主要成果有张西洛、李廷瑛《记抗日战争中的报纸义卖》，《新闻研究资料》1980 年第 4 期；金功辉《抗战时期的义卖运动》，《钟山风雨》2003 年第 3 期；等等。

② 曹世盖：《宋庆龄发起的一次赈灾足球义赛》，《体育文史》1983 年第 1 期；姜荣泉：《宋庆龄发起足球义赛震动上海滩》，《体育文史》1991 年第 5 期；徐建明：《宋庆龄筹办赈济豫灾国际足球义赛》，《民国春秋》2001 年第 3 期。

③ 陈明辉、孙健：《中华全国体育协进会体育慈善活动述论（1924~1949）》，《武汉体育学院学报》2018 年第 1 期。

④ 赵峥：《战争与体育："球王"李惠堂与全面抗战时期的足球运动》，《抗日战争研究》2022 年第 3 期；郭常英、屈霁光：《"球王"李惠堂与民国体育慈善》，《史学月刊》2023 年第 5 期。

⑤ 胡水玉：《上海"孤岛"时期的体育慈善赛述论》，《社会史研究》2022 年第 1 期。

时期的表现和特点以及与政治、社会的关系等问题，以深化民国时期体育慈善事业的相关研究。

一　上海慈善赛的社会基础

慈善赛（义赛）是民国时期出现的一种新型慈善活动方式，它依托于民国时期竞技体育的发展，以义务的体育比赛为手段，通常以足球、篮球等比赛为多见，以门票出售、拍卖义球为主要收入，为慈善组织和慈善事业募集经费。抗战时期，各地慈善赛大多转向以支援抗战前线和救济战争难民为目标的善举。

以慈善赛为主要形式的近代体育慈善事业，需要以体育运动的开展、慈善文化和慈善事业的盛行、较强的经济实力和多样化的城市生活等作为基础，而上海恰好具备了这些条件。

（一）上海的经济实力和慈善事业规模

自 1842 年开埠以后，上海取代广州，逐步成长为近代中国经济最为发达的工商业城市，也是最具包容性、最有活力的城市之一。在西风东渐的大趋势下，最早的近代资本主义工业和民族工业均出现在上海，上海轮船招商局、上海电报局等民用企业代表着中国产业技术革命和中国经济近代化的开端。[①] 上海活跃着一批有着多重身份的社会名人，如盛宣怀、周学熙、张謇等，他们既涉足政治，沉浮于宦海，又经营或创设铁路、煤矿、纺织、农垦等新式企业，集官、绅、商于一身。同时，上海位居江南慈善圈的核心地带，有着浓厚的慈善氛围，这些社会名人和以"丁戊奇荒"期间义赈闻名的谢家福、郑观应、经元善等一样，既是大商人、企业家又是大慈善家，他们热心公益，关心桑梓，屡屡用其实业所得盈余襄助慈善公益，逐渐形成了群星璀璨的慈善家群体。在雄厚的经济实力支撑下，近代上海的慈善规模相当可观，慈善团体数量、慈善机构规模、慈善活动能力等居各地之首。据学

---

① 周秋光主编，周秋光等：《中国近代慈善事业研究》（上），天津古籍出版社，2013，第 62~63 页。

者考察，上海的慈善组织有官办、民办、中外合办等多种性质，向政府机关登记的慈善组织统计数据显示，截至 1936 年，有公立 21 家、各种民间集资（同乡、同业、同志、私立）共 144 家、宗教集资 6 家、俄侨 2 家、其他 16 家，以民办为绝大多数。①

（二）上海的体育运动

民国时期的上海受欧风美雨浸润颇深，各种来自西方的新鲜事物和各色人物会聚至此，造就了上海中外杂糅、新旧并存的都市面貌和城市特质。

上海的现代体育运动兴起与西方影响有关，其中起步较早、最为风行的是现代足球。现代足球起源于英国，第二次鸦片战争后传入香港，同时期，上海的西侨也展开了足球运动。19 世纪八九十年代，上海、天津和北京的一些教会学校陆续引入了足球运动。②1901 年，上海圣约翰书院（圣约翰大学前身）组建了学生足球队（又称"辫子军"）。1902 年，南洋公学也成立了足球队。这是近代中国最早成立的两支学生足球队，此后上海的足球运动逐渐流行。这两支学生足球队约定每年举行主客场两次比赛，这一约定持续到 1914 年合组华东大学体育联合会而结束。当时，两队比赛已经不再是两个学校之间的对抗，而成为上海滩一大盛事。每逢比赛，"观众之盛，动辄万千。在学校邻近数里内之居民，固已倾巷以赴"，盛况"无逊于浴佛节之静安寺庙会"。③

随着大学足球队的增多，上海开始出现大学足球联赛，如华东大学足球联赛，包括圣约翰大学、南洋公学、沪江大学、东吴大学、金陵大学、之江大学等，于 1914~1925 年举行过 11 次比赛。后发展为江南八大学（"东方八大学"）足球联赛，成员有光华大学、暨南大学、复旦大学、南洋公学、持志大学、南京中大、大夏大学、金陵大学等，于 1926~1936 年每年举行一次比赛。④

---

① 李国林：《民国时期上海慈善组织》，立信会计出版社，2018，第 90 页。
② 路云亭：《球迷人类学——足球观众的行为解读》，上海人民出版社，2020，第 104 页。
③ 洛人：《足球鼻祖之南洋约翰年赛》，周家琪主编《上海足球》，业余周报社，1945，第 96 页。
④ 体育文史资料编审委员会编《体育史料》第 4 辑，人民体育出版社，1981，第 3~5 页。

社会业余球队方面，20 世纪第二个十年，上海先后成立了乐群、共和、博爱等足球队。20 年代中期，为振兴中华足球，香港的中国球员梁玉堂、刘九、李惠堂等人北上上海加盟助阵，乐群队亦改名乐华队。1927 年，乐华队参加上海的西人足球联合会（西联）甲组联赛和高级杯比赛，打遍申江足坛无敌手，连获"大满贯"，一时风光无两。民国著名的足球运动员、有"球王"之称的李惠堂正是在上海乐华队担任队长和主力期间，获得了"看戏要看梅兰芳，看球要看李惠堂"的美誉。①

上海的足球历史展现着近代以来中外关系的变迁。早在 1863 年，英国人就组织海关足球队、英美烟草足球队进行比赛。由于上海的西人越来越多，足球队和足球比赛也不断增加，1902 年，西人组成的上海足球联合会成立，由于其排斥华人，故被中国人称为西人足球联合会（西联会）。这个组织成立后，开始举办足球锦标赛和各种杯赛，使上海的足球运动更加普及。②

1924 年，中国人自办的中华全国体育协进会在上海成立，由张伯苓牵头创办并出任首任会长。它的出现结束了西人长期主导上海体育事业的局面。为了与西人竞争，协进会不久即成立了中华足球联合会，自 1924 年起，每年在上海举行一次华人足球比赛，参加的单位包括各大学、社会业余足球队，一直持续至 1937 年全民族抗战爆发，共举行 13 次比赛。③

伴随上海足球运动的发展，不仅西人、各大学和民间体育组织纷纷举办各种足球联赛和比赛，而且相互交流和切磋日益频繁。华人业余球队既可以参与到西联会办的各种比赛之中，又常常主动邀请西人球队进行比赛。例如 1918 年 10~11 月，南洋公学学生足球队与西人足球队就举行了多场比赛。④ 除了中西球队的对抗之外，上海还有着和香港定期举行沪港埠际赛的赛事。沪港杯赛始于 1908 年，最初是两地外国侨民所办的埠际足球

---

① 《体育史料》第 4 辑，第 3~5 页。
② 高福进：《"洋娱乐"的流入——近代上海的文化娱乐业》，上海人民出版社，2003，第 145~146 页。
③ 《体育史料》第 4 辑，第 3~5 页。
④ 《电气期颐》编纂委员会编《电气期颐——上海交通大学电气工程系纪事》，上海交通大学出版社，2008，第 8 页。

赛。1923年，中国现代史上第一个华人体育会——香港南华体育会（由华人足球会演变而来）击败西人球队，夺得香港足球甲组联赛冠军，并参加沪港杯赛。1937年，杯赛第一次由两地的中国球队对垒，令国人大为振奋。自1908~1947年近40年中，除了抗战时期数次停办，沪港埠际赛共举办19届。①

另一风靡的球类运动是篮球。现代篮球于19世纪末进入中国后，很快受到人们的追捧，发展迅速。1914年，第二届全国运动会上，篮球成为正式比赛项目。篮球运动最先在天津出现，后向北京、上海、广州等地传播。1918年，上海举行最早的万国篮球赛，参赛队以西方人为主，包括西人商会、青年会西人干事、西人划船队和美国学校队等，代表中国参加的仅有青年会体育学校队。1924年，中华全国体育协进会成立了篮球联合会，同时举办了第一届篮球联赛。1925年，协进会发起上海"万国篮球赛"，驻上海的外国人员以国家为单位组队参加比赛，有美、英、葡、加等队和中国队，结果美国队获得冠军。华人篮球队随后奋起直追，在1926年、1927年的上海"万国篮球赛"中，上海中华篮球队连获两届冠军。②

民国时期的上海，几乎各行各业都成立有篮球队。上海华东公司于1931年前后组建篮球队，成员多为沪江大学、圣约翰大学的名手，其中黎宝骏、陆钟思曾是几届远东运动会的中国篮球队选手。③上海电影界著名演员吴永刚、金焰、刘琼、田方梅熹、陈天国、梁笃生等组成"未名"篮球队，这支队伍"系集联华、明星、艺华诸影片公司"明星而成，具备相当实力，数次参与沪上各类篮球比赛并屡获佳绩。④

民国上海的体育氛围十分浓厚，除了足球、篮球运动水平较高之外，排球、网球、游泳、棒球、乒乓球等运动亦处于发展之中，不仅建有专门的活动场地，而且成立了如中华全国网球协会、棒球协会等行业组织，上海因此成为国内体育运动发展程度最高的城市。

---

① 柳斌杰主编《灿烂中华文明·体育卷》，贵州人民出版社，2006，第181~182页。
② 吴谋等编著《高校篮球教学与训练》，复旦大学出版社，1997，第9~11页。
③ 吴谋等编著《高校篮球教学与训练》，第9页。
④ 邵雍等：《社会史视野下的近代上海》，学林出版社，2013，第239页。

（三）作为一种休闲娱乐方式的"观球"

民国时期，像上海、北京这样的大城市里，市民常见的休闲娱乐方式呈现新旧并存的特点，于传统的看（听）戏之外，跳舞、看电影以及看球等更为"时髦"的活动，成为人们新的追求。

在上海，业余时间观看球类比赛俨然成为一种新的时尚。当时的报纸有个有趣的对比，说上海人的"球瘾"堪比北平人的"戏瘾"。北平的"戏迷"多，上海同样有大量的"球迷"。可是，上海的"球迷"运气不如北平的"戏迷"好，因为京剧的名角儿都在北平，北平"戏迷"可以随时近水楼台观看到顶尖的演出，可以过足瘾。上海却缺少球星，足球健将都集中在香港，除非有适当的机会，上海"球迷"常无法"痛快地欣赏"球赛。因此，一旦遇上高水平的足球比赛，上海"球迷"自然是满怀兴奋、"如痴如醉"了。①

说到观球的细节，精致的上海人看球，就如北平人看戏一样讲究，"京戏考究唱、做、念、打，足球也有踢、顶、铲、攻。上海人看球，几乎连板眼、身段、台风都很注意"。②场上比赛球员的一举一动，都会引起全场观众的叹息、赞美、狂呼。散场以后，观众仍一路赞美批评，评论不休。

1936年，日本侵略的战争阴云日益密布。当时，新组建的"集英才于一队"的中华足球队准备参加柏林世运会（即奥运会），出发之前，抱着练兵的目的在上海比赛三场，这成了沪上"球迷"的一大幸事。4月25日，中华足球队与葡萄牙队于上海申园举行比赛，引起轰动，当时"热烈情况，在上海殊不多见"，据称有数万人入场观看。"从静安寺电车站到申园路上，更是车如水、马如龙，行人如山阴道上的香客。这种热烈的空气，最容易使人兴奋，最容易使人忘掉身心所感受的疲乏"。胶州路上，满是乌泱泱的人群，像"大海一般，一望无际"。这场球赛之所以引人关注，主因当然是中华足球队球员水平高超。以往的全国运动会中，这二十几位球员分别代表各自地

---

① 《万头攒动胶州路，世运代表试锋芒》，《大公报》（上海）1936年4月26日，第8版。
② 《十一条好汉个个生龙活虎　数万观众如醉如狂》，《大公报》（上海）1936年4月26日，第8版。

方的球队参战，此次则是集合到一起的"英雄大作战"，何况，球队中的李惠堂、李天生等人已是 30 岁以上的年龄，"再希望他们玩'十年命'，恐怕不是'空口说话'的事了"。对于"球迷"来说，此次观赛，机会难得。同时，这是中国历史上第一次派代表队参加世界运动会，而上海"球迷"人多，有钱人的势力又极为雄厚，值此特殊时刻，岂有不支持之理？比赛当天，观众看得十分尽兴，全场不断响起掌声和喝彩声。用记者的话说，这 1 元门票带来的满足，胜过看一回卓别林的《摩登时代》、听一回京韵大鼓名家刘宝全的《华容道》。这样的观球经历甚至"确有令人三月不知肉味的魔力"。① 上海人对足球运动的追捧和观球的热情可见一斑。

二　上海慈善赛的出现和繁兴

上述经济、慈善文化、体育运动、城市生活诸因素交互作用之下，第一次有中国人全面参与的慈善赛在上海一经出现，即呈现一发不可收之势，迎来快速发展，进而造就了民国上海体育慈善事业的大放异彩。

（一）1926 年的第一次中西圣诞慈善足球赛

上海较早见诸报端并有详尽报道、引起较大社会影响的是 1926 年底举行的第一次中西圣诞慈善足球赛。该年底的圣诞节假期，上海的西人足球联合会邀请中华全国体育协进会中华足球联合会一起，携手举办首次中西慈善足球赛，以替上海为华人治病的教会医院——仁济医院筹集医疗经费。②

这一慈善赛意义深远。在此之前，自 20 世纪第二个十年起，在上海的西人即有举行慈善赛的经历。早在 1912 年 12 月，英文《大陆报》（The China Press）即报道了西人体育俱乐部之间举行的一次足球义赛。③ 此后，该报和《字林西报》又相继报道了 1916~1920 年和 1926 年西人之间举行的

---

① 《万头攒动胶州路，世运代表试锋芒》，《大公报》（上海）1936 年 4 月 26 日，第 8 版。
② 《中西足球大比赛预志》，《申报》1926 年 12 月 17 日，第 8 页。
③ "Marine Engineers in Charity Football", *The China Press*, Dec.4, 1912, p.5.

数次足球、网球、美式足球（橄榄球）慈善赛。这些慈善赛的发起原因、举办方、参加球队等均与中国无关。1918 年 11 月底，为赈济湖南水灾，上海南洋公学学生团举办协济湘赈游艺会，现场除中西奏乐、义卖等活动之外，还举行了该校学生足球队与西人足球队的比赛，这是目前所见最早的中西足球慈善赛的记载。① 不过，因其为大学生足球队出场比赛，又非专门举办，仅仅是现场诸多慈善活动的一部分，故并未引起社会关注。一直到 1926 年底，西人足球联合会向成立仅两年的中华全国体育协进会和中华足球联合会发出邀请，以中华联队和西人联队同场比赛的方式，为面向中国人的医疗慈善团体举办慈善赛，才真正开启了近代中国的体育慈善事业。

将历史上第一次由中国人全面参与的慈善赛用来为教会医院——仁济医院筹集医疗经费，中西双方体育组织显然经过了审慎考量。仁济医院创办于 1844 年，由英国传教士雒魏林和麦都思合作开设，是上海第一家教会医院和西医医院，成立伊始即定位为主要服务中国病人，同时通过施舍医药、免费诊疗等方式传教。自 1856 年起，有中国人入院工作，标志着第一代中国西医的产生。新中国成立之后，仁济医院被上海第二医学院接管并改名，1984 年又恢复了"仁济医院"的院名。②

选择于 1926 年 12 月 27 日开赛，是为了趁着圣诞假期球员休假和避开西人足球联赛进程，以保证西人球员出场。此次中西足球比赛共安排两场，分别定为 12 月 26 日的友谊赛和 27 日的慈善赛，抱着足球练习和赞助公益两重目的。两场比赛均为训练性质，胜负不甚重要，但第二场比赛因关乎慈善，尤为国人所看重。中华全国体育协进会和中华足球联合会精心调兵遣将，由南洋陈虞添、金庆章二人替代 26 日原定出战之李惠堂与黎宣骏之职位，使李、黎二人养足精神，全力应付 27 日的慈善赛。为郑重起见，慈善赛还请来中华体育协进会兼下届远东运动会（1927）会长王正廷行开球礼。③ 虽然第一次中西慈善赛比赛期间出现一些波折，但经中

① 曾桂林、池子华主编《中国红十字会运动史料选编·湖南专辑》第 10 辑，合肥工业大学出版社，2018，第 231~232 页。
② 唐力行主编《江南文化百科全书》，上海光启书局有限公司，2021，第 497 页。
③ 《中西大足球比赛昨讯》，《申报》1926 年 12 月 25 日，第 10 页。

西体育组织的共同弥补，幸未进一步恶化，最终共筹得善款4100多元。①

（二）二三十年代上海慈善赛的繁盛

1926年底的第一次中西圣诞慈善足球赛拉开了近代上海慈善赛的帷幕。自此后，各类慈善赛不断增多，至全民族抗战时期上海沦陷之前，上海俨然成为除香港之外近代中国慈善赛最为兴盛的城市。

1. 民间体育组织是慈善赛的主力军

1926年底西人足球会倡办第一次中西圣诞慈善足球赛，深深刺激了沪上各慈善团体和体育组织的民族自尊心，一时间，致函中华全国体育协进会请求举办慈善赛者不下十余人次。协进会反复商议后，决定接受上海红十字会总医院之请，为其举行一次义赛。1927年1月，中华全国体育协进会主动举办了第二次中西足球慈善赛，从此它成为和西人体育组织相抗衡的最主要的慈善赛组织方。②

1926年之后，上海形成了每年圣诞节假期举办中西慈善足球赛的惯例，这一义举延续多年，中间虽有停顿，但即使是在抗战时期也不曾完全中断，一直到1949年新中国成立才停止。一年一度的中西圣诞慈善足球赛，通常由中华全国体育协进会和中华足球联合会挑选上海各华人球队的球员组成"中华队""中联队"等，与西人足球联合会推选、由上海各西人球队的球员组成的"西联队"进行比赛，有时西人也会派出某支球队参加。1929年12月26日，由中华全国体育协进会和西人足球联合会共同举办的中西慈善足球赛在上海中华棒球场举行。③1932年底的圣诞慈善赛因日军的侵略行动推迟至1933年4月举行，中华队有孙锦顺、李义臣、陈镇和、周贤言等名将，西联队包括英国西捕队的勃莱特莱、活金生、轧许、杰克和阿伽尔队亨脱、郁门、麦太维、韦利等，为给上海慈善组织募集更多善款，双方均派出精兵

---

① 《第一次中西慈善赛净获之数目》，《申报》1927年1月22日，第8页。
② 陈明辉、孙健：《中华全国体育协进会体育慈善活动述论（1924~1949）》，《武汉体育学院学报》2018年第1期，第30页。
③ 《今日下午三时中西足球慈善赛在中华棒球场两队阵线极佳》，《申报》1929年12月26日，第9页。

强将，以吸引"球迷"，结果中华队以二比一取胜。①1934年底的圣诞节，中西慈善足球赛于申园举行，华联队对西联队的比赛精彩程度被视为当年赛季"不可多见者"，有8000余人到场观看。②

一年一度的中西圣诞慈善足球赛是上海慈善赛的"亮眼名片"，但仅靠它显然无法满足庞大的社会救济需求。中华全国体育协进会以及其他民间体育组织还会根据需要不时举行各种慈善赛。例如，1927年9月7日，身为中华体育协进会上海分会会长的王正廷出面协商英人和中华队进行一场慈善比赛，为私立上海协和医院及其医学校募集善款，比赛吸引2000余名"球迷"到场观赛，筹得1860元票款。③其他民间体育组织也行动起来。1931年9月，为赈济长江流域水灾灾民，上海精武体育会先举行义务表演，筹得千余元后，又发起篮球赈灾慈善赛。④在上海诸如此类的慈善赛中，中华全国体育协进会、上海精武体育会等具有多种身份，既是慈善赛的发起者、组织者，又是协调者、表演者，它们成为慈善赛的主要力量。

2. 完整的慈善赛流程和顺畅的大众传播

二三十年代上海的慈善赛逐渐形成了包括事先筹划、赛前宣传、赛中报道和赛后归总等环节在内的全部流程。每一次慈善赛，从筹划、正式比赛到完成后的跟踪和总结，主办方均与当时的名报大刊密切合作，通过他们的持续报道将整个过程公之于众，以扩大慈善赛的社会影响。而像《申报》《大公报》等著名大报也乐于连载此类消息，彰显自身关心社会、关怀贫弱、关注公益的正面形象。报刊的报道常常抓住慈善赛的"主要看点"，为增加慈善赛的吸引力而不遗余力地大加渲染。譬如重要球员的出场，香港球员、"球王"李惠堂每次出现均成为比赛的宣传重点，如1927年1月，由中华全国体育协进会举办的首次中西慈善赛，号称上海队有李惠堂、陈镇和等球星，

---

① 《万人翘望中英慈善赛，本周日下午在逸园举行》，《申报》1933年4月14日，第11页；《中英慈善足球赛昨天下午举行》，《申报》1933年5月1日，第16页。
② 启昌摄《慈善足球赛》，《摄影画报》第10卷第2期，1934年，第25页。
③ 《中英足球队慈善赛纪》，《申报》1927年9月8日，第8页。
④ 《精武会举行慈善篮球赛》，《申报》1931年9月19日，第12页。

"多系海上有名球家"，吸引中国"球迷"往观。[①]1929 年 12 月 26 日的中西圣诞慈善足球赛，《申报》声称"中华队阵容之整齐为以前所未有"，队长李惠堂"将出其一身神化之技艺，为群雄领率"，一众名将周贤言、冯运佑、陈镇和等悉数出场，鼓动中西男女"球迷"前往观看，声称既可欣赏球艺，又好善积德，何乐而不为？[②]

上海的慈善赛，还常常邀请政要、名流、明星以及西人名士等出席，担任开球嘉宾、主持义球拍卖或颁奖典礼，以提高慈善赛的知名度和增强其吸引力。如上海市市长吴铁城、工商部部长孔祥熙、上海滩"大佬"杜月笙以及电影明星、中华体育协进会会长、西人足球联合会会长等均曾亲临慈善赛。再如前述，1927 年 1 月 23 日，中华全国体育协进会主办的中西慈善足球赛鉴于一个月前的第一次慈善赛由中国体育协进会上海分会会长王正廷开球，决定礼尚往来，延请上海的西人将军麦构拿登（Megnorlon）主持开球礼，以示中外合作。[③]1929 年 2 月 2 日，上海新普育堂堂主陆伯鸿邀请国民政府工商部部长孔祥熙为其举办的慈善赛开球，并请得王正廷夫人颁奖，引得"观者云集，数逾五千"。[④]1934 年底的圣诞节中西慈善足球赛，特意请来上海市市长吴铁城开球，西联足球会会长葛立姆夏一并出席观看。[⑤]比赛甫一结束，吴铁城又主持拍卖足球，当由 10 元起拍价涨至 150 元的关键时刻，他对众高呼："事关善举，希望我们中国人把这球买去。"话音刚落，上海富商马长生挺身而出，以 200 元拍下义球。[⑥]

为了赈灾济贫而举行慈善赛，灾情的严重和灾民的苦难也成为打动民众、激发他们的恻隐之心多多购券观赛的报道重心。为救济 1931 年长江流域大洪水的灾民而举行的慈善赛报道开篇即有小诗一首："家破人亡，溺子

---

① 马强、池子华主编，上海市红十字会、红十字运动研究中心编《红十字在上海，1904~1949》，东方出版中心，2014，第 370 页。

② 《今日下午三时中西足球慈善赛在中华棒球场两队阵线极佳》，《申报》1929 年 12 月 26 日，第 9 页。

③ 《万国与慈善足球赛明后日举行》，《申报》1927 年 1 月 21 日，第 8 页。

④ 《今日中西慈善赛，华东队对上海队》，《申报》1929 年 2 月 2 日，第 12 页；《华东今晨乘船赴北》，《申报》1929 年 2 月 3 日，第 19 页。

⑤ 启昌摄《慈善足球赛》，《摄影画报》第 10 卷第 2 期，1934 年，第 25 页。

⑥ 《中西慈善足球赛记》，《体育评论》第 117 期，1934 年，第 1 页。

凄声呼将伯；龙骧虎斗，健儿镶臂救灾黎。"① 场上球员的卖力表演同样值得大书特书，报纸分别以"胜固可喜败何悲？""中西交锋看高低""巨无霸有偶无独""成功秘诀在专心"为标题做生动描述，感叹球员的表现令球赛"生色不少"。②

此外，慈善赛结束之后的善款数目和具体用途，同样是组织方和球队取信于民、以利社会监督的关键所在。每年一度的中西圣诞慈善足球赛，常常将善款的分配方案经由中国和西人报刊予以公布，使这项善举保持了良好的声誉。

3. 慈善赛的多重救助功能

慈善的宗旨在于扶弱济困。二三十年代上海的慈善赛频频为医疗、慈幼、救济妇女和贫民等中西慈善组织补助经费，也为遭受自然灾害侵袭的灾民募集善款。

（1）为慈善组织募集经费

1927 年 1 月，中华全国体育协进会决定将其主动发起的上海第二次、中国人的第一次中西慈善足球赛用来为上海红十字会总医院募集经费。③ 红十字会是起源于瑞士的国际性慈善组织，中国红十字会诞生于 1904 年日俄战争爆发后，以上海万国红十字会的设立为标志。1909 年，中国红十字会在上海徐家汇路购地创立总医院，至 1917 年，红十字会已有直属医院共五所，全部位于上海，即徐家汇路红会总医院、南市医院、北市医院、时疫医院和吴淞防疫医院。这五大医院不仅负责上海地区日常慈善医疗和防疫事务，而且是全国各地历次灾变救护的医疗中坚力量。红会总医院由沈敦和任首任院长，并延请英国、丹麦、挪威等国医生主持医政。后来，为解决经费紧缺问题，谋求更好发展，红会总医院曾于一二十年代同哈佛大学、美国安息会联合办理。1920 年 8 月，牛惠霖接手主持院务。1921 年，红十字会正式将总医院收回自办，不再中外联办。④

---

① 《各学校之慈善球赛纪略》，《新时代》（上海 1931）第 11 期，1931 年，第 5~6 页。

② 《今晚篮球赛军校战炮队》，《申报》1931 年 9 月 6 日，第 16 页。

③ 《中华与上海队举行慈善大比赛》，《申报》1927 年 1 月 20 日，第 10 页。

④ 周秋光主编，周秋光等：《中国近代慈善事业研究》（中），第 476、511~524 页。

上海红会总医院在日常运行中时常面临病人增多和经费不足的困扰。据报载，"中国红十字会海格路总医院自牛医生接办以来，成绩甚佳，病人日见增多。去年该院曾新建病房一所，足容五十余人，遇有传染病，则用隔离法，男女日夜看护，甚为周到。今头、二、三等及普通病房均已住满，乃设法将写字间腾出，亦改为病室。近又在大门处建造八上八下洋房为办事处，楼上为医生住宅，不日即可竣工"。[①] 作为一间华人主理的慈善医院，红会总医院每月由红十字会提供经费津贴 1000 元，而其月支出须三四千元，入不敷出，常由主政的牛惠霖及其兄弟牛惠生奔走捐款，弥补亏空，艰难经营。[②]

此次慈善赛的筹备过程一波三折。起初安排由即将赴港参加沪港埠际赛的上海队与其他各华人球队组成的中华队进行比赛，后因故改为以中西混合队与上海队比赛。中西混合队以上海华东队人马为基础，包括周家骐、梁玉堂等，又增加部分西人名将包括 Crawford Sinclair、Brown 等。李惠堂在一月前的中西圣诞慈善足球赛中腰部受伤，已卧床多日，但为了慈善事业，仍勉力出战。[③]1927 年 1 月 23 日，慈善赛顺利开赛。

1928 年，李惠堂所在的上海乐华队加入西人足球甲级联赛之后的第一个赛季，成绩骄人，隐然居霸，3 月 3 日为最后一场比赛，他们特意安排与西人工程队携手踢了一场慈善赛，为全国道路协会及上海妇女教养院筹集经费。[④]

1929 年 2 月，由李惠堂、周贤言、陈镇和等组成的华东足球队北上赴天津参加全国足球锦标赛的分区比赛，临行前，应新普育堂陆伯鸿之邀，与在沪西方各国足球运动员组成的上海队做一次慈善比赛，为该善堂筹补经费。门票所得近 2000 元，足球拍卖得 200 元，亦算圆满。[⑤]

前已提及的一年一度的上海圣诞中西慈善足球赛，基本上以为上海各中西慈善组织募捐经费为要义。1929 年的圣诞中西慈善赛，"每券一元，无分

① 《红会总医院之扩充》，《申报》1926 年 2 月 5 日，第 14 页。
② 《中华与上海队举行慈善大比赛》，《申报》1927 年 1 月 20 日，第 10 页。
③ 《万国与慈善足球赛明后日举行》，《申报》1927 年 1 月 21 日，第 8 页。
④ 《今日乐华与工程赛足球，票资充慈善经费》，《申报》1928 年 3 月 3 日，第 10 页。
⑤ 《今日中西慈善赛，华东队对上海队》，《申报》1929 年 2 月 2 日，第 12 页；《华东今晨乘船赴北》，《申报》1929 年 2 月 3 日，第 19 页。

高下"，吸引观众 4000 余人，门票收入数千元，^①全数捐入救济妇女的上海济良所。^②1934 年的圣诞慈善赛，有报纸表示前往观球者有 8000 余人，收入有 7000 余元。^③也有的称观众 1 万余人，收入 6000 余元。"上至市长时人，下至贩夫走卒，无不莅场赏光，可谓盛极一时"。在慈善赛现场，各方均为了多筹款项、救济穷民竭尽全力。当中华联队由败反胜，以四比三结束比赛时，"四座欢声雷动，全场喜气洋洋"。所有收入除必需用途外，全部捐赠给慈善机构，以救助中西贫民。^④

1937 年，《竞乐画报》用中英文对照的形式公布了来自中华全国体育协进会的消息：1935 年 12 月 26 日，中西两足球会主办之圣诞慈善足球赛，共得国币 1825.45 元，已由中西两会协同分配给上海各慈善机构，见表 1。^⑤

表 1　1935 年中西圣诞慈善足球赛募集资金分配方案

单位：元

中华全国体育协进会分配		西人足球联合会分配	
捐予机构名称	捐助数额	捐予机构名称	捐助数额
华洋义赈会	400	失业救济会、俄童学校、圣约瑟院、英商会失业救济会、犹太救济会	每家各 75 元，共 375 元
慈幼会	150	水手教会、英国皇家女子慈善会、贫民妇女救济会、西人妇女会、日本义赈委员会、麦也记念会、德国救济会、国家联合会	每家各 50 元，共 400 元
儿童施诊所	150	意大利救济会	30
盲童学校	100	圣凡特会、葡萄牙妇女救济会	每家各 37.5 元，共 75 元
妇女节制会	112.72	法国救济会	32.73
计	912.72	计	912.73
合计		1825.45	

资料来源：《中华全国体育协进会消息》，《竞乐画报》第 11 卷第 3 期，1937 年。

---

① 《慈善赛西人获胜，四比零胜中华》，《申报》1929 年 12 月 27 日，第 11 页。
② 《今日下午三时中西足球慈善赛在中华棒球场两队阵线极佳》，《申报》1929 年 12 月 26 日，第 9 页。
③ 启昌摄《慈善足球赛》，《摄影画报》第 10 卷第 2 期，1934 年，第 25 页。
④ 《中西慈善足球赛记》，《体育评论》第 117 期，1934 年，第 1 页。
⑤ 《中华全国体育协进会消息》，《竞乐画报》第 11 卷第 3 期，1937 年，第 28 页。

由表 1 信息可知，上海众多的中西慈善组织和慈善团体普遍存在庞大的救济需求和有限的救济资金之间的矛盾，而中华全国体育协进会和西人足球联合会合作，通过慈善赛的方式，本着公平的原则，和上海的各类中西慈善组织、慈善团体产生联结，从而打开了体育界参与慈善公益事业的通道。

（2）赈灾

民国时期，在政局剧变、军阀混战、日本侵略的"人祸"之中叠加了频发且严重的"天灾"（自然灾害），重重打击之下，大量贫民、难民、灾民生活无着，迁徙逃亡，催生了更多的社会救济需求。上海体育界和社会各界积极通过"慈善赛"的方式为赈济灾民出一份力。

1927 年开始的陕甘旱情持续数年，至 1929 年旱情最烈，一直到 1931 年仍无缓解，这一被称为"近代十大灾荒"之一的陕甘大旱灾造成灾民数千万人，饿殍当道，死伤无算。上海各界专门成立了筹募陕灾急赈会，[①] 号召民众以各种形式踊跃捐款，并将收支情况不定期公布于各报纸。1931 年是南北大灾同时迸发的年份，陕甘人民苦于旱荒，而江淮流域则暴发大洪水，波及沿江数个省份，造成人民生命和财产的巨大损失。

1930 年底的中西慈善足球赛推迟至次年上海足球赛季结束之后的 4 月举行，此时江淮洪水尚未到来，慈善赛的目的是救济陕甘灾民。此次慈善赛对阵双方实力旗鼓相当，一方为参与本届万国足球锦标赛并夺冠之中华队，另一方则为同样获得过西人联赛、高级赛冠军的西捕队。中华队强将有周贤言、陈镇和、陈洪光、李宁、陈家球、冯运佑、陈璞等，西捕队有勃拉特莱、格伯逊以及号称"海上五虎"的喔克莱、杰克、法拉斯、透纳、卫金生等名手，于 4 月 19 日举行的此次慈善赛，被人们寄予厚望，慈善赛所得善款和其他社会捐款一起，集腋成裘，为救济灾民尽一份力。[②]

筹赈陕甘的慈善赛中，乒乓球运动的队伍也加入其中。1931 年 8 月，无锡晋陵社为其十周年纪念活动，特派旗下乒乓球队赴沪交流比赛，受到上海乒乓联合会代表徐多、中华俭德会会长陆修律等人欢迎接待，遂决定于

---

① 《沪各界筹赈陕灾，成立"上海筹募陕灾急赈会"》，《时事新报》（上海）1931 年 3 月 4 日，第 7 版。
② 《中西慈善足球赛，本星期日在中华棒球场》，《申报》1931 年 4 月 16 日，第 8 页。

29~30 日，与上海俭德乒乓球队举行两场慈善赛，为陕甘灾民筹款。[1] 该慈善赛共得款项 114 元，交与上海筹募陕灾急赈会统一处理。[2]

为了救济 1931 年江淮大水中的受灾民众，该年 9 月，上海举行慈善篮球赛、足球赛。慈善篮球赛由中华全国体育协进会主持，沪上持志、西青、暨南、中央军校、铁队、青光、沪江等中西强队参与其中，因是慈善比赛，并不决出名次。各场比赛所得券资全部充作赈款。[3] 义赛氛围较为轻松，一些球员的场上表演为现场增添了不少欢乐，如西青队右卫尼泊罗人高马大，抢球努力而多跌倒，"令人失笑"，引得观众连连鼓掌。[4]

三 上海慈善赛引发的思考

对 20 世纪二三十年代上海慈善赛的考察，一方面，可以展现以上海为代表的民国体育慈善事业的历史发展概貌；另一方面，亦可从中透视中西关系、社会心理、民众素质、体育与慈善诸问题。

（一）慈善赛中的中西冲突与文明较量

慈善赛是为了救助贫困而举行，本为好事一桩，然而，一旦涉及中西关系和与此相连的强弱之别等重要命题，事情就会变得复杂起来。1926 年 12 月 27 日由中西体育组织合作举办的第一次圣诞慈善足球赛，本应是缓和中西关系的良好契机，但却事与愿违。正因是"首次"，无先例可循，故双方均极为看重。尤其对于中国人而言，有鉴于西人"首倡"，在心理上不免将此事与国家竞争和民族自尊关联起来。出人意料的是，慈善赛中发生的一些事情，使双方球员和中西观众的关系不仅未能进一步改善，反而一度紧张和撕裂，差点儿酿成严重后果。事起于比赛过程中，部分中国"球迷"不满于西人裁判 Barf Claugh 偏袒西人，判罚不公，导致西人队以 5∶1 战胜华人队，

① 《无锡晋陵乒乓队抵申，将举行慈善赛》，《申报》1931 年 8 月 28 日，第 16 页。
② 《上海急赈陕灾收支决算书》，《申报》1931 年 9 月 23 日，第 6 页。
③ 《各学校之慈善球赛纪略》，《新时代》（上海 1931）第 11 期，1931 年，第 5~6 页。
④ 《今晚篮球赛军校战炮队》，《申报》1931 年 9 月 6 日，第 16 页。

比赛甫一结束，他们即冲上前去包围攻击裁判，后经中华队队员保护，裁判得以脱离险境。冲突发生后，上海报纸纷纷以"中西足球界行将破裂"为主题予以解读，引起舆论哗然。应该说，此事之发生，固然和华人"球迷""不成熟"有关，诚如《申报》所言，"我人观球"，本应旨在"欣赏球艺，胜负次之"，如此方能身心愉悦，"深得运动正谊"；反之，徒有看赢之精神，而无看输之气度，一旦败绩，辄跳将叫嚣"厥状如狂"，"固何谓哉！"①

但从国人的心理析之，此一事端实在与西人一贯的强势做派和轻视华人的行径相关，这一问题清晰地反映在慈善赛的筹备过程中。按照计划，此次慈善赛举行之前的十余天，各类报刊对准备工作有序报道，据载，慈善赛门票分三种：预定券，每张二元，印 500 张；特别券，每张一元，印 2000 张；普通券，每张四角。在提前出售的预定券和特别券之中，特别券实际仅有300 个座位，却印发门票 2000 张，造成哄抢。为此，规定特别券优先预售于西人，如有空余剩位，再酌量售于华人，其理由则是华人不守规矩，以往一个人购买 50 张或 100 张门票却很少到场者颇不乏人。② 这样的售票规则公开地发布于报纸上，即使部分属实，也不能不使国人感到心理不适。而观赛过程中，裁判判罚的不公更加剧了国人的受辱感和挫败感，终于引发冲突。好在，这一事端经过双方的努力弥补，终于平息。中西首次携手慈善赛中发生的这场摩擦给予双方体育组织和场上球员、裁判、观众警示作用，尤其西人的恃强和不公大为收敛，此后，慈善赛场上再也没有发生过类似事件。

（二）体育慈善与体育运动的相互促进

慈善赛本身兼具慈善和体育的双重属性。每一次的慈善赛，既是慈善之举，又是练习之场、表演之赛。以慈善赛为代表的体育慈善事业以体育运动的发展为前提和基础，反过来又刺激体育运动水平的提升、体育运动项目社会影响的扩大，两者相辅相成、互为促进。正如前述，1926 年底的第一次中西圣诞慈善足球赛以及 1927 年 1 月下旬由中华全国体育协进会主动发起

---

① 《参观注意》，《申报》1927 年 1 月 1 日，第 10 页；《中西足球界之裂痕》，《申报》1927 年 1 月 5 日，第 17 页。
② 《中西足球大比赛预志》，《申报》1926 年 12 月 17 日，第 8 页。

的上海中西慈善足球赛，均有意借着慈善公益比赛来磨炼队伍。^①1931 年 8 月底，无锡晋陵社乒乓队与上海俭德乒乓秋队为筹赈陕甘灾民而举行的乒乓球慈善赛，亦带有推广相对小众的乒乓运动之意。^②

尤为值得一提的是，1931 年 9 月，上海精武体育会为筹赈长江流域大洪水的男女慈善篮球赛，第一次将女子篮球运动的实力呈现在公众面前。上海的女子篮球于 20 年代快速发展，当时西人所设的女子学校中许多成立了女子篮球队，西人、华人女子球员均列其中，其他民间体育组织、社会团体亦相继跟进。至 20 年代后期，上海开始举办中西女子篮球联赛，1929 年还举行了上海万国女子篮球赛。上海的著名女子体育学校如两江女子体育专科学校、东南女子体育专科学校等均设有女子篮球队，且实力不俗。两江女子篮球队更是其中的佼佼者，曾获得 1929 年上海万国女子篮球赛冠军，1931 年征战日本，在长崎、神户、东京、大阪、京都等城市连续进行十场比赛，获得九胜一平的佳绩，并两次战胜了日本国家的主力队关西女篮锦标队和关东女篮锦标队。^③1931 年 9 月的这次女子篮球慈善赛，就是邀请到从日本凯旋的两江女篮与精武女队进行比赛，^④这是上海女子篮球首次亮相慈善赛，因此格外引人注目。

结　语

就民国时期以慈善赛为代表的上海体育慈善事业而言，近代以来上海工商业经济的发展和慈善事业的兴起为其准备了经济和社会基础，体育运动的进展为其提供了技术基础，"看球"这一新的休闲娱乐方式则为其圈定了市场和民众基础，得益于以上要素，加之西人的推动，近代中国第一次中西圣诞慈善赛于 1926 年在上海举办，随后快速发展。二三十年代的上海慈善赛逐渐形成以民间体育组织为主力的格局，有完整的比赛流程，依托于近代报

① 《中西大足球比赛昨讯》，《申报》1926 年 12 月 25 日，第 10 页；《万国与慈善足球赛明后日举行》，《申报》1927 年 1 月 21 日，第 8 页。
② 《无锡晋陵乒乓队抵申，将举行慈善赛》，《申报》1931 年 8 月 28 日，第 16 页。
③ 庄志龄：《学堂春秋》，上海文化出版社，2005，第 45 页。
④ 《精武会举行慈善篮球赛》，《申报》1931 年 9 月 19 日，第 12 页。

刊广为传播。社会功能方面，上海的慈善赛一方面为医疗、慈幼、妇女和贫民救济等中西慈善组织和赈济灾民募捐经费，另一方面实现了上海体育慈善与体育运动的相互促进和共同发展。整体上，民国时期上海的慈善赛开辟了以体育为媒介的慈善新通道，成为体育界以及爱好体育的社会团体和人士联结社会、发动民众、凝聚力量、关怀贫困、投身慈善的有效手段，在这个过程中，以上海慈善赛为代表的体育慈善渐渐成长为近代慈善事业版图不可或缺的部分，并展现了近代慈善事业的活力及其历史特色的面向。

作者单位：中国政法大学马克思主义学院

新中国成立前后生产救灾政策及其实施*

蔡勤禹　于　娜

【摘　要】生产救灾政策早在新民主主义革命时期就开始施行，初试于土地革命战争时期，发展于抗日战争时期，成熟于新中国成立后。新中国成立初期生产救灾政策在内容上更加丰富，除抢收广种各种作物外，突出发展副业和手工业增加灾民收入，保护公平借贷解决灾民资金问题，实行以工代赈解决救济与建设问题。为保障生产救灾政策更好地实施，各级政府建立生产救灾委员会来统一和协调救灾行动，广泛动员群众参与救灾；强调政府的领导作用和干部的带头作用，监督与检查救灾过程中的不良行为，减少官僚主义和命令主义等错误做法。生产救灾政策的实施不仅为战胜灾荒发挥了作用，也为新政权的稳固做出了贡献。

【关键词】新中国　生产救灾　以工代赈　社会救济

新中国成立前后，许多地区发生严重灾荒，为了应对严重的灾荒，人民政府将生产救灾作为一项基本救灾政策，通令在解放区实行。目前，已有学者对新中国成立初期的灾荒进行研究。①本文在已有研究基础上，对生产救灾这一最重要的救灾政策及其实施进行深入的专题研究，既对中国灾荒史研究的深化和对新中国社会史研究具有理论意义，也对当下防灾减灾救灾工作具有借鉴作用。

---

* 本文系国家社会科学基金重大项目"中国近代灾害治理的历史经验与知识体系研究"（23&ZD254）阶段性成果。

① 康沛竹：《中国共产党执政以来防灾救灾的思想与实践》，北京大学出版社，2005；赵朝峰：《中国共产党救治灾荒史研究》，北京师范大学出版社，2012。

一 生产救灾政策演变

生产救灾突出了灾民能动性，将灾民被动救济转变为积极主动自救，通过生产实现救灾与建设的有机统一。中国共产党关于生产救灾政策初试于土地革命战争时期，发展于抗日战争时期，成熟于新中国成立后。土地革命战争时期，因国民党"围剿"和根据地苏维埃政府资源短缺，灾荒发生后，根据地政府一般是通过生产救灾的办法，将有劳动能力的群众"有计划、有组织地去分配他们生产，组织生产合作社"，[①] 通过种植早熟的粮食替代产品如瓜、蔬菜，开垦荒地，建立各种形式互助社等方式来应对灾荒。[②] 这种应灾办法，为度过灾荒，保卫红色政权奠定了经济基础。

抗日战争全面爆发后，面对严密的日伪军封锁，抗日根据地要生存发展就必须依靠人民群众的力量，克服各种困难。同时，在民生建设方面，一旦发生灾荒，根据地政府要求其切实调查"有生产能力的难民群众"，以"有计划有组织地"分配灾民参与生产自救，[③] 克服灾荒带来的困难。比如，陕甘宁边区政府将"组织难民生产"作为积极的办法提出而反对"散发救济金"这一消极的办法。[④] 晋察冀根据地通过"救灾生产竞赛"发动灾户参加生产工作，提出"保证不荒废一寸土地，不让一个劳动力闲业"的口号，[⑤] 展开生产救灾运动。1944年，中共中央针对出现的灾荒问题，指出应"坚决实行生产自救"的基本方针，提出"生产救灾，大家互助，渡过困难，政府以一切方法保证不饿死肯自救的人"等口号。[⑥] 在"生产自救"的方针领导下，各灾区将救灾作为压倒一切的中心任务以组织耕种补种，发展副业、

---

① 江西省档案馆选编《湘赣革命根据地史料选编》上册，江西人民出版社，1984，第327页。

② 赵朝峰：《中国共产党救治灾荒史研究》，第27~29页。

③ 刘洪森：《党计与生计：中国共产党民生建设的理论与实践（1949~1956）》，人民出版社，2017，第81页。

④ 《关于边区赈济难民的刍议》，《新中华报》1938年9月5日，第1版。

⑤ 《晋察冀当局规定救灾办法并进行救灾生产竞赛》，《新华日报》（汉口重庆）1943年5月18日，第2版。

⑥ 中央档案馆编《中共中央文件选集（1943~1944）》第14册，中共中央党校出版社，1992，第304页。

互助互济等，在党政军民的共同努力下度过灾荒。如晋绥地区贯彻"以组织群众发展生产自救为主，公家救济为辅"①的方针，战胜了四十年一遇的严重灾荒；冀察热辽解放区也在"生产救灾"的正确口号下，使"二百万灾民渡过了灾荒"。②因而，生产救灾成为抗日根据地发展壮大的重要措施之一，不仅使灾民度过了灾荒，还为防灾做了一些建设工作。后来，陕甘宁边区政府在总结各地救灾工作的经验时就提出："发动与组织群众进行各种生产，依靠群众力量，团结互助自救救人为主；辅之以政府有重点的适时进行救济，是唯一正确的方针。"③这一经验是基于实践总结出来的，对于新中国成立后确定全国性抗灾救灾政策产生了直接影响。

新中国成立后，生产救灾政策传承下来，并在实践中不断完善。新中国成立初期，一些地区遭受了严重天灾，1949年自春至秋，旱、冻、虫、风、雹、水、疫等灾相继发生，尤以水灾为最严重。"全国被淹耕地约一万万亩，减产粮食约一百二十万万市斤，灾民（包括轻重受灾人民在内）约四千万人。仅华东区被淹面积即达五千余万亩，约占其总耕地五分之一，其中毫无收成者二千余万亩，减产七十余万万斤，灾民一千六百万人。河北一省，被淹耕地即达三千万亩，灾民约一千万人。其他牲畜房屋资财损失，不可数计。"④为了恢复受灾群众正常的生产生活秩序，1949年12月19日，中央人民政府政务院发布《关于生产救灾的指示》，指出生产救灾是一项重要的政治任务，"关系到几百万人的生死问题，是新民主主义政权在灾区巩固存在的问题，是开展明年大生产运动、建设新中国的关键问题之一"，强调"灾区的各级人民政府及人民团体要把生产救灾作为工作的中心"，对过去将生产救灾工作仅归属于民政部门的错误观念进行了严厉批评，要求各级人民政府应对生产救灾工作予以高度重视。1950年2月，新中国的救灾工作方针被首次明确表述为："生产自救，节约渡荒，群众互助，以工代赈，并辅之

---

① 《晋绥生产救灾成绩巨大 四十年来所没有的严重灾荒已基本克服》，《北岳日报》1948年9月9日，第3版。
② 《冀察热辽二百万灾民是怎样战胜灾荒的？》，《辽宁日报》（通化）1948年11月25日，第1版。
③ 杨剑虹主编《民政管理发展史》，中国社会出版社，1994，第484页。
④ 《中央人民政府政务院关于生产救灾的指示》，《东北日报》1949年12月22日，第1版。

以必要的救济。"[①] 1950 年 7 月召开的第一次全国民政工作会议和 1953 年 10 月召开的第二次全国民政工作会议，均将生产救灾作为首要内容写入全国救灾工作指导方针，并依此指导全国的抗灾救灾工作。

概而言之，生产救灾政策酝酿于土地革命战争时期，发展于抗日战争时期，成熟于新中国成立后，"依靠群众，依靠集体，生产自救，互助互济，辅之以国家必要的救济和扶持"成为总救灾方针，生产救灾成为关键内容之一，为应对灾荒、巩固新生政权发挥了重要作用。

二　生产救灾政策内容

"生产救灾"，顾名思义，就是通过组织灾民生产来克服灾荒带来的诸多困难。生产救灾是在政府掌控的救济资源十分有限的情况下实施的一种救灾方式，目的是调动灾民的力量，克服等、靠、要的被动救济，以积极主动方式来应对灾荒，恢复生产，重建家园。新中国成立初期，生产救灾政策主要包括抢收广种、发展副业和手工业、公平借贷和以工代赈等内容。

（一）抢收广种

新中国成立初期，因生产力低下，农民主要"靠天吃饭"，应对灾荒能力弱。为此，中央将恢复与开展农业生产作为第一要务，各地积极推动实施。华东军政委员会在 1950 年 2 月《关于生产救灾的指示》中要求各级人民政府，在灾情严重、春耕即将到来的季节，"必须坚决地、明确地抓住生产救灾这个中心工作环节，并使其他各项工作环绕着与服从于生产救灾来结合进行"。[②] 在这一指示下，各地喊出"生产不荒田地""求人不如生产""与水争田、与灾争粮""家有三担菜，不怕年成坏"等口号，号召灾区民众原地开展农业生产，及时抢种、补种各种适宜农作物。比如，为了缩短灾情周期、保证灾民顺利度荒备荒，1949 年 10 月苏北区委大力提倡多种广种青菜

---

① 中华人民共和国内务部农村福利司编《建国以来灾情和救灾工作史料》，法律出版社，1958，第 7 页。
② 饶漱石：《关于生产救灾的指示》，《苏北日报》1950 年 2 月 27 日，第 1 版。

豌豆等代粮农作物，号召每人种菜一分。^①1949 年 12 月，苏北生产救灾委员会指出在农业生产方面，主要应组织群众冬耕积肥、修制农具，大力抢种冬麦或明春多种春麦；被水淹的灾区应进行排水补种，有条件的地区还可以发动栽菜。^②1950 年 1 月，盐城专区在秋耕秋种中号召群众多种早熟庄稼，扩大了耕种面积。^③ 其他地区政府也积极发动灾民多种菜蔬与早熟作物，以成功度荒完成春耕工作。

灾荒发生后，灾民往往采取逃荒避难寻求出路、宰杀耕牛以度饥荒的方式进行自救。为保障农业生产，各级政府针对灾区出现的人牛力、种子、肥料、农具不足问题进行了部署安排，开展冬季积肥与比粪堆运动，积肥施肥，解决肥料，修补农具，准备种子，严禁宰杀耕畜，为春种早熟作物与瓜菜做准备。为防止人口流出，克服"消极逃荒"，要求和鼓励原地救灾；对于已逃荒灾民，省政府号召各地应妥为安置，就地生产并积极劝说帮助外流灾民返乡生产。^④ 通过上述措施，初步保证了生产救灾目标的顺利实现。

（二）发展副业和手工业

发展副业和手工业是生产救灾的一个重要途径，也是辅助农业生产战胜灾荒的有效办法。在灾害频发背景下，农田受损面积大、程度深，加剧了灾荒问题的严重性，灾民农业生产受到极大阻碍，发展因地制宜的副业和手工业成为各灾区人民谋求生路的重要方法。

政务院在 1949 年 12 月发布的《关于生产救灾的指示》中，积极鼓励各地区因地制宜地恢复与发展各类副业和手工业，如纺织、熬硝、打油、漏粉、编制农具用品等；在沿海沿河湖泊地区，组织灾民捕鱼、打捞水产；并强调各级人民政府要帮助灾区逐村逐户订出生产自救计划，"靠山吃山，靠水吃水"，组织起来，取长补短，争取每个人能有存粮，以度过春荒顺利进

---

① 《苏北区党委关于开展今冬明春生产救灾工作的指示》，《苏北日报》1949 年 10 月 11 日，第 1 版。
② 贺希明：《关于开展生产救灾工作的决议》，《苏北日报》1949 年 12 月 11 日，第 1 版。
③ 徐竞相等：《生产救灾成就巨大》，《苏北日报》1950 年 1 月 5 日，第 1 版。
④ 农村组：《生产救灾编辑初步计划》，《苏北日报》1950 年 3 月 18 日，第 3 版。

行春耕。① 在这一号召下，各级人民政府发动群众自产自销，宣传借贷自由解决生产资金问题。在供销社与各生产部门的帮助下，灾民的积极性被广泛调动起来。1950 年上半年统计，河北省灾民生产活动数十种，达 134 万灾民参加主要副业；山东省开展副业 100 多种，参加副业生产的灾民约 800 万人；皖北副业生产有 70 余种，参加生产的人数达 150 万；苏北副业生产种类有四五十种之多。② 另据 1950 年冬和 1951 年春季不完全统计，皖北灾区参加副业生产者 330 余万人，经营副业种类近百种；河南灾区参加有组织的副业生产者 102 万多人；苏北淮阴专区组织了约 10300 个副业生产小组，吸纳约 132400 人；河北省重灾区开展副业生产的户数占总户数的 50% 左右。③各地副业种类和参加人数在一年时间里都获得增长，副业生产取得了较大成绩，一定程度上解决了作物歉收导致的灾区人民生活困难问题。

为了支持灾区副业生产，中央人民政府和各地政府在扶植副业生产的产、供、销等方面提出了具体举措。比如，扶植合作社的恢复与发展，推动合作社大力购销农村副业主要产品；在没有合作社的地区，政府密切与社员的关系，以副业产品实物投股发展新的合作社。④ 积极开展运销事业，华北许多地区烧不到煤，柴草又非常缺乏，一些灾区斤米斤柴，而一些地区煤矿生产过剩，于是政府开展运煤下乡，既有利于农村运销事业，又可以省下柴草作饲料与肥料；政府和公营生产部门、贸易部门等合力帮助解决副业的生产销路问题，在灾区成立生产救灾工作组，制订生产救灾计划来解决副业的产销问题；实行副业产品供销合作制度，通过有计划地生产与推销副业产品来兑换食粮、增加收入，达到救济灾民的目的。⑤

为了支援灾情最重的皖北地区副业生产，中央人民政府在 1950 年冬至 1951 年春即由东北、河南等地购运大豆 5500 余万斤，购运绿豆 400 万斤，支持皖北灾民榨油、拐粉；发放渔贷 200 万元，支持灾民结网、捕鱼。山

① 《中央人民政府政务院关于生产救灾的指示》，《东北日报》1949 年 12 月 22 日，第 1 版。
② 《建国以来灾情和救灾工作史料》，第 12 页。
③ 《建国以来灾情和救灾工作史料》，第 36 页。
④ 陆信真、陈文连：《射阳等地合作社明确为生产救灾服务》，《苏北日报》1950 年 1 月 11 日，第 4 版。
⑤ 《中央人民政府政务院关于生产救灾的指示》，《东北日报》1949 年 12 月 22 日，第 1 版。

东省合作社将 1950 年秋季 60% 的资金用于扶持灾民的副业生产。[①] 中央人民政府根据各受灾地区的具体情况，分别采取了对生产者先行贷粮后收成品，对贩运者先行贷货后收货款的不同方法。如河北省与中央人民政府贸易部签订贷粗粮换细粮 1.2 亿斤的合同，具体内容为由贸易部先付粗粮，麦收后再收回细粮；同时河北省还与中央合作事业局签订了收购火硝 50 万斤的合同。[②] 平原、山东等省也订立了相关订货合同。这些举措的实施使各地可以有条不紊地开展副业生产，使灾民的副业生产所需资金、购销得到部分保障。

（三）公平借贷

生产救灾需要一定的资金，而灾后农民一贫如洗，不借贷无以生产。除政府提供一定资金支持外，更多的资金来自借贷。为此，各灾区大力提倡公平自由借贷，奖励互助互济，以解决灾民资金难的问题。1950 年 2 月 14 日，西北军政委员会颁发《关于生产救灾的指示》提倡"'农村公平自由借贷，保证有借有还'，奖励'互助互济'，采用一切办法，克服农村周转借贷的停顿状态"。[③] 政府大力宣传自由借贷，教育群众克服悲观失望、听天由命的等待救济思想，打破群众顾虑，纠正某些干部认为"灾区不能提出或不敢提出互助互济，单纯依赖政府救济与外援的不正确观点"。[④] 针对一些群众借贷存在历史遗留问题，一些地区规定解放前农民的借贷关系以及地主富农经营的一切工商业往来账债一律照常生效，其付息还本由借贷双方议定，政府不予干涉，明文规定鼓励互助借贷行为。[⑤] 这样可以使群众建立的契约关系得以延续，也便于其建立新的借贷关系。同时，针对部分地区"少数灾民还存在那家有粮借那家的'拉平'思想，影响有些有饭吃的群众（如中农）不安，怕借粮"、[⑥] "将互济看作单纯借粮献粮，有的怕侵犯中农利益，造成有

---

① 《建国以来灾情和救灾工作史料》，第 37 页。

② 《深入开展生产救灾工作》，《群众日报》（延安）1950 年 3 月 10 日，第 3 版。

③ 彭德怀等：《颁发生产救灾指示》，《群众日报》（延安）1950 年 2 月 14 日，第 1 版。

④ 高山执：《初步开展生产救灾》，《苏北日报》1950 年 1 月 23 日，第 2 版。

⑤ 彭德怀等：《颁发生产救灾指示》，《群众日报》（延安）1950 年 2 月 14 日，第 1 版。

⑥ 张汉：《对嘉树区生产救灾工作的意见》，《苏北日报》1950 年 1 月 19 日，第 4 版。

粮户恐慌而不敢发动"[1] 等思想，政府在群众中广泛宣传借贷的合理负担思想，避免出现灾民强借、硬借等错误倾向，保护与引导建立群众间的各种借贷关系。

针对群众中存在着怕提高成分、不敢借等顾虑，陕北人民代表会议榆林小组专门召开研讨会，陕北区行政主任公署代主任李景膺说："农民当中为了发展生产而进行借贷，实际上是合作互助的性质，虽然有剥削，但这种剥削是轻微的，对农民的生产则有很大的好处，所以政府不但允许这种借贷，还要大大提倡。"[2] 李景膺的观点代表了当时各地对借贷关系的合理评价。陕北报纸在宣传自由借贷时写道："有钱放出来贷，公平自由，利息双方议，保证有借有还，借贷本来为生产，不提成分不加负担，大家合作互助发家园。"[3] 这种宣传，对于活跃农村自由借贷关系，鼓励灾区借贷与生产相结合，使灾区群众早日走出困境、恢复生产，起到了积极作用。

（四）以工代赈

以工代赈是救灾与生产相结合的一种方式，在救灾工作中，政府通过以工代赈方式将救灾与建设结合起来，支持灾民解决灾后的生产与生活困难。

在以工代赈方式兴修水利方面，政府通过投资建设基础设施工程，如兴水利、固堤坝等提高受灾地区的抗洪能力，灾民从事工程建设而获取劳务报酬，使救济与生产、救灾与建设有机地结合起来。1950年3月10日，担任中央救灾委员会主任的董必武副总理指出："苏北定出兴修水利三年计划，第一年发出粮食即达两万万五千万斤。这一巨大的治水工程，不但能解决救灾问题，而且是苏北的重大建设。皖北各界人民代表会议，通过关于大力兴修水利的决议，政府发出的以工代赈及救济粮已达二万万七千万斤。山东水利与治黄工程，本年发粮款已达一万万二千万斤。平原发出治黄粮三千万斤。中南区拨了四亿斤粮食，大部用在灾区的以工代赈和救济上。凡可能由

---

① 朱敏信：《沭阳县冬季生产救灾概述与经验教训》，《苏北日报》1950年3月18日，第2版。
② 高地、恒群：《陕北人民代表会议榆林小组研讨自由借贷政策》，《群众日报》（延安）1950年4月1日，第2版。
③ 《自由借贷》，《群众日报》（延安）1950年4月4日，第4版。

灾民从事的工程，应尽量雇佣灾民，这是积极的救灾办法，各地都已收到很大成绩。"①各受灾地区通过这一方式，将有劳动能力的青壮年灾民组织到河工上去开展扒河、疏浚河道、运河春修等水利建设，既可消除水患增加生产，又可使灾民解决生活困难。有的地方则通过以工代赈解决当地运输不足问题，比如西安市人民政府由市贸易公司协助组织运输事业，如拉煤、运麦、运木炭等，并组织临时性的手工纺织事业，②来解决有劳动能力群众的生活困难问题。

　　上述生产救灾的具体做法，有的是历史经验的传承，有的是各地救灾实践总结。生产救灾既是救灾之法，也部分起到防灾之效。周恩来总理在1951年8月政务院第98次政务会议上就强调指出，"救灾必须联系到预防"，国民经济的各部门都要"坚持以预防为主的方针去对付灾害"。③生产救灾是这一方针的具体体现，政府组织灾民生产自救，对恢复生产、重建家园起到了重要作用。

三　实施生产救灾的保障措施

　　生产救灾要实施和达到预期效果，还需要一些具体的保障条件，比如，救灾领导机构的建立、群众的动员、政策的宣传、工作的监督与检查等，这是保障生产救灾政策落实的必要条件。

（一）建立生产救灾委员会

　　做好生产救灾工作，需要全国范围内各级政府、各部门协调配合。为此，需要建立一个统一协调机构，来最大限度发挥不同部门的职能优势，聚成合力，应对灾害。有组织地进行生产救灾是新中国进行生产救灾的一个特色，为此专门成立了各级生产救灾委员会来承担统一和协调与组织工作的责任。

---

①　《深入开展生产救灾工作》，《群众日报》（延安）1950年3月10日，第3版。
②　《活跃借贷，互助互济，以工代赈》，《群众日报》（延安）1950年3月10日，第2版。
③　方樟顺主编《周恩来与防震减灾》，中央文献出版社，1995，第354页。

1949 年 12 月，政务院在《关于生产救灾的指示》中要求："各级人民政府须组织生产救灾委员会，包括民政、财政、工业、农业、贸易、合作、卫生等部门及人民团体代表，由各级人民政府首长直接领导。"[1] 据此，中央救灾委员会于 1950 年 2 月正式成立，政务院副总理董必武兼任中央救灾委员会主任。他在成立大会讲话中讲到，为了做好生产救灾工作，各级政府各部门必须紧密配合，协同合作，各灾区"一般已成立各级生产救灾委员会，须要进一步把它抓强和健全起来，使它成为领导救灾工作的强有力机构"。[2] 他强调了生产救灾委员会的重要性，并指出它在救灾中发挥着指挥与统领作用。

在中央指示下，各地生产救灾委员会纷纷成立。如河北省生产救灾委员会于 1949 年 8 月 17 日成立；1949 年 12 月 2 日，苏北生产救灾委员会成立；1949 年 12 月 5 日，皖北生产救灾委员会成立；1949 年 12 月 8 日，河南省生产救灾委员会成立。[3] 各级生产救灾委员会组成人数不等，以苏北为例：专区一般以 17~21 人组成，其成员由党政军及各团体推派代表，并由政府聘请热心社会生产救灾事业的民主人士组成；县一级一般以 13~17 人组成，除包括与专区同样成员外，并吸收革命残疾军人与军工属代表；区一级一般以 11~25 人组成，乡一级一般以 7~29 人组成，其成员主要包括党、政、群以及革命残疾军人、军工属代表。乡以下按村成立生产救灾小组。[4] 各级生产救灾委员会的人员构成，除了政府部门代表外，许多是在生产救灾中"涌现出的模范人物，社会上热心救灾的人士，灾民中具有代表性的人物，生产救灾有成绩的灾民，生产技术高的典型人物，有度荒经验的老年人"，县区以下的生产救灾委员会还通过公开选聘有副业生产经验的人员提高与解决农副产品的供销问题。[5] 救灾代表的组成的广泛性一方面是因生产救灾牵涉到部门较多，需要各部门代表参加，以使救灾政令容易下达畅通；另一方面是吸收了一些有救灾经验的人，因生产救灾还涉及一些利益关系，所以组成人员

① 《中央人民政府政务院关于生产救灾的指示》，《东北日报》1949 年 12 月 22 日，第 1 版。
② 《深入开展生产救灾工作》，《群众日报》（延安）1950 年 3 月 10 日，第 3 版。
③ 《建国以来灾情和救灾工作史料》，第 7~8 页。
④ 《建国以来灾情和救灾工作史料》，第 7~8 页。
⑤ 吴刚：《全力掀起生产救灾热潮》，《苏北日报》1951 年 1 月 30 日，第 1 版。

较多。

中央救灾委员会作为全国救灾工作的最高指挥机关，"其目的在使各有关部门互相配合，步调一致、统一领导全国救灾工作"。[1] 在中央政府的统一领导下，民政、财政、水利、林业、卫生等各部门承担着组织协调、物资和经费供给、信息搜集与发布、调度卫生技术力量等各方面责任。[2] 除组织各部门有关力量深入灾区、解决灾民具体困难进行救急工作外，中央救灾委员会还负有统一领导各地工商、贸易、合作、金融等部门，支持农副产品的生产与供销，做好农副业生产所需的原料、资金等生产资料的供给工作等。各地救灾委员会承担着本地的救灾各部门的统一和协调工作。这样，形成了从中央—省—专区—县—乡—村的线性垂直领导体制和横向的部门协同合作工作体制，生产救灾的组织化有利于生产救灾工作顺利开展，避免混乱，提升救灾工作效率。

（二）干部群众广泛参与

"全民动员，广泛参与，用群众运动的方式开展抗灾救灾工作是这一时期最主要的方式。"[3] 生产救灾运动需要调动社会力量参与，包括全劳动力、半劳动力以及无劳动力的人员。在政府组织领导灾区生产救灾过程中，对全劳动力和半劳动力人员充分利用，组织他们通过农副业生产以及以工代赈等方式进行自救；对无劳动力、缺少劳动力的灾民，如烈军工属、鳏寡孤独等群体采取有计划地安排到有收成的地区谋生活以及适当采取互助与救济的方式。

军队作为特大灾害发生后的救灾主力，参与救灾有优良传统。1949年12月25日，中共中央华东局颁发的《紧急开展生产救灾工作的指示》要求各机关部队"在不妨碍工作及战斗的原则下，进行生产节约救灾工作，部队除担负战斗任务及服务后勤者外，均应坚决执行毛主席12月5日所颁发的《关于1950年军队参加生产建设的指示》，切实依据本身情况，拟订生产

---

[1] 《深入开展生产救灾工作》，《苏北日报》1950年3月7日，第1版。
[2] 孙绍聘：《中国救灾制度研究》，商务印书馆，2004，第183~185页。
[3] 赵朝峰：《中国共产党救治灾荒史研究》，第152页。

计划，以减轻人民负担"。[1] 军队因其强大的组织纪律性和英勇善战的作风，参加救灾既能提高救灾效率，又能加强军民鱼水之情。

"战胜灾荒的基本关键，在于不断的教育与转变提高干部的思想作风，同时领导生产救灾对干部思想作风也是严重考验。"[2] 在生产救灾工作中，干部能否发挥好组织领导和带头作用，影响生产救灾工作的成效。1949 年 12 月，政务院在《关于生产救灾的指示》中强调各级人民政府对待生产救灾工作绝不可以采取漠不关心的官僚主义态度和作风麻痹，并指出："根据过去经验，在共产党领导之下，只要各级人民政府认真负责，深入灾区，亲自动手带领群众，积极想出生产自救节约度荒的办法，任何严重灾荒都可以度过的。"[3] 但是，在实际的生产救灾过程中，一些地区的领导干部工作作风还未彻底转变，董必武副总理在中央救灾委员会成立大会上严肃地指出："不少地方干部中的官僚主义偏向，还相当严重：如对灾民关心不够，不深入到灾区中去；对生产自救的信心不足，怕困难，单等救济；对工作有布置无检查，只单纯搬运上级的指示，而没有研究具体情况，只有空喊而不善于组织群众等。"[4] 官僚主义的存在，不仅降低救灾效率，还直接动摇了生产救灾的信心与决心。为此，1950 年 1 月中央人民政府内务部在《关于生产救灾的补充指示》中强调："各级人民政府要对救灾负起高度责任，不要饿死一个人；如有对灾情不了解，对春荒无准备，饥饿来临，毫无办法，那就应受到责罚；反之则是人民的功臣，应受到奖励。今日救灾工作的关键，在于加强组织与领导，灾区各级人民政府，特别是高级政府主要负责人，应尽可能亲到灾情最严重的地区视察，并尽可能就地解决问题，指导工作。"[5] 为了促使领导干部把握生产救灾主动权，消除党员干部与群众的消极悲观、怀疑恐惧等情绪，各地采取了不同的教育宣传办法。比如，苏北地区开展"冬学运

---

[1] 华东局：《紧急开展生产救灾工作的指示》，《盐阜大众》1950 年 1 月 4 日，第 1 版。

[2] 姜汉鼎：《对生产救灾中转变干部思想作风的意见》，《苏北日报》1950 年 3 月 4 日，第 2 版。

[3] 《中央人民政府政务院关于生产救灾的指示》，《东北日报》1949 年 12 月 22 日，第 1 版。

[4] 《深入开展生产救灾工作》，《苏北日报》1950 年 3 月 7 日，第 1 版。

[5] 《中央人民政府内务部关于生产救灾的补充指示》，《群众日报》（延安）1950 年 1 月 11 日，第 3 版。

动"，通过各种会议和宣传教育形式，教育干部党员"全心全意为群众服务，与灾胞打成一片，同生死、共患难，面对困难、克服困难，积极领导群众向当前的严重灾荒作坚决顽强的斗争"，[①] 带领群众去勇敢地面对灾荒，"在灾情缓和时不松懈麻痹，灾情严重时不惊慌失措"，[②] 以便最终赢得抗灾救灾的胜利。

通过各级生产救灾委员会把社会各成员组织起来，以不同方式进行生产救灾，从而使生产救灾成为一场群众性运动。在这个过程中，干部是群众性运动的领导者，发挥领头羊作用。这样，地方政治精英与群众结合起来，有组织地应对重大灾害，成为新中国生产救灾的一种主要模式。

（三）救灾过程中的督查

各地灾情发生后，中央提出"不许饿死一个人"，政务院先后派出五个视察组到灾区，深入受灾村户进行走访与实地调查，将发现的问题第一时间反馈给当地政府，或迅速上报给中央救灾委员会进行处理。[③] 有的地方明确规定："检查工作必须掌握时机，有的工作要亲自深入检查，有的工作要组织专门力量检查，没有干部要抽出干部，不放手让干部独立工作是不对的；放手而不能及时去检查也是不对的。及时的有计划有目的的检查工作，是防止与克服官僚主义的有效武器。"[④] 通过自上而下的检查，可以发现生产救灾工作中存在的不少问题，如某些领导干部还存在只在机关空喊口号不切实际、有布置无检查、发现问题不及时解决等官僚主义作风。通过检查和督促，灾区干部订出切实可行的救灾办法，避免因抓得不紧，轻灾变重灾。

"救灾工作作得好坏，不仅对灾区人民的生活和生产有重大影响，对整个国家建设事业也有很大关系。"[⑤] 灾区的工作人员对灾区负有重大责任，因此检查生产救灾工作，可以督促干部尽职尽责，把灾区群众的温饱挂在心上，改正救灾工作中的不足和官僚主义问题，提高新政府在群众中的威信，

---

① 苏萍：《加强灾区生产救灾的宣传》，《苏北日报》1950年9月2日，第3版。
② 受百：《苏北当前的生产救灾工作》，《苏北日报》1951年2月19日，第2版。
③ 《建国以来灾情和救灾工作史料》，第8页。
④ 《关于生产救灾工作中官僚主义作风的检查》，《苏北日报》1950年8月25日，第3版。
⑤ 《按照国家总路线加强生产救灾工作》，《东北日报》1954年1月7日，第1版。

为新中国政权的稳定奠定群众基础。

综上所述，生产救灾是一种积极的救灾政策，新生政权赋予了其新的内容：一是在组织形式上更加突出科层化的垂直领导。通过建立从中央到地方的各级救灾委员会，乡以下按村建立生产救灾小组，并配合以互助组，从而建立起以政府领导为统领，以各层级救灾组织为依托，吸收社会各界有抗灾救灾经验的群众参加的统一协调机构，为新政府带领群众救灾提供了组织保障。二是凸显了"保护生命为第一要义"思想。中央人民政府发出指示："各级人民政府要对救灾负起高度的责任，不许饿死一个人。"[①] 历史上许多王朝就是因为灾荒问题处理不好而灭亡。因此，新中国把生产救灾作为一项政治任务，对干部在生产救灾中发挥领导带头作用提出了明确要求，对救灾中官僚主义和命令主义以及敷衍塞责等提出严肃批评，并把领导干部能否在救灾中尽职尽责作为监督检查主要内容。三是生产救灾措施内容更加切合实际。各地在生产救灾过程中开展抢收广种，围绕着抢收庄稼、种植生长期短和易收成的作物展开生产自救；国家进行跨省的物资调拨及对副业产品的预购，以及建立购销和运输合作等形式，促进副业和手工业产品的流通，增加灾民收入；通过以工代赈，使许多有劳动能力的人获得收入。总之，生产救灾这一传统的积极救荒措施，通过赋予其新内容顺应新的环境，不仅对 20 世纪 40 年代末 50 年代初战胜严重灾荒、巩固新生的人民政权发挥了重要作用，而且为新中国抗灾救灾事业增加了新内涵，推动了中国社会救济事业发展。

作者单位：中国海洋大学马克思主义学院暨中国社会史研究所

---

① 《内务部指示各级人民政府 加强组织领导生产救灾 不许饿死一个人！》，《人民日报》1950 年 1 月 8 日，第 1 版。

本草、地域与女性："芍药"本草知识的书写与演变[*]

豆振斌

【摘　要】芍药本草知识与对女性身体的认知密切相关，最初芍药未与女性疾病相联系。汉唐时期，随着医者对女性生育活动的关注，女性身体的特殊性凸显，芍药被系统地应用于女性疾病；到了宋代，在"妇人以血为本"观念的影响下，形成了芍药"主女人一切病"的论述；进入元代，在"产后需大补"的认知逻辑下，医者反而将芍药排除在产后药方之外；直至明清时期，随着辨证施治观念的兴起，医者在诊疗女性疾病时将更多因素纳入考量，芍药也被导入辨证施用的轨道中。透过芍药本草知识的演变，我们可以对中医的女性身体观有更进一步的认识。此外，通过对道地芍药产地变化的考察，我们也可以对地域社会的变迁与发展有更进一步的了解。

【关键词】芍药　本草知识　女性身体观

一　《本草纲目》中的芍药

芍药，根据李时珍《本草纲目》，又名将离、犁食、白术、余容、铤等，李时珍这样解释芍药一名的由来："芍药，犹婥约也。婥约，美好貌。此草花容婥约，故以为名。"^① 如此看来，"芍药"一名似乎来源于芍药花的美丽绰约，这种命名方式的关注点在于芍药花朵的外观。而"将离"一名则是来自芍药花的社会与象征意义，西晋崔豹的《古今注》记载："牛亨

---

*　本文系国家社会科学基金重大项目"中国古农书的搜集、整理与研究"（21&ZD332）阶段性成果。

①　李时珍：《本草纲目》卷十四《草部三》，刘衡如点校，人民卫生出版社，1982，第849页。

问曰：'将离别相赠之以芍药者，何也？'答曰：'芍药一名将离，故将别以赠之。'"①崔豹认为芍药别名可离，故而可在离别时相赠。虽然我们无法确知"将离"一名的出现与将芍药作为临别相赠之物的习惯孰先孰后，不过芍药作为离别寄情之物则是毋庸置疑的。这两种不同的命名方式分别从物质与象征两个角度展开，似乎正暗示着芍药知识的不同面向。李时珍作为著名的医药学家，他所关注的是芍药的外观与药用，其命名从芍药的外观形态展开。崔豹作为文人、学者，显然更为了解芍药的象征及社会含义，自然倾向于从临别相赠这一角度来为芍药命名。同时，作为一种文学意象，在后世诸多文学作品中，芍药的社会、文化、象征含义也不断被文人所发挥、再认。

而目前与芍药相关的研究也多从这两种角度展开。文学界的着眼点在于芍药绰约的花朵，主要关注芍药作为文学意象的诸多内涵。②中医药学者则将关注的目光集中于芍药的根部，重点探究芍药的药用价值被逐步发现的过程，③并且已经注意到了芍药药用价值的演变，但他们的关注点在于当下芍药的应用，并未将相关变化放到具体历史背景中进行讨论，也未将这些变化与妇科的发展及对女性身体、疾病的认知联系起来。与此同时，历史学界则很少有人针对芍药的药用价值及其变化展开相关讨论。不过，李贞德在《女人要药考——当归的医疗文化史试探》一文中，从性别史、医疗史与物质文化史的角度出发，对当归成为女人要药的历程展开了详尽细致的讨论，并将这一历程置于中医妇科的发展脉络与更大的历史背景下进

---

① 牟华林校笺《〈古今注〉校笺》卷下《问答释义第八》，线装书局，2015，第 203 页。

② 参见王功绢《中国古代文学芍药题材和意象研究》，硕士学位论文，南京师范大学，2011；孙慧颖《唐宋文学中的芍药》，硕士学位论文，安徽大学，2013；于晓南、苑庆磊、郝丽红《芍药作为中国"爱情花"之史考》，《北京林业大学学报》（社会科学版）2014 年第 2 期；闫亦凡《芍药诗家只寄情——浅析唐诗中的芍药意象》，《西部学刊》2019 年第 12 期；等等。

③ 中医学界根据古代本草典籍、当代中国药典等资料，对芍药的名称、产地、炮制方法、药效、使用禁忌等进行了细致的考证，并分析了白芍、赤芍的分用沿革。参见史素影等《白芍赤芍分用的本草沿革》，《中药材》2021 年第 10 期；刘萍《芍药、白芍、赤芍的历代本草考证浅析》，《中华中医药杂志》2018 年第 12 期；茹凯月等《白芍的本草考证》，《中医药通报》2023 年第 8 期。

行分析，^① 对本文有着重要的启发与借鉴意义。

李时珍在《本草纲目》中曾引用《日华子本草》中有关芍药药用价值的论述，指出芍药可以医治"女人一切病，胎前产后诸疾，治风补劳，退热除烦益气，惊狂头痛，目赤明目，肠风泻血痔瘘，发背疮疖"。^②《日华子本草》将女性可能出现的特殊疾病限定为生产前后可能出现的诸种疾病，而芍药正是医治这些疾病的灵丹妙药。但李时珍之后又对这一说法进行了反驳：

> 时珍曰：白芍药益脾，能于土中泻木。赤芍药散邪，能行血中之滞。《日华子》言：赤补气，白治血，欠审矣。产后肝血已虚，不可更泻，故禁之。^③

李时珍认为女性在生产之后肝血已虚，而芍药又有泻血的功能，因此不能使用。芍药有白芍、赤芍之分，其药效有所区别，不过李时珍论述产后禁用时并没有对两者进行区分，似乎两者均不可用。清代人汪昂在《本草备要》中也有类似的观点，他首先指出白芍"产后忌用"，^④并且针对白芍与赤芍的区别进一步指出：

> 白补而收，赤散而泻。白益脾，能于土中泻木；赤散邪，能行血中之滞。产后俱忌用。^⑤

---

① 李贞德提出，直至今日，台湾妇女仍在广泛服用以当归为主要成分的四物汤。她从《本草纲目》中将当归视为"女人要药"出发，通过梳理本草、医方与通说等不同文献，指出最早当归主要作为止痛良药，之后伴随着汉唐之际医者对女性产育的介入，以及宋代在"妇人以血为本"理论的影响下，当归逐渐演变成了"女人要药"。当归的这种变化历程与芍药十分相似。参见李贞德《女人要药考——当归的医疗文化史试探》，《"中央研究院"历史语言研究所集刊》（台北）第88本第3分册，2017年9月，第521~588页。
② 李时珍：《本草纲目》卷十四《草部三》，第850页。
③ 李时珍：《本草纲目》卷十四《草部三》，第850页。
④ 汪昂：《本草备要·草部》，余力、陈赞育校注，中国中医药出版社，1998，第57页。
⑤ 汪昂：《本草备要·草部》，第57页。

看来白芍与赤芍皆不可用于产后。那么为什么《日华子本草》会得出芍药可治女人一切病的结论？而后来的医药专家又为何认为芍药应当于产后禁用？中医药学界虽然也注意到了芍药产后禁用的问题，但并没有关注到《日华子本草》中的有关论述，并且主要关注的仍是芍药的现实应用问题，因此并没有对前面提出的问题展开讨论。或许可以从历史学的角度出发，以芍药药用价值的变化为基础，对芍药可治"女人一切病"论述的产生与芍药"产后忌用"的判断的出现展开相关讨论，并尝试探索这些变化背后所反映的中国古代妇科的变迁以及对女性身体认识的变化。

二 "主女人一切病"

芍药的药用价值及药用功效最早在长沙马王堆汉墓出土的《五十二病方》中就有所记载，关于《五十二病方》的成书年代，目前学界有多种观点，最早认为应当在战国以前，最晚认为应该在战国或者秦汉之际。[①] 但无论如何，这应该是目前关于芍药药用功效最早的记载。在《五十二病方》中，我们可以看到两条有关芍药的记载。在第一条中，芍药被用来治疗乌喙中毒，并且使用方法似乎颇为简单，"屑芍药，以□半杯，以三指大撮，饮之"。[②] 第二条则是用来治疗疽病：

> 治白蔹、黄芪、芍药、桂、姜、椒、茱萸，凡七物。骨疽倍白蔹，肉疽倍黄芪，肾疽倍芍药，其余各一，并以三指大撮一入杯酒中，日五六饮之，须已。[③]

在这个药方中可以看到不同药材的互相搭配，以及针对具体情况对药方进行

---

① 自1973年《五十二病房》出土，学界对其形成时间进行了广泛的讨论，但由于材料的限制，以及先秦著作往往不成于一人之手，目前并没有达成一致的意见，但这是我国目前可见的最古老的一部医学方书并无太大疑问。参见陈红梅《〈五十二病方〉成书年代讨论的焦点及启示》，《成都中医药大学学报》2014年第4期。
② 裘锡圭主编《长沙马王堆汉墓简帛集成》第5册，中华书局，2014，第229页。
③ 裘锡圭主编《长沙马王堆汉墓简帛集成》第5册，第266页。

调整的原则，不过其服用方法同样十分简单，也没有看到对芍药药性及药效的分析。而在目前可见最早的本草学著作《神农本草经》中，也有和芍药相关的记载，并且其对芍药的认识相较于《五十二病方》已经有了较大发展，为后世掌握有关芍药的本草知识奠定了基础。关于《神农本草经》的成书年代，由于问题十分复杂，学界并没有形成定论，不过其成书时间应该不晚于东汉。①《神农本草经》这样描述芍药的药用功效：

> 芍药，一名白木，味苦，平，有小毒，治邪气腹痛，除血痹，破坚积，寒热，疝瘕，止痛，利小便，益气，生川谷及丘陵。②

在这里我们可以看到芍药的主要功效在于镇痛、通血、利小便以及益气等，相较于《五十二病方》对芍药的认识，已经有了较大变化，不过我们并没有看到芍药与女性疾病之间的密切联系。

到了张仲景的《金匮要略》中，我们已经可以看到芍药被广泛应用到和女性相关的疾病中。比如妇人怀孕时，可用当归芍药散，"妇人怀娠，腹中疗痛，当归芍药散主之"。③在妊娠过程中也可以服用当归散、白术散用以养胎，其中都会用到芍药。并且此时我们也没有发现在产后禁用芍药的情况，这与李时珍在《本草纲目》中表达的观点不同。在产后腹痛之时，亦可以用芍药，"产后腹痛，烦满不得卧，枳实芍药散主之"。④除了生育前后，芍药还被应用于女性月经不调、月经不止等诸多带下病中，如"妇人有漏下者，有半产后因续下血都不绝者，有妊娠下血者，假令妊娠腹中痛，为胞阻"，⑤可以服用胶艾汤，其中就用到了芍药。当然芍药也常常被应用到其他的药方

---

① 《神农本草经》的形成是一个动态积累的过程，从本草药物的发现、知识的形成与积累，再到文字记载的出现与文书的诞生，最后出现了很多同名的本草文本，而陶弘景所做的注释则对《神农本草经》的成书产生了重要影响。参见丁振国、张净秋《〈神农本草经〉成书考》，《中医药文化》2023年第5期。
② 马继兴主编《神农本草经辑注》卷三《中药》，人民卫生出版社，1995，第203页。
③ 张仲景：《金匮要略》卷下，于志贤、张智基点校，中医古籍出版社，1997，第55页。
④ 张仲景：《金匮要略》卷下，第57页。
⑤ 张仲景：《金匮要略》卷下，第55页。

中，如"诸肢节疼痛，身体魁羸，脚肿如脱，头眩短气，温温欲吐"，① 可以用桂枝芍药知母汤。当遇到"血痹，阴阳俱微，寸口关上微，尺中小紧，外证身体不仁，如风痹状"这样的情况时，② 也可以服用黄芪桂枝五物汤，其中芍药就是重要成分之一。不过，芍药在此时更多的与女性疾病联系在了一起，如含有芍药的温经汤甚至可以治疗以下多种疾病，"（温经汤）主妇人少腹寒，久不受胎，兼取崩中去血，或月水来过多，及至期不来"，③ 从月经不调到崩中，甚至是求子，都可用到温经汤。可见芍药在这里已经被广泛应用到与女性相关的疾病中，其主要功效似乎是镇痛与通血。张仲景更是进一步认为，"妇人腹中诸疾痛，当归芍药散主之"，④ 芍药被当作一种保健品、万能药，向着可治"女人一切病"迈了一大步。

梁朝陶弘景曾经给《神农本草经》作注，形成了《本草经集注》一书。在该书中，他对芍药的认识又有了进一步的发展。除了《神农本草经》中提到的疗效之外，陶弘景进一步指出，芍药可"通顺血脉，缓中，散恶血，逐贼血，去水气，利胱膀大小肠，消痈肿，时行寒热，中恶，腹痛，腰痛"。⑤ 陶弘景对芍药的通血、镇痛消肿的功效做了进一步的解释，可以看出这些药效受到重视。之后陶弘景还介绍了芍药应当于二月、八月采摘，晒根，并提供了一份不能与芍药同时使用的药材的名单。

唐代有政府主持编撰的《新修本草》，但比较其中有关芍药的相关记载，基本上是照录陶弘景的《本草经集注》，对其没有新的认识。孙思邈在《千金方·备急千金要方》中也记有芍药本草的相关知识，其关于芍药疗效的描述基本上也是摘抄自陶弘景的《神农本草经》。不过，在《千金方·备急千金要方》中，孙思邈以妇科疾病独立成方，形成了《妇人方》一卷，并指出："夫妇人之别有方者，以其胎妊、生产、崩伤之异故也。是以妇人

---

① 张仲景：《金匮要略》卷上，第 13 页。
② 张仲景：《金匮要略》卷上，第 15 页。
③ 张仲景：《金匮要略》卷下，第 60 页。
④ 张仲景：《金匮要略》卷下，第 61 页。
⑤ 陶弘景：《本草经集注》卷四《草木中品》，尚志均、尚元胜辑校，人民卫生出版社，1994，第 267 页。

之病，比之男子十倍难疗。"① 可见孙思邈对女性疾病与身体特殊性的认识，而且他还将这种特殊性归因于女性需要经历产育这一生命过程。在这种观念的指导下，芍药更加系统地被应用到以产育为中心的女性疾病中。如不孕时可以服用白薇丸，可"令妇人有子"，② 其中含有芍药。想要求子时，可以服用丹参丸，能"养胎并转女为男"，③ 其中也含有芍药。在妊娠时，如遇到以下情况，也可用芍药等药物治疗：

> 妊娠八月，中风寒，有所犯触，身体尽痛，乍寒乍热，胎动不安，常苦头眩痛，绕脐下寒，时时小便白如米汁，或青或黄，或使寒栗，腰背苦冷而痛，目眕眕，芍药汤主之。④

并且此时我们同样没有发现产后忌用芍药的情况，甚至"产后虚热头痛"⑤ 时也可服用芍药汤，同时产后服用的羊肉汤、羊肉黄芪汤、当归芍药汤、茯神汤等也多含有芍药。当然此时芍药也有其他用途，比如服用芍药四物解肌汤，可治"小儿伤寒"。⑥

到了宋代，妇科逐渐成为独立的学科。熙宁九年（1076），宋朝设立太医局，产科成为其中独立的一科，在其中有了专门的人员和机构。太医院教授齐仲甫在描述自己撰写《女科百问》的动机时，就表达了妇科独立的观点：

> 圣朝列圣继承，念民疾疚，创学设科，厘为十三科。各有专习，回视成周，不惟其官惟其学，不惟其学惟其科，于是妇室始专科矣。可无成书乎？仲甫分职其科，医学不敢忽事，辄忘蒙昧，当集众方，纂成一

---

① 孙思邈：《千金方·备急千金要方》卷二《妇人方上》，刘清国等校，中国中医药出版社，1998，第29页。

② 孙思邈：《千金方·备急千金要方》卷二《妇人方上》，第30页。

③ 孙思邈：《千金方·备急千金要方》卷二《妇人方上》，第30页。

④ 孙思邈：《千金方·备急千金要方》卷二《妇人方上》，第36页。

⑤ 孙思邈：《千金方·备急千金要方》卷三《妇人方中》，第50页。

⑥ 孙思邈：《千金方·备急千金要方》卷五《少小婴孺方》，第89页。

帙，目曰《女科百问》。①

在妇科制度、体制独立的同时，妇科也发展出独立的理论系统。宋人陈自明撰写了第一本独立的妇科著作《妇人大全良方》，并且他还提出：

> 大率治病，先论其所主。男子调其气，女子调其血。气血，人之神也，不可不谨调护。然妇人以血为基本，气血宣行，其神自清。②

自此，妇人以血为本的理念就成为妇科最为基本的理论之一。当然陈自明的理论不是凭空出现的，他生活在一个将女性的健康与血紧密联系在一起的时代。比如，齐仲甫也提出了"男子以精为本，女子以血为源"的理论。③同时代的杨士瀛指出女性与男性的区别在于月事及产育，并进一步阐述女性与血的紧密联系：

> 曷尝以男女为别哉？要之，月事去来，产前产后男子所无，请发明其蕴，以解世俗之惑。盖妇人以血为主。④

同时宋人还十分重视芍药的镇痛、通血功能，唐慎微在《证类本草》中引用《药性论》，并指出：

> （芍药）能治肺邪气，腹中疞痛，血气积聚，通宣脏腑拥气，治邪痛败血，主时疾骨热，强五脏，补肾气，治心腹坚胀，妇人血闭不通，消瘀血，能蚀脓。⑤

---

① 齐仲甫：《女科百问序》，牛兵占主编《中医妇科名著集成》，华夏出版社，1997，第 31 页。
② 陈自明：《妇人大全良方》卷一《调经门》，刘洋校注，中国医药科技出版社，2011，第 9 页。
③ 齐仲甫：《女科百问》，宋咏梅、宋昌红点校，天津科学技术出版社，1999，第 1 页。
④ 杨士瀛：《仁斋直指方论》卷二十六，福建科学技术出版社，1989，第 668 页。
⑤ 唐慎微：《证类本草》卷八，尚志钧等校点，华夏出版社，1993，第 223 页。

苏颂编撰的《本草图经》也转引《正元广利方》，提出芍药可以"治妇女赤白下，年月深久不差者"。[①] 这样一来，根据妇人与血、血与芍药之间的联系，妇人与芍药之间的紧密关系也就建立了。《日华子本草》将这种观点发挥到了极致：

> （芍药）治风补劳，主女人一切病并产前后诸疾，通月水，退热除烦，益气，天行热疾，瘟瘴，惊狂，妇人血运及肠风泻血，痔瘘，发背疮疥，头痛，明目，目赤胬肉。[②]

不过由于《日华子本草》早已散逸，今天能看到的《日华子本草》是从诸多本草典籍中辑录出来的，所以我们对《日华子本草》的基本信息了解的并不多，特别是其成书年代。根据尚志钧的研究，《日华子本草》应当成书于812年以后，最有可能成书于五代十国的吴越期间。[③] 所以我们最好将《日华子本草》中的芍药"主女人一切病"理念视为当时医学知识风气的产物，其未直接受到上述宋代医药学家的影响。

从最早在《五十二病方》中被用于治疗乌喙与疽病，到《神农本草经》中镇痛与通血的功效，再到张仲景以当归芍药散治妇人腹中诸疾病，进而孙思邈在重视妇科疾病独特性的同时，将芍药更加系统地应用到以产育为中心的妇人疾病中。在五代至宋时期"妇人以血为本"的理念影响下，芍药通血的功能得到了前所未有的重视，甚至出现了芍药"主女人一切病"的论述。不过这种理论过于极端，很快就有医药专家提出反对意见，但这些医者却逐渐走向了另一个极端。

---

① 苏颂编撰《本草图经》卷六《草部中品之上》，尚志钧辑校，安徽科学技术出版社，1994，第155页。

② 常敏毅辑注《日华子本草辑注》，中国医药科技出版社，2016，第39页。

③ 尚志钧：《日华子和〈日华子本草〉》，《江苏中医》1998年第12期。

三　从产后忌用到辨证施用

《日华子本草》中的理论虽然强调了芍药与女性疾病的关系，但难免过于极端。宋代已有医药学家提出了一些不同的意见。寇宗奭就指出："然血虚寒人禁此一物。古人有言曰：减芍药以避中寒，诚不可忽。"[①]寇宗奭认为芍药有寒性，血虚寒人应当禁用。这种认为芍药属寒的观点早在陶弘景的《本草经集注》中就有所显示，他认为"芍药，味苦、酸，平、微寒，有小毒"。[②] 而这种观点也为宋元人所继承。宋代唐慎微似乎直接抄录前人的观点，同样认为芍药"味苦、酸，平、微寒，有小毒"。[③] 元代王好古也有类似的观点，他这样描述芍药的性质："芍药，气微寒，味酸而苦。气薄味厚，阴也，降也。阴中之阳。有小毒。"[④] 在该书中，宋人并没有将芍药的这些特点与女性联系起来，不过妇人产后应当避寒早在隋代《诸病源候论》中就有所论述。巢元方在谈到产后风冷虚劳候时认为：

> 产则血气劳伤，腑脏虚弱，而风冷客之，风冷搏血气，血气则不能自温于肌肤，使人虚乏疲顿，致羸损不平复，谓之风冷虚劳。若久不瘥，风冷乘虚而入腹，搏于血则瘀涩；入肠则下利不能养，或食不消；入子脏，并胞脏冷，亦使无子也。[⑤]

产后妇人应当避免风寒，否则就会身体虚弱、血脉不通，甚至无子。宋人虽然认识到了芍药性寒，且有小毒，还没有将芍药性寒与产后应避风寒结合起来。真正将这两种观点结合，并提出产后应当忌用芍药的是元人朱震亨，不过他从一个极端走向了另一个极端，没有考虑到用药场景以及病人状况的多

---

① 寇宗奭：《本草衍义》卷九，颜正华等点校，人民卫生出版社，1990，第 57 页。
② 陶弘景：《本草经集注》卷四《草木中品》，第 267 页。
③ 唐慎微：《证类本草》卷八，第 223 页。
④ 王好古：《汤液本草》卷中，陆拯、郭教礼、薛今俊校点，中国中医药出版社，2013，第 54 页。
⑤ 巢元方：《诸病源候论》卷四十三，黄作阵点校，辽宁科学技术出版社，1997，第 202 页。

样性与复杂性，他认为：

> 产后无得令虚，当大补气血为先，虽有杂证，以末治之。一切病多是血虚，皆不可发表。产后不可用芍药，以其酸寒，伐生发之气故也。①

朱震亨认为妇人生产后气血虚弱，因此应当大补，而芍药有酸寒之性，不利于妇女产后生气的恢复，因而绝不可用。

这样的观点为后世部分医药专家所继承，明代李时珍、清代汪昂分别在《本草纲目》及《本草备要》中引用了朱震亨的观点，并指出产后应当忌用芍药。明人王纶也继承了朱震亨的观点，不过他的论述有所缓和：

> 产后气血暴虚，欲补之则恐恶露停滞，欲攻之又恐元气有亏，惟行中带补，化旧生新，方始万全。世之治产者往往用四物汤，窃谓地黄性寒滞血，芍药酸寒无补，非治产之良剂也。②

王纶同样认为妇人产后气血虚弱，因此需要用补药，但同时他还提出了妇人需要排出恶露，所以需要行中带补，因此芍药并不是良药。其主要借鉴了朱震亨的观点，同时又吸收了宋代人的部分观点。宋代杨士瀛就提出产后需要清瘀：

> 抑产前产后治法将何择焉？曰：产前安胎，产后消淤。于是遵依条列，斟酌轻重而调理之……消淤者何？川芎、蒲黄、赤芍药、生地黄为要药，他如内补、拦住败血之剂，则不可轻进也。③

杨士瀛在这里重点强调产后清瘀的重要性，芍药又有通血之功，自然是一味

---

① 朱震亨：《丹溪心法》，彭建中点校，辽宁科学技术出版社，1997，第103页。
② 王纶：《节斋公胎产医案》，中国中医药出版社，2015，第3页。
③ 杨士瀛：《仁斋直指方论》卷二十六，第668~669页。

良药。可见朱震亨的观点虽然为后人所继承，但由于他的观点过于极端，后人在继承的同时也有所修正，前面王纶调和补血与清瘀这两种观点就是一种尝试。

不过，王纶调和两种观点的尝试仅仅让朱震亨的观点显得没有那么极端。在明代提倡辨证论治的医学风气下，朱震亨的观点得到了更彻底的批判。明代人楼英提出诊病需要辨明生病的具体原因，不能一概而论：

> 故诊病者，必先分别血气表里上下脏腑之分野，以知受病之所在；次察所病虚实寒热之邪以治之，务在阴阳不偏倾，脏腑不胜负，补泻随宜，适其病所，使之瘥安而已。①

当然，在妇科诊治中，同样也需要辨证论治。明代人薛己在校注《妇人良方》的月水不调方论时，首先批判了朱震亨过于僵化的观点，并指出月水不调可能存在多种病因：

> 丹溪先生云，先期而至者，血热也，后期而至者，血虚也。愚所谓先期而至者，有因脾经血燥，有因脾经郁火，有因肝经怒火，有因血分有热，有因劳役火动。过期而至者，有因脾经血虚，有因肝经血少，有因气虚血弱。②

之后他又根据不同的病因给出了相应的药方。明代人张景岳在辨证施治的方法论下，更加彻底地批判了朱震亨的观点，同时也向我们展示了他思想转变的过程：

> 尝见丹溪云："产后当大补气血，即有杂证，以末治之，一切病多是血虚，皆不可发表。"此其意谓血气随胎而去，必属大虚，故无论诸

---

① 楼英编撰《医学纲目·自序》，中国中医药出版社，1996，第 2 页。
② 许润三注释《〈校注妇人良方〉注释》，陈自明原著，薛己校注，江西人民出版社，1983，第 6~7 页。

证，皆当以大补为先，其他皆属可缓。余于初年诚然佩服，及执而用之，则每为所困。经者数次，始悟其言虽有理而未免言之过也……凡产后气血俱去，诚多虚证。然有虚者，有不虚者，有全实者。凡此三者，但当随证、随人，辨其虚实，以常法治疗，不得执有成心，概行大补，以致助邪。此辨不可不真也。①

张景岳早年十分信奉朱震亨这一理论，但在之后的实际应用中，他逐渐发现了朱震亨这一观点的不足，进而改变了自己的观点。妇人生产后，既有全虚，又有全实，同时也有介于两者之间的情况，因此需要根据具体情况进一步判断用药。张景岳甚至进一步提出芍药为产后要药，"且芍药性清，微酸而收，最宜于阴气散失之证，岂不为产后之要药乎？"②

当然，并不是所有医药专家都是从辨证施治的角度对朱震亨的观点做出批判的，也有人从历史上芍药的使用出发，特别是从张仲景的诸多药方出发，认为产后不忌芍药。比如清代人汪讱庵认为："妇科一切悉疗，产后诸症宜忌。按仲景产后诸症，不遗白芍，是产后不忌芍也。脉缓有汗者宜之。"③他认为张仲景提供的产后诸方并没有遗漏白芍，这正是不忌用白芍的表现，不过他也给出了比较适宜服用白芍的情况。与此类似，清代人傅山也借张仲景阐发了自己的观点，并且还从原理的角度解释了为何慎用芍药：

> 或疑产后禁用白芍，恐伐生气之源，何以频用之而奏功也？是未读仲景之书者。嗟乎！白芍之在产后不可频用者，恐其收敛乎瘀也。而谓伐生气之源，则误矣。④

他认为禁用芍药并不是如朱震亨所说其有损于生气，而是因为芍药属酸，使用过多可能收敛引起血瘀。虽然这两种论证方式得到的结果相似：产后不需

① 张景岳：《妇人规》下卷，罗元恺点注，广东科技出版社，1984，第235页。
② 李志庸主编：《张景岳医学全书》，中国中医药出版社，1999，第1599页。
③ 汪讱庵：《本草易读》卷三，人民卫生出版社，1987，第156页。
④ 傅山：《傅青主女科》卷二《女科下卷》，中国中医药出版社，2019，第76页。

忌用芍药，但通过辨证施治的角度来论证芍药的服用可能更为合理有效。正如清人柴得华所说：

> 朱丹溪曰：产后气血两虚，惟宜大补，虽有他证，以末治之。张从政曰：产后慎不可作诸虚不足治。二公之论，不无各偏……治疗之法，虚则补之，实则泻之，寒则温之，热则清之。余守用有年，从未致误。总之，能于形、证、脉三者参详，何施不可？《经》曰：能合脉色，可以万全。[①]

根据形、证、脉三者共同判断病情，然后选择合适的用药方法，这样辨证施用的方法显然比前面提到的两种极端的用法，即全用或者忌用，更为合理有效。

综上所述，我们可以发现，面对《日华子本草》中芍药"主女人一切病"的观点，宋人虽然认识到芍药性寒以及妇人产后应当避寒，但并未将两者联系到一起。在此基础上，朱震亨从产后需要大补的角度出发，走向了另一个极端，认为产后应当禁用芍药。而随着明代辨证施药风气的兴起，许多医药专家向朱震亨的观点发起了挑战，或是从辨证施治的角度进行论证，或是借用古人的权威，最终将芍药的应用纳入更为合理有效的轨道。

四　道地芍药产地的位移

在芍药药效知识不断变化的同时，本草专家对道地芍药产地的认识也在不断变化。最早说明道地芍药产地的是陶弘景，他在注释《神农本草经》时指出："（芍药）生中岳，川谷及丘陵。"[②] 但之后他又补充道：

> 今出白山、蒋山、茅山最好，白而长大，余处亦有而多赤，赤者小利。世方以止痛，乃不减当归，道家亦服食之，又煮石用之。[③]

---

① 柴得华：《妇科冰鉴》卷七《产后门》，王耀廷等点校，中医古籍出版社，1995，第120~121页。
② 陶弘景：《本草经集注》卷四《草木中品》，第267页。
③ 陶弘景：《本草经集注》卷四《草木中品》，第267页。

目前并没有明确的证据可以解释陶弘景为何在注释芍药产地时明确注明中岳,但结合《神农本草经》的成书时间以及陶弘景在下文中对"当代"芍药产地的认识,这种认为芍药生于中岳的知识可能生成于秦汉时期。而秦汉时期正是五岳信仰祭祀的形成期,[①] 人们在多次对中岳进行祭祀时,也促进了这一地区的开发,很可能逐渐增进了对当地物产的认识。因而芍药生于中岳可能就形成于中岳信仰这一背景之下。

那么陶弘景又为何如此推崇白山、蒋山、茅山的芍药呢?白山[②] 又称小白山,位于剡县,属会稽郡,为道教名山。蒋山又名钟山,位于建康城郊,魏斌曾指出东晋南朝以来,在政治及宗教等因素的影响下,以钟山为代表的建康城郊逐渐得到开发。[③] 茅山更不用说,东晋南朝以来就以道教名山而闻名。魏斌以普通三年树立三茅君碑这一事件为线索,详细论述了东晋南朝以来句容茅山的兴起,[④] 其中陶弘景也有所参与,并且陶弘景还在茅山居住修行过一段时间。在此基础上,魏斌进一步针对"神仙侨民"展开了分析,他指出在北方流民不断南迁的背景下,北方神仙也逐渐"南迁"至江南地区,并形成了江南地方认同,在这一过程中陶弘景也助力颇多。这样看来,在北方民众不断南迁以及南方地区(特别是重要的道教名山以及重要城市的周边)不断开发的背景下,人们获取了更多有关南方的知识,再加上中原难回,陶弘景就将道地芍药的产地定位于白山、蒋山以及茅山。与之类似,于赓哲就讨论了唐代南方道地药材种类的增加与南方开发之间的联系。[⑤] 而结合"神仙侨民"的南迁,南方道教名山、洞天福地的增多以及陶弘景对此的参与,《本草经集注》中有关芍药本草

① 牛敬飞对汉代五岳祭祀体系的形成有比较详细的讨论。他指出,在先秦时期,五岳虽然与诸侯国君关系紧密,但更多是一种地方性的祭祀。到了秦朝时五岳祭祀的地位有所上升,但五岳仍然没有与其他名山大川分开。直至西汉神爵元年,朝廷依照儒家经典制定礼仪制度,五岳才拥有了独尊于众山的地位,而到了东汉祭祀更渗透到朝廷礼制的各个方面。参见牛敬飞《五岳祭祀演变考论》,博士学位论文,清华大学,2012,第22~41页。

② 朱寒青指出此地在南朝时道教发达,是浙右的道教神山之一;《太平御览》引《名山略记》,记载赵广信于魏末入小白山修道一事。参见朱寒青《东晋南朝时期的佛教与会稽社会》,硕士学位论文,华东师范大学,2021,第124~125页;李昉编纂《太平御览》卷四十七《地部十二》,夏剑钦、王巽斋校点,河北教育出版社,1994,第423页。

③ 魏斌:《"山中"的六朝史》,生活·读书·新知三联书店,2019,第274~307页。

④ 魏斌:《"山中"的六朝史》,第95~137页。

⑤ 于赓哲:《唐代疾病、医疗史初探》,中国社会科学出版社,2011,第75~104页。

的知识也可以理解为提高东晋南朝地位的一种努力。

进入唐代，道地芍药的产地又发生了新的变化。孙思邈在《千金翼方》中基本上照录陶弘景的观点，不过他删去了那条关于白山、蒋山、茅山是道地芍药产地的记载，同时，在孙思邈有关药材产地的记载中，我们可以发现芍药出现在"关内道鄜州""山南西道商州"这两个条目之下。① 而这两个地方都位于关中地区，似乎道地芍药的产地又发生了北移，这种情况可能也与王朝政治、经济中心的转移有关。

到了宋代，道地芍药的产地再次发生了变化。宋代的情形又与东晋南朝有许多相似之处，随着人口的南迁、南方地区的开发以及宋朝政治、经济中心的南移，道地芍药的产地再一次出现了南移的趋势。苏颂指出："芍药生中岳川谷及丘陵，今处处有之，淮南者胜。"② 此后，直到明清时期，道地芍药的产地也一直在南方。如李时珍在《本草纲目》中提到："昔人言洛阳牡丹、扬州芍药甲天下。今药中所用，亦多取扬州者。"③ 扬州作为道地芍药的产地，似乎在宋代已见端倪，蒋少华就对宋代扬州的芍药风尚进行了细致的讨论，其中士人对芍药花朵的欣赏刺激了芍药种植与市场的发展，可能对药用芍药的生产也有一定刺激作用。④

通过将道地芍药产地的变迁与更大的历史背景相结合，我们或许可以尝试做出一些推测。在秦汉时期，不仅政治经济中心位于黄河流域、中原地区，而且人们对这一地区的认识也远超南方诸地区，自然也更容易在"中岳"附近发现道地芍药。进入魏晋南北朝，一方面人们增进了对南方的了解；另一方面在当时诸多政权相互竞争的大背景下，东晋南朝的士人不仅试图从信仰的角度树立南方的"正统"地位，还将本草知识生产及宣传作为抬高南方地位的重要方法，陶弘景就是其中一个重要的代表。隋唐统一之后，关中地区再度成为王朝的中心，道地芍药的产地也发生了相应的变化。而中晚唐以来，伴随着南方地区的开发以及南方地区经济重心地位

---

① 李景荣等校释《千金翼方校释》卷一《药录纂要》，人民卫生出版社，2014，第 11、13 页。
② 苏颂编撰《本草图经》卷六《草部中品之上》，第 155 页。
③ 李时珍：《本草纲目》卷十四《草部三》，第 849 页。
④ 蒋少华：《"维扬芍药甲天下"笺释——兼论宋代扬州的芍药风尚》，赵昌智主编《扬州文化研究论丛》第 27 辑，广陵书社，2022，第 168~181 页。

的确立，道地芍药的产地在南移后也没有再发生较大的变化。甚至到了明代，伴随出版市场的扩大以及南北的统一，李时珍获取知识的来源较之宋代医者更为广泛，但他仍旧推崇扬州芍药，足见其地位之稳固。可见，在对芍药作用的认识不断变化的过程中，人们对道地芍药产地的认识也在不断变化，而这种南移与北迁背后反映的是政治、经济以及文化的更大变化，当然这些移动也与环境是否有利于芍药生长有很大关系。同时，芍药本草知识的形成也是作者将已有知识体系与当下历史环境不断调和所形成的结果，而这一过程自然也与作者的生活经历、知识来源密不可分。

结　语

通过前面的讨论我们可以发现，人们很早就认识到了芍药的药用价值，并将其应用到药方之中。在马王堆汉墓出土的《五十二病方》中，芍药被用来治疗乌喙中毒以及疽病，与后世有所区别，但此时我们看到的仅仅是两条药方，无法判断是否形成了成体系的芍药本草认识。在《神农本草经》中，有关芍药的知识被体系化，其主要功效为镇痛与通血。到了张仲景以及孙思邈生活的时代，芍药被广泛、系统地应用到了和女性相关的诸多疾病中，并且张仲景用当归芍药散治妇人腹中诸疾痛，孙思邈将妇人疾病独立成方，可以说是向《日华子本草》中的观点迈了一大步。到了宋代，在"妇人以血为本"，产后需要去瘀观点的影响下，芍药与女性疾病之间的联系得到了前所未有的强化，《日华子本草》中更是提出了芍药"主女人一切病"的观点。这种观点过于极端，宋代医者已经出现些许不同的观点，但并没有对这一观点进行否定。到了元代，朱震亨认为妇人产后气血两虚、需要大补，认为芍药会伐生气，因此走向了另一个极端，认为产后忌用芍药。尽管后人也继承了朱震亨的观点，但也都在某种程度上弱化了这种极端性。更进一步，在明代辨证施治风气的影响下，医者或是通过论证诊病施药时需要考虑诸多因素，或是通过援引古人权威，将芍药的使用纳入了辨证施用的轨道中来，这种做法更为合理且具有实效。

中国古代医学体系十分复杂，妇科医学同样如此，同时古代医学对女性身体的认识也有多种观点，并且处在不停的变化之中。这种情况使我们难以从宏观的角度出发，对中国古代妇科以及有关女性身体认识的演变做出准确的描述。不过我们可以尝试从芍药本草知识演变的角度切入这一问题，或许能够加深相关的认识。费侠莉在《繁盛之阴——中国医学史中的性（960~1665）》中就提到了《黄帝内经》中"黄帝的身体"，[①] 在这里性别的区分并不明显。而从芍药本草知识的发展变化来看，早期的芍药也并未与女性疾病产生明确的联系。根据李贞德在《女人的中国医疗史：汉唐之间的健康照顾与性别》中的讨论，汉唐以来，医者逐渐全面介入女性的产育活动中，男性的产育活动则没有受到如此多的关注，这也成为妇科的滥觞。[②] 而这一时期，妇科独立成方，芍药也被全面系统地应用到女性疾病的治疗当中，可以反映出男女身体之间的区别被逐渐认识。而宋代独立产科开始出现，"妇人以血为本"的理论也逐渐成形，在这样的风气中，芍药"主女人一切病"这一认识也得以形成。在元代，针对妇女产后应该大补还是去瘀的不同理念，芍药的使用从一个极端走向了另一个极端，不过这背后仍然反映了对女性身体特殊性的认识。进入明清时期，随着辨证施治风气与方法的兴起，除了以性别划分之外，医者对女性身体需要考虑的其他诸多特殊因素也有了进一步的认识，女性身体特殊性的色彩有所淡化。产后忌用芍药这样僵化的理论得到了较为彻底的批判，芍药逐渐被纳入辨证施用的轨道中。

除此之外，道地芍药产地的南移与北迁，往往与经济及政治中心的转移、不同地区的开发也有着密切的联系，透过道地芍药产地的变化，我们也可以对中国历史的发展有更进一步的认识。同时，可以看出本草知识的生产过程也是一个本草专家、医药学家与已有知识及社会现状不断互动的过程。

不过到了近现代，芍药与女性之间的联系似乎发生了断裂。在谈及芍药知识时，医者似乎很少提到它对女性疾病的独特作用。比如张锡纯在谈到芍药时指出：

---

① 费侠莉认为在《黄帝内经》中，阴阳理论被用于解释男性与女性的身体，两者是同质的，性带来的差别只是一种相对的和有条件的差别，而且两者还是一种互补的关系。参见费侠莉《繁盛之阴——中国医学史中的性（960~1665）》，甄橙主译，吴朝霞主校，江苏人民出版社，2006，第 18~54 页。
② 李贞德：《女人的中国医疗史：汉唐之间的健康照顾与性别》，台北：三民书局，2008，第 49~53 页。

> 芍药味苦微酸……为阴虚有热小便不利者之要药……能入肝以生肝血……能入胆而益胆汁……除痢疾后重……疗目疾肿疼……赤者……故治疮疡者多用之……白芍……调和气血之力独优。①

而我们根据他所开的诸多药方可以发现，张锡纯在用药时主要强调芍药调肝、利小便的药效，几乎不再提及芍药对于女性疾病的作用。不过清代人叶天士曾提到，"女子以肝为先天，阴性凝结，易于拂郁，郁则气滞血亦滞"，②不知这两者之间是否存在联系。到了当代，我们似乎又开始重新重视芍药对于女性调经的作用，比如《中华人民共和国药典》在"白芍"一条中这样描述它的药效：

> 养血调经，敛阴止汗，柔肝止痛，平抑肝阳。用于血虚萎黄，月经不调，自汗，盗汗，胁痛，腹痛，四肢挛痛，头痛眩晕。③

医药专家对芍药认识的变化可能与近代以来中西医的交流、中医的发展变化有关，这也值得我们做进一步的探索。

作者单位：武汉大学历史学院

---

① 张锡纯：《医学衷中参西录》原第 4 期第 3 卷，山西科学技术出版社，2009，第 227 页。
② 叶天士：《临证指南医案》卷九，中国中医药出版社，2008，第 491 页。
③ 国家药典委员会编《中华人民共和国药典》第一部，中国医药科技出版社，2020，第 109 页。

清代四川地区农业生产与农书创作[*]
——以《三农纪》为中心的研究

周 迪 梅思雨

【摘 要】《三农纪》是清代农学家张宗法在承袭前人农学思想的基础上，结合己见所著的一部相当具有四川地域性特色的农书，对四川地区的农业发展产生了深远而良久的影响。本文从该书的成书背景出发，梳理该书的编撰特点和价值。该书的创作是社会背景、农业政策、农业生产环境以及四川当地的生产情况等诸多因素共同作用的结果。这些因素贯穿该书创作的始终，该书的编撰特点和价值既受到成书背景的影响，又是对成书背景的良好反映，呈现了独特的编辑特点，产生了极高的社会效应和使用价值。作为四川历史上地位独特的一部综合性农书，该书中总结的农业生产技术影响了清代乃至后世几百年，对农业技术的发展及古代科技典籍写作做出了重大贡献。

【关键词】张宗法 《三农纪》 清代 四川地区

《三农纪》是清代四川地方农书代表之作，其作者张宗法，作为一名寓隐于农的知识分子，征引前代文献，并收集蜀中地区老农经验，在此基础上加之自身对农业生产的理解和经验，最终于乾隆二十五年（1760）完书。

多年来，关于《三农纪》大都集中于作者与版本的研究[①]、对书中所引前代文献及其科学性的考究[②]、对书中植物保护知识的认识及其当代价值体现的研究[③]。张胜利还对张宗法其人及其书的农学成就进行了系统的总结和

---

* 本文系国家社会科学基金重大项目"中国古农书的搜集、整理与研究"（21&ZD332）阶段性成果。

① 曲辰：《〈三农纪〉及其作者张宗法》，《四川农业科技》1981 年第 1 期，第 48 页。

② 闵宗殿：《〈三农纪〉所引〈图经〉为〈图经本草〉说质疑》，《中国农史》1994 年第 4 期，第 107 页。

③ 陈朝余：《〈三农纪〉中的植物保护知识》，《农业考古》2000 年第 1 期。

梳理，①但对该书编辑实践方面的研究偏少。《三农纪》作为指导四川地区农业生产的科技典籍，一方面在构建四川的地方农业技术体系层面意义重大，另一方面在中国古代科技思想史层面的价值也同样不容小觑。因而，本文拟对其编撰实践过程进行研究，挖掘其编辑特色和价值，以期为《三农纪》的后续各项研究提供理论参考。

一 《三农纪》成书背景

（一）社会背景

1. 国家统一，社会秩序安定

明清时期，多民族国家不断形成和发展。清代平定了西藏与大小金川农奴主的叛乱，同时又对云南、贵州、广西、广东、四川等地区实行改土归流，多民族国家实现空前统一，社会秩序长期安定，为创作和文化事业发展奠定了良好的基础，为加强各民族交流交往创造了前所未有的条件。

2. 推行垦荒政策，流民大量涌入

明末清初，由于连年战乱和疫疠，四川地荒丁亡的情况十分突出。《四川通志》载：明末兵燹之余，人口大量死亡逃徙，"丁户稀若晨星"。②昔日天府之国，遍地蓬蒿。至清康熙初年，面对这样的绝境，清政府一再推行垦荒政策，吸引大批流民入蜀垦荒以促进农业的发展。清初顺治年间至乾隆年间，大量移民涌入四川，史称"湖广填四川"。③涌入的大量移民积极在四川这片土地上开垦荒地，兴修农田水利，促进了当地农业生产的恢复。

（二）农业政策

1. 提倡重农思想，奖励农桑

中国历来是"以农立国"的文明古国，尤其是明末清初以来，因战乱和

---

① 张胜利：《张宗法〈三农纪〉研究》，硕士学位论文，华南农业大学，2016，第6页。
② 雍正《四川通志》卷五《户口》，文渊阁四库全书本，第10页。
③ 张敏、柯立、孙上茜：《明末清初"湖广填四川"人口迁徙及其影响》，《常熟理工学院学报》2008年第5期，第80页。

自然灾害，政局不稳，有识之士充分认识到空谈理学的无助，把以农业为主的生产活动当作"修齐治平"的根本，农本思想得到进一步强化。清政府大力提倡、奖励农桑，康熙帝曾说："农事实为国之本，俭用乃居家之道，是以朕听政时，必先以此二者为先务。"[①]诸如此类的议论，见诸清前期各朝皇帝的诏谕、圣训中，反映出清代皇帝对于农业的重视，"务本"、发展农桑被视为他们政务活动中的大事，由此促进了清代农学的发展。农书创作热情高涨，各种农书数量和类型迅速增加，达到了空前繁荣之势。《三农纪》就是其中非常具有特色的存在。

2. 赈灾救荒政策

清代自然气候异常，自然环境恶化，灾害多发，给农业生产带来巨大的损失。四川地区多发水灾、旱灾以及水旱灾并发。因而清政府非常重视赈灾救荒，并且制定了一系列措施，包括救灾、缓征、赈饥、借贷等措施，对受灾情况也非常关心。清政府规定：凡地方遇灾，地方官必须迅文申报，督抚奏文，委员会同地方官勘察灾情。[②]在民间人民也常有备于患，多种有备荒救灾作用的作物贮藏在仓库中以备不时之需。

（三）农业生产环境

1. 人多地少使人均耕地面积减少，迫切需要提高土地利用率

人多地少的现象在历史上也出现过，但在清乾隆时期，达到了十分尖锐的程度。明清以来，随着社会秩序的逐渐稳定，中国人口迎来了爆发性增长。据官方记载，中国人口于乾隆六年（1741）突破 1 亿大关。据《清实录》载，乾隆三十年（1765），人口增加到 2 亿人。[③]随着人口的增加，尽管耕地也有所增加，但其增长速度远不及人口增长速度，如此增长情况带来了人均耕地下降的结果。据梁方仲《中国历代户口、田地、田赋统计》乾隆三十一年（1766）四川人均耕地为 15.55 亩，到嘉庆十七年

---

① 《清圣祖仁皇帝实录》卷一百一十六，康熙二十三年七月乙亥，中华书局，1985 年影印本。
② 闵宗殿主编《中国农业通史·明清卷》，中国农业出版社，2020，第 117 页。
③ 闵宗殿主编《中国农业通史·明清卷》，第 9~12 页。

（1812）下降为 2.17 亩，下降了 86%。^①此外，都永龢在《联民以弭乱议》中也记载："吾蜀人稠地密，年胜一年。"^②这些证据充分反映了清中期后人多地少矛盾的严重性，解决人多地少的问题成为农业生产中亟待解决的基础问题。

面对土地资源日益紧张的情况，最有力的措施是扩大耕地面积和提高土地利用率两条，这促使清代农业发展走上了一条新的道路。总结农业生产经验和推广农业生产技术，在生产的深度和广度上开辟新的领域为提高土地利用率提供直接动力是《三农纪》一书出现的直接动因。

2. 外来人口带来了新作物，迫切需要系统的种植技术指导

自明代以来，不少海外作物传入了中国，主要有玉米、番薯、马铃薯、棉花、烟草、花生、向日葵以及其他一些水果、蔬菜等。这些新作物的引进，对当时以及以后的中国农业产生了深远影响。尤其是玉米、番薯等作物对环境有着极强的适应性，非常地耐瘠薄耐旱，因而引进后在丘陵山区等比较贫瘠的地方得到了广泛的推广和种植，提高了我国的耕地利用上限，为中国的农业增长做出了重要贡献。

新作物的引进对整体的农业生产局面产生了良好效益，但是当时的民众对引进作物了解地不够透彻，与之对应的农业生产技术尚不成熟，导致没有形成系统的耕种方法，新作物在当地推广受到了一定限制。因此迫切需要与引进作物相适应的配套生产理论和技术，这是《三农纪》一书出现的又一重要诱因。

（四）四川当地生产情况

1. 外来人口和本地人口的交融需要一个媒介

清前期有大量的移民进入四川，他们历经千难万险，进入四川垦荒定居。在入川的同时也带来了诸多的物产和本土的丰富文化。彼时，大量涌

---

① 梁方仲编著《中国历代户口、田地、田赋统计》，上海人民出版社，1980，乙表 74、乙表 76。

② 都永龢:《联民以弭乱议》，转引自于宝轩《皇朝蓄艾文编》卷六，上海官书局，1903，第 60 页。

入的移民与原本的居民一起生活，有的与四川原籍居民通婚，移民文化开始与当地文化交流交融，彼此相互影响。但是移民文化与当地文化多有不同，因此需要一个媒介来加快多种文化相互交融的进程。

此时，著书立说将人民日常生活和生活习惯进行普及，用以指导人民生产生活，加快文化交融进程成为十分重要的事情。

2. 四川独特的农业生产环境，没有对应的针对性指导手册

四川盆地因其独特的地理位置和得天独厚的自然条件，在历史上形成了独具区域化特色的农业，是我国主要的农业区之一，素有"沃野千里，天府之国"的称谓。而张宗法所在的什邡县，由于"土地平衍，田尽膏腴"的地理特征，[①] 更是蜀地中部农业的中心地区。自春秋战国时期以来，四川盆地农业区得到了迅速发展，至西汉时期，成为与关中、关东农业区齐驱并驾的三大农业区之一。由此，历代王朝统治者都将四川作为西南之眼而着力经营，至今形成了有粮、棉、油、桑、麻、烟、茶、猪、甘蔗等特色农产品的农业地理单元。[②]

面对四川这一独特的地理单元和农业生产环境，急需重视总结和研究地区性农业生产经验，用以指导当地农业生产的地方性农书，张宗法的《三农纪》适应了这一地方生产需求，在此基础上应运而生，为四川当地农业生产做出了突出贡献。

二 《三农纪》的编撰特点

（一）内容翔实、规模宏大

清代国家达到空前统一，社会发展迅速为农书提供了稳定的创作环境。《三农纪》一书呈现的首要编撰特点便是内容丰富翔实，规模宏大，细节充盈。全书带序共 24 卷，总计 33 万字。书中所涉内容丰富，承袭了北魏贾思勰所著农业百科全书《齐民要术》的编辑思想，贾思勰认为："起自农耕，

---

① 周询：《蜀海丛谈》，巴蜀书社，1986，第 80 页。
② 陈家其：《四川盆地农业区的形成历史与地理因素分析》，《云南地理环境研究》1993 年第 2 期，第 52 页。

终于醯醢，资生之业，靡不毕书。"①

张宗法在此基础上，对农业生产技术进行了进一步细化完善，不仅如此，该书对民生日用的内容也都悉数涉及，给予了其更深层次的关注。该书所记内容丰富多样，考虑到了农村生活的多方位生活习惯，为百姓更好的生活提供了良好的参考指南。通过张宗法的全面记载，后人对清代中前期四川农村地区的真实生活风貌有了直观的了解。

《三农纪》内容之多、篇章之大在地方性农书当中也是极为稀见的。明清时期是地方性农书创作高潮时期，这一时期涌现出以《补农书》为代表的反映江南地区农业生产的农书、以《农桑经》为代表的山东地区农业生产典籍、以《梭山农谱》《抚郡农产考略》为代表的江西地区农书、以《农言著实》《幽风广义》为代表的关中地区农业生产典籍、以《马首农言》为代表的山西地区农业生产典籍和以《郡县农政》为代表的江淮地区农业生产典籍。这些地方性农书有的是对农业生产知识的综合性总结，有的则是描写诸如种植和桑蚕的专著类书籍。将这些农书与《三农纪》进行比较（见表1），可以得出的结论是：《三农纪》的字数最多，涵盖的内容也最为广泛，在同一时期的地方性农书当中是极为难得的，这也凸显出其价值。曾雄生先生认为其是清代四川地方性农书的代表，称赞其"相当全面，在地方性农书当中也是仅有的"。②

表1 《三农纪》与同一时期其他地方农书的对比

地区	书名	字数	内容范围
四川	《三农纪》	330000	天时、占课、月令、物产、水利、救灾、粮食作物、经济作物、蔬菜、果树、林木、桑蚕、药材、畜牧、农产品加工、用具制造以及农家生活等
江南	《补农书》	190000	每月农事、农田水利、灾荒、生计、天下大势、桑树、嫁接技术南传及地方化研究
山东	《农桑经》	94000	分为《农经》与《蚕经》两部分
江西	《梭山农谱》	约10100	奉新县梭山地区农业情况及生产经验

---

① 刘德成、刘克强主编《贾思勰志》，山东人民出版社，2009，第17页。
② 曾雄生：《中国农学史》，福建人民出版社，2008，第608页。

续表

地区	书名	字数	内容范围
关中	《农言著实》	34944	每月农事、旱地冬小麦、苜蓿、豌豆、菜子、谷子栽培技术及经营管理
	《豳风广义》	约 80000	北方地区栽桑、养蚕到缫丝、纺织的具体过程
山西	《马首农言》	约 27000	地势气候、种植、农器、农谚、占验、方言、五谷病、粮价物价、水利、畜牧、备荒、祠祀、织事、杂说
江淮	《郡县农政》	约 20000	大田作物、蔬菜园艺、选种育种、树木、蚕桑、畜生等方面的生产经验

资料来源：曾雄生《中国农学史》；闵宗殿主编《中国农业通史·明清卷》；施由明《从刘应棠〈梭山农谱〉看明清赣西北山区的农耕技术》，《农业考古》2006 年第 1 期，第 226 页；《咸阳大辞典》编纂委员会编《咸阳大辞典》，陕西人民出版社，2007，第 232 页；丁福让《祁寯藻与〈马首农言〉》，《农业考古》1984 年第 2 期，第 382 页；黄绮文《包世臣的〈郡县农政〉》，《江淮学刊》1963 年第 1 期，第 42 页。

（二）体例规范，逻辑严密

《三农纪》的另一编撰特点是体例规范，逻辑严密，整体按照总分论的形式进行写作。首先国家政策是农业生产的指南，因此在卷一到卷六总论部分进行强调，其中包括了对天时、占课、月令、物产、水利、救灾等的论述，这部分是统领全书内容的基础，贯穿在该书之后的所有篇章之中。自卷七至卷十八分别论述了有关各类大田作物的农业生产技术，包括谷物、蔬菜、果树、纤维作物、油料作物、草类、药材等详细的农业生产内容；卷十九至卷二十还对家畜及桑蚕养殖等畜牧知识进行了整合；自卷二十一起叙述了农舍建造、器物制造、婚丧嫁娶、治病求医乃至祭祀等多方面的农家生活内容。

书中的每一部分内容都存在逻辑联系，总体来看大致可分为"农时""农作物""农民"三大部分，相辅相成、密不可分。[1] 农时作为农民生产农作物的指导思想放在第一部分进行论述，排在其后的是农民赖以生存的农作物，农作物生产之余则需对农民民生日用情况予以关照，反之亦然，三大部分存

---

① 吴康零主编《四川通史·清卷》，四川人民出版社，2018，第 164 页。

在紧密的联系。

（三）重视实践、科学指导

《三农纪》系统总结了当时农业生产的各项技术，善于引用圣人、典籍中的理论和观点，在以往农书的生产经验上对作物的播种方法、栽培制度、水肥调控等栽培方式有了不同程度的提炼和更新，提倡多熟制、采用粪多力勤的集约经营，以提高土地的增产潜力。

此外，作者本身是个爱务农的知识分子，经常亲身对农业技术和方法进行实践，因此作者在编撰此书时充分结合自己的下地经历，此外加入老农对农事劳作的经验，直谓"老农云"，这使播种技术得到进一步验证和指导。此写作方式对当时社会具有解放思想的作用，并且从侧面更能说明此书贴近实际生产生活，对于指导田间地头的农事劳动具有实际意义，充分考虑了百姓的阅读感受，因而深受老百姓的爱戴。

（四）面向大众、因地制宜

值得一提的是《三农纪》是为了指导农民生产生活而编撰的一本书，定位的读者为普通农民，因此非常注重行文风格的普适性，充分考虑了大众的阅读感受。例如在逐月占测中，相较于以往其他的农书，该书并不单单对天象和节气进行抽象的书面叙述，而是将每个月所对应的人事活动以及阴阳八卦的占测等因素编入其中，形成了宽泛的每月活动规范，加之以言语、经验和说法的辅佐，使百姓更能体会其中的道理。此外，该书还通过添加典故故事，增强可读性，例如加入农谚、每日事宜等贴近日常、便于理解的话语，使农民能够轻松形象地理解。

此外，《三农纪》是四川地区的地方性农书，对当地农业生产具有很强针对性，因此在农书的各章节分布与排版中也体现出较强的"四川化"特征。如在卷十五《植属》中，"植属"并非植物分类，也不是作物分类，而是作者认为这一卷所述的七种树均为当地日常栽培所必需的树木，所以将这七种树单独划为一类编为一个章节，这体现了明显的地域性特征。其中花椒树成为七种树中描写较为详细的一个类目，这与四川当地喜种、喜食花椒的事实相符，并且直至今日花椒仍然是四川人民日常饮食中非常重要的调味料之一。该卷还特别提到四川产的川红椒，颗粒大小相依，皮厚色紫，味辛烈，可入药。①

又如卷十八《药属》中将白芷、地黄、川芎等多种川产名贵中药材整合成卷的做法同样体现出较强的地方性特色。四川因多山地多风雨，非常适宜药材的生长，并且盛产道地药材，因此将"药属"单列一卷并且较为详细地阐述了多种中药材的种植方法顺应了当地的生产实际。

三 《三农纪》的价值和功用

（一）强调以人为本，提供美好生活指南

在社会秩序良好，生产生活欣欣向荣的局面下，人民渴望幸福生活，"人"的地位理应得到尊重和强调。然而，在重视农业生产的基础上，往往"人"的重要性会被忽视。此书中张宗法特别强调了人与生产生活的关系，表达出对人的主体地位的认可。在《三农纪》卷一《占·天》篇中引用《说苑》中的典故："所谓天者，非苍苍莽莽之天也。居人上者以百姓为天。"②将百姓视作天，体现出作者对百姓地位的认可，百姓是农业生产生活中的主体，一切的农事劳作活动都建立在主体之上，再通过主体的能动作用对客观世界进行改造。卷十一《服属》小引中同样提到"黄帝垂衣裳而天下治，盖取诸乾坤。寒得衣而免冻，暑得衣而免暴，民命是赖"。③该书认为栽桑养蚕、利用棉花制衣等活动来源于劳动群众的智慧，这是劳动人民亲手创造的生活，对人民的劳动成果表示尊重。

该书对农民生活的问题十分重视，专门分章对宅舍、器物、谋生、养生等方面做了诠释，大到修屋筑基小到"作厕"避臭，作者均对其有建议。张宗法认为关心农民的生活，使其生活安宁、家庭和睦，方能让其以更充沛的精力投入农业生产，从而促进农事顺利进行。他对农民的身体健康也尤为关

---

① 邹介正等校释《三农纪校释》，农业出版社，1989，第 461 页。
② 邹介正等校释《三农纪校释》，第 4 页。
③ 邹介正等校释《三农纪校释》，第 388 页。

注，提出"孝亲者，不可以不知医；事君者，不可以不知医；慈幼者，不可以不知医；保生者，不可以不知医。卫生者，莫若医也"。[①] 该书专设章节以讲解求医问药的重要性，甚至在对各类作物栽培方法的描述下，也对其作为药物的疗效进行了分析，向人们传播利用身边常见的植物便可以防治一些基础小病的理念，旨在为农民的身体健康提供一定的参考。

此外，他还引导农民"理财"，发展副业，诸如：种桑养蚕、育猪售卖、制作酱腊、养马牧牛、养鸡养鸭、广种蔬果、酿酒腌酾、割白蜡、蓄池鱼、造舟车、习铸冶等，照此终日劳动，农家不愁衣食。[②] 因该书强调百姓的主体性地位，并且教百姓致富养生，故百姓将《三农纪》视作致富奇书。

（二）巩固重农思想，促进农业生产发展

《三农纪》编撰的第一要务为提高土地利用率，农业是张宗法最为注重的产业，《三农纪》成功的编撰也实现了张宗法巩固传统农本思想的愿望。张宗法继承了我国传统的重农思想，坚持"以农为本"的理念，搜集历代和当时的农业生产技术知识，并通过亲自参加农牧实践，加入自身的理解，著书立说总结农业生产经验。他博览历史典籍，书中的许多文字皆是对"重农本"的诠释，认为"治政有理，以农为本"。[③] 农业是我国治理有方的基础，因农业需要对气象变化规律知晓并应用，故而后提到"三农作则不求于天，是杜其本而绝其机也"，[④] 关于月提到"承天顺时，百物以成……循浮、沉、升、降之变，分节定候，以始农功""不违其时，农事大重焉"。[⑤] 这都是建立在为农业服务的基础上，巩固了农本思想，对农业生产发展起到了促进作用。

---

① 中国人民政治协商会议四川省什邡市委员会编《三农纪》（整理本），巴蜀书社，2020，第383页。

② 吴康零主编《四川通史·清卷》，第227页。

③ 邹介正等校释《三农纪校释》，第69页。

④ 邹介正等校释《三农纪校释》，第1页。

⑤ 中国人民政治协商会议四川省什邡市委员会编《三农纪》（整理本），第54页。

（三）推广先进技术，提高农业生产效率

推广科学的生产技术以提高农业生产效率既是张宗法编辑《三农纪》的指导思想，同时其也是编辑此书的目的。人类历史上的每一次进步都是因为及时总结科学先进的生产技术，提高了劳动者的素质，从而带来生产力极大提升、产量出现阶段性上涨的结果。因此，总结先进的生产技术，并将这些技术推广到民间，使农民的生产生活受益于此，可以提高农民的劳动素质，从而促进生产力的提升，以至于促进整个社会的发展。

《三农纪》及时总结了当时先进的科学技术，在历代农书的基础上增加了对当代技术的更新和理解，对当时农业生产生活起到了很大的促进作用。首先，包括作物的播种方法、栽培制度、水肥调控等在内的栽培方式有了不同程度的提炼和更新。其次，在此基础上，对畜牧业、林业的经营发展以及民生日用的相关生产技术也进行了总结，在张宗法看来，只有所有产业共同发展，整个社会才得以进步，这同样体现出他对农林渔副等多种产业共同发展的重视程度。

（四）依托地方实际，形成地方种植特色

明清时期，农家学者比较注重对地域农业的探索和研究，这使地方性农书创作呈现繁荣之势，这些农书大都立足于各地实际农业生产情况，篇幅短小，行文浅显，可操作性强，针对性强。与官方修订的农书相比，地方性农书来源于当地的农业生产实践，针对性更强，更适应于当地农业生产，对当地农业生产最具指导价值。[1]《三农纪》具有明显的地方性特征，是张宗法在结合四川本地农业生产情况后创作的地方性农书，对于指导四川地区的农业生产有很强的针对性，很受百姓欢迎。

《三农纪》中特别注重作物在不同地域栽培的适应性问题，强调因地制宜，不违农时。卷七《谷属》小引中提到："慎地必为之图，以齐其物，别其善恶，度其高下，利其坡沟，受其农时，修其等列，务齐土实，则是

---

① 林霞：《明清农书的创作特点及其影响情况研究》，《农业考古》2015 年第 3 期，第 295 页。

矣。"① 这指出各地区土壤质地不同，应选择适宜于该地土壤的作物进行种植。卷十八《药属》小引中也提到"动植形生，因地舛性，春秋节变，气殊功差，离其本土，则质同而效异"，② 即表明植物因生长环境的不同其本质会发生变化，故应注意选择适宜于本土栽培的品种。

其中特别记录了四川地区宜种物种的相关信息，体现出地方农书的特点。譬如，作者专门对粳稻的栽插列以专目讲解，不仅说明了粳稻能适应四川气候的特性，并且进一步指出只要加强对粳稻的田间管理，就能达到稳产。书中更是对粳稻生产的一系列流程进行了讲解，从治秧田、浸种、照田、耕稻田、插秧、耥禾、耘稻田、起禾、振禾、收获到留种等 11 个方面分别被详尽阐述。其中蜀中地区特有的操作方法体现在收获这一方面，书中提到在江淮楚蜀收刈后立即用拌桶（稻桶）或圆桶脱粒，但河洛地方则在刈后收藏起来，以后才击草脱粒。③

另外，卷七《谷属·御麦》一篇中提到御麦产于西域，曾经进御，故曰御麦，至于御麦的种植方法作者提到宜植山土，三月点种，这表明了玉米一经引入四川，就在四川地区得到广泛的推广和种植，同时符合西南山地春播玉米的习惯。④ 在卷七《谷属·粱》中通过引证《博物志》所载"粱乃劲禾也，喜风雨，蜀多山，山多风雨，故以宜种之地曰蜀黍"，明确指出四川地区多山多风雨，恰好与高粱的习性相适应，故其在清代四川多有栽植。⑤《三农纪》对四川地区的农作物种植情况进行了一一记录，所记录的农业生产技术也更加贴合当地的地形、地势、气候，是清代四川地区农业生产活动的理想指导手册。直至解放后，什邡、广汉、新都等县的不少老农，仍把《三农纪》当作"农师顾问"，在生产实践中加以借鉴。⑥《三农纪》的编撰，不仅是对农业生产经验的总结，更是作者对家乡农业向更好方向发展的美好愿望。

---

① 邹介正等校释《三农纪校释》，第 188 页。
② 邹介正等校释《三农纪校释》，第 521 页。
③ 天野元之助：《中国古农书考》，彭世奖、林广信译，中国农业出版社，1992，第 302 页。
④ 邹介正等校释《三农纪校释》，第 207 页。
⑤ 邹介正等校释《三农纪校释》，第 216 页。
⑥ 曲辰：《〈三农纪〉及其作者张宗法》，《四川农业科技》1981 年第 1 期，第 48 页。

结 语

本文对《三农纪》的成书背景、编撰特点、价值和功用三个方面进行了研究和分析，得出如下结论。

第一，《三农纪》一书的成功创作与流传不仅仅受单一因素的影响，而是多重因素互相影响和作用的成果。与当时的社会背景、农业政策、农业生产环境以及四川当地的生产情况等因素密不可分，在这些因素共同作用下最终顺应时代潮流而生。

第二，《三农纪》一书呈现独特的编辑特点，表现为内容翔实、规模宏大；体例规范，逻辑严密；重视实践、科学指导；面向大众、因地制宜。这些特点既受到成书背景的影响，又是对成书背景的良好反映。

第三，《三农纪》一经成书后，一版再版，先后有十种刻本在社会上流传，产生了极高的使用价值。书中强调重视人的地位，为人民提供了良好的生活指南；巩固了农本思想，对促进社会发展发挥了巨大效用；推广和更新了先进技术，为提高农业生产效率贡献了力量，并且依托四川地方农业生产实际情况，形成了地方种植特色，对四川的农业生产影响深远。

《三农纪》载有丰富的农业生产理论和极具实操性的经验，自问世以来的 200 多年间，在民间享有极高的声望，对当地乃至全国的农业生产起着促进作用，也由此被收入《中国农学遗产选集》，以资"古为今用"。本文仅对其成书背景、编撰特点、价值和功用进行了探讨，然而关于《三农纪》当代价值阐释的研究还有待进一步探究。

作者单位：周迪，华中农业大学图书馆；梅思雨，华中农业大学植物科学技术学院

汉口商业势力范围 *
——1913 年 2 月 9 日驻汉口总领事芳泽谦吉报告

李少军 译

第一章　汉口作为贸易港口的地位

第一节　总论

汉口作为贸易港口的地位，因 1860 年开埠而有一大飞跃。汉口地处长江与汉水两大河流的交汇点，近连湖北、湖南、河南、江西等沃野，远通陕西、甘肃、新疆、云南、贵州等地区，当四通八达水陆交通之要冲，自古有九省通衢之称，是所谓天下四大镇之一。但在其开埠之前，名不副实，不及对岸作为政治城市而繁荣的武昌。然而，近代文明的潮流使商业城市逐渐替代政治城市，东西均无例外，因主要是政治城市而长期繁荣的武昌逐渐衰颓萎缩，而由处在很适合的商业地位的汉口取代，可谓理所当然。促成这种变化的近因，在于上海及长江其他各港的开埠。

长江在交通上的重要性逐渐上升，是在明朝定都江宁（南京）之后。中国文明是先在黄河沿岸地方发展起来的，河南、山东两省在当时工商业最为发达，不难想象，黄河交通极为繁忙，那时长江沿岸无可观的城市，也无可称道的物资，这至为便利之天赐交通通道，只是裨益于沿岸各地间的运输，远非内外各地互通有无之公路。但在唐朝定都长安（今陕西省西安府）之后，与外洋、沿海各地的交通主要经由江苏、浙江，溯长江从汉口右折，利用汉水，于是长江与汉口忽而成名，明朝定都江宁之后，越发重要。后来国

＊　「漢口商業勢力範囲」（上·中·下）、日本外務省通商局編纂『通商公報』1·2·3 号、1913 年 4 月。如无特殊说明，文中数字及文字内容均为原文如此。

都虽然北移，但随着沿岸各地开发，对长江的利用越来越多，武汉地方渐趋繁荣，然而只是自隋唐以来作为省垣或州府所在地的武昌繁荣，汉口还没有大的发展。1843 年，上海成为对外通商口岸，南京、镇江、芜湖等港相继开埠，外国巨船在长江江心进出，长江被进一步利用，武汉也随之发展，出入的物资倍蓰于旧时。1860 年 11 月汉口开埠，以往远在武昌下风的汉口一举突破其垒。甲午战争后重庆开埠，四川省无限财富通过长江输往汉口。义和团事件后长沙、岳阳开埠，湖南省的物资亦汇集于此地。1905 年底京汉铁路通车，粤汉、川汉两铁路在不久的将来也会铺设。随着交通设施的完善，汉口也际会贸易额日益增大之机运。

开埠以后，汉口的贸易主要被农产品的收成与金银比价变动左右，各年不免有起有伏。在太平天国之乱后，此方面受战争影响不似中国北方那样严重，且作为湖广总督长期驻跸武昌的张之洞能以威望慰抚民心而纠不逞，其德政合于利用厚生之道，故工商不断顺利发展，尤其是 1900 年以后，有显著发展。1900 年汉口输出输入总额为 7800 万两，而次年即 1901 年，几乎增加了 1000 万两，达 8700 万两。到 1902 年，突破了 1 亿两大关。1903 年又大幅增加 30% 强，为 13000 万两。1904 年，创开埠以来的新高，有 14000 万两。1905 年，京汉铁路全线通车，将以往输往镇江的部分河南货物夺了过来；但在内地作物收成并非不好的情况下，汉口的贸易额一反世人预计，急转直下，减少了 2600 万两。这一方面是由于上年以来的存货阻碍了棉纱布输入，另一方面是因为棉花对日本、茶叶对俄国出口由于日俄战争而大为减少。并且，还有 3 名在汉口数得上的外国洋行买办接连破产；另外，武昌官府滥铸铜币招致物价上涨之痛还削弱了地方农民的购买力。诸多因素相互作用，造成了贸易额的减少。这些都只是一时现象。

到 1906 年，日俄战争已经结束，上年来商况不振的原因逐渐消除，但是，总额又较上年减少了 1000 余万两，好不容易才维持了 10900 万两，较前年的 14000 万两，少了 3000 余万两。看上去，不能不感到奇异。再对输出输入的内容进行比较，则可知上年度的不景气状况略有恢复：1905 年度输入额有 5380 余万两，但如除开临时输入的铜币材料价额 1550 万两，则该年度的输入额为 3830 万两，而 1906 年度有 4340 万两，超过前者约 500 万两。

同时，银价还较上年异常上涨约 12%。如不论价额而只看数量，两者比较，差额更大。唯输出方面，终不免减少，其原因在于银价上涨和内地的饥荒。既然是一时现象，若只看 1906 年、1907 年两年的贸易总额减少，便对汉口的前途悲观，自属不当。更何况，英美烟草公司于该年度在德租界新建了一大工厂，由外国资本成立的水电公司（提供电灯与自来水）也开始营业，此外还有两三家较大的工厂开办，我横滨正金银行在该年 8 月、户部银行在同年 10 月分别在此地开设分行，使资金供给稍显宽松，英、俄两租界的低地填埋工程也步步推进，日租界的测量、沉石在这年开始，开封铁路的路基也将完工，如此等等，有不少情况可使人预期汉口商业繁荣。

果然，到 1907 年，输出输入总额恢复到 12700 万两，1908 年为 13300 万两，1909 年为 13700 万两，到 1910 年度，出现异常的膨胀，超过 1904 年度，一跃而为 15200 万两。最后在 1911 年度，因 7 月、8 月两个月持续大雨，长江及其他河川水涨，宜昌以下浊水滔滔，田园被淹没，房屋与作物被毁坏，濒于饿死者号称 250 万人，汉口受害也很严重。接着在 10 月，武昌城内爆发革命动乱，其后，长江流域第一商港、极为繁荣的汉口化为官革两军的战场，数月间商业几乎断绝，贸易额因而大减，不足为怪。唯因上年的大势极好，算是维持在 13400 万两。关于革命对汉口未来的影响程度，人们议论纷纷，莫衷一是，但吾人相信，不会像最初所想象的那样是根本性的、长久性的。试看革命后的第一季度，即 1912 年 1 月至 3 月的输入额，与上年同期相比，除了毛织物略有增加之外，各种货物都减少很多，输出方面也极为不振；但在革命后的第二季度，即 4 月至 6 月，商况逐渐恢复，有的货物较上年同期增加了；到了第三季度，输出、输入都恢复旧观，总额较上年同期略有增加。在革命后，发生了捕杀张振武事件、骑兵队暴动，河南方面匪徒狂暴，人心不安的好些事情还没有过去，但商况恢复已如上面所述了。这是革命对汉口输出输入的影响不具有根本性与长久性的佐证。

联系近 10 年贸易净额（从贸易总额中扣除转口输出额后之余额），比较中国四大贸易港上海、汉口、广州及天津，研究汉口在其中的地位，则上海以 11000 万两至 19000 万两居首位，汉口以 9700 万两至 13000 万两居第二位，而第二位在 1903 年让给广州，1906 年又让给天津。

再看近 5 年汉口贸易净额在中国全国贸易净额中之占比（贸易额单位：海关两，下同）。

年份	全国贸易净额	汉口贸易净额	汉口贸易净额在全国贸易净额中占比（%）
1907	813888915	115071383	14 强
1908	834997085	120038293	14 强
1909	939722755	125296690	13 强
1910	1007947756	135299168	13 强
1911	1013677044	117957484	11 强

再看长江沿岸各开放口岸即南京、芜湖、镇江、九江、沙市、宜昌、长沙、岳阳及重庆各港与汉口近 5 年贸易额之比较：

口岸	1907 年	1908 年	1909 年	1910 年	1911 年
汉口	115071383	120038293	125296690	135299165	117957484
重庆	27045904	31173410	32463698	32306023	29139172
宜昌	6557173	7613218	14847495	13385356	4805787
沙市	1880422	1699624	2076828	2886804	2948656
长沙	7292133	9240292	10557793	13090030	17690355
岳阳	1354155	2943917	3015913	1941869	3455970
九江	30337377	30093412	30400127	33973001	34672926
芜湖	21390455	27429894	24907347	24670622	21432157
南京	10415071	9855892	11212985	10402285	9062538
镇江	32437296	32391656	33067954	25801434	23479686

可见，在长江沿岸各港中，汉口居首位，而相差很远的九江、镇江、重庆居第二位。比较贸易额，后者只是前者的三分之一左右。再往下是芜湖，至于其他各港，贸易额只有汉口的百分之一到十分之一。将汉口以外各港的贸易额合计，超出汉口贸易额的时候也不是很多。换言之，长江沿岸各港的贸易额，约有一半是汉口吞吐的，而其他 9 港只是相率过手剩下的一半。

汉口是中国第二贸易港，年贸易额有 10000 多万两，超过天津、广州而将摩上海之垒，中国贸易总额之百分之十三四由其吞吐。兹将其近 10 年输出输入额列表于下。

年份	输入		输出		总计	转口输出	输出输入净额
	从外国	从国内	对外国	对国内			
1902	5000	54095	2885	38341	100321	26510	73811
1903	7757	69685	3852	51853	133149	34020	109129
1904	12815	72003	5470	57614	147904	40455	107449
1905	26411	38476	7493	49712	122093	11050	111043
1906	16632	39308	7036	46681	109660	12517	97143
1907	19404	47996	9990	50437	127829	12757	115072
1908	20753	44997	13711	53686	133148	13110	120038
1909	17042	48599	14907	57240	137789	12493	125296
1910	18836	50281	14751	68330	152199	16900	135299
1911	17156	42910	16585	57487	134141	16183	117958

中国年年巨额入超，为 1 亿两左右，大量硬通货外流，由海关年报明记。但从汉口来看，虽直到 1907 年常为入超，但在该年之后趋势一变，在 1908 年约有 160 万两出超，其后出超额年年增加，1909 年有 650 万两，1910 年有 1300 万两，1911 年有 1400 万两。在中国各通商口岸中找有出超趋势的，只有北满二三小市场，大连、上海等二三市场，汉口最近加入这个行列，有出超是值得注意的现象。对其原因，将在后文说明输出输入内容时详述。

在本节结束前，略说一下该港贸易消长的特殊原因，当非无益。该地产业以农业为最，最近直接作为原料出口的货物，年额为 3000 万两左右，加工后输出的货物与此不分伯仲，如计入现因地方需要而消费掉、完全未计入输出输入总额中的货物，则农产品价额大约三四亿两。故此，农作物收成好坏会直接导致输出的消长自不必说，还由于地方农民是输入货物的主要需求者，输入的盛衰也同样被农作物收成左右。加之属于汉口商域之内地各地方，尤其是河南、陕西两省，灾年穷民群起、肆意掠夺，地方官也不尽力扫荡，甚至有人赠粮于暴民，以迎合其意，使地方良民忙于自卫，而致粮食出入极为困难，经济交通一时断绝亦非罕见。由此，年景好坏对输出输入有积极、消极两种影响。年景好坏与气候相关自不必说，雨季河水泛滥，在该地方是最影响年景的原因之一，如在 1911 年，长江及其他大小河川泛滥，使沿岸各地居民失去房屋与庄稼，难以糊口者号称 250 万人。故此，长江沿岸各地有志于贸易者需常对河水状况予以很大关注。

此外，对贸易消长影响很大的因素还有银价及铜价的变化。金银比价的变化对作为银币国的中国与实行金本位制的外国之间的贸易有至大影响，是众所周知的事情，没有必要特别叙述。铜钱的涨跌对商况也有至大影响，但往往被人视若等闲。该地方农民之间所用货币主要是铜钱，而银币只是在比较富裕的人当中使用。作为该地方主要输出货物的农产品，是农民零碎产品的聚集，在收获后，粮商多用铜钱向个体农民购买，故农民售出产品得到的主要是铜钱，从而令地方购买力要以铜钱来计算，而不能以银币为基础。中国的货币制度极为杂乱不一，人民要在接触各种货币时确定比价，而后据此进行货币兑换。此间货币与商品没有区别，与各种货币之间有法定比价的国家相比，有霄壤之差。所以，铜钱实价的涨跌，对地方农民购买力的影响甚大，其上涨会直接提高农民的购买力，其下跌则正好反过来。在不久前的 1905 年，由于武昌官府滥铸铜钱，下层人民之间通货大为膨胀而贬值，输入与输出都出现了极大的不景气，就如后文要叙述的那样。

第二节　输出贸易

近几年汉口港的输出持续超过输入，在 1910、1911 年度，有一千数百万两的出超，前已述及。汉口向来是输入港，以分配外来货物到内地作为主要职能，输出土货逐渐成为该港的要务，是可喜的事情。出现这种变化的缘由不一而足，关键在于内地土壤肥沃与民智开启及交通设施健全，促使耕作大为拓展与新的输出货物出现，该地还有较为简易的制造厂建立，由此杜绝了来自外国与本国他地的一些供给。

兹将近 10 年汉口土货输出额揭示于下：

年份	对外出口额	对内输出额	总计
1902	2884908	38341391	41226299
1903	3852784	51853703	55706487
1904	5470179	57614871	63085050
1905	7493132	49712218	57205350
1906	7036938	46681989	53718927
1907	9990146	50437247	60427393
1908	13711998	53686267	67398265
1909	14907095	57240730	72147825
1910	14751266	68330483	83081749
1911	16585465	57489082	74074547

　　从上表可见，汉口的输出呈增加趋势。1905、1906 年两年较上年大为减少，如第一节所述，是日俄战争、武昌官府滥铸铜钱、内地饥荒等一时性的原因。而 1911 年度的减少，则是受该年夏季持续两个月的水害与革命的影响，这是不用说的，但较之前年，还是增加了约 200 万两，如果除去上年度的 8300 万两，则算未曾有过的盛况，输出增加的大势，即使革命也不足以大为阻碍。

　　汉口输出的去向，大体上有对外出口与对内输出两个方面。对外贸易再加以细分，有直接与间接之别。对外直接出口额最近达到一千数百万两，从过去 10 年累年的统计看，其不受导致输出总额减少的各种原因影响，持续增加是汉口贸易上值得特别注意的现象。汉口居于距海洋约 600 英里之地，且因江流情势及缺乏商业设施而不便于对外直接贸易的情况不少，故对外进出口多是先经上海商人之手为之，直接贸易甚少，几乎不足道之。但近来随着内外商业设施的健全，直接出口累年呈现盛况，在最近 10 年间，价额从不到 300 万两增至 1600 万两，有 5 倍多的跃进。相对于对中国各港的输出额，比例也异常增大，1902 年是 1 比 13，1904 年是 1 比 10，1907 年是 1 比 5，1911 年是 1 比 3 强。对外直接出口以如此惊人之势增加，一方面意味着汉口作为对外贸易口岸地位的上升，另一方面使以往被上海商人垄断的土货出口利益收归该地，令人看好该港出口的前景，也毋庸置疑。再从该港对本国各港的输出来看，大体上也呈逐年增加之势，在近 10 年间，是从 4600 万两到 6800 万两，就如前揭累年输出表所示，只是增加的趋势不像对外直接出口那样显著罢了。对此，认为过去包含在对本国各港输出额中的货物价额逐渐转到直接出口额中，而致对内输出增加的大势稍受阻塞，也是可以的。

虽然对外直接出口显著增加，但汉口港在地理上的缺点终不能因交通发展与商业设施健全而完全消除，所以，现在对外间接出口额还是很多，其对内地各港输出包含对内输出与对外间接出口，是很自然的，而两者的分配是显示汉口对外与对内贸易实情的很好的资料，但没有什么统计可引，终不能列出精确的数额。不过，近来汉口输往内地的土货约有七成是面向上海的，而内地输往上海的土货有七成左右是对外出口的，依据这一事实，认为内地各港对汉口输出的货物约有五成经过在上海的内外商人出口到外国，是问题不大的。谈汉口的对外出口，必须一并计算这两个方面。按这样的标准来分算既往 10 年间的输出额，则大要如下面所列（单位：万两）。

年份	对外出口	对国内各港输出
1902	2000	2300
1903	2800	2500
1904	3300	3000
1905	3200	2400
1906	3000	2300
1907	3400	2500
1908	3900	2600
1909	4300	2800
1910	4800	3400
1911	4500	2700

如上表，汉口输出逐渐从对国内各港输出转向对外出口，输出增加的趋势主要是由对外出口货物增加造成的。

再从汉口输出的内容来看，农产品及其加工品是大宗，各年的输出额有 3000 万两左右，畜产品有 1000 万两左右，次为矿物，有三四百万两，最靠后。就品种来说，最显著的主要是茶叶，有 2000 万两左右；芝麻次之，有

1000 万两左右；牛皮有五六百万两；豆类、棉花有三四百万两。兹将近 5 年主要输出货物及其年输出额揭示于下（单位：百万两）。

货名	1907 年	1908 年	1909 年	1910 年	1911 年
武昌纱厂产品	0.5	0.4	0.3	0.3	0.5
豆	3.7	3.7	4.8	2.3	2.9
豆饼	2.1	2.5	2.9	2.7	2.4
棉花	3.5	1.5	0.9	5.5	3.1
兽皮	3.8	4.1	5.8	6.7	5.6
铁矿石及铁块	1.3	1.3	1.2	1.6	1.9
铁制品	—	1.0	1.8	2.2	1.4
药材	1.1	1.7	1.5	1.5	1.3
豆油及菜油	—	0.8	0.1	1.0	1.1
麻	1.8	1.5	1.5	1.8	1.7
漆油	3.3	4.9	3.6	6.4	5.8
米	—	0.1	—	—	—
芝麻	3.8	8.3	10.5	10.9	9.6
丝绸	2.4	2.3	2.5	1.8	1.8
毛皮	2.4	2.0	2.6	2.5	1.6
兽油	2.7	1.8	2.0	2.0	1.0
茶叶	13.1	14.9	13.3	15.0	13.4
烟草	2.1	2.4	2.7	2.7	2.4
清漆	—	0.9	1.1	0.9	0.8
麦子	0.7	1.1	0.3	—	1.4
其他杂货	12.1	10.2	12.7	15.3	14.4

汉口输出货物的品种大要如上面所列。其中制造品及加工品的价额甚大，是贸易上特别值得注意的情况。茶叶有一千四五百万两，铁块、铁板、铁轨有 300 万两，丝绸有 200 万两，此外，坯布、土布、蛋黄、蛋白、面粉、纸、卷烟等都有 10 万两到几十万两的输出额，如果再计入油类、草帽辫等，则制造品的年输出额很大，共计 3000 万两左右。在中国各港纷纷以输出天然物产为职能之时，汉口工业品的输出远超其他各港，其由来有自。汉口

周围有肥沃的耕地，原料众多且价格较为低廉，加上附近一带人烟稠密，劳动力供应丰富，工钱极低，交通之便亦稍备，故汉口是适合工业的市场这一点，素为内外所肯认，但因资本供给不如人意，大规模工业未能兴起。张之洞任湖广总督后，锐意图治，节冗费以充振兴实业之用，尤其厉行奖励制造业之策，致力于指导人民，促使制造业在该地翕然而起；1892年在汉阳大别山东麓创立汉阳铁厂，从比利时购进新式炼铁炉2座，大规模炼铁，继而在1893年开办织布局、纺纱局、官丝局及制麻局（世人称为武昌四大厂），用最新洋式制造法进行较大规模的制造；而后出于振兴内地工业与改良土产工艺的目的，设官营示范工厂善技局，在武昌设劝工场，对各种私营工厂给予各种便利与补助，为振兴工业百般努力。总督示范于天下，而地方富有人士则竞相仿效，同时，不断有外国资本家策划开新厂。现在，汉口作为中国各港中罕见的工业之地输出工业品，年额为3000万两左右。

第三节　输入贸易

关于近10年汉口的输入贸易，兹分为从外国直接进口和从本国各港输入，揭示于下（单位：两）。

年份	从外国直接进口额	从本国各港输入额	合计
1902	5000160	54095364	59095524
1903	7757647	69685695	77443342
1904	12815690	72003918	84819608
1905	26411934	38476189	64888123
1906	16632854	39308466	55941320
1907	19404900	47996968	67371868
1908	20753145	44997511	65750656
1909	17042886	48599163	65642049
1910	18836471	50281672	69118143
1911	17156554	42910087	60066641

如表中所示，近10年汉口的输入，在最初3年从5000万两增至7000万两，从7000万两进至8000万两，令输入业者大为快意。但在第4年，即

1905 年，尽管从外国直接进口额比上年增加了 1350 余万两，但从本国各港输入额减少了 3350 余万两，使输入总额较上年锐减约 2000 万两。这种状况如上节所述，是由上年度存货很多，加上日俄战争使海上航行不安全，而该地最有实力的商人买办相继破产、当政者胡乱铸造铜钱等造成的；同时，由于上年以来该地新建工厂渐多，其产品对外来货物的输入形成了抵制。1906年，输入总额较上年度又有所减少，原因是武昌政府下令禁止铸造铜钱，使铸造铜钱材料的输入骤然减少。至于铜以外的输入，较上年度略有增加。在 1907 年，从外国直接进口额和从本国各港输入额都增加了，后面一直到1909 年，输入总额常在 6500 万两以上。但到 1911 年出现不景气，好不容易才维持在 6000 万两。这是该年夏季洪水及年底革命的影响所致，无须赘言。

再看直接进口的趋势。这方面与直接出口一样，年年有健全的发展。在近 10 年中，头 3 年是从 500 万两增至 700 万两，从 700 万两进至 1200 万两，在第 4 年即 1905 年，是上年的 2 倍多，为 2640 余万两。由于武昌政府胡乱铸造铜钱，铜材进口额达 1400 余万两之多，只是一时性的飞跃。在 1906 年便恢复了常态，为 1600 余万两；1907 年增至 1900 万两；1908 年终于突破2000 万两的关口。直接进口呈骎骎乎不可遏止之势。但 1909 年度较上年度减少了约 300 万两。这是因为该年 6 月、7 月持续降雨，长江干支流流域不少庄稼受损，同时上年度滥铸铜钱的流弊也使地方人民的购买力遭削弱。此外，汉阳铁厂扩建工程及水电公司工程完成，使机器类的进口额顿时减少；郑州、河南府之间铁路工程完成，使铁路材料的进口几乎断绝，也成了该年度进口减少的原因之一。1910 年度的状况稍好于上年度。1911 年度，上半年的洪水与下半年的革命，使商业发展痛遭阻碍，但较之上年度只减少了100 万两，毋宁说是超乎意料的。

汉口的直接进口贸易在不同年份有高有低，虽是从来不免的，但概而言之，年年有健全的发展，在近 10 年间从 500 万两进至一千七八百万两，在输入总额中的占比也从 8.5% 增加到近 30%。直接进口以这样的势头推进，意味着汉口作为对外贸易口岸的地位上升，就如在直接出口部分所言。不过，该港现在还没有摆脱进口要经由上海的旧态，就如后文对商业通道的叙述中所说明的那样，除了夏季丰水期两三个月外，长江的水流还不能容许外洋航行的巨轮从长江口溯航到汉口，故大部分对外进出口货物要在上海过载于面向长江的吃水浅的轮船，终究难以像直接进出口那样节省运费。同时，以往该地的商业设施较之上海也大为逊色，故直接进出口一直不及上海也是自然的。长江江流情势所造成的障碍不能完全排除，但汉口商业设施近来大有改观，将来会越来越完备，所以该地直接进出口的前途极为光明。关于汉口进口的外国货有多少经由上海商人之手，还缺乏精确的统计，实际数额无法得知，但从过去数年间的实情来观察，中国各港进口外国货，较之直接进口常多出六七百万两，其中十之八九经由上海。对照这样的事实，不难从大体上察知外国货物进口额。

再说汉口从国内各港的输入，在过去 10 年中，最初 3 年从 5000 万两逐步进至 7000 万两，第 4 年即 1905 年，较上年度骤减约 3400 万两，猛跌至 3800 万两，这是由于在该年度发生了前文所述的各种情况，自不用说，而更深刻而带根本性的原因，在于汉口的通过贸易减少，就如下节将详述的那样。所以，在 1905 年前后，从本国各港输入额进入另一个阶段，在该年以前，包含大量转口输出额，之后转口输出额大为减少，而主要是满足汉口独占商域内需求的货物价额了。仅就 1905 年度的情势而论，是渐次趋好，从该年度 3800 万两逐渐增加，在 1910 年度达到 5000 万两；1911 年度较上年度减少了约 700 万两，但这是水灾与革命的结果。

兹将近 5 年汉口主要输入货物的品种及其价额列表于下（单位：百万两）。

甲　主要外国货物净进口额

货名	1907 年	1908 年	1909 年	1910 年	1911 年
棉布	10.4	10.0	8.8	8.0	7.9
棉纱	8.3	5.7	7.1	6.7	4.3
毛织物	1.1	1.0	0.6	0.7	0.6
金属	1.7	2.1	2.0	1.7	1.5
铜	3.6	2.4	#0.2	0.1	—
机械	1.0	1.8	0.8	0.9	0.7
煤油	3.3	3.8	3.3	2.6	5.1

货名	1907 年	1908 年	1909 年	1910 年	1911 年
铁路材料	0.8	1.5	0.4	1.2	0.1
砂糖	2.6	1.9	2.1	2.2	1.8
粉茶	2.6	2.6	3.0	2.8	2.7
其他	9.8	9.6	9.8	10.9	9.3

注：前面有 # 的数字，表示转口出超。

如上表所示，在进口的外国货物中，棉布价额为 790 万两到 1040 万两，居首位；棉纱六七百万两，居第二位；煤油、砂糖等次之。在主要进口货物中，日常需要货物占首位，作为制茶原料的粉茶，年年进口额在 200 万两以上，是值得注意的。

中国土货的输入也和进口外国货一样，以日常需要货物为大宗，正如下表所示（单位：百万两）。

乙　主要中国货物净输入额

货名	1907 年	1908 年	1909 年	1910 年	1911 年
机械制品	—	1.4	2.1	1.2	0.8
绸布	1.3	1.6	1.0	0.8	0.6
砂糖	1.6	1.4	0.9	1.2	1.6
煤炭	0.3	0.4	1.6	2.5	1.8
焦炭	—	0.3	1.0	1.7	1.4
药材	0.6	0.7	0.6	0.7	0.5

该地方对输入货物的需求者大部分是比较贫穷的地方农民，且农民比工商业者保守，购买力也不怎么大。该港以他们为头号顾客，输入不仅限于日常需要货物，而且交易额也不像输出货物那样高，是理所当然的。该地尽管被视为堪比上海的中国最大工业地，但在输入的工业原料中，可观的只有作为制茶原料的粉茶及染料等两三种，看上去有奇异之感。这是由于该地的工业主要是农产品加工业，几乎所有的原料都只靠地方物产供给。

第四节　通过贸易

如后文在商业通道部分详述的那样，长江航线在汉口的上游与下游，其水路状况不一样。夏季丰水期，从长江口到宜昌之间可以安全航行数千吨之大轮船，在下游各港与上游各港之间有轮船行驶之便。但这种状况在一年中不能超出7、8、9月3个月，在此之外的枯水期，即使是汉口港内，也是最浅十一二英尺，而下游各处则出现浅滩，即使是吃水浅的轮船，如不减少所载货物，也不能免搁浅之难。尤其是汉口上游，在冬季枯水期内，哪怕千吨以下的轮船，航行时如不特别小心，也会极为危险。至于湖南航线，一年中仅5月到10月能让千吨左右的吃水浅的轮船航行；在冬季，岳阳、芦林潭以上只有小轮船与民船能持续航行。故此，各轮船公司在上游与下游使用不同的船舶，通常在上游开行千吨左右的河用吃水浅的轮船，而在下游开行的船舶的吨数、吃水量都比前者大很多。故此，下游各地乃至外洋与上游地方的交通，要利用民船及另行组装的轮船；此外，上下航行还不能不在汉口过载一次，汉口实际对这些货物履行中转口岸的职能；加之汉口贸易额大，汉口的各种商业设施较之长江沿岸其他各开放港口稍完备，内地商人在买卖中，较之直接交易，反倒以汉口商人一度经手为利便。所以，汉口的中转贸易在过去及现在，数额都很大。兹将近10年汉口中转贸易额列表于下（单位：两）。

年份	外国货		本国货		总计
	输往外国及中国香港	输往中国各港特别是长沙、宜昌及沙市	输往外国	输往中国各港	
1902	115640	10713374	981032	14700595	26510645
1903	1091	18214980	906991	14897267	34020329
1904	20	16440802	1673690	22340772	40455284
1905	8833	4592508	2066776	4382310	11050427
1906	69808	5783363	1487169	5177525	12517870
1907	1880	5156755	2288168	5311075	12757878
1908	136599	5984645	2758688	4230696	13110628

续表

年份	外国货		本国货		总计
	输往外国及中国香港	输往中国各港特别是长沙、宜昌及沙市	输往外国	输往中国各港	
1909	233158	5028076	2927616	4305334	12493184
1910	1085	5188861	3143493	8567286	16900725
1911	2498	6948479	3395575	5837153	16183705

　　如上表所示，汉口的中转贸易额向来极大，在贸易总额中的占比少则9%，多则26%以上，在该地商人中，只以中转为专业者就不止四家，呈现盛况。但看相关历程，汉口的贸易总额呈逐年增加之势，而中转贸易额却面临下降，从1902年到1904年，是在三四千万两之间起伏，到1905年则锐减，其后8年间不曾到过2000万两。原因是1905年以后，各轮船公司竞相致力于改进业务，尤其是在1901年、1902年之交开设的湖南航线吸收了上海与湖南间流通的货物，而在汉口只是将这些货物过载，减少了以往落入中转贸易业者囊中的手续费，同时驳船费、仓储费及搬运费等所有费用都被包含在运费当中，货主得以省去手续与费用，而上下游各港之间的交易也多利用这种便利。在1904年、1905年之后，上航船舶数与吨数增加，汉口的中转贸易逐渐衰落。轮船公司业务改进有限，且与上游各地，尤其是与湖南省之间的轮船航运在江水干涸时完全断绝，要靠小轮船才能勉强保持联络，而作为轮船强敌的民船又四时存在，这就使轮船公司无法不顾损失而大量增加上航船舶数、降低运费以便利货主。从上文所列汉口中转贸易额来看，1906年以后固然较前几年大为逊色，但还是常在一千二三百万两上下，其后几乎呈稳定状态，1910年、1911年两年还增加了，达1600万两。这些情况透露出个中消息。唯上游各地商业设施在逐渐改善，如果轮船公司再对业务加以改进，则中转贸易额进一步降低是不难想象的。

　　汉口中转贸易的现状如只与过去比，则大为衰落，且在今后，还免不了一定程度的不景气。

　　下面，按内外货物及其面向的口岸，分四项详论。

（一）外国货转输外国

汉口位于距世界航线数百海里的内陆，却有 10 万两到 20 万两的外国货转输外国，看似奇异现象。因进口时与出口时的价格不同或买卖合同中止，一度进口的外国货转输海外，这在任何地方都非绝无。而外国货转输外国，在汉口还有一个特殊原因：在前文说过，该地年年有大量砖茶出港，而土产粉茶作为其原料，论品质、论数量都不足以满足需要，这就导致商人常将锡兰粉茶与土产粉茶混合，其产品多输往西伯利亚地区。1902 年，转输外国的外国货价额为 115640 两，其中锡兰茶价额有 86610 两之多，但后来叶茶的出口兴盛，砖茶出口几乎断绝，结果在下一个年度，对外转口输出额就锐减为 1091 两。1904 年受日俄战争影响，此种价额绝无。1905 年，与俄国恢复了交通，便又有了 8778 两，然而在该年度以后，又归于绝无，从那时持续到现在。1906 年转输外国的外国货价额有 69000 余两，其中主要有日本铜材 64900 两、空樽 1070 两、椰子油 1819 两。铜材反向出口自然是武昌官府禁止滥铸铜钱所致，到 1907 年停止了铜材反向出口，转口对外输出价额便减为 1800 余两；但到 1908 年，铜材又反向出口，其价额总计有 130712 两；1909 年继续增加，有 232133 两，原因是铜价上涨，人们认为反向出口可以获利。1910 年、1911 年两年，没有特别值得记述之事。

（二）外国货转输中国各港

外国货转输中国各港，在 1904 年以前，年额超出 1000 万两，在进口外国货总额中的占比至少有百分之十七八，多则有 23%；但在 1905 年，随着前述之轮船公司改进业务，又急转而下，减至 459 万余两。其后，除了 1911 年有 690 余万两外，别无超出 500 万两的情况。兹将主要货物在 1905 年的减少之大势揭示于下（单位：两）。

货名	1904 年	1905 年	1905 年减少之额
鸦片	172072	146395	25677
棉纱布	13615501	2165626	11449875
毛织物	370043	89903	280140
铜	476340	1610014	（增加）1133674

续表

货名	1904 年	1905 年	1905 年减少之额
染料颜料	160049	30253	130237
砂糖	196817	107936	88881

表中所列铜的转口输出额在 1905 年比上年反而增加了 100 余万两，其原因与"（一）"中说明的一样。其他都比上年大为减少了，尤其是棉纱布，减少的价额为 1100 余万两。

（三）中国货转输外国

从内地各港输入汉口的货物再输往外国的数量，在 1905 年以后其他转口输出数量大减的情况下，反倒累年增加：1902 年还只有 90 万两，但在 10 年后的 1911 年，达到 330 余万两，呈现约增 3 倍的跃进。这是随着汉口对外出口货物增加自然而来的结果。同时，茶叶占大部分，因为汉口以外没有完备的制作大厂。地位次之的牛皮，主要产于河南、陕西等地，运输主要通过陆路及民船，用轮船的不多，受轮船公司改进业务的影响很小，故这些货物从汉口转输外国的依然很多。在今后内地小市场做到对外国直接出口之前，如果该地商况没有改观，则这些货物也一直会由汉口商人充当中介。

兹将 1910 年、1911 年两年从汉口转输外国的主要货物及其价额揭示于下（单位：两）。

货名	1910 年	1911 年
锑	561659	466421
铅	118778	102074
锌	115728	42691
牛皮	163681	271511
豆	1671	82699
茶叶	1766690	2101405

（四）中国货转输中国各港

在汉口转口输出中价额与品种都最多的，是转输中国各港的中国货物。原因是汉口为所谓九省通衢，当水陆交通之冲，且商业设施在长江沿岸各开放口岸中最为优良，故不仅汇集了附近地方货物，而且在与上游各地的商业交通中长期充当中转口岸的角色，在 1905 年以前，中转贸易额特高，中国货转输中国各港的价额每年有 1200 万两到 1500 万两，在 1904 年，有 2230 余万两之多，相对于中国货物输入总额 3120 余万两，占比为 71%，比重很大，而在此前，累年占比也不曾低于 60%。但在 1905 年以后，由于前述之轮船公司业务改进，价额出现了惊人的减少，后来也没有机会再现昔时的盛况了，仅为四五百万两，在内地货物输入总额中的占比也不超出 2%~4%。兹将转输中国各港的主要中国货物及其在 1905 年减少之大势揭示于下（单位：两）。

货名	1904 年	1905 年	1905 年减少之额
上海棉纱	1211066	34431	1176635
锑	439840	105430	334410
鬃毛	336378	2453	360925
棉花	192204	—	192204
水牛皮	252072	50752	201320
牛皮	1057428	608712	448716
药材	791544	302810	488734
麝香	814752	2305	812447
鸦片	5496244	881117	4615127
米	789400	50322	739078
生丝及丝织品	2817576	13284	2804292
山羊皮	740239	249125	491114
菜	1271151	1087063	184088
白蜡	757441	37044	720392
羊毛	562590	5419	557179

从上表可见，各种货物都有大幅减少，尤其是上海棉纱，减少了 100 万两以上，减至 3 万余两；鸦片减少了 400 余万两，为 80 余万两；生丝及丝织品减少了 280 万余两，为 1 万余两；羊毛减少了 55 万余两，为 5000 余两；白蜡减少了 70 余万两，为 3 万余两。其他的也都减少很多。

1905 年以后，不同年份、不同的货物品种不免有增有减，但 1905 年的大势还是一直持续到现在。

第二章　以汉口为中心的商业通道

第一节　水运

长江发源于西藏，为四川与云南划出分界，在叙州以南流入四川省，与岷江相合，在重庆北边纳入渠江，过巴蜀三峡之险，进入湖北省，到宜昌（距吴淞 1000 海里），成为滚滚平流，可航行 1000 吨轮船，经沙市沿该省南境、集洞庭湖水，流向东北，在新堤将与洪湖、汉水联络的新兴河并入，吸收沿岸湖沼之水，过宝塔州嘉鱼，在金口汇集南面斧头、黄塘、赤城及鲁各湖之水，在沌口复与联络汉水之沌水相合，到汉口与汉水相汇，向东北流去，合沦水、捞鸡河、武湖，转向流往东南，在黄州黄石港（轮船停靠地，靠近大冶铁山）附近，将倒水、乾沙河、易家河并入后到樊口，合梁子、汤家、吴塘各湖之水，容巴河、浠水、白马河，到富池口，与灌溉兴国州附近的富水相合，经武穴（轮船停靠地）到九江，合赣江、鄱阳湖之水进入安徽省，经南京、镇江到吴淞。其间，可航行轮船、小轮船与民船的干流 1400海里、湖南支流 275 海里、江西支流 260 海里，还有小轮船可航行的干流300 海里、四川支流 217 海里、湖北支流 500 海里、湖南支流 37 海里、江西支流 160 海里（除开安徽、江西部分），还有只能航行民船的干流 200 海里、四川支流 1300 海里、湖北支流 940 海里、湖南支流 390 海里、江西支流 712海里（除开安徽、江苏部分），是中国中部最佳的交通通道，无须赘言。

在以汉口为中心的商业通道中，利用长江干支流的总体上可分为下列五条。

汉口—上海线（长江干流）

汉口—四川线（长江干流）

汉口—湖南线（包括洞庭湖及注入该湖的各河流）

汉口—河南—陕西线（汉水）

汉口—外洋线

下面逐条详说。

第一，汉口至上海航线

汉口至上海之间 602 海里为最重要的航道，与汉口上游的航道相比，该航道江水深，即使在冬季枯水时也少有胶沙之忧，上海与汉口间的货物运输几乎全都通过轮船进行，5 个通商口岸（九江、镇江、芜湖、南京及上海）、10 个停船地（黄州、黄石港、武穴、安庆、大通、仪征、泰兴、仁阴、张黄港、通州）互相联络，4 国 7 家公司 30 艘共 53063 吨轮船，一年承担 15000 万两货物的吞吐。

兹将在该航道上从事运输的轮船船籍及吨数（注册吨数）揭示于下。[①]

如上表所列，我日清汽船会社有 7 艘 12713 吨，船数与吨数在 7 家公司中都居第一位，以下依次为太古、招商局、怡和、美最时、瑞记、鸿安。按国籍分，英国 3 家公司有 13 艘 24697 吨，居首位；日本为次，船有 6 艘，吨数为 11984 吨，居第二位；中国 1 家公司有船 6 艘 11061 吨，居第三位；德国靠后，2 家公司共有 4592 吨，居第四位。

长江航线长期由英、中两国人经营，而日、德等国船舶则只是偶尔不定期上航。1898 年我大阪商船会社开始染指长江，在长江航运史上开出一新纪元。大阪商船会社开辟长江航线之初，以往经营该航线的太古、怡和及招商局不以新航运企业勃兴为喜，三家联手对我船舶进行各种迫害，但大阪商船会社排除万难，持续竞争，特别是在面向长江造出吃水浅而容量大的轮船后，吸引客货蜂拥而至。1900 年底，德国在经营汉口租界的同时，锐意展开航运，以汉美及北德洛依德两公司接连开设从汉口到上海的航线。1906 年，法国东方轮船公司也开设了这样的航线。此外，日本邮船会社收购了麦边公司的航线，在英国名义下经营。这样，汉口与上海之间定期航线上有 5 国 8 家公司混战。1907 年，大阪商船、日本邮船两社举当时在该航线上所有利益，在日清汽船会社这一新的旗帜下，实现在长江的航运业大团结，实可谓帝国利权在中国中部扩展之一大进步。

此外，还有很多中外不定期轮船、帆船及民船出入。兹将近 5 年出入的

---

① 涉及日清汽船会社、鸿安、美最时、瑞记、招商局、太古、怡和的船舶名称及其注册吨数，从略。——译者注

船舶数及吨数揭示于下（单位：艘，吨）。

甲 按一般航行章程进出

年份	进港					
	轮船		帆船		总计	
	船数	吨数	船数	吨数	船数	吨数
1907	1837	2111285	1336	113427	3173	2290710
1908	1928	2350065	2588	182004	4516	2532069
1909	1777	2303148	4976	328438	6753	2631586
1910	2001	3365112	5962	424620	7963	2789732
1911	1833	2220402	5255	413471	7088	2633873

年份	出港					
	轮船		帆船		总计	
	船数	吨数	船数	吨数	船数	吨数
1907	1826	2171738	1337	114070	3163	2285807
1908	1941	2358036	2588	180657	4529	2538710
1909	1752	2303879	4965	326820	6717	2630699
1910	1843	2358600	5928	417007	7771	2775607
1911	1755	2213911	5317	409200	7072	2623111

乙 按内河航行章程进出

年份	进港		出港		总计	
	船数	吨数	船数	吨数	船数	吨数
1907	1928	48367	1926	48409	3854	96776
1908	1996	60390	1990	59874	3986	120264
1909	2323	74032	2296	72758	4619	146790
1910	2424	63698	2391	62963	4851	126661
1911	2026	51588	2029	51741	4055	103329

再按船籍将进出港的船数及吨数揭示于下（单位：艘，吨）。

甲、按一般航行章程进出

（一）进港

1. 轮船

年份	美国		英国		丹麦		荷兰		法国	
	船数	吨数	船数	吨数	船数	吨数	船数	吨数	船数	吨数
1907	8	3688	651	986976	—	—	2	2906	75	135888
1908	8	3688	651	986976	—	—	2	2906	75	135888
1909	9	3694	576	925839	4	10978	3	3357	72	132557
1910	9	4149	627	998445	—	—			74	136012
1911	16	7376	647	959248	3	8844	—	—	43	91631

年份	德国		日本		挪威		俄国		中国	
	船数	吨数	船数	吨数	船数	吨数	船数	吨数	船数	吨数
1907	133	164277	475	671278	21	25149	14	25762	549	334140
1908	133	164277	475	671278	21	25149	14	25762	549	334140
1909	168	207284	446	633285	22	21622	17	28766	460	335766
1910	127	164537	412	585817	15	17506	7	12068	311	322332
1911	121	162035	486	670873	5	5298	25	29964	487	285093

2. 帆船

年份	英国		荷兰		德国		中国	
	船数	吨数	船数	吨数	船数	吨数	船数	吨数
1907	4	549	—	—	5	1583	1227	111295
1908	16	3597	—	—	7	2595	2565	175812
1909	33	3344	—	—	15	4494	4926	320587

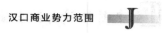

续表

年份	英国		荷兰		德国		中国	
	船数	吨数	船数	吨数	船数	吨数	船数	吨数
1910	38	5830	6	3270	7	2220	5911	413300
1911	55	8120	6	3270	9	2034	5285	400047

（二）出港

1. 轮船

年份	美国		英国		丹麦		荷兰		法国	
	船数	吨数	船数	吨数	船数	吨数	船数	吨数	船数	吨数
1907	4	1844	633	951414	—	—	3	3210	70	124396
1908	8	3688	650	990049	—	—	2	2906	75	135888
1909	9	3704	574	925820	4	10978	3	3357	72	132557
1910	9	4149	624	998334	—	—	—	—	73	134285
1911	16	7376	640	956818	3	8844	—	—	44	93358

年份	德国		日本		挪威		俄国		中国	
	船数	吨数	船数	吨数	船数	吨数	船数	吨数	船数	吨数
1907	122	150755	431	560809	37	39569	6	14068	519	324864
1908	134	166788	476	673356	21	25149	14	25763	560	334449
1909	168	208700	447	634336	22	21622	17	28766	436	334039
1910	149	186397	451	644881	17	19890	16	28611	504	342053
1911	120	162030	483	669695	5	5298	24	29962	420	280530

2. 帆船

年份	英国		荷兰		德国		中国	
	船数	吨数	船数	吨数	船数	吨数	船数	吨数
1907	2	389	—	—	5	1583	1330	122098
1908	16	3597	—	—	7	2595	2565	175812

续表

年份	英国		荷兰		德国		中国	
	船数	吨数	船数	吨数	船数	吨数	船数	吨数
1909	28	2800	—	—	15	4494	4926	320587
1910	38	5127	8	4360	5	1130	5876	406377
1911	45	7955	6	3270	9	2034	5257	395941

附记：此外，在1910年有美国船1艘13吨。

乙、按照内河航行章程进出

年份	英国				中国			
	进港		出港		进港		出港	
	船数	吨数	船数	吨数	船数	吨数	船数	吨数
1907	310	6510	310	6510	1618	41857	1616	41899
1908	309	6649	309	6649	1687	53741	1681	53225
1909	171	3590	170	3570	2152	70442	2126	69188
1910	—	—	—	—	2424	63698	2391	62963
1911	—	—	—	—	2026	51588	2029	51741

该航线在夏冬水量增减很显著，夏季丰水期，13000吨大战舰、2万吨大轮船也容易停靠码头，冬季水很浅时，最浅处为十一二英尺，到处是浅滩，吃水浅的轮船也要将所载货物减半或减1/4，或在九江换船，百般小心，但还是屡有搁浅之事。冬季不少货物壅滞，为轮船公司所苦。兹将近4年的水深列表于下（单位：英尺）。

年份	最浅	最深	年份	最浅	最深
1908	3.9（12月10日）	46.5（7月16日）	1910年	5.0（1月27日）	47.8（8月26日）
1909	4.1（2月22日）	39.6（8月27日）	1911年	9.1（2月19日）	46.8（9月17日）

江水增减如此显著，装卸货物的方法等在四季自然不能一样。在丰水期，大轮船能靠近江岸停留，各公司的舱船也能停在江边，且江岸与水面的高差也小，装卸货物极为方便，装卸等费用很少。但在冬季枯水期，水面与

江岸高差达二三十尺，且随着水量减少，舱船也逐渐拉到江面上，有的公司的舱船离江岸之远，约有 1 町 ① 半，因而装卸货物的工钱增多，多年来使运输业者感到不便。于是，各轮船公司便让装卸工的招揽者在一年间保持工钱的平衡。但是，趸船停泊与拉到江心水面，装卸费用本来就是因时节而变的。趸船的数量现在有 18 条：在华界，两湖轮船、日清汽船会社（革命时被焚毁）各有 1 条，招商局、太古洋行各有 2 条；在英租界，怡和洋行有 2 条，凯德斯及华昌洋行各有 1 条；在俄租界，日清汽船会社有 2 条；在法租界，太平公司有 1 条；在德租界，美最时洋行及瑞记洋行各有 1 条。在趸船之外，还有所谓水上市，有极多的民船载内地土产货物在河口停 10 天到 20 天，卖家每天到交易所，等买家前来，谈成生意后，便由买家带自雇的舢板，将卖家船上的货物过载，这成为惯例。

第二，汉口至四川航线（长江干流）

汉口与四川间的商业通道，在当下，还只有长江干流一条航线。从汉口到四川，截至宜昌，387 海里之间，可用 1000 吨左右的轮船运输货物。而在宜昌上游，须以民船经过有名的三峡之险，过 400 海里进入四川门户重庆。重庆与宜昌之间的 400 海里，江面只有 200 码到 700 码宽，两岸绝壁危岩乱出，水流亦湍急，上下的民船有 1/10 不免遭难，故宜昌与重庆间轮船航运计划尚未获得成功。在 1898 年，英人立德曾以小轮船"利川"号溯航重庆达到目的，但因资金关系又废止了。自德国轮船遭难以后，只有英、法两国曾以二三炮舰溯江，以及我"伏见"号、"鸟羽"号两舰溯江。1911 年，川江轮船公司的"蜀通"号着手在重庆与宜昌间从事航运，到现在，其业务一直持续，但常常因收支不能相抵而陷入困境。"蜀通"号载货量为 50 吨，乘客定员为 82 人，观现在一个往返的收支，货物运费为上航每吨 25 两、下航每吨 7 两，货物能够达到运载总量，货运总收入为 1600 两；乘客票价是上航上等票 50 元、下航 25 元，上航可收入 2350 元、下航可收入 1175 元，合计客货运费收入有 4500 两左右。其煤炭消耗量达 1152 两，此外船员薪金、保险费、船税、引水员薪金、公司营业费等合计为 2500 两。照这样看，似

---

① 町为日本长度单位，1 町合 109.09 米。——译者注

乎有 2000 两左右的盈利。但是，该航线正如英人莫布斯比所论，由于有 4 个月乃至 6 个月不能航行，这么点盈利能否补偿此间的损耗，不无疑问；并且，上面的说法只是假定往返都满载情况下的概算；加之船体及机器在有天下险流之称的这条航线上的破损绝非其他普通航线可比，要修理必须下航到上海，费钱之多不同寻常，对此也不能不察。所以，在该航线上从事轮船航运要赢利，可谓难上加难。

在该航线上的轮船营运如此困难，故汉口与四川之间的交通几乎都是民船，溯江要三四十天才能抵达重庆。在夏季丰水期，三峡近岸的水速有十余海里之急，在湍急涡流中航行极为危险，故很多民船常在 10 月到次年 4 月间往来，此间不仅水速大降，而且多有东北风，有助于舟行的情况不少。

1. 从事航运的船舶

在宜昌至汉口 387 海里之间，一般是 1000 吨左右、吃水 7 尺左右的船舶进行航运，目下有 4 家公司的 6 艘轮船。①

在这些船舶中，"大吉丸"每月 5 日、15 日、25 日从汉口起航，"大元丸"每月 10 日、20 日、30 日从汉口起航，每月溯江 6 次，停靠沙市、岳阳，在新堤停船。

在宜昌上游，除了前述之"蜀通"号，都是由民船进行航运。在四川至汉口间航行的民船称为柏木、麻雀尾，容积有 1000 担左右，下航载木耳、药材、黄花菜、胡椒、棕榈等，上航载棉花、布匹、杂货、海产品、棉纱等。

2. 船舶出入数量及输出输入货物

1902 年在宜昌进港的轮船有 183 艘 18.5 万吨，1911 年有 255 艘 21 万吨，增加到 1.13 倍；民船则从 2392 条减为 2138 条，吨数从 7.9 万吨减为 7.1 万吨，约减少一成。可见，宜昌至汉口的轮船运输，通过轮船进行的有与年俱增之势。宜昌在 1911 年的输入总额为 1560 万两，其中，有 1254.5 万两即约 81% 强的货物是在宜昌过载，按过载货物价额算，有 147 万两即约 10% 输往四川，70% 输往汉口、上海。由民船从宜昌运往四川的货物到了四川的货

---

① 列出日清汽船会社、招商局、太古、怡和的船舶名称及吨数，从略。——译者注

物集散地重庆之后，再向四川各地输出。经宜昌开到四川的船舶如下表所示（单位：艘，吨）。

年份	轮船		民船		合计	
	船数	吨数	船数	吨数	船数	吨数
1902	—	—	1465	52206	1465	52206
1906	—	—	1684	52209	1684	52209
1909	1	196	1520	51263	1521	51459
1910	14	2744	1255	45254	1269	47998
1911	9	1764	1254	48099	1263	49863

可见，在 1902 年后的 10 年间，民船减少了约 8%。轮船"蜀通"号从 1909 年开始航运，1910 年溯江 14 次，从总体上看，进港船舶 52000 余吨，相对于 10 年前减至 49800 余吨，故汉口与四川之间虽有三峡之险，但作为商业通道，依然较 10 年前有进步。由此，更加盼望川汉铁路更快实现通车。

四川输入的货物主要是棉纱与棉制品。就棉制品而言，英国货急剧增加，而棉纱则是日本货正在取代印度货。钟表及金属物品等与文明相关的各种货物输入旺盛，是最可注意之事。至于四川输出货物，近两三年有小麦运出，如在 1911 年，达 14 万担之多。药材输出在 10 年前有 83 万两，现增加到 130 万两。输出皮类由 42 万张增加约 2 倍，达 130 万张。对外贸易货物在增加。

3. 汉口到四川各地的里程及航行天数

A. 汉口至成都

汉口—宜昌：乘轮船，370 海里，下航 3 天，上航 3 天。

宜昌—重庆：乘民船，400 海里，下航 9 天至 17 天，上航 30 天至 40 天（乘"蜀通"号，则下航 2 天，上航 8 天）。

重庆—嘉定：乘民船，1161 华里，下航 6 天至 11 天，上航 34 天。

嘉定—成都：乘民船，359 华里，下航 3 天至 4 天，上航 6 天。

合计：4310 华里，下航 21 天至 35 天，上航 73 天到 83 天。[①]

---

① 原文只有汉口到宜昌、重庆、嘉定、成都的里程与船行天数。——译者注

第三，汉口至湖南航线

汉口与湖南的商业通道可以分为两条航线：汉口至湘潭航线和汉口至常德航线。

这两条航线都从岳阳进入洞庭湖，一则沿其东面水道南下到长沙、湘潭，另一则横穿洞庭湖前往常德。洞庭湖与长江相连，故其水势常随长江增减，夏季丰水期湖水也随之上涨，可以自由行驶，然在冬季枯水期，湖水也同样涸落，有的地方水深几乎不到 2 英尺，故目下在该航线上的船舶都是 1000 吨左右的吃水浅的轮船，此种轮船一年中只能在 5 月至 11 月 7 个月内航行，而在其他时间，因湖水随着江水减少而涸落，这些轮船就不能在岳阳以上继续航行了，只有小轮船与民船能够航行到长沙、常德等地。

1. 汉口至湘潭航线

汉口与岳阳之间 122 海里，便于四时航行，但溯湘江、沿洞庭湖东面水道南下到长沙（152 海里），就多有障碍，航行稍感困难。在长沙与湘潭之间，有芭蕉滩与鳅潭，一年中轮船只在 6 月至 10 月可以航行，在 11 月往往也能航行，但在 8 月以后，水之增减不定，航行多有危险，吃水须在 6 英尺以内。从 11 月到 3 月，只能通过吃水 3 英尺以下的小轮船。随着湖水的涨落，轮船的航行逐渐收缩到长沙、靖港、湘阴、芦林潭，最终须在岳阳过载到民船。据称，洞庭湖因长江的土沙而年年以非常之势淤塞，故此航线将来自然会有依靠铁路之机。

兹将在该航线上从事航运的轮船列表于下（单位：吨）。

轮船公司名	船名	吨数	航行次数
日清汽船会社	武陵丸	904	每月定期 8 次
日清汽船会社	沅江丸	580	
太古洋行	"湘潭"号	930	不定期
太古洋行	"吉安"号	729	不定期
太古洋行	"沙市"号	790	不定期
怡和洋行	"昌和"号	696	不定期

下面概说进出船舶数及运输的货物。在该航线的重要港口长沙的情况如

下（单位：艘，吨）。

年份	进港轮船		进港帆船		合计	
	船数	吨数	船数	吨数	船数	吨数
1905	251	103796	1	32	252	103828
1909	434	171408	16	737	450	172145
1910	558	155972	42	1404	600	157376
1911	515	195818	40	1229	555	197047

主要输入货物为棉纱（日本棉纱在 1911 年达到 1902 年的约 10 倍）、棉布、砂糖、火柴、海产品、铅、钉等。输出货物是出产于湘江一带的锑、豆类、木材、米、煤炭、焦炭、鸡蛋、桐油等。

附：湘江

湘江在岳阳上游有 300 英里可通行小轮船，有 430 英里可通行民船，从长沙溯江 50 华里有泥鳅滩，冬季只能通行吃水 2.5 英尺的船。从这里到湘潭 45 华里的水路是安全的。从湘潭到衡州有 450 华里，夏季可通行吃水五六英尺的轮船，而后换小舟向东南溯郴江，行 130 英里可到郴州；向西南溯湘江，经桂林可到广州。

2. 汉口至常德航线

该航线可分为两路：一是从芦林潭及临资口经运河溯沅江；二是从岳阳横穿洞庭湖，绕大安岛到沅江水路的洞庭水路。

汉口至常德间的河用轮船走后一条航路，而长沙至常德间的小轮船走前一条航路。洞庭水路每年只在 6 月到 11 月五六个月间通行轮船，在其他季节除了民船之外，几乎都断绝航行。反之，长沙至常德间小轮船往返的时间长，除了冬季枯水最严重时外，一年中都可航行，民船交通甚为繁忙。现在从事航运的轮船只有日清汽船会社的湘江丸 1 艘（580 吨），1 年中有定期 12 班以上。

该航线的终点常德集散很多来自上游贵州的木材、来自下游辰州与桃源等地的桐油等，还向这些地方输出不少棉纱、砂糖、火柴、海产品。

第四，汉水航线

汉水是联络河南、陕西两省与汉口的最重要水路，也成为与中国北方各地的交通的咽喉。

就汉口通往中国北方的通道而言（京汉铁路见后面的详述），先溯汉水到赊旗镇，经陆路河南、卫辉二府到道口镇，顺卫河可到天津。在未开铁路的时代，多是走这条通道，水陆里程有 1480 英里，要 50 天时间。

在中国要去陕西，一是溯汉水经老河口到西安府，水路 700 英里、陆路 140 英里，要用 27 天；二是溯汉水到赊旗镇，经河南府到西安，水路 630 英里、陆路 510 英里，要 38 天时间。

在两条路中，过老河口这条路所用时间最少，水利之便最大，故此路交通最为繁忙。

这里看看陕西、河南地方重要物产棉花及大豆等运往汉口的路径：同州府、西安府的棉花先用骡马运到龙驹寨（600 华里），再装上小船运到紫荆关（360 华里），而后运到老河口（360 华里），改换大民船运到汉口（1250 华里，此间约要 45 天）。

河南南阳府的大豆全都运往汉口，一度汇集于唐县源潭，运到唐河，通过汉水运到汉口。此外，从湖北襄阳、德安、安陆、荆门、汉阳各州及施南府、宜昌府、荆州府到汉口的通道，也多通过汉水干流。汉水有 500 英里可通行小轮船，有 1550 英里可通行民船。现在，汉口利济公司以"君山"号、"沱江"号二船经蔡甸、新沟、汉川、击马口、分水嘴、呱旺嘴到仙桃镇，1 天往返 1 次，以便乘客。

汉水的水势与长江消长与共，在夏季丰水期，一直到襄阳附近都可行驶四五吨的轮船，但在冬季枯水期，从 11 月到次年 3 月，不能溯航到蔡甸上游，完全成为民船独占的航道。

兹将汉口—陕西—河南各道路及其日程揭示于下。

自西安至龙驹寨：陆路 100 英里，下行 5 天，上行 5 天。

自龙驹寨到紫荆关：陆路 40 英里，下行 2 天，上行 2 天。

自紫荆关到老河口：水路 200 英里，下行 4 天，上行 12 天到 16 天。

自老河口至汉口：水路 500 英里，下行 9 天，上行 21 天到 37 天。

合计：840 英里。

第五，汉口至外洋直通航线

汉口与外洋之间没有定期直通航线，只是在夏季丰水期有外国船到该地，故汉口的出口货物大部分是在上海过载于开往外国的船上，而为此所需的费用及导致的货物损失，也成为汉口对外贸易的一大障碍。开展直通航运是使汉口独立于上海、对其以后的发展有利的大事。但是，长江之水增减无常如前面所述，总是令外洋航行的吃水深的船不能四时溯航汉口，所以仍不得不忍受在上海过载货物之不便。

大阪商船会社从1905年起，日本邮船会社从1906年起，趁夏季丰水期，在汉口、神户、大阪之间临时开行直航船，从事一般商人的货物运输，为商人提供很大便利，但自1907年日清汽船会社成立以后被废除，故大商家以自家船或租用船临时直航往来。在夏季丰水期，三井常以该社之船或雇船运输汉阳的铁、木材、煤炭、牛骨、杂谷等，三菱及吉田洋行也为运输煤炭、牛骨而用本社船舶直航；汉美公司及和记洋行以自己的冷藏船直接向伦敦运输肉鸡。诸如此类，在夏季丰水期，甚至会有2万吨的巨船停靠码头，多载芝麻、桐油、豆油、蚕豆、蜡类、花生、茶叶等出口货物，并将各种机器、纱布等以非常低廉的运费直接运来。这种趋势，在今后会越发强劲。

第六，本领事馆所涉区域内小轮船交通情况（单位：艘，吨）

船籍	公司名称	航线	所在地	船舶数	总吨数
中国	利记	武昌、汉口轮渡	汉口	6	144
中国	全鄂	汉口、黄州	汉口	3	109
中国	泰安	汉口、常德	汉口	1	20
中国	森记三益	汉口、武昌	汉口	3	99
中国	既济	汉口、长沙	总公司在长沙，分公司在汉口	2	168
中国	仁义	汉口、嘉鱼	汉口	1	15
中国	康济	汉口、仙桃	汉口	3	131
中国	原记	武昌、汉口	汉口	6	93
中国	道生	汉口、长沙	汉口	2	198
中国	德安	汉口、岳阳、常德	汉口	1	20

第二节 陆运

第一，京汉铁路

京汉铁路起于北京，纵贯直隶、河南、湖北三省而至汉口，与津浦铁路同为联络中国南北的铁路。该铁路的支线，在汉口商业范围内有 3 条，即河南省郑州府到开封府的一条（已铺设）、湖北省和尚桥到其西面经山的一条（已铺设）、河南省郾城车站到该省物资大集散地周家口的一条（未铺设）。

中国的经济交通自古是靠道路与各条河流，而中国的道路之不善为世界所无，坑洼遍布，极不便于车行，且因土质松软，车马所行之处成为一条低地，遇到下雨水淹等，道路即成川流，情况严重的使交通断绝，绝非罕见。反之，能通行船只的河川甚多，运费亦极为低廉，故在中国，河川的利用极为重要。但河川多为东西流向，除了大小运河以外，无助于南北交通。京汉铁路的铺设，部分消除此弊，对中国南方与北方的交通贡献巨大，无须赘言。

该铁路对汉口贸易的影响也不小。在京汉铁路通车之前，襄阳府及河南省西部及陕甘两省运往汉口的货物，几乎全是通过汉水；现京汉铁路沿线的信阳州、汝宁府及开封府的大豆、芝麻等，则汇集于周家口，通过淮河及大运河运到镇江；而卫辉、彰德、广平府及其以北的货物，多通过老漳河、子牙河及南运河运往天津。该铁路的铺设，对此状况稍有改变，从多方面增强了汉口的势力：属于镇江商域的京汉铁路沿线各州府中，在黄河以南的，以往土货是先汇集于该地方的货物集散地周家口，而后从那里运往镇江，但因通过铁路直接运到汉口，镇江的商域稍有缩小。同时，该地方的输出额，因该铁路的铺设便利了运输而逐渐增加，也是不争的事实。兹将京汉铁路通车前后河南、陕西、甘肃对汉口输出的主要货物数量对比于下（1901 年，京汉铁路还在铺设过程中；1906 年，京汉铁路干线贯通的次年。单位：担）。

货名	1901 年	1906 年
豆类	574000	1831000
芝麻	435000	1073000

仅 5 年间，铁路通车后，输出的豆类约增加 2.2 倍、芝麻约增加 1.5 倍。用以往的方法，通过水陆交通，在汉口与河南之间通行要用 20 天到 45 天，且在民船上，还常有船主盗取所载货物、掺水掺沙之事，伴随很多不便与弊端。反之，通过铁路运输，就免了这些不便，抵消运费之高而有余。所以，近来利用这种便利者越来越多。在铁路通车之前，除了有水利之便的地方外，即使出产芝麻、棉花、豆类之地，也为销路所困，产品被限于自用乃至地方需要范围，但在该铁路通车后，产品日益增多，现在沿线地方，即使是山间僻地，也致力于这些输出货物的种植，人们的购买力也随之提高。在铁路铺设之前，棉纱布及杂货从河南东部到周家口、郑州附近，都是从镇江通过水运输入，而现在，有 7% 左右归于汉口的势力范围了，这也是有事实可证的。

有一派论者认为该铁路的铺设给汉口带来的好处只是夺取了汉水的水运，而现在京汉铁路的高额运费，对汉口也未必那么有利。然而，这只是知其一而不知其二之言。汉水如前面所述，穿过陕甘两省及河南西部的山脉到源潭方面，故不能利用汉水水利者要通过铁路进行运输，此外，棉花、大豆、芝麻、蚕豆、黄丝、蜡类、油类、茶叶及其他各种物产及湖北土货，约有七成都要利用汉水运往汉口，这在京汉铁路铺成前后都是差不多的，唯在河南唐河上游山间、不便运货到唐河的地方，要忍受陆路的一些痛苦，运货到东边的铁路线。铁路通车后虽有侵入汉水水运范围的行迹，但因通车抬高了内地农产品的价格，内地输出输入货物越来越多，故可以说汉水贸易因铺设铁路而蒙受不利影响几乎是不存在的。唯该铁路因运费高而在贸易上收不到该有的效果，确如论者所言。如果中国当政者在设法降低运费的同时，增加目下深感不足的货车，则该铁路对汉口的效果无疑将倍蓰于今日。不过，最近津浦铁路的铺设，使河南方面在周家口集散的部分货物为铁路所夺，还是值得稍加注意。如果希望周家口依靠京汉铁路，则须先有马路车马之便。反之，该地如希望依靠津浦铁路，则需利用淮河的水运，以比较低廉的运费运送货物到铁路边。津浦铁路的终点浦口比汉口更靠近外洋，故因京汉铁路铺成而脱离镇江商圈、转向汉口的货物，再转往浦口是理所当然的。由于现在浦口的港湾设施极不完善，故周家口方面的货物还不致从汉口全被夺走，但今后浦口一旦实现开放，则汉口在周家口方面的势力无疑会萎缩。

第二，开洛铁路（已建成）及洛潼铁路（正铺设）

从河南省开封府到河南府的铁路为开洛铁路，从河南府到潼关的铁路为洛潼铁路。

开洛铁路与洛潼铁路大致与黄河平行，故黄河如与长江一样有舟楫之便，则该铁路的效果就不那么大。但是，黄河有激流，又有浅滩，并无舟楫之便，因而目下河南省西北部及陕西省等运往他省的货物，都是通过一条险恶的道路运输，铺设这两条铁路可以吸收这些货物，增加各种产品的生产输出与输入，就如在有关京汉铁路的部分所说的那样。以往在开封、潼关之间旅行约要20天，通过铁路仅一昼夜就可到。所以，上述两铁路的交通及对商业的影响是极大的。

第三，西潼铁路（计划铺设）与西兰铁路（计划铺设）

西潼铁路是从潼关到陕西省西安府的铁路，该铁路与洛潼铁路相连，与京汉铁路相合。该铁路的铺设，能使除了崎岖山路以外与别省之间没有其他交通路径的陕、甘两省在货物运输上得到莫大便利。关于该铁路对汉口贸易的影响，因为还是计划铺设的铁路，不能具体叙述，但鉴于京汉铁路贯通的影响等，该铁路有巨大效果毋庸置疑。甘肃省最肥沃之地是中部平原一带，其农耕范围广、富于畜产，实为中国西陲一大富源，而兰州是该平原一大物资集散地。西安是陕西省的主要城市，在唐代是一大国首府，文物灿烂，殖产之业可观，今天还是陕西省最富饶的中部平原的物资集散地，且甘肃省在汉口与天津之间输出输入的大部分货物要经过此地。所以，西潼、西兰两铁路的铺设对陕、甘两省物资的输出输入会有何等巨大的效果，是无须多言的。

最近有报纸报道说，甘肃都督与比利时辛迪加达成了2.5亿法郎的铁路借款，其中有预付款200万法郎。如果该借款合同订立是事实，则该铁路的铺设也将为期不远，汉口贸易的扩展也是可期待的。

第四，川汉铁路

四川与汉口之间的铁路为川汉铁路。四川省广袤20万平方英里，久以中国之天府闻名天下，但交通极为不便：从长江走，在宜昌与万县之间有三峡之险；从缅甸走，有云贵之崇山峻岭。由此，四川的宝库长期封闭，可输出输入的物资甚多，却遭到阻碍。川汉铁路可消除交通上的不便，使四川省无限之富对世界市场敞开，对此效果，毋庸赘言。故此，铺设该铁路之议早起于四川有识者之间，光绪三十年（1904）得到皇帝批准，成立了川汉铁路股份公司。然而资金筹措不如人意，直到 1909 年 10 月 28 日才举行动工仪式。在工程建设过程中，前年清政府推行铁路国有政策，无端激起四川省的动乱，这成了 10 月以后中国革命的导火线。革命爆发后，工程中断。去年谭人凤就任该铁路公司总办，筹集资金，购买材料，为重开工程加紧进行各种准备。接着黄兴就任粤汉（参见后文）、川汉两铁路公司总办；在此前后，曾任京张铁路总工程师，以推动中国自办铁路而声名赫赫、震动中外的詹天佑担任协办。黄兴的威望加上詹天佑的技术，将对川汉铁路做出巨大贡献，不容置疑（黄兴最近辞职）。

　　该铁路只在宜昌、万县之间完成了部分工程（筑成路基 70 余华里，铺轨 25 华里），对其具体影响还不能做出判断。唯对于四川、汉口之间的交通，从前面所述水运的现状看，该铁路对四川的开发有莫大效果是毋庸置疑的。

　　观现在汉口与四川之间的长江交通日程，宜昌、汉口之间（轮船）上、下航都要 3 天；宜昌、重庆之间（民船）下航要 9 天到 17 天，上航要 30 天到 40 天；重庆、嘉定之间（民船）下航要 6 天到 11 天，上航要 25 天到 34 天；嘉定、成都之间（民船）下航要 3 天到 4 天，上航要 6 天。合计下航要 21 天到 30 天，上航要 64 天到 78 天。如乘宜昌、重庆之间唯一的交通轮船"蜀通"号，则上航要 8 天，下航要 2 天。该轮船只能载货物 57 吨、乘客 82 名，终不算是大型运输。更何况，在冬季枯水季节，还不能行船。现在既然川汉铁路不能全线铺设，可否在走水路最困难的宜昌、万县之间铺设，而在万县以上以轮船运输呢？（铁路公司曾设想在铁路通车之前先造与"蜀通"号一样的轮船 6 艘，一方面用于运输铁路材料，另一方面从事客货运输，但未付诸实施。不过，对宜昌、万县之间工程完成后在万县上游开行小轮船，是有计划的）这样，汉口与成都之间的往返时间就会大为缩短：汉口、宜昌之间（轮船）3 天，宜昌、万县之间（铁路）1 天，万县、重庆之间（轮船）2 天，重庆、嘉定之间（轮船）3 天，嘉定、成都之间（轮船）2 天，只要 11 天。比起乘民船，下航要少 10 天以上，上航要少 40 天以上。运费也会相差很大。

第五，粤汉铁路

粤汉铁路以广州为起点，沿北江进入湖南省，到达汉口，与京汉铁路相连，是贯通中国南北的一大干线。

该铁路通过的区域有广东、湖南、湖北三省，在湖北是长江南岸，在湖南是湘江流域，在广东是该省第一富源北江流域。湘江流域是湖南的中心，长江南岸是湖北的沃野。所以，沿线物资极为丰富，湖南、湖北稻米可一年两熟，广东一年可养蚕六次，煤炭、木材、茶叶等物产也很多。

上述物资现在是用什么方法运输呢？湖南的物资完全通过长江、洞庭湖及湘江等的支流运输。汉口至岳阳之间 115 海里，四季可通 1000 吨左右的轮船，但从岳阳进入洞庭湖，在冬季枯水期，全湖成为一大平原，只留有数条水道，水深 2 尺到 3 尺，货物运输归民船独占，在汉口、长沙间的往复天数约为 2 周。如果此间铁路铺成，则长沙、汉口之间仅 20 小时可达，可见该铁路对湖南全省通商贸易的影响会有多大。

两湖与广东的交通，以往都是走水路：一是溯湘江到岩关，走运河到桂林、梧州，下西江到广州；二是从广州溯北江到南雄，越梅岭到江西省南安府，再下赣江到长江，这条路也要在南雄、南安之间走 60 华里陆路，且吉安府的上游滩多，故走此水路的甚少。走上述第一条路，在广州上游 80 海里中，可乘轮船或民船到乐昌，而后换小舟到宜章，再雇挑夫越折岭，在郴州上船到衡州，换乘大船到长沙，而后乘轮船或民船入长江到汉口，所用时间至少要 20 天，多则要 40 天，客货都不免不便。如果走海路，则很多货物要从广州以河用轮船运到香港，过载于海洋轮船运到上海，而后再过载于河用轮船从长江运到汉口。此间，乘客最少要用 10 天，货物则要用十五六天。走铁路的话，广州、汉口之间不出 2 昼夜可达。铺设粤汉铁路，对两湖与广东的交通状况会带来上述之一大改良。由此不难想象，该铁路对汉口与广州贸易，绝不会只有些许效果。

自谭人凤担任该铁路公司总办以来，致力于引入外资，与交通部等也进行了数次协商，对前清时代与英、法、德、美四国缔结，但在后来因革命而一度废止的借款合同进行改订，决定从借款中接受预付款6000万英镑，用于工程。接着，黄兴任公司总办，使该铁路前途又显一道光明。

第三章　汉口的商业势力范围及与别的市场竞争状况

第一节　商业势力范围的意义

不用说，本章所涉及的事项，如对商业势力范围的界定不同，便会有宽窄之分。

如果从最狭义上讲，商业势力范围可认为是不容其他市场觊觎的独占的商业区域。如果这样看，则可以说汉口并不存在商业势力范围。就算汉口市内及湖北省的一部近乎独立于其他市场势力之外，汉口很多大的商业设施原本也是与外国人及他省人的经营相关的，其中不少设施的总店设在外国或他省。在革命后，湖北很多当政者出于本省，结果使湖北人在商业上的势力较之昔日也面目一新，但还未能驱逐他省人，且有的外国商人势力还趁中国商人因革命受到打击而大为发展了，故从严格的意义上说，这些地方不能称为汉口独占的商业区域。退一步讲，就算不谈商人的国籍或出生地如何，也不谈总店还是分店，只把在汉口的有独占性的经商大户视为商业势力范围，固然可以举出湖北省及河南省西南部一带，但其范围是极为狭窄的，不足申论。如果进行更细密的观察，则可知即便是这些地方，也有地方市场存在，掌握着附近一带的供需，汉口只是充当中心市场。所以，如果严格而极狭义地进行解释，则汉口独占的商业区域不会超出附近一带二三十英里。

如果极广义地解释，不管其他市场的势力如何，也不问是本国的还是外国的，只要是与汉口有商业交易关系的地方，都称为其商业势力范围，那么，在这个意义上说，长江沿岸且不论，中国南方、北方各港乃至诸多外国，都可包含在内。

上面两种解释都失之极端，不足以明了汉口贸易之大势。故本章对两者取其中，先撇开外国，再撇开内地不太重要的商业对象，只以贸易额特别多的国内各地方作为汉口的势力范围。从这个意义上说，汉口的势力范围是极广的，包含湖南、湖北、江西、河南、陕西、甘肃、四川、云南、贵州等省。但若进行更细的观察，这些地区也是彼此不一样的，有的输出多而输入少，有的输入多而输出少，交易的货物品种也不一定相同，且有的地方输出输入都主要对外，有的则是主要对内，情况多样。故此，要界定汉口的商业势力范围，还需对这些情况分别做出说明。

再者，金融业与交通业，广义上都属于商业，且欲知汉口商业实情，势不能将它们经营的势力范围除开。关于交通方面的势力范围，在第二章已大致说明。为方便计，后文分三节，先说金融方面的势力范围，再说对外贸易的势力范围，最后说商业势力范围。对基于各种商品的势力范围，为揭示商业实情的需要，本应对各品种分别设节，但因会陷入累赘，反不便于察知大势，故只在各节中列出品种。

第二节 金融之势力范围

一 汉口金融市场与外国银行的关系以及外国银行对中国金融机构（钱庄、票号等）的交易状况

金融方面的势力范围，在革命之前后有很大的变化。以往中国的金融主要是由中国固有的金融业者掌握，近时外国银行的势力虽大为扩展，但论交易的范围，终究还是不能敌之。

中国固有的金融机构有钱庄（以存贷款为主业，有时也做汇兑，以对附近地方汇款为副业）、票号（以汇兑业为本业，同时略做存贷款）以及兼做银行业的炉房、绸缎铺、当铺等，除了票号外，业务范围都极小，办理汇兑多止于邻近各市场之间。该地方金融实权主要在票号手中。

票号资金充足，经营方法比较稳当，因而在一般中国人中很有信用，营业涉及的区域也很广，中国本部十八省自不必说，在蒙古、新疆等边境也有分号与交易对象。因票号的存在，汉口金融方面的势力范围扩展到有输出输入关系的各地，随着近年汉口贸易的发展，其金融的势力圈也逐渐扩大。

在票号之外的重要金融机构，是外国银行的分行，它逐渐蚕食票号的

经营，从事中外之间的汇兑，以雄厚的资金和文明的经营方法，广泛博得信用。虽然外国银行所涉及的区域还不及中国内地，尤其是未开放之地，但一直进行所谓 chop loan，对票号、钱庄等大量放款，间接支持其经营。这种关系在革命前后有显著变化。以往的中国金融机构都遭到很大打击，不复昔日面目，前年秋天革命爆发后，市场大乱，商民忙于避难，各票号、钱庄都遭挤兑，流通的票据都停用了，票号、钱庄忙不迭地整理其交易，仓皇到各地避难。1912 年 1 月，和平曙光显现，中外之人陆续归来，但其时金融业开张营业的只有外国银行，因而重开业务的商人都开始与之交易，汉口的金融业被外国银行垄断。对内地的汇兑等完全断绝，货物买卖只能输送现银。到同年 3 月，钱庄相继开业，目下已开张的中国金融机构大小约有 120 家，但除了湖南、浙江兴业、交通三家银行及最近开张的中国银行之外，大的有资金一二万两，小的只有 2000 两。至于专门兑换货币的钱庄，资金简直不值一提。由于钱庄信用基础薄弱，故其发行的庄票目下还只限于当天付款，发行只是为避免现金搬运的不便。外国银行从 1912 年 5、6 月起，满足较有信用的二三十家钱庄要求，临时接受其当天付款的庄票，而期票全然不能流通，虽往往有些来自内地的汇票，但外国银行一概不受理。

票号从革命爆发以来，在汉口没有重开业务。

二　以中国金融机构为中心的汉口金融市场势力范围

中国金融机构的现状如上文所述。中国银行且不论，除了浙江兴业银行整理旧债权债务，业务多少有起色外，湖南银行、交通银行等虽重开业务，但都是忙于以往交易的整理，还没有大量从事汇兑业务；而其他的中国金融机构，资金很少、信用基础薄弱，即使是在市内，也任由外国银行势力支配，只在华界部分地方发挥作用，对以往保持极为密切关系的上海也完全没有交易，至于同各种设施被革命破坏的内地各市场之间，更可谓汇兑完全断绝。中国金融机构的势力圈就是这样在革命打击下极度缩小了。

三　以外国银行为中心的汉口金融市场势力范围

由于革命，中国金融机构的势力完全萎缩，这自然导致外国银行的权威日隆，无须置论。兹将设于汉口的外国银行名称、资本金、积累金列表于下。

银行名称	资本金	积累金
横滨正金银行	4800 万日元	1785 万日元
汇丰银行（Hongkong and Shanghai Banking Corporation）	1500 万日元（注资）	英镑 500 万镑，银币 1700 万元
华俄道胜银行（Russia Asiatic Bank）	4500 万卢布	21073 万卢布
德华银行（Deutsch Asiatic Bank）	750 万两（注资）	未详
麦加利银行（Chartered Bank of India, Australia & China）	120 万英镑	165 万英镑
花旗银行（International Banking Corporation）	325 万元（注资）	325 万元
东方汇理银行（Banque de l'Indo–China）	4200 万法郎	4497.5 万法郎

　　表中所列 7 家银行都基础坚实、资金雄厚，与中国金融机构终不可同日而语，故其势力年年增大，起初只是与本国人及很少的中国大商人交易，但随着汉口内外贸易发展，中国金融机构守旧的经营方法渐使中国人不满，且上海与汉口在经济上有极为密切的联系，近时上海频频发生的恐慌很快波及该地，往往导致基础不牢的中国金融机构破产，促使该地大的华商也有了向外国银行寻求安全的倾向。在此状况下革命发生，又沉重打击了中国金融机构，使其显得无望再起，它们即使在革命后重新营业，也多改头换面，以免除偿还革命前债务的责任，从而越发丧失在中国商人中的信用，就连商家的大小活期存款也都找外国银行，至于汇兑业务，可以说更与现在开张的钱庄等毫无关系而由外国银行专掌了。尽管外国银行势力是这个样子，但论与其他地方的交易，还是限于该分行或交易银行的总行与分行所在地之间而不及于内地。兹将在中国各港的外国银行分行所在地、交易银行总行与分行所在地揭示于下，以明其营业区域。

银行名称	分行所在地
横滨正金银行	北京、长春、辽阳、大连、奉天、牛庄、天津、上海、香港
汇丰银行	厦门、香港、北京、广州、上海、福州、天津
华俄道胜银行	北京、天津、长春、哈尔滨、青岛、香港、牛庄、芝罘、大连
德华银行	上海、青岛、香港、北京、广州、天津、济南

续表

银行名称	分行所在地
麦加利银行	香港、上海、广州、天津、福州
花旗银行	天津、上海、广州、北京、香港
东方汇理银行	香港、上海、北京、天津、广州
以上是在汉口设分行的外国银行	
台湾银行	厦门、广州、福州、香港、上海、汕头、九江
华北银行（Baugue Sind Belyre）	上海、广州、北京、天津、香港
以上是在汉口没有分行但有交易的外国银行	

从上表可见，外国银行在中国内地的营业区域只限于南北各地的通商口岸。在革命之前，它们分别与中国金融机构进行交易，往往办理对内地的汇兑业务，但是现在除了整理旧债权而进行交易外，与中国金融机构没什么关系。

可称为以外国银行为中心的汉口金融势力范围的，只限于该分行、交易银行的总行与分行所在地，而在内地与汉口之间，现在除了输送现银之外，没有什么金融上的便利可以得到。

四　现银输送额

要弄清汉口金融市场的势力范围，就要揭示汉口与其他各地之间的交易额，但各银行的交易额因各自保密而无从得知，故这里列出经由海关的现银输送额，以作为研究金融势力范围之参考。

近5年现银输送额情况如下（单位：海关两）。

输入

来源	1907 年	1908 年	1909 年	1910 年	1911 年
上海	1241598	3007191	8794901	15682938	6729752
镇江	371711	347980	1381550	629600	637400
南京	424033	816000	222809	516404	403271
芜湖	1000	9300	12900	52040	44300
九江	574232	388900	332550	465700	124600

续表

来源	1907 年	1908 年	1909 年	1910 年	1911 年
岳阳	13361	2868	3313	11700	13040
长沙	980839	455110	736724	466506	404544
沙市	344224	251734	158275	255441	460952
宜昌	2231947	1753985	452500	302480	1087839
广州	—	—	—	—	—

输出

去向	1907 年	1908 年	1909 年	1910 年	1911 年
上海	1201154	488479	3095476	1591098	1490386
镇江	1121117	441257	1002400	345800	3600
南京	114670	168888	345204	75000	235930
芜湖	9000	7000	—	—	240
九江	914457	958080	546350	780632	552228
岳阳	76556	325089	222060	392620	106310
长沙	314290	815538	412750	1057516	782259
沙市	202412	199263	375011	372742	188001
宜昌	69129	77050	704315	3008592	248752
广州	900	—	—	—	—
汕头	—	280	—	140	—
福州	—	2000	—	—	—
厦门	—	—	—	148	—

上表只列出了经由海关的现银输送额，此外不无逃税输送的，且由于现银等的输送有费用且伴随着危险，中外商人都尽量避免而采用汇兑清账的方法。所以，上表当然只反映部分金融状况，不能涵盖全部。

第三节　对外贸易之势力范围

如第一章所述，汉口对外贸易一部分为直接贸易，另一部分是经由上海的间接贸易。由于间接贸易额缺乏与产地相关的精确统计，故本节不得已只说直接贸易。

对外直接进出口大部分采用子口半税之便法。子口半税原本是一种地方通过税，即旧关税与厘金的抵代税。因地方通过税对通商妨碍极大，英国通过《天津条约》规定：以各种货物（鸦片除外）进出口税之一半替代这些通过税，缴纳之后，免去所有内地税；其后，为纳税货物缴纳进出口税的1/2，为免税物品按从价 2.5% 纳税。这在《中日通商行船条约》的第 11 条和第12 条中也有明确规定。因为货物在缴纳了上述抵代税后就免去所有内地税，所以要发给证明，这便是三联单。下面以持三联单输出输入的货物为基础，来谈汉口对外贸易之势力范围。

一 湖北省

湖北省是汉口的商域，这在地理上与交通上都是不争的事实。随着交通的发展与民智的启发，对外进出口额也逐渐增加，而汉口则是其吞吐口。兹将近 5 年持三联单之输出输入额列表于下（下表所列输出输入额以相应各省为基础。单位：海关两）。

甲　输入货物（持三联单从汉口等地输入湖北的外国货物）

来源	1907 年	1908 年	1909 年	1910 年	1911 年
汉口	721861	1186079	1432123	883153	513683
沙市	7728	6823	5981	5536	5072
宜昌	—	—	740	—	—
九江	19728	16081	13520	13440	10359
镇江	394	—	—	—	—

乙　输出货物（持三联单从湖北输往汉口等地而后对外出口的内地货物）

去向	1907 年	1908 年	1909 年	1910 年	1911 年
汉口	61432	42765	37280	41993	6679
九江	1503	—	—	—	—

如上表所示，持三联单从湖北省输出的出口货物最近由汉口独占，而输

入的进口货物，除了少量从沙市及九江进来之外，也由汉口独占。其品种以棉布、棉纱为大宗，次为砂糖及煤油。来自沙市的输入额有 5000 两到 8000两，限于该地附近一带、安陆府部分地方；而来自九江的输入额有 1 万两以上，也只是面向该港对岸的黄州东南部；其他都属于汉口商域。

输出的对外出口货物有豆、芝麻、油类、棉花等。

二　河南省

河南省在经济、交通上向来分为南、北两个部分。黄河左岸即河南北部，以卫辉府为货物集散地，从这里沿卫河而下，通过南运河到临清，对天津输出输入。黄河右岸即河南南部，由汉口及镇江两市分割。从镇江经大运河进入洪泽湖，通过更河、涡河、颍河、淮河，将河南省东部一带作为势力范围。汉口通过京汉铁路及汉水掌握河南西南部。货物输出由上述市场及上海市场竞争。兹将这些市场持三联单之输出输入额对比于下（单位：海关两）。

甲　输入货物（持三联单从天津、汉口及镇江输入河南的外国货物）

来源	1907 年	1908 年	1909 年	1910 年	1911 年
汉口	915660	1048348	856422	423482	343045
镇江	3420480	4010879	3932964	2075655	1714918
天津	1358402	1225289	1004920	1403895	1401515

乙　输出货物（持三联单从河南输往汉口、镇江等地而后对外出口的土货）

去向	1907 年	1908 年	1909 年	1910 年	1911 年
汉口	218245	101214	374209	253373	206771
镇江	1073609	829678	848550	854537	1087600
上海	980746	609401	937652	903083	858387
天津	184398	77809	223725	259174	300436

如上表所示，持三联单对河南输入的货物，由汉口、天津及镇江输入，其中镇江居首位，天津次之，汉口最靠后。而在河南输出货物方面，除了上

述三市之外，还加进上海，有四大市场竞争，上海、镇江两市靠前，汉口、天津远远落后，交易简直是互角。汉口、天津的三联单贸易额，在河南省输出输入总额中占 10% 左右，而镇江、上海则占 40% 左右。

关于津浦铁路全线通车会引起上述势力关系何种变化，在交通部分已做了说明。

三　湖南省

湖南省面积约为 8400 平方英里，将近日本的 3/4，洞庭湖、湘江、沅江、资江各湖川滋润省内的沃土。该省物产丰富，主要有米、茶、煤、金属、桐油、棉花、麻布、杂谷，所产的米可满足全中国需要，价额在 3000万两以上。输入货物主要是棉纱布、砂糖、煤、海产品，价额也有 3000 万两以上。货物吞吐主要由长沙、岳阳及常德三市所掌。湖南商人多局蹐于本省之内，很少人远赴上海等地开分店，很少人在那些地方有交易对象，通常输出输入大部分经由汉口商人之手。近时随着湖南航路轮船业发展，旧态稍有改变，接连有人与上海直接交易，但就持三联单进行的交易来说，现在还是基本由汉口独占，如下表所示（单位：海关两）。

甲　输入货物（持三联单从汉口等地输入湖南的外国货物）

来源	1907 年	1908 年	1909 年	1910 年	1911 年
汉口	1353468	1302541	1223922	1027985	101801
长沙	6598	30491	54080	35821	28108
沙市	11765	11303	8165	4738	718
岳阳	318	—	—	—	—

乙　输出货物：无。

观上表，1911 年来自汉口的输入额从 100 万两以上骤降到 10 万余两，这是由该年上半年的洪水与年末革命的影响所致的，为了洞察各市势力之大势，可暂且不予置论。

湖南没有通过三联单对外出口的土货并不意味着完全没有对外出口的货物，而是由于资本小的湖南商人没有能力自行对外出口土货，直接出售给汉口的中外商人，经他们之手输往外国，其数额没有什么统计可征。

四 四川省

四川省面积为 56.6 万平方公里，人口有 6700 万人，省内四大川奔流于千里沃野，农矿产丰富，药材、畜产等也产出不少，然而四周峻岭环绕，与他省交通极为不便，使宝库徒然深闭。有无相通，要经过南面的云南与越南及缅甸交通，再就只有长江干流，长江通过四川、湖北两省边界，便是有名的三峡之险，湍流峭壁，水势极猛，舟行甚为危险，运费随之上升，货物出入不多。甲午战争后重庆开埠，四川贸易渐为可观，然亦无大发展。南方商路一是从海防通过滇越铁路进入云南，顺龙川而下进入四川；二是从仰光通过缅甸铁路到巴莫，而后利用将来可以铺设的通往云南的铁路，从云南进入四川。在这三条路中，确定何者将扼四川贸易枢纽，即可作为判断各通商口岸对该省关系在未来变化的标准。

输入四川的主要商品是棉纱布，故为便于研究上述三路利害，可将棉纱布主要产地孟买作为起点，进行三路对比。因从海防通过滇越铁路这条路没有议论的价值，故暂且撇开，而就其他两条路来做对比。如通过川汉铁路，则从孟买到上海海路约有 4700 英里，从上海到汉口有 600 英里，从汉口通过铁路到成都约有 1100 英里。如通过缅甸铁路，则从孟买到仰光，海路约有 2150 英里，从仰光到巴莫，而后再从将来可铺成的从巴莫经由云南到成都的铁路，约有 1600 英里，如下面所列。

通道	经由川汉铁路	经由缅甸铁路	距离之差
海路	5300 英里	2150 英里	3150 英里
铁路	1100 英里	1600 英里	500 英里
总计	6400 英里	3750 英里	2650 英里

从上表可见，走缅甸铁路比走川汉铁路，在海路方面要少走 3150 英里，而在铁路方面要多走 500 英里，总体上少走 2650 英里，故从印度发出的货物应走缅甸铁路。但巴莫到成都的铁路必须穿越层峦叠嶂，铺设费用莫大，如不收取极高的运费，终究无法做到收支相抵。而川汉铁路要经过四川、湖北两省边界的崇山峻岭，铺设费也少不了，但比不上

巴莫到成都的铁路。比较两条铁路的运费，川汉铁路当然低于缅甸铁路，无须赘言。退一步说，即使撇开这一点，上述陆路 500 英里的运费，也是不及海路 3000 英里的船运费便宜的。归结起来，说走川汉铁路更有利，谅非不当之言。上海及汉口在四川对外贸易上的地位，不会因巴莫至成都铁路的铺设而大受影响。在此情况下，今后上海与汉口的势力又会怎样扩展呢？

以往在上海有称为四川帮的商人，其中 30 余家在上海有大店铺，批发四川特产漆、白蜡、桐油、药材等，购进外国棉纱布、杂货等，输往四川。此外，还有不少人年年在四川、汉口、上海之间往来，寄宿于上海客栈内，做输往四川货物的生意。他们因汇兑的原因，多是在上海交易，而在汉口买进卖出的人，比起前者大为逊色。但近年随着汉口通商兴盛、商业设施完善，在该地做生意的四川商人渐多。特别是在革命后，以往在上海开店的四川商人有很多一度关张返回故乡，革命平息后，虽有不少人重返上海，但在汉口开店及直接与居住在汉口的外商做生意的人多了起来，现在四川帮在汉口的内外贸易额一并算起来足有 1000 万两，呈现盛况。今后如果川汉铁路通车，四川与上海之间的关系会逐渐疏远，汉口商人将逐步取代上海商人，是没有疑问的。兹以持三联单在四川输出输入货物的价额为基础，将与该省有关系的各开埠市场的势力做以下对比（单位：海关两）。

甲 输入货物（持三联单从汉口、重庆输入四川的外国货物）

来源	1907 年	1908 年	1909 年	1910 年	1911 年
重庆	908853	374311	472742	644098	399959
宜昌	176935	366226	312892	281639	477610
沙市	6918	8535	4473	5547	49459
汉口	357857	395355	415770	356105	466554

乙 输出货物（持三联单从四川输出的对外出口货物）

去向	1907 年	1908 年	1909 年	1910 年	1911 年
重庆	—	—	—	17319	41571

从上表可见，在四川省的三联单贸易中，输出额极少，由重庆独占；在输入方面，重庆常居于首位，汉口与宜昌在伯仲之间，沙市最靠后。观这些港的势力消长，重庆稍有衰颓之迹；反之，沙市与汉口顺利增长，尤其是宜昌的发展很是醒目，在 1911 年超过汉口、重庆，占了首位。宜昌的外国货物大部分来自汉口，故该市的发展也意味着汉口的发展，持三联单从汉口输出输入四川的，加上经宜昌商人之手的，可达六七十万两；而从重庆输出输入的，经由汉口商人之手的也不少。故此，汉口对四川的三联单输出，足有百万两。

在上表中，没有来自上海的输出输入额。考虑到该地与四川一直以来的密切关系，这是非常不可思议的现象。但是，以往上海对四川的输出输入多是由四川帮做的，他们到上海各外国洋行购进所需货物，以自己的名义输往四川，而四川土货也通常是先输往上海，由他们在该地售出。既然四川、上海之间的货运是以中国人自身的名义做的，自然就不能发给属于外国人特权的三联单。在汉口与四川的外国货物贸易中，这种情况也不少，但其数额没什么精确的统计，故不能在此列出，令人遗憾。

五　云南省

云南省面积为 14 万平方英里，人口约有 1000 万人，省内虽也有河川，但多激流而不便于航运，加之周围高山耸立，交通极为不便，商业上的价值不太大，19 世纪初以后英法两国在此地竞争，是出于政治利害自不必说，但也是为了通过此地密切与四川沃野的通商关系。

在云南省内，若说有土壤肥沃、商业稍有可观之地，那就是大理东、南、北面的一大平原，其中心是下关，其东部往西是沃野。这些地方一度差不多是来自缅甸的英国商业的势力范围，但自越南铁路延伸到云南省域以后，就成了英法两国角逐的舞台，现在是法国占大优势，云南进口货的 68% 是由法国商人掌握的。1910 年通过云南省界的外国进口货之各来源如下（单位：两）。

通过海防、云南间铁路输入	来自蒙自	2277200
	来自思茅	162000

通过缅甸铁路输入	来自腾越	552000
通过长江航线输入	来自重庆	42000
通过广东、广西水路输入	来自三水及广州	1602
	来自梧州	39000
	来自南宁、北海	492300

可见，在输入云南的通过货物总额 3566000 余两中，通过云南铁路输入的占 16%，通过缅甸铁路输入的占 16%，从广东、广西输入的占 15%，从长江流域输入的占 1.2%。这样看来，汉口方面对云南贸易无何势力是相当明显的，川汉铁路建成且通到云南有利于汉口方面的商业势力自不用说，但从现状看，还不能期望有多大进境。海防、云南间的铁路有 1600 英里，宜昌、云南间有 1570 英里，论铁路距离相差不多，但从上海及汉口输往云南的对外进出口货物，在两港之间都要溯航 602 英里，历时 4 天以上，如果法国完善越南的贸易设施，允许别国自由输出输入，则得出云南对外贸易会逐渐离开长江流域的结论，也是可以成立的。现状还能勉强维持，算是侥幸。

如上所述，长江沿岸各地对云南贸易极无势力。兹将近 5 年持三联单从这些地方对云南输出输入额揭示于下（单位：两）。

甲　输入货物

来源	1907 年	1908 年	1909 年	1910 年	1911 年
重庆	96286	54825	33116	49380	42175
汉口	429	1038	—	—	—

乙　输出货物：无。

六　贵州省

贵州省面积为 67000 平方英里，人口有 600 万人，省内河流很多，交通之便稍开，作为贸易之地，价值远在云南之上。此地是广东与长江流域各地商业势力之角逐场，输出输入额不可小视。在该省南界，广东通过西江支流，从柳州口、怀远口、泗城口三路对贵州输出输入物资；而该省北部则因长江支流而归入长江各港的势力范围，从湖北省溯沅江可到镇远府，而后从驮兽到首府贵阳府，从四川涪州溯龚滩可到贵州。

1911 年从各商业通道输入贵州的外国货物价额

单位：两

来源	价额
蒙自	约 562000
腾越	47000
重庆	400000
长沙	4460
岳阳	135340
汉口	434400
广州	604000
三水	55500
梧州	3351462
南宁及北海	25450
合计	约 5619612

从海防铁路来的占 10%，从腾越、缅甸来的占 1%，来自长江一带的占 17%，来自广东、广西的占 71%。

可见，贸易大部分是与两广的水运相联系的。只要川汉铁路及其支线没有进入贵州，长江各地就终究不能胜于两广的水运。但如果今后川汉铁路能到达重庆，就会对贵州东北部的货物产生几分影响，汉口对贵州的贸易也将经由重庆间接实现，这是没有疑问的。

七　甘肃省

甘肃省面积约有 12 万平方英里，省内山岳连绵，农耕不发达，河川也不利于航运。唯将羊毛等土货装进兽皮袋，在夏季利用水涨通过黄河运输。此外对他省输出，多是在陆路靠牲口之力全部输往天津与汉口；而外来货物，也是在这两大市场交易，天津的势力掌握甘肃北部，而汉口商圈则包含甘肃南部。兹将近 5 年两市场与甘肃之间的三联单贸易额揭示于下（单位：两）。

甲　输入货物（持三联单从汉口、天津输往甘肃的外国货物）

来源	1907 年	1908 年	1909 年	1910 年	1911 年
汉口	366739	696545	1373505	1248516	647098
天津	1863311	1562194	1948680	3352023	2110713

乙　输出货物（持三联单输出而后对外出口的土货）

去向	1907 年	1908 年	1909 年	1910 年	1911 年
天津	348533	473416	815847	951731	850477
汉口	—	—	—	—	—

从上表可见甘肃省三联单贸易与天津、汉口两市场势力的关系：输出完全由天津独占，输入则为两市场竞争，且天津的势力总是超出汉口，一年中的价额之差少则约 60 万两，多则约 200 万两，可以说甘肃三联单贸易大部分是归天津商业势力的。但是，近年来天津与汉口的悬隔渐有缩小之势也毋庸置疑。具体说来，如果将甘肃从天津的输入设为 100，则从汉口的输入在 1907 年只有将近 20，但到 1908 年就将近 45 了，1909 年有将近 71 之多，1910 年下降为将近 37，但比起 1907 年，还是增加了 17；如果再与 1901 年、1902 年的 5 和 6 相比，则甘肃与汉口贸易的发展确属显著（1911 年因洪水和革命等，对汉口特别不利的情况多，可不置论）。再从绝对值来论，汉口对甘肃的三联单贸易额是大为增长的，1907 年是 30 万两，1908 年增为 69 万两，1909 年又跃升至 137 万两，1910 年稍有减少，但仍有 124 万两（1911 年锐减至 64 万两，是洪水与革命的影响所致，自应不论）。关于今后甘肃省与汉口的贸易，为方便起见，与后面涉及陕西省的部分一并叙说。

八　陕西省

陕西省面积约有 70 万平方英里，北部山岳连绵，多有矿山，畜牧可观，但农耕不发达，南部尤其是西安一带的平原，早在唐代就是文化中心，农耕大为可观，该省大部分输出输入是与该平原的供需相联系的。该省是汉口、天津两大市场的竞争场，北面的榆林、绥德、怀远等地属天津商域，南面的同州、西安一带是两市场的竞争地带，秦岭山脉以南的汉中、兴安一带为汉口独占区域。兹将近 5 年两大市场与陕西省三联单贸易额列表于下（单位：两）。

甲　输入货物（持三联单从汉口、天津输入陕西的外国货物）

来源	1907 年	1908 年	1909 年	1910 年	1911 年
汉口	1093512	564733	671614	636526	626075
天津	352850	187737	270480	400015	334189

乙　输出货物（持三联单输往天津、汉口而后对外出口的土货）

去向	1907 年	1908 年	1909 年	1910 年	1911 年
汉口	—	—	—	—	—
天津	88940	59620	106657	157447	72009

如上表所示，在陕西的三联单贸易中，输入是汉口远超天津，价额为50 万两到 100 万两，而天津只有二三十万两；输出完全是由天津独占，但价额甚少，故输出输入额总计，陕西省的三联单贸易额的 2/3 以上由汉口吞吐，天津只占将近 1/3。如上述，陕西省中部平原是汉口、天津两市场的竞争地带，而西安府是该地方物资集散中心，甘肃省（除了北部的宁夏外）输往外省的货物及外省输往该省的货物，也大部分经西安，所以，汉口及天津与陕、甘两省贸易的消长，无疑都取决于两市场与西安的关系如何。兹将从西安到两市场的通道比较于下。

西安到汉口之间有 840 英里，从湖北省老河口利用汉水要走 20 天。

西安—龙驹寨：走陆路 100 英里，要 5 天。

龙驹寨—紫荆关：走陆路 40 英里，要 2 天。

紫荆关—老河口：走水路 200 英里，要 4 天。

老河口—汉口：走水路 500 英里，要 9 天。

从汉口到西安要走 40 天到 60 天。

从西安到天津有两条路，即经直隶省获鹿县一条路、到河南省道口镇一条路。两条路的里程如下面所示。

第一条路：

西安—获鹿：走陆路 790 英里，要 40 天。

获鹿—天津：走水路、陆路 237 英里，下航要七八天，上航要 20 天。

计 1027 英里。

第二条路：

西安—道口：走陆路 592 英里，要 15 天。

道口—天津：走水路 472 英里，下航要十五六天，上航要 30 天。

计 1064 英里，走陆路、下航要 30 天，走陆路、上航要 45 天。

到天津虽如上述有两条路，但第一条路所用时日很长，运费也不低，所以天津对西安输出输入货物多走第二条路。故此，第一条路可以撇开不论。第二条路与汉口到西安的路比较，汉口路之下航比天津路要少 10 天，上航却多 10 天左右。再将汉口路与天津路的运费相比较，则天津第二条路每担的运费要 4 两 2 钱到 4 两 7 钱，汉口路却很低廉，每担一两四五钱，是前者的 1/4~1/3。中国商权的盛衰不取决于时日的长短，而主要取决于运费之高低，故不难想象，西安的商权即陕西中部与甘肃的商权会逐渐归于汉口。洛潼铁路延伸到西安，再通到甘肃兰州，是十几年的悬案，而现在洛潼铁路约有 60 英里已经通行货车，还有报纸报道与比利时辛迪加达成了兰州铁路借款，根据这些情况，似可认为该铁路计划有些具体进展。将来如该铁路建成，则陕、甘两省的输出输入会大为增加，汉口对该方面的贸易量猛增也是不难想象的。

九　江西省

江西省面积为 69000 平方英里，西、南、东三面是中国山系的支脉，鄱阳湖之北口与长江相通，赣、抚、修、锡、鄱五大河汇集，灌进该省之大盆地，得享水利，交通自由，气候温暖，土壤肥沃，故农业兴盛，多产茶、米、麻、烟草、蓝、杂谷。该省之输出输入主要以九江为枢纽，此外则处于广州、汉口及上海影响之下。其三联单贸易额如下面所列（单位：两）。

输入货物（持三联单从九江等地输入江西的外国货物）

来源	1907 年	1908 年	1909 年	1910 年	1911 年
九江	421970	272393	1172386	1343818	1438348
汉口	54276	39457	41395	61733	111850
广州	111901	64584	54094	94788	98032
上海	38603	26611	21431	15475	33422

从上表可见，江西省的三联单贸易额是九江居首位，广州、汉口次之，上海在末位。但在上表九江部分，除了外国货物输送之外，还包括很多内地所产、外国样式而有特别三联单的货物。如果只从直接由外国进口的成品来看，则江西省从九江、广州、汉口的输入额都是差不多的。

十　结论

本节一至九所论，主要是联系持三联单的贸易额在各省的分布来对比各贸易港的势力。三联单如前面所论，是基于外国人特权的税单，故中国人无从均沾这种优惠，只是出于逃税的目的、假借外国人的名义而弄到手里。所以，从原则上说，三联单贸易限于外国人向内地直接输入外国货物或在内地购买对外出口的土货。但从事对华贸易的外国人多是在各通商口岸卖货给中国人、向中国坐贾直接购货，而与内地直接贸易者还不多。近来外国人对内地状况展开调查，由此开始直接与内地贸易者也多起来，但在全部贸易者中还没有达到半数。所以，基于三联单的中外贸易只是中外贸易的一部分，自然不能将此推及全盘，更何况，还有中国商人在外进行中国土货和外国对华出口货物的输出输入。不过，各开放口岸在内地各省的势力关系，是由物资的数量、各省与通商口岸的地理关系、各通商口岸市场的金融及其他商业设施的优劣等决定的，就此而言，对外贸易与对内贸易没有分别，三联单贸易与非三联单贸易也没有分别。故此，可以认为在三联单贸易中占优势的通商口岸市场，在整个对外贸易中也占优势，在对外贸易中占优势的地方在对内贸易中也是一样。本节基于三联单贸易来论对外贸易之势力范围，就是以这样的见解为依据。本节提及的各通商口岸的贸易额，如上所述，只是对外贸易额中的一小部分，看似太少，所以这里要特别说明理由。比如，可视为汉口独占区域的湖北省，面积有 7 万多平方英里，人口有 3000 余万人，土地也比较肥沃，但从汉口输入额只有 100 万两左右，输出额只有四五万两。然而不可忘记，这些都不是对外贸易额之全部，只是外国人与湖北省内地的直接贸易额；此外，还有外国洋行在汉口与中国商人做完交易之后由中国商人掌握的与内地间的输出输入，其中很多对外贸易货物并没有采用三联单之便法。

再者，在各省三联单贸易中，输出较之于输入，数额都很少，汉口商业圈内的各地都有入超之观，这与第一节所言汉口的出超对比，颇有奇异之感。但三联单贸易如前面反复说明的那样，是外商与内地的直接贸易，几乎都限于大额的贸易。就输入来说，外商与内地各地方进行大额贸易，但由于竞争激烈，有的便将运输费用等算在售价当中，以压倒别的洋行，于是，运输也多以外国人名义，利用三联单之便法。与此相反，从内地输出，竞争之主客完全倒过来，一般是售货的中国商人自行支付费用将土货输往汉口，再在该地卖给外商。地方上的主要土货是农产品，大部分是各农民零碎的收获物，因而甚不便于外商到各地方直接向生产者购买；加上农民之间的通货如第一章所述，以铜钱为主，外商直接到内地收购，不仅要注意金银比价变化，而且要极为注意铜钱的涨跌等，这种繁难使他们宁愿在通商口岸与坐贾交易，他们认为这样有利。这就是三联单贸易中输入额多而输出额甚少的主要原因。所以，现在不问是否持有三联单而广为观察各地方对外贸易的趋势，就不难依据第一章所提及的事实，推定各省都是输出胜于输入。

第四节　内地贸易的势力范围

汉口在内地贸易的势力范围，包括上节所提及的各省，延伸极广。从交易额来说，如第一章所论，对内地贸易额比对外贸易额大。从各市场在各省的角逐来说，认为彼此大致保持着上节所言的比例也问题不大。唯长江沿岸的四川、湖南两省，与上海之间虽然没有三联单贸易（原因如前文所论），但在内地贸易方面，却为数甚多，因而在各市场势力的分布中，地位无疑跟前文所述大异其趣。同时，汉口在这些地方的势力也在扩大。在四川省，是汉口居首位，上海则与之略相伯仲，至于宜昌、沙市等市，只是汉口港的辅助港。在湖南省，顺序是上海第一，汉口第二，长沙第三，岳阳、常德等远远靠后。在江西省，各市场势力的分布与三联单贸易的情况大致相同，但也不免有些变化：在内地贸易之输入方面，上海机械制造品年年达 100 多万两，超出九江、广州、汉口等，居于首位；而在输出方面，九江的大宗土货茶叶输往汉口，年额达 300 万两以上，故是汉口居首位。如将输出输入额合计，则顺序是上海、汉口、九江、广州。不过，本节所论因缺乏作为确证的统计，故不能从数量上做出说明，令人遗憾。

译者单位：武汉大学历史学院

五十年来清代官箴书的整理与研究趋向

杨国安　　刘弘毅

【摘　要】清代官箴书的主要内容有：地方官员、幕僚的生平和从政经历，与地方治理有关的公牍文书汇编，治理地方或某一地区的经验总结和行政指南。官箴书的编撰具有历时久、地域广、作者身份复杂、内容丰富等特点。皇帝、官员、幕友和民间商人都是推动官箴书刊行的主体。五十年来，清代官箴书的陆续出版推动学界对其展开多角度、多层次的探索，为学者们利用官箴书研究清代法制史、地方行政史和政治思想创造有利条件。与此同时，官箴研究出现新动向，主要表现在对官箴书价值的再评估和利用官箴书研究清代经济史等。

【关键词】清代　官箴书编撰　官箴书刊行　官箴书研究

引　言

官箴书是以官员为书写对象的道德和行政指南，是针对从政者提出的一系列道德戒律和行为规范的统称，是从政者应当恪守的职业准则。[①] 其出版发行在清代臻于极盛，现存的官箴书中有一半以上是在清代创作完成的。清代官箴书种类繁多、包罗万象，具有较高的研究价值。

官箴书的内涵随着时代变迁而不断发生变化。全晰纲、任福兴等学者指出，先秦至明清，官箴文化在内容上具体分为四个演进阶段：阐述"为政之道"的先秦箴文—表述职责规范与官德要求的两汉魏晋箴文—系统阐释"为官之道"或"居官法则"的唐代官箴书—承继"为官之道"与凸显"从政经

---

① 　裴传永：《关于古代官箴几个基本问题的辨析》，《理论学刊》2010 年第 3 期。

验"的宋元明清官箴书。①

清朝《四库全书总目》对官箴进行目录学分类，将其置于史部职官类之下，并界定为"一曹一司之旧事、与儆戒训诰之词"。② 这种定义强调官箴书对官员道德修养和为官操守的训导，是对古代官箴书整体性质的总结。③

然而，官箴书发展演变至清代，其包含的内容已经超越目录学意义上的训诫官箴，在"道德修养方面的比重逐渐缩减，而在实务知识与操作技巧方面的内容却不断扩展"。④ 与这一变化同时发生的是公牍选编的兴起。魏丕信引用仁井田陞的观点，认为从政指南和公牍选编是官箴的两个方面："指南（官箴）与经验（公牍）又是相互关联的，即使是将这两种不同的内容分开写，其性质与观点也很难区分开。"⑤ 曲长海在魏氏论述的基础上将公牍的选编与汇编视为官箴书的一类。⑥ 本文沿用仁井田陞、魏丕信和曲长海对公牍选编的看法，将其中与从政指南相关的文献纳入清代官箴书的范畴。

清代官箴书的主要内容有地方官员、幕僚的生平和从政经历，与地方治理有关的公牍文书汇编，治理地方或某一地区的经验总结和行政指南。一本官箴书可以仅包含其中一类，也可以是三种内容的有机组合。清代官箴书含有丰富的地方史料，涵盖财政史、法律史、社会史、水利史、盐运史等诸多方面，有助于研究清代法律制度与州县官员治理的互动、国家与地方关系等重要课题。

清代官箴书现存大量文本，但大多数在清代并没有被官方编纂机构收入

---

① 仝晰纲等：《官吏自箴——清代官箴书研究》，人民出版社，2023，第 42 页。
② 永瑢等：《四库全书总目》卷七十九《史部·职官类》，中华书局，1965，第 682 页。参见高成元《官箴的研究》，《天津社会科学》1985 年第 6 期；曲长海《清代的官箴书与地方治理》，《云南社会科学》2015 年第 4 期。
③ 前辈学者对古代官箴书内容的总体看法与《四库全书总目》类似，侧重于官员个人的道德修养和为官的职业操守，赵骞、彭忠德和曲长海等学者对此有较为精当的总结，参见赵骞、彭忠德《三十年来我国古代官箴研究述论与展望》，《中国史研究动态》2009 年第 4 期；曲长海《1980 年以来国内官箴书研究述评》，《新世纪图书馆》2016 年第 9 期。
④ 杜金：《明清民间商业运作下的"官箴书"传播——以坊刻与书肆为视角》，《法制与社会发展》2011 年第 3 期。
⑤ 魏丕信：《明清时期的官箴书与中国行政文化》，李伯重译，《清史研究》1999 年第 1 期；仁井田陞：《大木文库印象记》，收于田涛编译《日本国大木干一所藏中国法学古籍书目》，法律出版社，1991。
⑥ 曲长海：《清代的官箴书与地方治理》，《云南社会科学》2015 年第 4 期。

与"官箴"相关的书目或丛书，因此许多官箴书原本分散保存于海内外各地的图书馆和学术机构中，等待学者将其视为官箴书并进行研究发掘。① 近年来，官箴书的思想价值与史料价值日益得到学界的重视，与之相随的是官箴书的陆续出版和学术研究论著的大量问世。文本的整理出版和学术研究深化了学界对清代官箴书的认识，本文将从文本、出版和研究三个方面概述其基本情况。

一 清代官箴书的编撰情况

清代官箴书的编撰具有历时久、地域广、作者身份复杂、内容丰富等特点。

官箴书的创作编撰在有清一代从未间断，但在热度上存在起伏——康熙年间出现第一次创作高潮，雍正、乾隆、嘉庆年间略有下降，道光年间重新升温，到光绪年间迎来第二次高潮。官箴书在康熙和光绪年间盛行的原因可能在于剧变之后地方社会的运转机制和治理方法亟须重新认识和调整。官箴书的发行和传播契合官员对地方社会知识和管理经验的需要，从而得到各级官员的推崇。雍正至嘉庆年间，清王朝承平日久，地方治理上的变化相对和缓，官员们可以沿用前代官箴书总结的经验方法，对新书的需求不如康熙初年强烈。

官箴书的作者和编者以地方官员为主，上至总督、巡抚，下到知州、知县，均有作品流传。州县官员占据其中的半壁江山，督抚、按察使和布政使、知府等中高级官员于层级上分布较为均匀。多数官员仅有一部官箴书传世，也有一些官员创作了两部及以上。部分官箴书记录的是作者在一年至几年中或某一官任上的治理情况和心得，另有不少官箴书涵盖作者长时段或全部的官宦生涯，汇编、集成了其在不同官职上的从政经历。地方官员之外，一些官员的幕僚对官场的运作亦颇有见地，将幕游见闻和经验以官箴书的形式保存下来。

---

① 中国国家图书馆、中国社会科学院法学研究所法学图书馆、中国科学院国家科学图书馆、东京大学东洋文化研究所、美国国会图书馆等机构收藏着较为珍稀的清代官箴书。

地域是官员积累从政经验、材料的源泉。地域限定了地方官员的官职头衔和施展权力的范围，是官员生活和各项事务产生的空间。因此地域不仅是官员治理对象的一部分，还是官员治理本身的重要组成部分。现存常见的清代官箴书所涉及的地域遍布全国，从东西到南北，从内陆到边疆，并无明显地带性特征。① 由于官箴书记事地点多为官员任职地点，写作地域呈现依附于官职的状态。另外，任官经历也受到地域影响，比如有些官员终其一生均在某省内辗转担任州县官，他们撰写的官箴书则主要反映其任职所在省的地方治理情况。

清代官箴书的内容主要如下。（1）官员生平：仕宦经历、政绩、年谱。（2）从政理念、治理心得和经验总结，涵盖告诫僚属、劝课农桑、赈灾恤民、征收赋税、水利河工等地方事务的方方面面。（3）公牍文书：司法文书，如堂判、判牍、谳语；行政公文，如详文、移文、禀文、檄文、批语、告示，清末官箴书中出现电报等新式公文。（4）非公文章：传记、墓志、祭文、诗文、书信、日记等。（5）历史事件始末。（6）地方社会、经济、文化的情况：地理位置、山川、气候、建置沿革、人口、物产、风俗等。

二 清代官箴书的刊行情况

（一）官箴书在清代的刊刻和出版

清代印刷技术较为发达。官箴书大多以刊印本和刻本出版，然而亦有不少以写本和抄本的形式流传于世。官箴书有时作为礼物赠与亲友、上司或僚属，也有人将其专供市场销售。② 皇帝、官员、幕友和民间商人都是推动清代官箴书刊刻出版的主体。

雍正皇帝在即位之初，便深感州县行政之重要和培养新进官员之迫切，于是命令大臣编撰州县从政指南。雍正七年（1729），田文镜和李卫完成了

① 山本英史的研究指出，康熙年间在浙江和山东创作的官箴书数量较其他省份明显更多，"公牍也是以浙江地方官僚的著作最为醒目"。参见山本英史《新官上任：清代地方官及其政治生态》，魏郁欣译，北京师范大学出版社，2023，第281~282页。
② 徐忠明：《清代中国法律知识的传播与影响——以汪辉祖〈佐治药言〉和〈学治臆说〉为例》，《法制与社会发展》2011年第6期。

指南的撰写任务。次年，皇帝发布钦颁谕旨，下令刊行《钦颁州县事宜》，并赐予所有州县官人手一册，要求他们认真研读。继任的皇帝如嘉庆帝、道光帝均对《钦颁州县事宜》发布谕旨再次刊刻颁发。一些地方高层官员也响应皇帝的倡导，对《钦颁州县事宜》进行重刊，如山西巡抚卢坤和布政使叶绍本于道光八年（1828）重刊《钦颁州县事宜》。《钦颁州县事宜》自成书至清末，对州县官和其他士人产生深远影响。①

皇帝之下，一些高层官员亲自编撰官箴书并推动其刊行。陈宏谋摘录从宋代到清代几十位政治家、学者有关从政的论述，于乾隆七年（1742）编成《从政遗规》。② 陈宏谋将《从政遗规》刊刻后，大量赠与亲友和下属，并推动其广泛传播。《从政遗规》在后世不断被重印，林则徐就是重印者之一。持续不断的刊行推动《从政遗规》越出陈宏谋管辖范围进入全国官场，同时将影响力触及官场之外的普通民众。③ 道光年间担任江南河道总督的完颜麟庆总结其多年治水经验，撰成《河工器具图说》。该书在道光十六年付梓，除了由作者本人所在的南河节署刻印以外，同年亦有姑苏刻本。道光二十四年刊行的《守山阁丛书》将其收入其中。在刻本流传的同时，民间更有抄本流传。因此，《河工器具图说》在成书以后的近两百年间至少以四种方式流传。④

除高层官员外，不少普通地方官员也投身官箴书的编撰工作。曾任山东郯城、东光知县的黄六鸿将自己在筮仕、莅任、钱谷、刑名等事务上的从政心得汇编成《福惠全书》。书成不久，即于康熙三十八年（1699）由仲书堂刻、怀德堂印得以刊行。该书在光绪十九年（1893）再版，是为文昌会馆刻本。除了以上两个版本外，《福惠全书》还有日本刊本，足可见其影响之深远。⑤ 有些官员将他人编撰的官箴书署上自己的名字，实际上扮演了出版者的角色。以水利官箴书《行水金鉴》为例，作者署名为"傅泽洪撰"，但该书实

---

① 杜金：《清代皇权推动下"官箴书"的编撰与传播——以〈钦颁州县事宜〉为例》，《学术研究》2011 年第 11 期。

② 李景屏：《陈宏谋与〈从政遗规〉》，《清史研究》2004 年第 1 期。

③ 杜金：《清代高层官员推动下的"官箴书"传播——以陈宏谋、丁日昌为例》，《华东政法大学学报》2011 年第 6 期。

④ 李平：《〈河工器具图说〉初步研究》，硕士学位论文，郑州大学，2009，第 10 页。

⑤ 陈丹：《〈福惠全书〉研究——以州县铨选、交代和交漕制度为例》，硕士学位论文，华东师范大学，2013，第 4~7 页。

际上出自傅泽洪的幕僚郑元庆之手。高洪钧指出，时任淮扬道员的傅泽洪为了捞取政治资本以求晋升，利用职权之便，将郑元庆的《今水学》书稿据为己有，更书名为《行水金鉴》，然后署上自己的官衔和大名，就在自己主持下的淮扬道署刻印出版了。后来傅泽洪升任江南按察使，乾隆年间的傅氏刻本，乃至四库全书本等，署名皆为"江南按察使傅泽洪撰"。[①] 张小也强调，官员对官箴书的推介和传播总体上持积极态度，并且起到了很大的推动作用。[②]

幕友也是推动官箴书刊行的重要力量。乾隆朝的资深幕友汪辉祖编撰的《佐治药言》《学治臆说》是清代官箴书中的杰作。两部作品甫一写就和刊印，就引起了官场和好友的关注，并得到广泛传播——在汪氏家刻本刊行后不久，藩司田凤仪重印《佐治药言》《学治臆说》各一百五十本，分给所属官幕。除了在后世被多次重印以外，两部官箴书还有多种流传形式，诸如全文收入丛书、摘录相关条目或者引述。[③]

最后，民间商业资本的加入，私人书坊、书肆的活跃，书籍销售网络的扩展，使坊刻本官箴书成为官箴出版物的重要组成部分，[④] 从而打破了官箴书原本主要依靠政府官刻和作者本人家刻的传统格局。[⑤]

（二）20 世纪 90 年代以来清代官箴书的出版情况

20 世纪 90 年代以前，多数的官箴书是在台湾地区出版的。[⑥]1985 年，高成元《官箴的研究》一文引起大陆学界对官箴书的关注，越来越多的学者投身官箴研究，对官箴书出版物的需求与日俱增。90 年代中后期，大陆掀起官箴书出版热潮，1997 年《官箴书集成》针对官箴书进行专门且大规模

---

① 高洪钧：《〈行水金鉴〉作者考辨》，《文献》2004 年第 1 期。
② 张小也：《儒者之刑名——清代地方官员与法律教育》，林乾主编《法律史学研究》第 1 辑，中国法制出版社，2004，第 187~190 页。
③ 徐忠明：《清代中国法律知识的传播与影响——以汪辉祖〈佐治药言〉和〈学治臆说〉为例》，《法制与社会发展》2011 年第 6 期。
④ 杜金：《明清民间商业运作下的"官箴书"传播——以坊刻与书肆为视角》，《法制与社会发展》2011 年第 3 期。
⑤ 荆晓燕：《试论明清时期官箴书广泛传播的原因及影响》，《出版科学》2015 年第 1 期。
⑥ 这一时期官箴书的出版主要由台北的文海出版社、成文出版社和华文书局负责，例如桂超万《宦游纪略》，台北：文海出版社，1972；卢坤《陕西省秦疆治略》，台北：成文出版社，1970；严如熤《苗防备览》，台北：华文书局，1969。

的丛书出版，是官箴书出版史上的标志性事件。进入 21 世纪后，两岸对官箴书的出版都保持着相对稳定的状态。

近年来，有少量清代官箴书以单行本的形式出版发行。[①] 大部分官箴书则是被收入丛书出版，如《卢乡公牍》就收录于《官箴书集成》第 9 册。[②] 除了《官箴书集成》以外，没有其他丛书专门收录官箴书，因此绝大部分已出版的清代官箴书散布于各种丛书内，其分布存在一定的规律性。

其一，官箴书常会整理总结某一地区的典章制度及其实际运行情况，以资官员学习，这些内容与政书存在诸多相合之处。因此，陈生玺于 1996 年编纂《政书集成》时，将《图民录》《入幕须知》收入其中。[③]

其二，不少官箴书含有判牍等法律文件，许多学者在整理法律史料时，会将含有司法文书或以判牍为主的官箴书列入丛书书目。20 年来，杨一凡和其他学者一起出版数套法律文献丛书，丛书内收录大量的清代官箴书。[④] 其中有的官箴书为全文收录，另有部分书目为节选摘录。国家图书馆出版社影印室编的《明清法制史料辑刊》对官箴书亦有收录。[⑤] 法律丛书中出版的官箴书或选录的部分，不仅是政府对法律条文的应用，也是法令与地方社会互动的结果，可以从社会经济史或文化史的角度进行解读。

其三，学术机构或出版社在整理出版某一区域内的古籍时，往往会将当地的官箴书收入其中。清代官箴书被许多地方文献汇编收录——全国性的地方文献汇编有《中国稀见地方史料集成》，大区一级的有《中国华东文献丛书》。[⑥] 省、市出版的丛书中也有许多将官箴书收入，如《萧山丛书》《山东

---

① 例如汤斌《汤子遗书》，段自成等编校，人民出版社，2016。

② 庄纶裔：《卢乡公牍》，《官箴书集成》第 9 册，黄山书社，1997。

③ 陈生玺：《政书集成》，中州古籍出版社，1996。

④ 例如张五纬《风行录》，杨一凡、徐立志主编《历代判例判牍》第 8 册，中国社会科学出版社，2005；张我观《覆瓮集》，杨一凡编《古代判牍案例新编》第 12~13 册，社会科学文献出版社，2012；邱煌《府判录存》，杨一凡主编《清代判牍案例汇编》第 14~16 册，社会科学文献出版社，2019。

⑤ 例如罗正钧《艸盦官书拾存》，《明清法制史料辑刊》第 1 编第 37 册，国家图书馆出版社，2008。

⑥ 例如李应珏《皖志便览》，《中国稀见地方史料集成》第 2 集第 21 册，学苑出版社，2011；柳堂《东平教案记》，《中国华东文献丛书》第 3 辑第 39 卷（总第 109 卷），学苑出版社，2010。

文献集成》《台湾古籍丛编》《广州大典》《茂名历史文献丛书》等。^①边疆地区的治理需要更多的经验指导，有大量官箴书以边疆治理为主题，其中一部分已经被收入边疆丛书，如《边疆史地文献初编》《边疆民族资料续编》《边疆边务资料初编》。^②地方文献汇编选取的官箴书通常都是能够集中反映当地社会风貌的代表性作品，阅读同一套丛书中的官箴书或与之相关的文献，可以迅速深化对该地区行政管理和社会经济的整体认识。

其四，大型综合类丛书广泛搜集各类书目，一些清代官箴书杂处其间。1997年出版的《四库全书存目丛书》，以及对四库全书书目进行补充的《四库未收书辑刊》《续修四库全书》《四库禁毁书丛刊》均有所收录。^③还有一些稀见史料丛刊，如《中国稀见史料》《稀见清代四部辑刊》也将一些清代官箴书列入。^④

三　清代官箴书研究动态

清代官箴书主要在两方面成为学术研究的对象：一是因含有数量庞大的法律文书、判牍和全面细致的行政公文、治理实录而成为法制史和地方行政史研究的重点史料；二是官箴书作为一类书，其编撰、传播以及书中蕴含的官箴文化受到学界的关注。在经典课题不断拓展的同时，清代官箴书研究也

---

① 刘衡：《庸吏庸言》，《萧山丛书》第1辑第5册，学苑出版社，2014；周天爵：《周文忠公尺牍》，《山东文献集成》第3辑第35册，山东大学出版社，2010；姚莹：《东槎纪略》，《台湾古籍丛编》第4辑，福建教育出版社，2017；姚宪之：《粤匪南北滋扰纪略》，《广州大典》第29辑史部杂史类第5册，广州出版社，2015；聂尔康：《高凉公牍》，《茂名历史文献丛书》史部第24册，广东人民出版社，2021。

② 何煜：《龙江公牍存略》，《边疆史地文献初编·东北边疆》第2辑第14~15册，中央编译出版社，2011；徐世昌：《东三省政略》，《边疆民族资料续编·东北及北部民族》第26册，黄山书社，2013；姚文栋：《云南勘界筹边记》，《边疆边务资料初编·西南边务》第5册，中央编译出版社，2011。

③ 许汝霖：《德星堂文集》，《四库全书存目丛书》集部第253册，齐鲁书社，1997；汤肇熙：《出山草谱》，《四库未收书辑刊》第10辑第4册，北京出版社，2000；牛天宿：《百僚金鉴》，《续修四库全书》史部第755册，上海古籍出版社，1995；张泰交：《受祜堂集》，《四库禁毁书丛刊》集部第53册，北京出版社，2000。

④ 李成林：《令梅治状》，《中国稀见史料》第1辑第9册，厦门大学出版社，2007；魏际瑞：《四此堂稿》，《稀见清代四部辑刊》第3辑第82册，学苑出版社，2016。

出现了一些新动向。

（一）利用官箴书研究清代法制史

目前，官箴书已经广泛应用于清代法制史研究的各大领域，包括诉讼、审判、监狱制度、官员司法实践、法律文书等等。早在 20 世纪 80 年代，日本学界已经开始运用判牍研究清代的法律和审判。[①] 中国学者在 90 年代初期曾对官箴书进行零星利用，但直到 90 年代中后期《官箴书集成》等丛书大量出版后，清代官箴书的史料价值才被法制史学界系统地发掘和利用。[②] 进入 21 世纪，官箴书在法制史研究中的运用范围和角度不断延展。

诉讼既是地方司法的关键环节，也是勾连国家与社会的重要一环，其往往能凸显法律社会史研究非常看重的动态面相。[③] 清代官箴书中的判牍和官员回忆录均对诉讼着笔甚多。1993 年，夫马进《明清时代的讼师与诉讼制度》一文引用《覆瓮集》《病榻梦痕录》等官箴书对诉讼情况的记录，探讨清朝的健讼之风。[④] 中国学者在 2010 年后展开对"健讼"和"无讼"的热烈讨论，有专著和数篇论文运用官箴书来佐证观点。[⑤]

---

① 滋賀秀三『清代中国の法と裁判』創文社、1984。中译本参见滋贺秀三《清代中国的法与审判》，熊远报译，江苏人民出版社，2023。

② 梁治平在其著作中对清人汪辉祖的《佐治药言》之"息讼"一节文字进行了援引和解说，参见梁治平《寻求自然秩序中的和谐——中国传统法律文化研究》，上海人民出版社，1991，第 195 页。尤陈俊在文中较好地总结了 20 世纪 90 年代中后期以来法律社会史研究领域的源流和发展，其中列举的不少著作使用清代官箴书进行研究，切合本文主题。参见尤陈俊《中国法律社会史研究的"复兴"及其反思——基于明清诉讼与社会研究领域的分析》，《法制与社会发展》2019 年第 3 期。

③ 尤陈俊：《中国法律社会史研究的"复兴"及其反思——基于明清诉讼与社会研究领域的分析》，《法制与社会发展》2019 年第 3 期。

④ 夫马进：《明清时代的讼师与诉讼制度》，载于滋贺秀三等《明清时期的民事审判与民间契约》，王亚新等译，法律出版社，1998，第 389~430 页。该文原稿载于梅原郁编『中国近世の法制と社會』同朋舍、1993。

⑤ 陈宝良：《从"无讼"到"好讼"：明清时期的法律观念及其司法实践》，《安徽史学》2011年第 4 期；王忠春：《清代无讼思想研究——以秩序建构为视野》，博士学位论文，南开大学，2010；尤陈俊：《"厌讼"幻象之下的"健讼"实相？重思明清中国的诉讼与社会》，《中外法学》2012 年第 4 期；尤陈俊：《明清司法经济对民众诉讼策略的影响——高昂讼费与健讼风气之悖论的一个分析》，《法学》2019 年第 3 期；尤陈俊：《聚讼纷纭：清代的"健讼之风"话语及其表达性现实》，北京大学出版社，2022。

官箴书富含对参与诉讼各群体的细致描绘。学界已利用官箴书对讼师、女性、地保和原差进行专题研究。[①] 龚汝富在研判讼学对地方司法审判的影响时，从官箴书中获取了不少讼学知识。[②] 还有学者从诉讼与地方社会这一视角切入，探幽发微。[③] 另有专题研究征引官箴书的相关文段再现清代司法中的诬告情形。[④] 近期，邓建鹏将官箴书用于探究清代州县诉讼结构的成因，进一步挖掘了官箴书在诉讼领域的应用价值。[⑤]

案件的审判在官箴书中同样留存有详细的记载。那思陆早在1982年就利用大量官箴书完成了对州县审判制度的探究。[⑥] 美国学者黄宗智利用官箴书中的档案发现法律制度的实际运作与清代政府官方表达之间的背离。[⑦] 目前就审判各环节而言，清代官箴书已被用于研究调解、证据和审级制度，而学者们从官箴书中提取的关键信息主要包含审判的原则、记录和经验总结。调解与案件审理相伴相随，杨红伟和张蓉引用官箴书中的判词和官员治理心得，对晚清循化厅民间"细故"的审理与调解进行深入阐发。[⑧] 在考察清代证据制度时，吴萃参考了官箴书对各种证据的记录和解读，王志强则在官箴书中寻找到诸证一致的标准。[⑨] 张可的博士学位论文

---

① 参见高峰雁《从讼师问题看清代地方司法的表达与实践》，《史学月刊》2007年第6期；潘宇《清代州县审判中对讼师的禁制及原因分析》，《法制与社会发展》2009年第2期；李相森《限制与保护：清代司法对涉讼女性的特别应对》，《妇女研究论丛》2015年第6期；胡铁球、于帅《地保、原差与清代地方民事诉讼——以青田县陈氏、金氏等互控山林争产案为例》，《社会科学》2018年第3期。
② 龚汝富：《明清讼学研究》，商务印书馆，2008；龚汝富：《浅议明清讼学对地方司法审判的双重影响》，《法律科学（西北政法大学学报）》2009年第2期。
③ 惠科：《晚清重庆华洋诉讼与地方司法初探——以巴县档案为中心的考察》，《西南大学学报》（社会科学版）2018年第3期；金怡：《清末紫阳县司法档案中的田土讼案研究》，博士学位论文，吉林大学，2021。
④ 参见高峰雁《清代地方社会中的官、民与法——以清代地方官判牍中的诬告案为中心》，博士学位论文，华中师范大学，2007。
⑤ 邓建鹏：《论清代州县诉讼结构的成因》，《四川大学学报》（哲学社会科学版）2024年第2期。
⑥ 那思陆：《清代州县衙门审判制度》，台北：文史哲出版社，1982。
⑦ 黄宗智：《民事审判与民间调解：清代的表达与实践》，中国社会科学出版社，1998。
⑧ 杨红伟、张蓉：《晚清循化厅民间"细故"的审理与调解》，《中国边疆史地研究》2020年第4期。
⑨ 吴萃：《清代证据制度研究》，博士学位论文，中国政法大学，2009；王志强：《论清代刑案诸证一致的证据标准——以同治四年郑庆年案为例》，《法学研究》2019年第6期。

以清代审级制度为研究对象，在对内地行省的审判机构进行分级时援引官箴书的判词作为论证依据。① 邱玉强在研究清代司法审级体系里居中的府级覆审时，参考官箴书中审判原则和经验来总结驳正的策略和依据。②

关于监狱制度，陈兆肆通过对清代自新所的考释，提出自新所的创立和推广为狱制转型提供本土资源的创新观点。③ 在论述过程中，陈兆肆引用了刘衡在《蜀僚问答》中对自新所的评价，还征引了丁日昌《抚吴公牍》对"滥拘滥押"行为的刻画。

清代官箴书中有大量针对官员司法实践的指导，包括主审官员的职责、辅助群体发挥的作用以及官员驾驭辅助群体的方法。同时，判牍、回忆录中也保留着地方司法实践的真实情况。学界因此积极将官箴书用于司法实践的研究。以司法官员为中心的研究涵盖官员的司法观念、司法实践与制度、司法责任与追求。④ 对于协助司法官员的辅助群体，研究对象包括歇家、门丁和幕友等。⑤

还有一些论著从官箴书文本出发考察州县司法实践。郭成伟和关志国合作完成的著作《清代官箴理念对州县司法的影响》，是研究官箴书文本与司法实践之辩证关系的代表作品。⑥ 柏桦以黄六鸿《福惠全书》为中心探究清代州县司

---

① 张可：《清代审级制度研究》，博士学位论文，中国政法大学，2011。
② 邱玉强：《清代府衙覆审之驳正研究》，博士学位论文，吉林大学，2022。
③ 陈兆肆：《清代自新所考释——兼论晚清狱制转型的本土性》，《历史研究》2010年第3期。
④ 徐忠明等学者利用官箴书探讨了清代的司法观念，参见徐忠明《清代中国的爱民情感与司法理念——以袁守定〈图民录〉为中心的考察》，《现代哲学》2012年第1期；赵娓妮、里赞《城隍崇拜在清代知县司法中的影响》，《四川大学学报》（哲学社会科学版）2013年第6期；章燕《清代法官的司法观念》，法律出版社，2014。邓建鹏考察了官员司法实践与制度之间的关系，参见邓建鹏《清代循吏司法与地方司法实践的常态》，《文史》2022年第3期；《清代州县司法实践对制度的偏离》，《清史研究》2022年第2期。另有研究对州县司法官员的责任与追求进行探析，参见李凤鸣《清代州县官吏的司法责任》，复旦大学出版社，2007；梁凤荣、杨鲲鹏《清代州县官的司法追求与躬践》，《北方法学》2016年第2期；邱玉强《中国传统司法"官无悔判"之辨证——兼论清代地方司法治理实践中的"信谳"追求》，《福建论坛》（人文社会科学版）2023年第6期。
⑤ 参见高浣月《清代刑名幕友研究》，中国政法大学出版社，2000；胡铁球《"歇家"介入司法领域的原因和方式》，《社会科学》2008年第5期；朱声敏《清代州县司法实践中的门丁之弊》，《学术论坛》2014年第7期；孟烨《幕友与明清州县裁判——从"副状"文书出发》，《交大法学》2021年第3期。
⑥ 郭成伟、关志国：《清代官箴理念对州县司法的影响》，中国人民大学出版社，2009。

法与行政。① 法制史学界对官箴书的理解已经远超"道德说教"和"理想"。

与司法实践类似，官箴书中也留存着丰富的法律文书和写作指南。徐忠明和杜金的研究指出，清代官箴书内含的法律文书与法律知识的生产、传播有密切关系。② 吴佩林、张晟钦和孟烨则利用清代官箴书中的法律文书和写作指南探究法律文书的内容、形式及其变化。③ 苗丽的博士学位论文对清代判词做了专题研究，参考了多部官箴书。④ 就地方立法研究而言，官箴书中对法律条文的记录可以弥补官方律例的不足，郑俊华在分析清代当赃问题之地方立法的特点和性质时，就广泛搜集官箴书来补充、完善省例等地方法规。⑤

数十年来，随着法制史领域的不断细分和研究方法趋向精细化，法制史研究对官箴书的运用越来越普遍和成熟。

（二）利用官箴书研究清代地方行政史

瞿同祖是较早利用官箴书来研究清代地方行政史的专家。其所著《清代地方政府》援引了《学治臆说》《病榻梦痕录》《庸吏庸言》《樊山判牍》等多部官箴书中的内容来还原清代地方政府与社会、官长与吏役互动的实态，很好地弥补了正史对地方行政细节刻画的不足。⑥

20 世纪 60 年代前后，日本学者也注意到官箴书在地方行政研究中的重

---

① 参见柏桦《清代州县司法与行政——黄六鸿与〈福惠全书〉》，《北方法学》2007 年第 3 期。

② 徐忠明、杜金：《清代司法官员知识结构的考察》，《华东政法学院学报》2006 年第 5 期；徐忠明：《明清时期法律知识的生产、传播与接受——以法律书籍的"序跋"为中心》，《华南师范大学学报》（社会科学版）2015 年第 1 期。

③ 吴佩林：《清代中后期州县衙门"叙供"的文书制作——以〈南部档案〉为中心》，《历史研究》2017 年第 5 期；张晟钦：《清代状词文书格式要素及其成因分析——以清代官箴书为中心》，《档案学通讯》2019 年第 3 期；孟烨：《明清自理裁判文书的形式变化》，《清华法学》2021 年第 2 期。

④ 苗丽：《清代判词研究》，博士学位论文，苏州大学，2012。

⑤ 郑俊华：《"矜商"抑或"恤民"：清代关于当赃问题的地方立法》，《中国经济史研究》2019 年第 2 期。

⑥ 瞿同祖：《清代地方政府》，范忠信等译，新星出版社，2022。本书英文原版由哈佛大学出版社于 1962 年首次出版。山本英史认为瞿同祖的研究有三大先驱意义：其一为整理各群体的组织、机能、实际状态等；其二是厘清了有别于制度方面的实际状态；其三是使用了地方官僚编著的各种史料，如政书、笔记、杂录等。参见山本英史《新官上任：清代地方官及其政治生态》，第 5~6 页。

要价值，将其运用于清代州县行政和胥吏、幕友等课题。①80 年代以后，中国的学者在研究清代地方行政史时也开始将官箴书作为重点史料，此时其应用范围主要局限于吏役幕友研究。②

进入 21 世纪，官箴书在清代地方行政史研究中的作用不断增大。在胥吏这一传统领域，官箴书已融入胥吏管理制度③、胥吏掌权机制④、书吏顶充⑤ 等多个子课题。从胥吏研究出发横向延伸，对官员施政⑥ 和其他辅助群体⑦ 的考察同样能够引用官箴书作为论证依据；纵向延伸，亦可将官箴书用于研究更为宏观的地方行政制度与实践。⑧

在以上的研究中，官箴书只是众多史料中的一种，学者们大多将其与正史、档案互相参证。还有一些论文直接将官箴书作为核心史料，从官箴书看清代地方行政。如曲长海论述了官箴书与地方治理的关系。⑨周少元、韩

---

① 参见宫崎市定「清代の胥吏と幕友——特に雍正朝を中心として」『东洋史研究』16 卷 4 号、1958 年；宫崎市定「雍正时代地方政治の实状——朱批諭旨と鹿洲公案」『东洋史研究』18 卷 3 号、1959 年；藤冈次郎「清朝における地方官，幕友，胥吏及び家人——清朝地方行政研究のためのノオトⅡ」『《北海道学艺大学纪要》第 1 部 B（社会科学编）12 卷 1 号、1961 年。

② 参见刘德鸿《清代官府中的幕客和书吏》，《社会科学战线》1980 年第 2 期；刘敏《清代胥吏与官僚政治》，《厦门大学学报》（哲学社会科学版）1983 年第 3 期；毛健予《清代的吏胥和幕宾》，《殷都学刊》1984 年第 4 期；吴吉远《试论清代吏、役的作用和地位》，《清史研究》1993 第 3 期。

③ 参见周保明《清代县衙吏役的内部管理》，《北方论丛》2006 第 1 期；《清代地方吏役制度研究》，上海书店出版社，2009。

④ 参见白德瑞《爪牙：清代县衙的书吏与差役》，尤陈俊、赖骏楠译，广西师范大学出版社，2021。本书英文原版于 2000 年由斯坦福大学出版社出版；吴佩林、王楚强《从文书制度看清代州县书吏对衙门的控制》，《湖北大学学报》（哲学社会科学版）2018 年第 1 期。

⑤ 参见范金民《清代书吏顶充及顶首银之探讨》，《历史研究》2018 年第 2 期。

⑥ 参见柏桦《明清州县官群体》，天津人民出版社，2003；柏桦《明清府县正佐官地位之变化》，《河北学刊》2019 年第 2 期；尹明明、白春霞《明清循吏为官理念与施政活动研究》，《中州学刊》2020 年第 7 期。

⑦ 参见刘道胜《清代基层社会的地保》，《中国农史》2009 年第 2 期；江晓成《清代的坐省家人》，《中国史研究》2018 年第 3 期。

⑧ 参见胡铁球《明清保歇制度初探——以县域"保歇"为中心》，《社会科学》2011 年第 6 期；舒满君《明清图差追征制度的演变及地方实践》，《史学月刊》2017 年第 2 期；侯鹏《清代浙江顺庄法研究》，《中国经济史研究》2017 年第 4 期；付伟《文以明道：清代地方政府公文系统的理念与实践》，《社会学研究》2017 年第 6 期。

⑨ 曲长海：《清代的官箴书与地方治理》，《云南社会科学》2015 年第 4 期。

秀桃等学者则把对地方治理的考察聚焦于州县一级，参考官箴书分析州县治理。① 另有一些研究将目光投向地方治理中较为重要的吏治，探究清代官箴书对吏治思想和实践的影响。②

（三）利用官箴书研究清代官箴文化和从政之道

官箴文化是官箴书研究的重点内容。学者们从官箴文化出发，进一步考察从政之道，后者是官员政治思想与官场风气交融的产物。姜建忠和张磊对官箴文化中的"清廉"文化进行专题研讨。③ 陶建平和山本英史则总结了清代官箴书记载的地方官初仕原则与方法。④ 岑大利对清代官箴书中的为官之德和从政之道做了精炼的阐释。⑤ 孙劲松和温珍金的论文指出《福惠全书》以民本思想指导州县治理实践，阐明了官箴文化对从政之道的指导意义。⑥ 曲长海以官箴文化为切入点，分析州县官员的文化职能。⑦ 由此可见，学界对官箴文化与从政之道辩证关系的认识不断深化。

---

① 周少元、韩秀桃：《中国古代县治与官箴思想——以〈钦颁州县事宜〉为例》，《政法论坛》2001 年第 2 期；刘彦波：《从官箴看清代州县治理思想》，《武汉理工大学学报》（社会科学版）2016 年第 5 期；刘彦波、许会丽：《从官箴看清代州县治理中的民本思想》，《学习月刊》2018 年第 1 期；柏桦：《明清州县制度与地方治理》，新华出版社，2022；赵士第：《〈烹鲜纪略〉所见清初华北地区的县域治理》，《古代文明》（中英文）2023 年第 2 期。
② 龚汝富、刘江华：《从黄六鸿〈福惠全书〉看清代州县吏治的经验智慧》，《江西财经大学学报》2011 年第 2 期；杜金：《怀疑与信任：清代地方官司法权威的构建——以刘衡所著"官箴书"的吏治思想为例》，《现代哲学》2012 年第 1 期；曲长海：《饰吏贵儒术：明清时期的官箴与吏治》，《理论学刊》2020 年第 3 期；邓建鹏：《清代知县对差役的管控与成效——以循吏刘衡的论说和实践为视角》，《当代法学》2022 年第 2 期。
③ 姜建忠：《清代官箴中的"清廉"之道》，《杭州师范大学学报》（社会科学版）2021 年第 6 期；张磊：《古代官员的清廉自期与自戒——清代官箴书"清者大节"思想研究》，《政治思想史》2022 年第 1 期。
④ 陶建平：《清代官箴中的地方官初仕原则与方法》，《广西民族学院学报》（哲学社会科学版）1995 年第 2 期；山本英史：《新官上任：清代地方官及其政治生态》，第 22~71 页。
⑤ 岑大利：《清代官箴书中的为官之德和从政之道》，《中共中央党校学报》2009 年第 5 期。
⑥ 孙劲松、温珍金：《〈福惠全书〉民本思想探析》，《海南大学学报》（人文社会科学版）2023 年第 5 期。
⑦ 曲长海：《当文化成为一种"治理术"——从"官箴"看清代州县官员的文化职能》，《南昌大学学报》（人文社会科学版）2016 年第 2 期。

（四）清代官箴书研究的新动向

1. 官箴书价值的新评估

岑大利曾撰专文论述清代官箴书的社会史资料价值，强调官箴书中关于救灾与赈恤、各地民俗与社会问题、官员生活、交际往来和子女教育、社会治安与乡民教育的资料，对研究社会史的相关问题具有重要的史料价值。[①]这一观点为学界在社会史视角下考察官箴书提供了清晰的指导。山本英史则从时代的角度审视官箴书，进而指出：与其他朝代相比，康熙年间所残存的档案较少，所以在收集地域社会的相关材料时更需要仰赖公牍。就这个意义来说，康熙年间地方官僚编著的公牍具备较高的史料价值。[②]与此同时，在使用官箴书佐证观点时也不能对其有过高的估计。邓新鹏对清代地方司法的史料进行辨析，合理评估了判牍文集在司法研究中的应用价值和局限性，强调在利用这类官箴书时要与其他司法文献交叉验证，"众端参观"。[③]在了解官箴书创作背景的前提下，参考其他史料审慎判断文句的真实性，方能去伪存真，做出扎实的考证。

2. 利用官箴书研究清代经济史

20 世纪 90 年代，清代经济史学界注意到官箴书的史料价值。二十年来，学者对官箴书中经济史料的使用趋于频繁。财政史研究对官箴书的利用最为广泛和深入，盐政、漕运、货币、农业史领域也已有成功的范例。

1997 年，陈锋在研究清代中央财政与地方财政关系时，引用了《道咸宦海见闻录》附《张集馨朋僚函札》中袁甲三对财政现状的抱怨。[④]在此之后，倪玉平和刘增合利用官箴书考察了清代财政体系。[⑤]丁修真征引《抚粤政略》还原清代科场中的科派实态。[⑥]张逸程则通过对官箴书的梳理，指出

---

① 岑大利：《清代官箴书的社会史资料价值》，《文化学刊》2010 年第 4 期。

② 山本英史：《新官上任：清代地方官及其政治生态》，第 283 页。

③ 参见邓建鹏《文献多样性与清代地方司法研究》，《史学理论研究》2021 年第 4 期。

④ 陈锋：《清代中央财政与地方财政的调整》，《历史研究》1997 年第 5 期。

⑤ 参见倪玉平《试论清代财政体系的近代转型》，《中国经济史研究》2018 年第 4 期；刘增合《"发覆见宝璧"：晚清战时财政协济研究散论》，《暨南学报》（哲学社会科学版）2018 年第 8 期。

⑥ 丁修真：《清代"科场之款"的嬗变》，《历史研究》2022 年第 5 期。

官箴书是清代官员财政能力养成的一大来源。[①]

还有一些学者将官箴书用于地方财政的研究。张永江援引《道咸宦海见闻录》和《筹蒙刍议》中对财政收支的记录分析清代内蒙古蒙旗财政。[②] 阿鲁贵·萨如拉在研究清代呼伦贝尔地方财政时参考了徐世昌撰写的《东三省政略》等。[③] 黄鸿山探讨了江浙育婴堂与财政资助的关系，文中引用了宗源瀚《颐情馆闻过集》对婴儿留养、寄养成本的看法。[④] 州县财政是地方财政史研究的重要课题，梁勇、周健等学者尝试将官箴书用于考察州县财政，并取得丰硕成果。[⑤]

在财政史之外，官箴书已经融入经济史其他领域的研究。张小也和李晓龙分别征引《淮鹾备要》和《粤鹾纪要》探析盐政。[⑥] 袁飞和任博利用《河务所闻集》和《行水金鉴》考述清代漕运河道等。[⑦] 何平在研究清前期货币结构时，引用蓝鼎元著官箴书中吸纳白银、反对纸币的主张。[⑧] 康健在探析茶业经济与近代祁门社会变迁时，参考了刘汝骥著官箴书《陶甓公牍》。[⑨] 在回溯历史上经济运行实态和经济治理情况的过程中，官箴书发挥着无可替代的作用。

结　语

官箴书具有地域性和社会历史性。以特定地点为背景创作的官箴书是

① 张逸程：《理财与理政：传统文教模式下清代官员财政能力的养成》，《江汉论坛》2023 第 4 期。
② 张永江：《试论清代内蒙古蒙旗财政的类型与特点》，《清史研究》2008 年第 1 期。
③ 阿鲁贵·萨如拉：《清代呼伦贝尔的地方财政及其特征》，《清史研究》2009 年第 4 期。
④ 黄鸿山：《财政资助与清代江浙育婴堂的官办化问题探析》，《学习与探索》2015 年第 2 期。
⑤ 参见梁勇《清代州县财政与仓政关系之演变——以四川为例》，《中国社会经济史研究》2008 年第 4 期；周健《清代财政中的摊捐——以嘉道之际为中心》，《中国经济史研究》2012 年第 3 期；赖骏楠《清代四川州县的契税治理：以南部县契税诉讼为侧重点》，《学术月刊》2020 年第 10 期；岁有生《清代州县的独立财政与地方社会》，《中州学刊》2014 年第 9 期。
⑥ 参见张小也《清代盐政中的缉私问题》，《清史研究》2000 年第 1 期；李晓龙《康乾时期东莞县"盐入粮丁"与州县盐政的运作》，《清史研究》2015 年第 3 期。
⑦ 袁飞、任博：《清代漕运河道考述》，《中国农史》2014 年第 2 期。
⑧ 何平：《清代前期多元复合货币结构下的困惑与对策》，《清史研究》2016 年第 3 期。
⑨ 康健：《茶业经济与近代祁门社会变迁》，《古今农业》2013 年第 1 期。

当地行政、司法、经济和文化在历史演进中凝结的产物，对研究该地区的社会和历史有重要意义。然而，官箴书在整理、出版方面存在明显的地域性差异，一些省市会对当地官箴书进行整理出版，某些出版社集中出版某一地区（如边疆）的官箴书。现存官箴书的出版与现存文本之间地域分布的差异也反映了官箴书创作背景时至今日的沧桑巨变。对于研究者而言，只有回到清代的历史场景和社会环境中，才能更好地理解官箴书的理念与实践。

"官箴"在思想文化中的地位之起伏、学界主流意见对"官箴"的诠释之嬗变影响着官箴书的出版和研究。清代的官箴文化已经成为今日社会文化的一部分，社会文化的发展又在不断重塑人们对清代官箴文化的理解。对于研究者而言，立足当下的社会现实和学术理路是深入解读官箴书的前提。

为了进一步提高研究质量，学界一方面应当加快对清代官箴书的搜集整理，重视其结集出版工作，夯实史料基础；另一方面要积极推动研究方法改良和创新，整合官箴领域已有研究的学术资源，并合理借鉴文献学、社会学、经济学等学科的研究理论和思路，让官箴研究延伸至更为广阔的领域。

作者单位：武汉大学历史学院

商会里的"大社会"

——朱英教授与近代商会史研究新进展

丁阿洁

【摘　要】自 20 世纪 80 年代发展至今，中国商会史研究在史料整理、理论方法、研究主题等方面均取得了卓越成果，成为海内外中国近代史研究的热点之一。以商会史研究闻名的朱英教授近年来持续推进实证性研究，深度挖掘史料，摆脱"模式化"研究，将事件与制度相结合探究近代中国商群与个人。他的近期成果不仅厘清了商人组织生存、发展脉络，还揭示出多元复杂的近代社会网络。朱英教授致力于在深拓、延展商人与商会研究中映射出近代社会面貌，这在推进商会史研究进程的同时赋予了近代史研究活力与未来展望。

【关键词】朱英　商会史　近代社会　去模式化

商会作为资产阶级集团的分析标本快速出现在近代史研究领域，商会史研究日臻成熟，历经近 40 年的长足发展，取得了丰富的学术成果。在一定程度上，中国近代商会史研究历程可视作改革开放以来近代史研究发展的一个缩影，这一方面源于近代商人和以商会为代表的商人组织的发展演变与近代社会变迁密切相关，另一方面则是因为商会史研究的突破与拓展丰富了近代史研究的对象、内容，甚至是视野与方法。朱英教授是较早参与近代中国商会史研究的学者，商会史研究的发展线路在某种程度上是他学术生涯的记录。近来，朱英教授坚持整体、精细的历史观，将近代商会置于大的社会系统深入考察，摆脱"模式化"的理论框架，深度挖掘原生态史料，以问题为导向，贯通商人群体与组织的内外联系，致力于使商会史研究超越专题范畴而成为观察近代中国个人、群体、组织与社会的窗口，为构建本土化近代史研究解释框架和话语体系做出了贡献。

一 研究历程与学术旨趣

20 世纪 80 年代初，中国近代商会史研究异军突起，历经约 40 年的长足发展，已然蔚为大观。章开沅先生在思索如何突破辛亥革命与资产阶级研究的困境与框架时，反复倡导、呼吁着商会史研究的重要性，成为商会史研究的推动者。与此同时，章先生还促成了华中师范大学近代史研究所与苏州市档案馆的合作，整理出版了卷帙浩繁的苏州商会档案。新视野、新思路的倡导和系统的"原生态史料"的推出使华中师范大学近代史研究所的众多学者在章先生的带领下致力于商会史研究，他们与不断涌现的国内外其他学者相映成趣，形成了梯队整齐、水平较高的商会史研究团队。1982 年，朱英教授与一同师从章开沅先生攻读硕士学位的马敏教授参与了苏州商会档案的整理工作，因缘际会进入了商会史研究，并成为该领域内的中流砥柱。在以往访谈中，朱英教授郑重谈到商会史研究是其安身立命的课题。他的商会史研究主要向三个方面扩展：一是商会与早期资产阶级研究，二是由商会扩展到新式商人社团的全面研究，三是透过商会探寻近代国家与社会的关系。研究线路极具连续性和关联性。

20 世纪 80 年代，国外学者对近代中国形成资产阶级以及辛亥革命的阶级性质提出疑问，而国内已有资产阶级研究主要以政治代表为主，双方在学术交流上缺少一致的具体对话对象。朱英教授在迈上学术道路后就这一重要课题进行了回应。针对资产阶级主体缺乏深入研究的学术缺陷，他对中国近代资产阶级的形成、特点、与革命派和立宪派的关系及早期官商关系发展进行了考察，具体探讨了资产阶级社团在反帝爱国运动、二次革命、护国运动中的活动与作用及首次对争夺立法权的尝试，并采取个案研究手法剖析了清末苏州商会。[①] 在马克思主义理论与方法的指导下，朱英教授以 1904 年后各地商会的建立以及 1912 年中华全国商会联合会的成立作为论述中国资产阶级成为一支独立的阶级队伍并最终形成一个完整形态的标志，认为社会集

---

① 朱英：《中国早期资产阶级概论》，河南大学出版社，1992。

团成员间的相互联系和组织程度是考察中国近代资产阶级是否形成的一个重要依据。朱英教授在论著《中国早期资产阶级概论》附录中提出"开拓近代中国商人文化研究的构思"，主张从多学科、多层次、多视角，就近代商人思想意识、社会角色和文化属性进行系统研究，并列举出一系列研究论题。其敏锐独到的创新为近代资产阶级问题探索提供了一个突破口。

朱英教授将商会史研究与资产阶级研究结合，不仅使资产阶级主体的讨论细致化、实体化，还揭示出以商会为代表的新式商人社团作为新型社会细胞和资产阶级集团分析标本所蕴含的丰富学术宝藏。朱英教授相继出版的《辛亥革命时期新式商人社团研究》、《传统与近代的二重变奏——晚清苏州商会个案研究》（与马敏教授合著）阐释了商会在近代社会政治经济实践活动中，以组织化形态在地方自治、地方公益及社会秩序方面普遍参与，虽有一定的官督色彩，但实质是资产阶级社团。[①] 接续近代中国商人文化研究构思，朱英教授对晚清商人文化与心理变化进行了专题研究，论述了近代商人思想意识的趋新变化、实践活动的丰富多样化，解读了商人集体行为的复杂性，揭示出颇具活力的新兴商人群体是近代中国不可忽视的一支社会力量这一历史事实。[②]

朱英教授在清末商会的档案中还查阅到了有关晚清政府经济政策的资料，在发觉以往研究成果中对晚清经济政策与改革措施的评说似与史实有所出入后便对这一研究方向展开了专题式深入挖掘。他结合自身研究基础和掌握的相关资料，认为近代中国自19世纪末20世纪初起，在诸多领域内由传统向近代的转型与清政府实施的经济政策与改革措施密切相关。为弥补以往研究中对清政府失之偏颇的定性评论，朱英教授以甲午战争为界，客观公正地陈述了晚清经济政策与改革措施的演变过程，从财政、金融、农业、贸易、矿物、铁路各方面阐析了政府政策的变化与影响，考察了相关政府机构、立法运作、劝业措施及地方自治与市民社会等问题，恰如其分地肯定相

---

① 朱英：《辛亥革命时期新式商人社团研究》，华中师范大学出版社，2011；马敏、朱英：《传统与近代的二重变奏——晚清苏州商会个案研究》，巴蜀书社，1993。

② 朱英：《近代中国商人与社会》，湖北教育出版社，2002。

关政策的积极作用，评说得失教训。[①] 进一步，朱英教授与石柏林教授合著的《近代中国经济政策演变史稿》一书对近代中国经济政策变化也进行了纵向考察，客观上扭转了因政府性质而否定近代经济政策中的积极意义的固有观点，补足了史学界、经济学界关于近代中国经济政策发展演变及其影响研究的空缺。[②]

随着大量商会档案史料的发掘、整理，商会史研究对象在时空上均有开拓，海内外学者对中国近代各个时段、不同区域的商会展开多元视角考察。在对商会的深入探讨中，朱英教授本着"上下延伸"与"横向会通"的思路，并未沉湎于商会而忽视其他社会团体，相反，他"在商团、商民协会、同业公会研究方面引领潮流，从而使商人团体之立体形象更加清晰，也使自己关于商人的研究体系渐臻完备"。[③] 商会虽然是近代活动较为显著、影响较大的社会团体，但它仅是近代新兴商人社团的一部分。晚清的重商政策、工商业的发展及商人力量的增强与思想意识的趋新，使商人社团日渐兴盛。朱英教授在前辈学者对辛亥时期商人社团研究提出的启发性意见的基础上，结合自身研究基础，认为对辛亥时期新式商人社团的研究有助于对近代中国资产阶级、近代中国社会结构以及近代中国商群进行多角度、深层次探究。[④] 商会与清末民初许多新式民间社团关系密切，形成前所未有的民间社会网络并扮演着重要的社会角色。在马克思主义理论指导下，朱英教授结合实情，采用多学科交叉法，将对辛亥时期新式商人社团这一整体网络的探究同近代中国社会结构与社会变迁紧密结合。他不仅纵向分析新式商人社团与公所、会馆等传统商人行会组织的关系，考察其近代化特征，还提倡横向比较中西近代商人社团的异同以探究近代中国的社会特征。这一相关研究拓宽了商会史研究视野，进一步阐释了商会功能和作用，推动商会史研究出现新突破。此外，朱英教授还组建团队对近代社会阶层变动中新兴的自由职业者群体进

---

① 朱英：《晚清经济政策与改革措施》，华中师范大学出版社，1996。
② 朱英、石柏林：《近代中国经济政策演变史稿》，湖北人民出版社，1998。
③ 魏文享：《察商道 观世变：朱英与中国近代经济史研究》，《华中师范大学学报》（人文社会科学版）2010年第5期。
④ 朱英：《近代中国商会、行会及商团新论》，中国人民大学出版社，2008；《辛亥革命时期新式商人社团研究》。

行研讨，其精细而敏锐的学术眼光探照了近代司法制度、簿记变革、医疗卫生、建筑革命等涉及现代文明发展的重要领域。

商民协会与商民运动是商会与政治关系研究的关注热点，对近代商人与商会、国共两党历史观察不无影响。朱英教授是国内较早系统研究商民运动的学者，针对以往研究在政治史范式下对国民政府性质的预设的局限，他积十年之功，征引海内外丰富史料，纵向勾勒出商民运动发展脉络并分析了商民运动的阶段性特点，横向考察了商民协会与商会、店员工会的关系。在阐明国民党在商民运动方面的成就及复杂态度的同时，朱英教授强调南京国民政府建立后对商会整顿改组是因为国民党成为执政党后对商民运动方略的调整，商会并未丧失独立性和自主性。①朱英教授的立论客观公允，揭示出政党、政府力量虽然对商会、商群的分化整合影响显著，但也无法脱离商会存在的客观性和历史性。

商会作为中国资产阶级研究的突破口，也推动了辛亥革命史研究。早期商会史研究在政治史范式的框架下难免囿于"资产阶级情结"和"革命情结"，容易落入"预设"的逻辑话语体系。新史料、新问题纵然让人耳目一新，但学界对商会、商团本身的活动和功能的研究却不够。20 世纪 80 年代后期，中国早期现代化研究的兴起为商会史研究的新突破提供了广阔视野与新方法。这一理论框架不仅丰富了商会史研究内容，还推动了由商会及社会的深入考察。与此同时，源于西方历史经验的"市民社会"与"公共领域"理论引起了国内外学者对近代中国相关问题的热烈讨论。"市民社会"的核心内容是社会与国家的关系，在众多学者以地方自治、民间社团等为切入点探讨时，朱英教授在深度思索后认为："清末民初的中国最具有市民社会特征的组织就是以商会为代表的商人团体，具体反映在独立自治、契约规则与民主制度三个方面。"②《传统与近代的二重变奏——晚清苏州商会个案研究》一书就较早地尝试了相关探讨，通过对苏州商会的分析，阐明清末商会组织

① 朱英：《再论国民党对商会的整顿改组》，《华中师范大学学报》（人文社会科学版）2003 年第 5 期；《国民党推行商民运动的方略》，《江汉论坛》2004 年第 7 期；《国民党与商民运动的兴起》，《华中师范大学学报》（人文社会科学版）2005 年第 6 期；《商民运动研究（1924~1930）》，北京大学出版社，2011。
② 朱英：《近代中国经济发展与社会变迁》，湖北人民出版社，2008，第 407 页。

已形成一个"在野城市权力网络",可视之为市民社会的雏形。朱英教授在《转型时期的社会与国家——以近代中国商会为主体的历史透视》一书中又用详尽的研究回答了中国近代有无市民社会这一问题,并探究了"社会"与"国家"间建立的新型互动关系,还由此分析了中国早期现代化的成败。[①]不同于西方市民社会与国家间的制衡与对抗,近代中国社会与国家的关系是合作互补、互相制约,前者更多的是对后者的依赖。朱英教授在借用"市民社会"理论与方法为商会史研究提供新的视野和分析框架的同时,通过近代商会的研究弥补了以往学界由经验而导致的近代国家与社会关系的论证缺陷。尽管学者们极力避免对西方理论的简单套用和削足适履,该理论在近代中国社会的阐释中仍然受到质疑。在此情况下,朱英教授的观察视角不再局限于"市民社会"或"公共领域",而是从"国家与社会"这一分析框架推进商会史乃至整个近代史研究的深入,产生了广泛影响。

纵览朱英教授以往研究主题与成果,他在"察商道,观世变"的学术旨趣下对诸多领域进行专题研究,并自成体系。正如论者所言,其"选题之专,考查之详,史料之深,问题之新,可见精细;发现联系,重视时境,见微知著,互补互证,方见整体"。[②]

二　近代中国商会与社会

商会史研究发轫于资产阶级研究和辛亥革命史研究。为扩宽视野、突破政治史范式,章开沅等史学前辈一再强调社会集团研究的重要性,认为"阶级、阶层决不是个人简单的相加,正如资本主义经济体系也不是企业的简单相加一样,而集团则是个体与整体之间的纽带"。[③]商会档案的整理与利用为商会史研究的开展打下坚实基础。全国各地商会档案不仅数目可观、浩如烟海,还具有极高的史料价值。商会档案的发掘与整理可谓工程浩大、意义

---

① 朱英:《转型时期的社会与国家——以近代中国商会为主体的历史透视》,社会科学文献出版社,2018。

② 魏文享:《察商道 观世变:朱英与中国近代经济史研究》,《华中师范大学学报》(人文社会科学版)2010年第5期。

③ 章开沅:《关于改进研究中国资产阶级方法的若干意见》,《历史研究》1983年第5期。

深远，它不仅为中国近代商会史研究提供了原生态史料，而且在相当程度上反映了近代中国社会经济、政治、文化、教育、军事、外交等诸方面的情况。商会档案对诸如近代中国民族工商业兴衰存废，商会在历次重大政治、经济和外交事件中的参与，近代城市变迁与转型、建设与管理，商会及其他商人社团活动与功能等的记载在一定程度上为中国近代史研究提供了史料支撑。[1]

商会史研究初期因附属于辛亥革命史，问题意识主要聚焦于商会的阶级属性及在辛亥革命中的作用和地位，仍陷于比较单一的政治史研究范式。在众多学者反思如何突破商会史研究初阶的视野与方法时，国内兴起的中国早期现代化研究提供了解决方案和新的分析框架。商会史研究与中国早期现代化的结合，一方面启示商会史研究"从商会的组织系统、商会与社会的关系中去把握商会的性质与功能，除研究总会、分会和分所组成的商会本体组织系统外，也研究商会与商团、商学会、教育会、救火会、市民公社、农会等新式社团组织的相互关系，极大地拓宽了研究视野，丰富了研究的内容"，[2]另一方面推动了对商会与近代社会诸多联系的深入考察。随着新的理论、视角与方法的引入，学者们对商会的组织结构、成员构成及领导权和性质，商会与传统行会组织的关系，商会与政府的关系及政治参与，商会等新式商人社团的社会功能，商会的法制化以及商会与同业公会等多元议题进行考察，商会史研究进入了系统、深入地探讨阶段，逐渐成为中国近代史研究中较为重要的独立领域。[3]

商会史研究能在短时间内异军突起离不开浩繁的原生态商会档案和广大商会史研究者为拓宽视野、提升研究层次而引入的多学科理论与方法，也根源于近代中国商会等商人社团的兴起、发展与近代社会变迁的密切联系。"资

---

[1] 章鸣九：《商会档案整理情况介绍》，《历史研究》1987 年第 4 期。
[2] 马敏：《商会史研究与新史学的范式转换》，《华中师范大学学报》（人文社会科学版）2003 年第 5 期。
[3] 虞和平：《近八年之商会史研究》，《中国社会经济史研究》1995 年第 4 期；马敏：《商会史研究与新史学的范式转换》，《华中师范大学学报》（人文社会科学版）2003 年第 5 期；冯筱才：《最近商会史研究之刍见》，《华中师范大学学报》（人文社会科学版）2006 年第 5 期；马敏、付海晏：《近 20 年来的中国商会史研究（1990~2009）》，《近代史研究》2010 年第 2 期。

本主义经济的发展促使了商会这一各业商人的中枢社团接踵诞生，近代教育的发展则导致商办教育会、学务公所等文化教育类社团相继出现，军国民思潮的兴盛还促使体育会、商团成立，预备立宪的推行和地方自治的实施，又推动了商办自治社团破土而出。"[①] 其他如商办风俗改良类社团、商船公会、治安消防等亦然。与此同时，商会等商人团体与近代社会的密切关系除社会发展过程中对社会组织的催生与影响外，还表现为社会组织对社会发展的推动作用。

　　人是社会生活的主导者和社会活动的发起者，也是社会关系的联结者和社会发展的实践者。社会作为人与人相互交往、相互作用的产物，是社会关系的总和。经济地位和社会身份相似且进行共同社会活动的人群易于形成一个群体和阶级。近代社团"将分散、孤立的个人与群体联结成为统一的整体，使其相互协调与配合，得以发挥出一个阶级所具有的各种整体功能"。[②] 在中国历史上，商业被"贬之曰末务"，商人也长期"卑之曰市井，贱之曰市侩，不得与士大夫伍"。[③] 及至晚清，在社会转型的大背景下，近代新式商人群体崛起，商人群体在经营方式、组织形式、思想意识、行为活动方面均有显著变化。朱英教授早在《近代中国商人与社会》一书中就描绘了转型时期近代新式商人的群像，分析了这一社会阶层在转型时期的思想行为特征。近年来朱英教授继续深耕史料，揆诸史实，对近代商人与商会予以客观描述与评价，力求展现近代商人的真实面貌及商会的社会能量与历史地位。

　　随着清末民初近代中国社会演变与政制鼎革，清末民初商人思想观念的变化与商人团体组织程度的提高相辅相成。近代商界活动和公开论说不仅见诸近代报刊，商会还创办了自己的报刊作为舆论阵地。这不仅有助于反映商人思想观念的成长与发展，还有助于从商界认知与见解中分析社会与世情。清末民初民族工商业在内忧外患下艰难成长，商界有识之士在面临救亡救国救己命题时提出"联合"论说，为商会等新式商人社团创立以及沟通、联合

---

① 朱英：《辛亥革命时期新式商人社团研究》，第10页。
② 朱英：《辛亥革命时期新式商人社团研究》，第7页。
③ 高占祥主编，董雁南编著《陈天华、邹容、方志敏爱国文选》，北京时代华文书局，2016，第83页。

提供了思想指导。如清末商界有识之士在意识到各省设立商会的有限性后开始筹设华商联合会。在海内外商会不懈努力下，借助民国创立和全国临时工商会议召开的契机，中华全国商会联合会正式成立。这对密切各省区商会联系、凝聚商会力量具有积极作用，同时"使近代中国资产阶级的组织程度发展到一个更高层次，标志着中国资产阶级完整形态的最后形成"。[①] 而近代商会具有"登高一呼，众商皆应"的号召力和显著影响力，离不开商会组织网络系统形成的"联动"机制，全国工商业者乃至海外华商联为一体，对内同国家与政府交涉，对外与外国公使、领事及国际商会斡旋，在表达诉求、维护自身合法地位的同时形成近代商民外交新趋势。[②] 商会不仅在业界形成有效联动，还致力于打破与其他各界的隔绝状态并寻求联合行动，如抵制美货运动中上海商、学两界的合作、1921 年"商教联席会议"等，充分体现了近代社会团体的先进性与民族自觉。[③]

与此同时，商界在民族危机和社会变迁下不仅迸发出强烈的爱国情怀，还萌生了近代国民、国家观念。"锱铢必较""在商言商"等客观印象让近代商人贴上了缺乏政治责任感和家国情怀的标签。朱英教授曾针对商人"在商言商"的言论和行动进行考察，认为该理念出于保护商业的宗旨虽阻碍着商人政治参与意识的提高，但在一些场合下，"在商言商"亦可成为商界抵制官府、争取权利的武器。[④] 近代中国商人并非一味地在商言商，随着时局变化和社会变迁，商人和商会的民族意识、政治意识在抵货运动、收回利权运动、五四运动等反帝爱国运动中不断觉醒。辛亥革命后商界出于保护商业发展目的出现反对再次革命、在商言商的消极态度，但在逐渐意识到政治改良与商业发展间的密切关系后便积极争取政治权利、参与政治活动，诸如"敦促国会制定宪法，要求监督国家和地方财政，提出废督裁兵主张，直至联合社会各界组织具有立法机关性质的'国是会议'和具有行政机关性质的'民

---

① 朱英：《清末民初中华全国商会联合会的筹设与成立》，《史学月刊》2019 年第 3 期。
② 朱英：《近代中国商会的"联动"机制及其影响》，《史学集刊》2016 年第 3 期。
③ 朱英：《论抵制美货运动中上海商学两界的互动及其影响》，《安徽史学》2021 年第 2 期；《试论 1921 年"商教联席会议"》，《江汉论坛》2019 年第 7 期。
④ 朱英：《"在商言商"与近代中国商人的政治参与》，《江苏社会科学》2000 年第 5 期。

治委员会'",① 虽最终成效有限，但产生了积极的社会效应。

近代商会是一个重要的社会细胞，近代社会诸要素和结构特征在其内部会有一定反映。"察商道，观世变"，透过近代商会组织发展和活动观察近代社会结构变迁、社会生活运作不失为一个兼具学术价值与现实价值的论题。早年间马敏和朱英教授对晚清苏州商会组织的实际运行进行了深入研究，从中判断出晚清商会的影响力已渗透至城市生活的各个领域，形成一个"在野城市权力网络"。② 上海商人与商会在近代中国商人与商会史研究进程中始终是重点研究对象。朱英教授认为上海商会作为全国"第一商会"，在诸多具体问题上都值得进一步探讨，故而就上海总商会、中华全国商会联合会、上海商民协会曲折的创办历程，上海总商会议事厅的筹建与落成，商民运动前后商会处境及上海总商会换届纷争等论题进行专门研究，并集合成《曲折的抗争——近代上海商会的社会活动与生存策略》一书，展现了近代上海商会的社会活动与生存策略。③ "曲折"与"抗争"的联系与区别恰当地展现了近代商会的微妙处境。虽然上海商会因相较于政府处于弱势位置，但其对同一问题的反映在舆论发言与对政府呈文的言语上不同，表达诉求委婉且频次多，国民党革命需求变化后"商会存废"之争，20 世纪 20 年代后商会选举受政治局势影响，等等，无一不映射出以商人组织为代表的近代新式社团多舛的发展境遇和坚韧的生存策略。究其根本，不过是近代商会在政治经济生活方面担负着社会期待与历史责任，却没有相应的制度性参与渠道。

商会成员、领导权以及选举问题是 21 世纪以来商会史研究的一个拓展内容。朱英教授指出，具有近代特征的选举制度率先实行于近代商会这一社会组织而非政治生活领域，且商会选举从长时段观察可揭示新旧变化趋势。④ 上海总商会是近代率先制定并实行投票选举职员制度的商会，早期历届换选未有纠纷。及至 20 世纪 20 年代，上海总商会在 1924 年和 1926 年接

---

① 朱英：《评清末民初有关政治改良与商业发展关系的论说》，《史学月刊》2000 年第 5 期。
② 马敏、朱英：《传统与近代的二重变奏——晚清苏州商会个案研究》。
③ 朱英：《曲折的抗争——近代上海商会的社会活动与生存策略》，四川人民出版社，2020。
④ 朱英：《五四运动无锡商会选举风波》，《江苏社会科学》2007 年第 1 期；《关于近代中国商会领导群体几个问题的再探讨》，《江汉论坛》2006 年第 8 期；《近代中国商会选举制度之再考察——以清末民初的上海商会为例》，《中国社会科学》2007 年第 1 期。

连两次出现选举纠纷，由最初法理之争转为派别之争，并经由地方官厅和军阀势力介入而出现违法舞弊现象。[①] 中华全国商会联合会是全国性商会组织，其不仅在筹设与成立过程中一波三折，成立后的四届会长选举也均陷入纷争。朱英教授在考察后得知，这一方面源于会长身份背后的显赫地位与介入官场之便利的诱惑；另一方面在于各商会呼吁完善立法，抗议之举均受制于官厅，没有强力的自身协调能力。[②] 在 1919 年天津商会选举遭遇日本领事干涉事件中，天津总商会及社会各界强烈反抗列强干涉中国内部事务，虽受到各方面因素限制未达最终目的，但天津总商会在声望以及与天津美国商会的关系等方面产生了正面效应和影响，体现了近代商会的能动性。[③]

《商会法》对商会而言是保障其合法地位与职能的重要法规，学界对近代商会法立法过程、成效及条文均进行了详细考察，反映了历史客观进程与近代国家和社会关系。[④] 朱英教授通过 1914 年《商会法》之争事件，剖析了商界思想意识、商会组织程度与影响力的提升与发展。[⑤] 针对 1914 年北京政府颁布的《商会法》，因涉及中华全国商会联合会和上海总商会生死存亡，中华全国商会联合会紧急筹备第一届临时大会，逐条讨论《商会法》后呈文官厅并派出赴京请愿代表，最终《商会法》经修订后重新颁布，创造了迫使政府修改已颁布法令的先例。[⑥] 20 世纪 20 年代《商会法》的修订进程，受到不同历史时期政治形势以及国民党自身发展阶段变化的影响，极其复杂。

---

① 朱英、邱晓磊：《论 1924 年上海总商会换届改选纷争》，《江苏社会科学》2016 年第 2 期；朱英：《论 1926 年上海总商会换届改选风潮》，《江苏社会科学》2018 年第 4 期。

② 朱英：《论中华全国商会联合会会长选举纷争》，《兰州大学学报》（社会科学版）2019 年第 5 期。

③ 朱英：《维护国权与商权：天津商会抗议日本领事干涉会长选举》，《史学月刊》2015 年第 12 期。

④ 马敏：《我国第一部正式商法》，《史学月刊》1984 年第 1 期；余辉、肖光辉：《试论清末的商会法及其启示》，《云南法学》1994 年第 3 期；王德宽：《中国历史上的〈商会法〉》，《中国工商》1998 年第 6 期；王红梅：《近代商会法律制度与中国法制近代化》，《社会科学辑刊》2007 年第 1 期；王静：《中国近代商会法的演进与影响》，《天津社会科学》2012 年第 5 期。

⑤ 朱英：《转型时期的社会与国家——以近代中国商会为主体的历史透视》；朱英：《张謇与民初的〈商会法〉之争》，《近代史研究》1998 年第 1 期；朱英：《从抗争〈商会法〉看民初商会的发展》，《近代中国》2000 年。

⑥ 朱英：《不可或缺的"临时机关"：中华全国商会联合会临时大会述论》，《社会科学战线》2019 年第 7 期。

但商会为保持合法生存地位坚持抗争、主动参与，在一定程度上维护了独立民间工商团体的性质和社会地位，侧面体现了国民革命前后政治生态及官方与商会的互动。①

近代商会的社会参与和功用涉及近代社会各个领域，但作为工商界社团组织，经济活动才是其基本职能和创办宗旨。联络工商、调查商情，兴商学、开商智，接受商事诉讼、保护工商利益乃至扩商权是学界公认的近代商会作为经济领域中介组织的重要职能和功用。中国工商业在传统行会制度下"和而不同，涣而不聚"，近代新式商人团体的组织形式和规章制度使商会担负了维护市场和社会秩序的职能，首先是将近代商业纳入了有序管理的法制轨道，其次是普及商学知识、培育商业精神以适应近代市场经济。已有研究中，学者们对商会"中介"地位与组织网络、商会与农村经济、商会对市场秩序与安全的维护，以及市场调查、商品改良与流通、市场价格机制、税收、商品博览会中商会乃至同业公会等团体的工作和积极作用进行了探讨。② 其中，与商会关系密切的同业公会是商会依托的主要基层组织，朱英教授认为"有必要深入探讨商会与同业公会的互动关系、两者与企业以及市场的关系、两者与政府的关系"。③ 马敏、付海晏教授对"商会究竟是采取哪些措施，通过什么环节来具体促进地方经济的发展的；商会与众多公司、企业的关系究竟如何？究竟有多少公司是通过商会来申请设立的？商会又给

---

① 朱英：《1920 年代的戴季陶与商会》，《学术月刊》2014 年第 4 期；《二十世纪二十年代商会法的修订及其影响》，《历史研究》2014 年第 2 期。

② 宋美云：《近代天津商会》，天津社会科学院出版社，2002；史建云：《简述商会与农村经济之关系——读〈天津商会档案汇编〉札记》，《中国经济史研究》2001 年第 4 期；张学军：《直隶商会与乡村社会经济（1903~1937）》，博士学位论文，河北师范大学，2007；侯宜杰：《清末商会与城市粮食管理——以天津商会为个案研究》，《华南农业大学学报》（社会科学版）2006 年第 1 期；孙炳芳、张学军：《直隶商会与近代棉业的发展（1903~1907）》，《河北学刊》2008 年第 4 期；郑成林：《抗战前商会对日本在华北走私的反应与对策》，《华中师范大学学报》（人文社会科学版）2005 年第 5 期；马敏、付海晏：《晚清商会与近代博览会》，《华中师范大学学报》（人文社会科学版）2015 年第 3 期；郑成林：《上海银行公会与近代中国票据市场的发展》，《江西社会科学》2005 年第 10 期；魏文享：《协定与自肃：沦陷时期天津商人团体与价格管控》，《史学月刊》2016 年第 5 期；魏文享：《"讨价还价"：天津同业公会与日用商品之价格管制（1946~1949）》，《武汉大学学报》（人文科学版）2015 年第 6 期；等等。

③ 朱英：《中国商会史研究如何取得新突破》，《浙江学刊》2005 年第 6 期。

这些公司提供了什么样的保障服务"①等问题十分好奇，期待丰富的个案研究可以探明。近代商会在经济领域的功用和具体运作仍有极大的探索空间，商会史研究需要在资料挖掘、研究时段延长、视野拓宽等方面持续突破。

三 整体、精细的历史观与"去模式化"研究

在建设具有中国气派的学科体系、学术体系和话语体系的新使命下，中国近代史研究中自成一体的本土化理论框架和话语体系还稍显薄弱。有论者言，"国外特别是西方的史学研究以及相关学科的理论方法的引入，是改革开放后推动中国历史研究的最新、恐怕也是力量最强的来源"，②尤其是近代史研究。但如果将方法、范式、模式等置于历史研究首位，在引用、借鉴西方理论时忽略与中国历史土壤的适配度，就会落入"完全用西方的范式来指导中国历史的研究，用中国的历史来证实据之于西方的所谓模式的普适性"的困境和陷阱。③"近代化"是近代中国的一大历史使命，亦是近代史研究的重要议题之一。虽然中国近代化的核心内涵是以资本主义方式实现工业化和民主化，近代许多改革也引入了西方先进技术与制度，但中国近代化过程与结果是具有自身独特性的。以中国近代商会史为例，晚清商会章程的拟定借鉴了西方和日本商会，但在研究中发现"中国商会的社会功能与政治功能甚至已经超越了西方的同类组织，一度具有很大的政治能量，这是东方国家在后发现代化过程中学西方又超越西方的一个例证"。④

商会史研究的兴起是辛亥革命与资产阶级研究寻求新视野、新思路的结果。随后在现代化理论与方法、"公共领域"和"市民社会"理论框架下转换视角、拓宽视野，商会史研究发展成为中国近代史研究中的一个重要独立

---

① 马敏、付海晏：《近 20 年来的中国商会史研究（1990~2009）》，《近代史研究》2010 年第 2 期。
② 李金铮：《赓续与创新：改革开放四十年中国近代史研究的四个推动力》，《河北学刊》2018 年第 6 期。
③ 章开沅：《走进历史原生态》，《走出中国近代史》，北京出版社，2019，第 166 页。
④ 马敏、付海晏：《近 20 年来的中国商会史研究（1990~2009）》，《近代史研究》2010 年第 2 期。

领域，并在极大程度上促进了相关领域开拓。但朱英教授在回顾了商会史研究的学术发展史后，结合自身经验，警示道："从运用新理论与新方法探讨商会史的整个历程不难看出，这些尝试虽然扩大了商会研究的视野，促进了商会研究的不断深化，但同时也提醒我们运用新理论与新方法似乎难以避免地存在着一定的风险。"[①] 理论创新如同一把"双刃剑"，我们要警惕"模式化"与简单印证。如学者们在运用现代化理论的"传统—现代"二元分析框架时，初期忽略了商会组织与传统行会的密切联系及其区域性、复杂性，陷入西方经验，易于形成单一化或理论先行的偏见。"公共领域"和"市民社会"也是源于西方的历史经验，理论体系庞杂，学者将其引入商会史研究是为了激活新的问题意识、提升研究层次，但这一方面引来了学界对该理论与近代中国社会的适用度的疑虑，另一方面会因过于强调近代商会与中国"市民社会"而出现"商会中心主义"倾向。无论如何，学者们意识到要谨慎运用理论分析框架，尤其是在借鉴西方理论时要考察其对中国本土情境、史料的适用性，构建本土化商会史研究体系成为学术界的普遍共识。[②]

"历史研究从根本上讲是一种实证性研究，一切富有真正科学意义的研究，都必须以坚实的历史资料为依据。"[③] 构建本土话语体系和分析框架，首先要"据之于实情"，一是要充分利用原生态史料，二是要追寻研究对象的原生态，保持价值中立。[④] 商会史研究一开始就建立在原生态史料发掘和实证研究的基础上，有充分条件和坚实基础从中国历史发展的实际出发建立分析框架与话语体系。朱英教授向来从原始史料出发，在学术归纳中寻求问题，以实证深入专题研究，在整体史关怀下将其串联起来，坚持以系统、联系、走出商会看商会的观点进行商会史研究。近年来，在繁复的议题下，朱

---

① 朱英：《近代商会史研究的缘起、发展及其理论与方法运用》，《近代史研究》2017 年第5 期。

② 马敏：《商会史研究与新史学的范式转换》，《华中师范大学学报》（人文社会科学版）2003年第5 期；朱英：《近代商会史研究的缘起、发展及其理论与方法运用》，《近代史研究》2017 年第5 期；张志东：《中国学者关于近代中国市民社会问题的研究：现状与思考》，《近代史研究》1998 年第2 期；郝日虹：《构建本土化的中国商会史研究理论体系》，《中国社会科学报》2013 年5 月17 日，第 A01 版。

③ 马敏：《改革开放以来的中国商会史研究》，《史学理论研究》2009 年第3 期。

④ 章开沅：《走进历史原生态》，《走出中国近代史》，第 165 页。

英教授回归本真，接续已有研究，深挖史料，延长研究时段，下沉视野，对近代商人与商会研究进行"个别"与"一般"的辩证探讨，做到了通过个人、群体、组织间复杂多样的联系"以小见大"透视近代社会、把握"总体史"。

朱英教授十分在意制度变迁及规章实施背后的人的思想与活动。他早期在经济政策变迁研究中对机构、群体的关注及对商人文化与商人心理的考察，见微知著，立体生动，在引起读者历史同情的同时展现了人对历史的复杂影响。近代中国商会在推动经济与社会发展等诸多方面产生了重要作用和影响，但长期以来学界对商会领导群体的评价却陷于软弱、保守、妥协等刻板印象中。十数年前朱英教授就通过论证分析，提出新的看法，认为商会领导群体身兼功名虚衔并非落后保守的表现，兼有买办身份也不是商会领导人反帝爱国运动中妥协软弱的决定性因素，至于商会领导成员均为实力雄厚的商董也是符合实际需要的正常历史现象。[①] 学界对近代工商人物的研究起始于资产阶级研究，早期只注重对资产阶级及其不同阶层的整体探讨，缺乏对商会主导人物及相关人物的多样性与复杂性分析，与此相应，也影响到对近代商会的全面认识。近些年来，商会史的研究面相日渐丰富，长期遮掩在资产阶级概念下的商人阶层的形象与角色逐渐被揭露出来，史学界对近代工商人物的研究成果愈加丰富。但朱英教授在考察了近代工商人物因从事行业的规模与特性、活动区域以及成长背景差异化和多样化后，认为不宜简单贴上"在商言商"、大商人和中小商人、软弱与妥协等标签，需要深度挖掘材料，辩证联系地客观评价人物与群体。[②]

爆发于 1905 年的抵制美货运动作为中国近代史上第一次全国规模的以抵货为斗争方式（"文明的排外"）的反帝爱国运动，体现了辛亥革命前民众运动的新趋向，故而受到海内外学者的重视。近来朱英教授在深入探究抵制美货运动的发起者、联络者和领导者时，对以往关于上海商务总会是

① 朱英：《关于近代中国商会领导群体几个问题的再探讨》，《江汉论坛》2006 年第 8 期。
② 朱英：《关于客观评价近代商人的几个问题》，《史学理论研究》2020 年第 6 期；《揭示多样性与复杂性：深化近代工商人物研究的着力点》，《齐鲁学刊》2022 年第 2 期。

发起者这一研究结论进行质疑，①随后通过严密论证，修正了自己30多年前的相关学术观点。在这场开商民外交之先河的爱国运动中，以曾铸为代表的爱国商人自发行动后，学界积极响应，在双方互联后迅速普及，规模空前。②但商、学两界在抵制目标及具体实施方面的分歧也成为此次运动乃至整个近代中国抵制洋货运动难以持久的重要原因之一。这一难题主要在于抵货中"疏通"一法有碍运动全面实施，商人尤其是经营洋货的商人的经济困境却没有其他群体帮助缓解分担。针对以往笼统概括商人妥协性、软弱性的片面认知，朱英教授秉持"了解之同情"，充分肯定了多数商人在抵货运动中的积极表现，希冀以近代抵制洋货运动中爱国商人困境的探讨推进抵制洋货运动研究的深入开展，从而能够全面客观地评价近代商人的社会角色。③

近代商会作为重要的商人团体，在工商界具有"登高一呼，众商皆应"的号召力，其领导人多是当地实力雄厚、声望素著的商董；中华全国商会联合会作为全国性商会组织，其自身影响力以及领导人的显赫地位更不必说。近代工商界上层虽为业界翘楚，但在政治责任感和权势追求方面表现大有不同，不仅反映了近代工商人物的复杂性，还折射出近代人物性格与社会世态。一方面有"五四"期间受社会各界质疑、谴责的上海总商会会长朱葆三，甚至是耽于权势、选举舞弊、舍弃民族气节的曾任上海总商会会长的傅筱庵；另一方面不乏为"伸国权而保商利"毅然领导抵制美货运动的曾铸这样"为天下公益死，死得其所"的重义轻利、为商请命的上层商董。朱英教授对"二十世纪中国商界第一伟人"曾铸、"钱业巨子"秦润卿、"海上闻人"王晓籁及抗战后中华民国商会联合秘书长骆清华、寿景伟这些商人团体

① 朱英：《清末商会与抵制美货运动》，《华中师范大学学报》（哲学社会科学版）1985年第6期。
② 朱英：《论抵制美货运动中上海商学两界的互动及其影响》，《安徽史学》2021年第2期。
③ 朱英：《从抵制美货运动看辛亥革命前民众运动发展新趋向》，《广东社会科学》2022年第1期；《论近代商人参与抵制洋货遭遇的困境》，《江海学刊》2022年第1期；《清末商界"第一伟人"曾铸与中美工约风潮》，《武汉大学学报》（哲学社会科学版）2020年第5期；《再论辛亥革命前的上海商会与抵制美货运动》，《史林》2021年第6期；《抵制美货：辛亥革命前新商人群体兴起与商民外交发轫》，《华中师范大学学报》（人文社会科学版）2021年第5期。

主要领导人和具有影响力的人物进行了考察，通过报刊、日记等史料解读刻画了民族危机下不同时段、成长背景迥异却尽职尽责、心怀家国的商界领导人士。① 这些研究不仅表达了对历史人物的敬畏与恰如其分的肯定，还透过其日常生活及社会活动、职能表现论述了近代商人在民族抗争与崛起中的力量与作用，丰满了商人群体尤其是上层商人形象，为观察近代中国各阶段整体历史面貌提供了窗口。

学术界对商会史研究的时段多集中在 1928 年之前，对抗战时期商会的功能与作用、组织系统变化以及与政府互动、政治参与等方面涉及更是不足。在抗战史研究学术推进与现实关怀的共同需求下，朱英教授就扩充其研究队伍提出了思考，认为在补充青年后继学者的同时，还应鼓励其他领域内的成熟学者加入抗战史研究队伍。对于后者来说，"既拓展了自身研究的时段与领域，又为抗战史研究增添了别具特色的新成果，因而对于个人的研究与学术事业的发展均有帮助"。② 朱英教授涉足抗战史研究后陆续发表了系列文章。在商会史研究时段的延伸过程中，新史料、新问题的涌现在为商人、商会的历史命运和社会作用的深入探讨提供方向的同时，也丰富了抗战史的研究面相。如九一八事变后《申报》读者通信栏目向家国命运主题转化的民意表达及编者对抵制日货、政府政策、政治改革等问题的舆论引导，③ 上海商人救国协会会刊《商人救国》对商界抗日救国的宣传，④ 这两类史料的发现和研究不仅可以弥补抗战时期中小商人政治态度与生活状况、不同时代背景下商人群体的复杂性等研究的不足，还实现了抗战史研究视角的向下转移。"商

---

① 朱英：《清末商界"第一伟人"曾铸与中美工约风潮》，《武汉大学学报》（哲学社会科学版）2020 年第 5 期；《抗战期间一位上海商人的日常生活——基于〈秦润卿日记〉的考察》，《安徽史学》2019 年第 2 期；《为商请命：抗战后的"海上闻人"王晓籁》，《社会科学战线》2020 年第 11 期；《论抗战胜利后工商界"病态才子"骆清华》，《河北学刊》2020 年第 6 期；《抗战后中华民国商会联合会三位领导人述论》，《华中师范大学学报》（人文社会科学版）2020 年第 6 期。
② 朱英：《努力推进抗战史暨抗战大后方研究》，《西南大学学报》（社会科学版）2021 年第 6 期。
③ 朱英：《"九一八"事变后〈申报〉读者通信中的民意表达与舆论引导》，《贵州社会科学》2021 年第 1 期。
④ 朱英：《〈商人救国〉对商界的抗日救国宣传——兼论上海商人救国协会的性质》，《史学集刊》2021 年第 4 期。

会为社会之中坚，又为经济之枢纽，关系于一国之强弱存亡者甚大。"①抗战
胜利后，中国进入新的历史发展期，此时商会的社会角色与职能扮演又是如
何？朱英教授对抗战后在经济危机严峻的窘境下中华全国商会联合会的艰难
重建、社会各界的肯定与厚望、中华全国商会联合会领导人的努力与作用及
中华全国商会联合会功用的有限性进行了论述，对抗战胜利后商人组织作用
及政府对国家重构的态度与实践进行了具体探讨。②

　　商会史研究在发展过程中早已成为一个国际性学术课题，相关学者们并
未耽溺于专题研究，而是将商会置于近代社会中作为解读商人组织与政府、
社会与国家、市场经济等问题的一个载体。朱英教授在近40年的中国近代商
会史研究中致力于寻求突破，构建中国式商会研究体系，研究主题由阶级、
团体至社会，研究向度从政治史到社会经济史，研究对象及时间也在不断拓
展和延伸。朱英教授的学术贡献不仅在于通过史料挖掘深入过程和细节的具
体性实证研究，还在于其视角的转换、方法的突破以及宏观系统的"大历史"
眼光。朱英教授始终以系统、整体的眼光从商会组织系统、商会与其他社团
组织及商会与社会的关系中把握商人、商会的性质与功能，又以此为社会问
题在社会内部的一个投射展现近代社会情态与变迁。朱英教授还注重商会史
研究时段的延续性，通过长时段的整体性考察，在勾勒商会组织史脉络的同
时，在动态、发展的过程中探索社会发展轨迹与特征。返璞归真的"去模式
化"研究更是朱英教授乃至学界近来的一大研究趋势。为避免食洋不化、陷
入西方话语陷阱，朱英教授沿袭商会史研究传统，从史料出发，对报刊、日
记、议事录等非稀见史料进行深度挖掘，将小人物、事件与大历史相结合，
从细微处探寻真知。更为可敬的是，朱英教授在研究中评人论事并不预设任
何立场与结论，完全以史料为立论依据，足见功力深厚与品行端正。

　　　　　　　　　　　作者单位：华中师范大学中国近代史研究所

---

① 《全国商会联合会开会记》，《申报》1914年3月16日，第10版。
② 朱英：《抗战后全国商会联合会的重建及其作用》，《求索》2020年第4期；《论抗战胜利后
　上海的房屋租赁纠纷》，《清华大学学报》（哲学社会科学版）2021年第1期；《试论抗战胜
　利后的"国府还都"》，《江苏社会科学》2020年第4期。

中国海洋灾害史研究的一部佳作
——评《近代以来中国海洋灾害应对研究》

吴佩佳　唐渟渟　周东华

　　海洋自古以来就是人类赖以生存的生命空间，也是人类文明交往融通的见证者与重要场所。中国是一个海洋大国，我国管辖的海域面积约 300 万平方千米，大陆海岸线 1.8 万千米，海岸线南北漫长且拥有丰富的海岸带资源，正因如此，易受到西太平洋和东印度洋暖湿气流的影响，海洋灾害种类多且频繁发生，给社会经济带来巨大损失，也危害着沿海人民的生命财产安全。

　　近代以来，中国传统的重陆轻海思想随着西方帝国主义坚船利炮的冲击而逐渐转变，海防、海洋、海洋灾害等标签开始进入人们视野。近年来，有关中国海洋史的研究兴起，取得了累累硕果，蔡勤禹等著《近代以来中国海洋灾害应对研究》（以下简称"《应对研究》"）就是一本代表作，该书第一次对中国海洋灾害应对实践进行长时段考察，实为近年来海洋史研究不可多得的一项重要成果。通览该书，我们认为有这样几个特点，视角新颖、海洋史本位突出、科际整合与现实关怀明显，是中国灾害史和海洋史研究领域一本有开拓性的佳作。

一　视角新颖

　　《应对研究》一书从近代以来中国海洋灾害应对体制机制变迁入手，在纵向上根据海洋灾害应对体制机制变迁及其实践，以 1949 年新中国成立为分界点，分近代和现代两个时间段进行分析和论述；在横向上结合每个阶段经济和社会特点，围绕体制变化、机制变革、社会化动员及法制化建设、国际合作等内容进行考察，并结合具体实践案例进一步分析应对海洋灾害的政策体系、运行体制和运作机制，最后对近代以来中国海洋灾害应对体制机制变迁特点和影响进行总结。[①]

《应对研究》共分为五章。第一、二章主要研究近代海洋灾害应对体制机制和实践，结合江浙海塘修建、天津大沽口海冰灾害应对和青岛救济台风风暴潮等具体案例，对近代海洋灾害特点、应对灾害体制机制和应对灾害的社会动员等进行考察。在前两章分析基础上，第三、四章研究现代中国海洋灾害演变和特点，着重论述现代中国海洋灾害应对制度变革，分别从应对海洋灾害体制的演变、社会化动员、法制化建设、海洋灾害教育和国际合作等方面，对新中国成立以来中国海洋灾害应对体制机制变迁进行了专题性考察。第五章结合具体实践案例，以 1956 年浙江抗击台风风暴潮、1969 年渤海湾冰灾和救助行动及 2008 年青岛抗击浒苔突发灾害为例，探讨了在不同时期应对海洋灾害的体制、措施，以便进一步认识现代中国应对海洋灾害体制机制变迁的历史逻辑和实践逻辑。

综观《应对研究》全书，其又细分为晚清、民国、新中国成立后至改革开放前以及改革开放后四个阶段。晚清是中国海洋灾害应对从传统向现代转型的时期。在西方救灾救济思想和晚清改革运动的双重影响下，救灾政策从传统"以救为主"转向"建设与救济并举"，机构设置更为精细。同时由于晚清政府权力的弱化，社会力量逐渐加入救灾的过程中，救灾体制从传统的以政府为主转变为政府为主、民间为辅。

民国时期，中国初步建立了现代海洋灾害应对体制机制，在体制、技术、法治保障、灾害信息沟通机制等层面都呈现现代性特点。此外，社会组织也进一步深入参与到海洋灾害应对的过程中。这一时期，现代海洋灾害应对体制机制已经初步建立，但由于政治纷扰和国家动荡等，应对成效相对减弱，海洋灾害损失较大。[②]

新中国成立后到改革开放前的这一时期，现代海洋灾害应对体制机制进一步调整和发展。随着高度集中的管理体制的建立，各级政府全权负责的救灾模式是这一时期的显著特点。虽然科研管理、信息沟通机制等方面都有

---

① 蔡勤禹等：《近代以来中国海洋灾害应对研究》，商务印书馆，2023，第 9 页。
② 蔡勤禹等：《近代以来中国海洋灾害应对研究》，第 282 页。

进步，但缺少民间的活性，信息不透明，救灾效果仍不明显，灾害损失仍很严重。

改革开放以后，现代综合型海洋灾害应对体制机制逐步确立，我国海洋灾害应对从长期以来被动应对发展转变为包含事前、事中、事后的全程综合性应对机制。同时，社会结构向多样性和自主性方向发展，民间力量以各种途径参与海洋灾害应对，其中国际合作也发挥了重要作用。

《应对研究》一书以体制机制为切入点，通过纵向梳理体制机制变迁的过程，结合具体案例，清晰地再现了近代以来在不同历史阶段，中国应对海洋灾害的灾前、灾中乃至灾后的制度设计、物资分配和社会动员等方面的变革过程，向我们展现了近代以来中国应对海洋灾害波澜壮阔的全景画面。

二　海洋史本位突出

人类对海洋的著述具有悠久的历史。早在苏美尔人的创世神话、印度早期宗教以及荷马史诗中，就可见人们对海洋的记录。但真正意义上的海洋史研究兴起于20世纪初，西方有学者将第二代年鉴学派史学家费尔南·布罗代尔奉为海洋史研究的开山鼻祖。布罗代尔的《地中海与菲利普二世时代的地中海世界》从总体历史的角度入手，把16世纪后半期即西班牙国王菲利普在位时期的地中海世界作为一个整体加以考察，深入探讨了该地区的经济、文化和政治生活，对历史学研究具有重要的意义。中国的海洋史研究最早可以追溯到20世纪初的海洋交通史。直到20世纪80、90年代，海洋史研究才真正迎来新的发展。受20世纪下半叶兴起的全球史思潮的影响，海洋史研究的方法和思想也产生了新的特点。①

很长时间以来，历史学研究以陆地为本位，并以此构建起世界历史的学科框架，这在世界古代中世纪史的研究与教学中尤为突出。例如吴于廑的《世界历史上的游牧世界与农耕世界》探讨了亚欧大陆游牧世界与农耕世界的形成与对立、游牧世界对农耕世界的三次大冲击以及三次大冲击对历

---

① 夏继果：《海洋史研究的全球史转向》，《全球史评论》2015年第2期，第4页。

史成为世界史的作用及其历史限度。[①] 该文将较多的研究重点放在游牧世界和农耕世界这些陆地人类活动空间，鲜少提及海洋在古代世界发展中的作用。受这种"陆地史观"的影响，历史学研究者常常忽视、贬低海洋的地位和作用。"近代中国海洋史的研究多是站在陆地的角度看海洋，把研究陆地历史文化的模式套用于海洋史研究中，而不是站在海洋活动群体的角度思考问题，缺乏海洋本位思想。"[②] 对此，厦门大学的海洋史研究专家杨国桢提出"海洋本位思想"，他认为"21 世纪的中国史学需要重新'发现'自己的海洋史，从而对研究模式、研究方向、思维模式作出调整……让原本附属于陆地史的有关研究回归海洋性的本质"。[③]

20 世纪下半叶以来，随着全球化的不断深入，关注全球交往与联系的全球史作为一个新兴的史学领域蓬勃发展。受其影响，海洋史学者的研究视角开始发生变化，从曾经的陆地本位视角转变为以海洋为研究中心，即从海洋活动群体的角度观察并思考问题。21 世纪初，"新海洋史"进入学界视野，使海洋史的研究方法发生诸多转变。

《应对研究》突破了早期海洋史研究的思路，即海洋文化是中国传统农耕社会政治、经济、文化的延伸，由陆地本位转向以海洋自身为研究的中心，考察近代以来中国海洋灾害发生和演变的规律，考察和分析近代以来不同时期应对海洋灾害的种种措施，在研究中又加入历史学的人文关怀与思考，这一学术视角串联了历史学、政治学与社会学，为学界研究海洋灾害史提供了新的视野。

三　科际整合与现实关怀明显

科际整合即跨学科研究（interdisciplinary research），是指运用多学科的理论与方法，不局限于单一学科的范围，对研究课题进行全面的整合性的研

---

① 吴于廑：《世界历史上的游牧世界与农耕世界》，《云南社会科学》1983 年第 1 期。
② 苏全有、常城：《对近代中国海洋史研究的反思》，《大连海事大学学报》（社会科学版）2011年第 6 期。
③ 杨国桢：《海洋人文类型：21 世纪中国史学的新视野》，《史学月刊》2001 年第 5 期。

究。对海洋灾害史研究而言，科际整合是一个非常重要的手段，新的技术、学科之间的交流必将为传统的海洋史研究注入新的活力，这就要求海洋史研究者在关注传统社会史和文化史的同时，要将关注重点更多倾向跨学科领域，例如海洋环境史、海洋科考史、海洋疾病史等领域，并结合相应的生态学、生物学、医学等自然科学知识做出新的尝试和探索。①

《应对研究》一书不仅仅从历史维度出发，予以海洋灾害史研究人文社科的关怀，也融合了计量史学、政治学、应急管理学和法学等多种学科的研究方式，充分融合其他学科之所长并加以运用，对海洋灾害分析较为深入，对不同学科在应对海洋灾害方面的制度和举措考察较为全面，比如以计量史学对近代海洋风暴潮灾害发生的频次和时空变化进行统计、以政治学和社会学对近代应对海洋灾害的社会动员进行研究、以应急管理学来考察当代应对海洋灾害"一案三制"的措施和办法、以国际关系学考察应对海洋灾害的国际合作等，使近代以来海洋灾害研究更具严谨性和多样性，同时为学界提供了新的探索与尝试。

"海洋灾害往往难以抗拒，会带来破坏和苦难，人们似乎只能被动地做出反应，而事实上，这种破坏和苦难以及人们为减少损失、消除苦难进行的各种活动未尝不是一种创造性力量。"②研究近代以来海洋灾害应对，归根结底是为现实服务，特别是在当今加快建设海洋强国的历史征程中，会面临许多风险和挑战，比如如何更好地进行海洋防灾、减灾、救灾就是一个现实而又迫切的问题。因此，建设海洋强国，需要各个学科发挥所长，做出力所能及的贡献，这样方能使建设海洋强国这一关系到中华民族伟大复兴的百年大计早日实现。因此，从这一层面上来看，《应对研究》具有极强的现实实践意义。

总之，《应对研究》选取海洋灾害作为研究对象，从历史维度出发，探讨近代以来中国在不同时期海洋灾害应对体制机制的变迁，不仅有利于丰富中国海洋灾害史研究内容，拓宽中国海洋灾害史研究视野，更重要的是，该

---

① 张小敏：《中国海洋史研究的发展及趋势》，《史学月刊》2021 年第 6 期。
② 刘希洋、蔡勤禹：《近二十年中国海洋灾害史研究的进展与问题》，《海洋湖沼通报》2019 年第 6 期。

研究还具有宝贵的现实意义，即通过总结近代以来中国应对海洋灾害的成绩与不足，为当今我国提高海洋防灾、减灾、救灾能力提供参考，助力海洋强国建设。

四 两点思考

在拜读了《应对研究》一书后，笔者在获得收获的同时，也对海洋史研究产生了些许思考，这些思考或许对今后海洋史相关研究有所启发。

（一）加强与世界海洋史研究的互动

从地理位置上看，中国是位于太平洋西岸的海洋国家。在跨国视野之下，中国海洋史研究更是世界海洋史研究不可或缺的一部分。近代以来，西方资本主义国家的强大与海洋息息相关，因此海洋在西方视角中代表着先进、现代、开放，近代中国的海洋灾害史则处于近代世界海洋史大链条中的一环，近代中国对海洋灾害的思想观念、应对措施、体制机制变迁在很大程度上受到欧风美雨的影响。正如葛兆光先生所提出的："所谓'亚洲史'的研究，尤其是打破国别的、跨地域的和联系的研究，在中国还不那么流行，……其实，亚洲史更重要的是一种研究方法，是一种观察历史的角度，无非就是把任何大的中的小的历史人物、历史事件、历史文献，自觉地放在亚洲大背景下去研究，看看有没有更大的背景和视野。"[1] 例如，《应对研究》中第一章第二节"近代应对海洋灾害救济体制的演变"详细论述了晚清、北洋政府、南京国民政府这三个阶段的应对海洋灾害的体制机制变迁，局限于梳理演变过程，对于转变的原因，该书并未涉及，而这恰恰与西方对中国的冲击息息相关，这不失为一个遗憾之处。另外，近年来日本、美国、德国、法国等国的汉学家对近代中国海洋问题关注颇多，如日本关西大学的松浦章、美国奥多明尼昂大学的因戈·海德布林克等学者，他们从他者角度探寻近代中国海洋灾害防治，或许能够进一步推动综合性

---

① 葛兆光：《亚洲史的研究方法：以近世东部亚洲海域为中心》，商务印书馆，2022，第86页。

史学的发展，促使中国海洋史研究取得更加丰富的成果。因此，今后在研究中国海洋史时，需要关注中国与一些海洋大国之间的互动和联系，加强与国外学者的学术对话，以宽广的视野来研究海洋，才能使研究更具全球视野，加强与世界海洋史的学术互动。

（二）选取案例要更具广泛性

中国绵长的海岸线分布着十几个省份，南北经济发展差异大，海洋灾害种类也不相同，因此在考察具体案例时，选择代表性案例很有必要。《应对研究》在第二章通过具体案例，考察近代中国社会应对海洋灾害的实践，选取的地区为江浙地区、渤海湾的天津与黄海之滨的青岛，这几个地区都是近代以来最早开埠通商的临海地区，也是最早受到西方资本主义经济、文化、科技辐射的地区，相较福建等临海地区更为发达先进。该书选取案例十分典型，能够窥探大城市中政府、民间救济力量的配合，救助基础设施的建设，政府救灾法规的制定等。但是，福建和两广以及台湾和海南，更易遭受台风风暴潮袭击，因此在案例分析中选择上述地区海洋灾害应对实践进行论述，可以从北方沿海、华东沿海和南方沿海三个方位的沿海地区更全面地梳理近代中国海洋灾害应对的实践与经验。

综上所述，《应对研究》一书从体制机制方面对近代以来中国应对海洋灾害历史进行深入论述，探究了近代以来中国应对海洋灾害体制机制变迁轨迹，总结了中国历史上应对海洋灾害的成绩与不足，为现今海洋灾害防灾减灾救灾、科学应急、理性干预、及时预警提供历史参考，有助于提高各级政府和海洋工作者应对海洋灾害的能力，为加快建设海洋强国提供借鉴。因此，《应对研究》一书的出版，对拓宽灾害史研究领域，深化海洋史研究，发挥历史学科在建设海洋强国过程中的独特作用，构建海洋史研究体系，具有重要学术价值和积极作用。

作者单位：杭州师范大学浙江省民国史研究中心

图书在版编目（CIP）数据

中国经济与社会史评论 . 2024 年 . 第 2 辑：总第 13 辑 /
陈锋主编 . --北京：社会科学文献出版社，2025. 8.
ISBN 978-7-5228-5328-4

Ⅰ. F129；K207

中国国家版本馆 CIP 数据核字第 20255QA106 号

中国经济与社会史评论 2024 年第 2 辑（总第 13 辑）

主　　编 / 陈　锋

出 版 人 / 冀祥德
责任编辑 / 陈肖寒
文稿编辑 / 卢　玥　梅怡萍　顾　萌　李铁龙
责任印制 / 岳　阳

出　　　版 / 社会科学文献出版社（010）59367256
　　　　　　地址：北京市北三环中路甲 29 号院华龙大厦　邮编：100029
　　　　　　网址：www. ssap. com. cn
发　　　行 / 社会科学文献出版社（010）59367028
印　　　装 / 唐山玺诚印务有限公司

规　　　格 / 开 本：787mm×1092mm　1/16
　　　　　　印 张：19. 75　字 数：313 千字
版　　　次 / 2025 年 8 月第 1 版　2025 年 8 月第 1 次印刷
书　　　号 / ISBN 978-7-5228-5328-4
定　　　价 / 128. 00 元

读者服务电话：4008918866